KOCHEN *und* BACKEN

gewusst wie

von Anke Polenz
Oberstudiendirektorin – Hamburg

mit einem Beitrag von Tina Herzog
Studienrätin – Hamburg

2., durchgesehene Auflage

Handwerk und Technik / Zabert Sandmann

Verlag Handwerk und Technik GmbH,
Lademannbogen 135,
22339 Hamburg – 2006
E-Mail: info@handwerk-technik.de
Internet: www.handwerk-technik.de

© Verlag Zabert Sandmann GmbH,
München

ISBN 3-582-04392-4
ISBN 978-3-582-04392-4

Lithografie: inteca Media Service GmbH,
Rosenheim

Druck/Bindung: L.E.G.O., Vicenza

Das Werk und seine Teile sind urheberrechtlich geschützt. Jede Nutzung in anderen als den gesetzlich zugelassenen Fällen bedarf der vorherigen schriftlichen Einwilligung des Verlages. Hinweis zu § 52 a UrhG: Weder das Werk noch seine Teile dürfen ohne eine solche Einwilligung eingescannt und in ein Netzwerk eingestellt werden. Dies gilt auch für Intranets von Schulen und sonstigen Bildungseinrichtungen.

Bildquellenverzeichnis
aid infodienst Verbraucherschutz, Ernährung, Landwirtschaft e.V., Bonn: S. 7
Berufliche Schulen Schönbrunn, Landshut: S. 33/2
Brüggen, H. & J., Mühlenwerke, Lübeck: S. 14
Byodo Naturkost GmbH, Mühldorf: S. 26/5–9
CMA Centrale Marketing-Gesellschaft der deutschen Agrarwirtschaft mbH, Bonn: S. 17/9, 10; 18/1; 19/1, 2, 4, 5, 8; 20/2, 4–8, 10–12; 21/4–6, 10; 117/1; 129/2; 212/1–4
CMA/Fleisch: S. 28
Dettmer u.a., „Kochen als Beruf" (HT 4966), Hamburg: S. 18/2–6; 29/9–11; 278/4, 9–12
Dettmer u.a., „Gastgewerbliche Berufe in Theorie und Praxis" (HT 4963), Hamburg: S. 272/1, 2
ED. Wüsthof Dreizackwerk, Solingen: S. 34
FLOVEG GmbH, Hürth: S. 70/1, 2
Fotografie Wir, Heidenau: S. 274/4
F.X. Nachtmann Bleikristallwerke GmbH, Neustadt a.d. WN: S. 278/1–3, 5–8, 13–17
Menichetti Garin di Cocconato, Wien: S. 26/3
Herrmann/Nothnagel, „Lehrbuch für Köche" (HT 40055), Hamburg: 129/1, 3; 262/3; 271/2; 274/1; 279/1, 2, 4, 5 (Zwingmann, Konrad, Berlin)
IGEFA ZENTRALE BERLIN, Dahlewitz: S. 39/2
Susanne Kleiber, Hamburg: S. 6, 30, 37, 267, 273, 274/1
Krafft's Koch Kollektion, Steinenbronn: S. 35/6
Leinenweberei Bern AG, Bern: S. 272/3
neues handeln GmbH, Berlin: S. 25
Nolte Küchen GmbH & Co. KG, Löhne: S. 39/3
Picture Press, Hamburg: S. 262/2
Rudi Schmid, Hamburg: S. 13
Schülke & Mayr GmbH, Norderstedt: S. 33/3
WMF Aktiengesellschaft, Geislingen/Steige: S. 35/1–5
Harro Wolter, Hamburg: S. 33, 38

Sämtliche nicht im Bildquellenverzeichnis aufgeführten Bilder:
Walter Cimbal, Hamburg

Vorwort

16 Jahre nach dem Erscheinen der Erstausgabe **„Die neue Schule der Nahrungszubereitung"** (erschienen unter A. Elger-Miehe) liegt von derselben Verfasserin das Buch **KOCHEN und BACKEN – gewusst wie** vor.

Die gestalterische Konzeption wurde wieder vom Verlag Zabert Sandmann entwickelt. Grundrezepte, bewährte Variationen und Teile des methodischen Aufbaus wurden aus „Die neue Schule der Nahrungszubereitung" übernommen. Für die Auswahl der über 500 Rezepte sind neue Ernährungstrends, wie z. B. Fingerfood, fernöstliche Speisen und die Geschmacksvielfalt sowie das einfache Gelingen bestimmend gewesen.

Das **„gewusst wie"** ist ein entscheidendes Merkmal dieses Buches und findet sich in allen Kapiteln wieder. Ausgehend von Grundlagen der Ernährungslehre, über den Einkauf mit umfassenden warenkundlichen Informationen, die Vor- und Zubereitung von Speisen und Gebäck bis hin zum Service, stellt das Buch einen unersetzlichen Begleiter für das Kochen und Backen im Rahmen von Aus- und Weiterbildung dar.

Alle Speisen und Gebäcke gelingen selbst Anfängern mühelos, denn die Zubereitung wird auf über 1800 Farbfotos detailliert dargestellt.
Die vielen Abbildungen und die farbige Gestaltung der Texte sowie die Verwendung von Piktogrammen sorgen dafür, dass KOCHEN und BACKEN mit diesem Buch Spaß machen.

Anke Polenz
Hamburg

Hinweise zum Einsatz des Buches

Erläuterung der Piktogramme

🛒 Einkaufstipps und Angaben zu Sorten und zum Verwendungszweck der Lebensmittel

Möglicher Einsatz von Convenience Produkten, vorzugsweise ohne Geschmacksverstärker

🍽 Servierhinweise und Empfehlungen für Beilagen

△ Vielfältige Variationen der Rezepte durch veränderte Zutaten

❗ Hinweise für geeignete Technologien, Kostformen und Ernährungsgruppen

 Besonderheiten für das Tiefgefrieren

G Hier handelt es sich um Grundrezepte

Rezeptmenge
Die Rezepte sind – wenn nicht anders angegeben – für 4 Personen berechnet. Dabei handelt es sich um Richtwerte.

Nährwertangaben
Der Energie- und Nährstoffgehalt bezieht sich – falls nicht anders angegeben – auf eine Portion. Sie sind lediglich als Überschlagsrechnung zu werten.

Garzeiten
Die Garzeitangaben beziehen sich auf die Endgarzeit, sie können je nach Kochstelle, Kochgeschirr und Lebensmittelbeschaffenheit variieren.

Salz und Gewürze
Hier finden sich fast nie Mengenangaben, weil das Würzen nach Geschmack erfolgen sollte. Generell gilt: Speisen sparsam salzen.

Messen und Wiegen
Umrechungstabellen für Mengen, Gewichte und Volumen finden sich in der hinteren Umschlagseite.

Alkohol
Sofern die Rezepte alkoholhaltige Lebensmittel enthalten, werden jeweils Hinweise zum Ersatz gegeben.

INHALT

■ Ernährung

Energiehaushalt 6
Lebensmittelinhaltsstoffe 7
Ernährungsgruppen 12
Ernährungsformen 13

■ Einkauf

Lebensmittelrecht 14
Lebensmittel aus ökologischem Anbau .. 15
Gentechnisch veränderte Lebensmittel .. 16
Functional Food 16
Novel Food 17
Gemüse 17
Hülsenfrüchte und Sprossen 18
Salate 19
Kräuter 20
Obst 21
Gewürze 22
Kartoffeln, Brot, Nudeln 23
Reis, Getreide 24
Mehle, Hühnereier, Fette 25
Öle 26
Milch- und Milchprodukte 27
Fleisch 28
Fisch, Krustentiere und Muscheln 29
Getränke 30
Lagerung von Lebensmitteln 31

■ Rationelles Arbeiten

Der Arbeitsplatz 32
Organisation der Arbeit 32
Arbeitssicherheit 32
Arbeitshygiene 33
Küchengeräte-Messer 34
Küchengeräte – Töpfe und Pfannen 35
Herde und Backöfen 36
Küchenmaschinen
und Backutensilien 38
Entsorgung 39

■ Vor- und Zubereitung

Gemüse 40
Obst 46
Exotische Früchte 47
Eier, Zitronenschale, Vanillemark,
Mandeln 48
Gelatine verarbeiten 49
Bindemittel verarbeiten 50
Gebäck 52
Gemüse / Fleisch 53
Gefrieren 54

■ Garverfahren 55

■ Küchenbegriffe 59

INHALT

- Suppen 60
- Soßen 72
- Vorspeisen/Snacks ... 78
- Salate/Salatsoßen 92
- Gemüse 114
- Kartoffeln/Klöße 134
- Reis/Getreide 148
- Teigwaren 156
- Fleisch/Geflügel 162
- Fisch 184
- Eier 198
- Eintöpfe/Aufläufe ... 206
- Desserts 216
- Gebäck 230
- Getränke 260
- Besondere Speisen .. 262
- Servieren 272

Sachwortverzeichnis 282
Mengen und Maße in der Küche 289
Umrechnungstabelle 290

Energiehaushalt

Unser Körper verbraucht immer Energie, auch wenn wir schlafen oder nichts tun. Das Herz schlägt beim Ausruhen weiter und das Gehirn, die Verdauung und der Stoffwechsel sind ebenfalls immer im Betrieb. Damit uns die Energie nicht ausgeht, essen wir. In der Regel essen wir in Erwartung eines Energieverbrauchs, d. h. wir essen, bevor wir die Energie verbrauchen.

Führen wir unserem Körper genauso viel Energie zu, wie er verbraucht, dann bleibt unser Gewicht gleich.
Wir halten unser Gewicht!

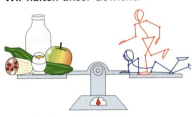

Führen wir unserem Körper regelmäßig mehr Energie zu, als wir verbrauchen, legt er sich Energiereserven in Form von Fettdepots an.
Wir nehmen zu!

Verbrauchen wir regelmäßig mehr Energie, als wir unserem Körper zuführen, dann werden zuerst die Reserven und dann Körpermasse abgebaut:
Wir nehmen ab!

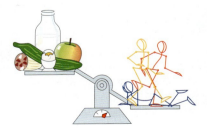

Sowohl ein überhöhtes als auch ein zu geringes Körpergewicht führen langfristig zu irreparablen Schäden an der Gesundheit.

Normalgewicht
Das Normalgewicht wird heute mithilfe des **B**ody-**M**ass-**I**ndexes, des **BMI**, festgestellt. Alle anderen Methoden sind veraltet, da sie zu falschen Ergebnissen führen können. Der BMI errechnet sich aus dem Quotienten

$$\frac{\text{Körpermasse [kg]}}{(\text{Körperlänge [m]})^2}$$

Den Gewichtsbereichen des Body-Mass-Indexes liegen folgende BMI-Werte zugrunde:

BMI	Bewertung
unter 18	Untergewicht eine Gewichtszunahme ist empfehlenswert
18–25	Normalgewicht
26–30	Übergewicht eine Gewichtsabnahme ist notwendig
>30	Fettsucht – Adipositas

Beispiel:
Bei einem Körpergewicht von 74 kg und einer Körperlänge von 1,73 m ergibt sich:

$$\frac{74}{1{,}73^2} = 24{,}7$$

Dieser Wert liegt noch im Bereich des Normalgewichts.

Gesamtenergiebedarf
Die Energiemenge, die bei völliger Ruhe (liegend, bei ca. 20 °C, in einem abgedunkelten, schallgedämpften Raum, 12 Stunden nach der letzten Nahrungsaufnahme) verbraucht wird, heißt **Grundumsatz**. Der Grundumsatz wird u. a. bestimmt durch

- das Geschlecht – Männer verbrauchen mehr Energie als Frauen, weil die Muskelmasse (aktives Gewebe) im Allgemeinen größer ist als das passive Gewebe,
- die Körpergröße/das Körpergewicht – Menschen mit größerer Körperoberfläche verbrauchen mehr Energie,
- das Alter – junge Menschen verbrauchen mehr Energie als alte, da sich die Stoffwechselvorgänge im Alter verlangsamen.

Für die Berechnung des Grundumsatzes für einen Menschen mit Normalgewicht gilt die Grundformel:
4,2 kJ pro kg Körpergewicht und Stunde

Ein wesentlicher Teil des Gesamtenergiebedarfs entsteht aus den körperlichen Aktivitäten des Menschen. Hierfür wird der PAL-Wert zugrunde gelegt.
PAL (physical activity level)
bezeichnet den Wert, der ein Mehrfaches des Grundumsatzes angibt. Er ergibt sich durch den täglichen Energiebedarf für körperliche Aktivitäten.

PAL-Werte:
1,2 PAL für ausschließlich sitzende oder liegende Lebensweise (alte, gebrechliche Menschen)
1,4 bis 1,5 PAL für ausschließlich sitzende Tätigkeit ohne sportliche Betätigung in der Freizeit (z. B. Beschäftigte im Büro)
1,6 bis 1,7 PAL für Menschen mit sitzender Tätigkeit, die durch stehende und/oder gehende Arbeit unterbrochen wird (z. B. Schüler und Studierende mit aktiver Freizeitbetätigung)
1,8 bis 1,9 PAL für überwiegend stehende und/oder gehende Arbeit (z. B. Maler, Schlosser, Reinigungskräfte, Köche)

Beispiel:
Eine Schülerin von 165 cm Körperlänge und 65 kg Körpergewicht hat für 24 Stunden einen Grundumsatz von 4,2 x 24 x 65 = 6 552 kJ
hinzu kommt ein PAL-Wert von 1,7
6 552 x 1,7 = 11 138 kJ
Es ergibt sich ein Gesamtenergiebedarf von 11 138 kJ pro Tag.

Was ist ein kJ?

kJ ist die Abkürzung für Kilojoule und ist eine Maßeinheit für Energie. Ein kJ entspricht der Energiemenge von 0,24 kcal (Kilokalorie). Diese physikalische Bezeichnung findet sich meistens noch zusätzlich bei der Angabe des Energiegehaltes von Rezepten, bei der Lebensmittelkennzeichnung, bei Diäten und bei Energieangaben in nichtwissenschaftlichen Veröffentlichungen.

Die Ernährungspyramide

Es reicht nicht aus, bei der Ernährung nur die Energiemenge zu beachten. Wichtig ist, aus welchen Nährstoffen sich die Energiemenge zusammensetzt, damit der Mensch gesund bleibt, denn nicht alle Lebensmittel sind gleich wertvoll für die Deckung des täglichen Energiebedarfs. Die Ernährungspyramide zeigt, welche Lebensmittelgruppen für eine vollwertige Ernährung notwendig sind und in welchem Verhältnis sie zueinander stehen sollten.

Die Größe der einzelnen Felder entspricht dem erforderlichen Anteil dieser Lebensmittelgruppe an der täglichen Ernährung.
Den größten Anteil nehmen die ungesüßten Getränke ein, deren Mindestaufnahmemenge zwei Liter am Tag nicht unterschreiten soll. Einen ebenfalls großen Anteil haben Getreideprodukte aus Vollkorn und Kartoffeln. In etwa ebenso groß ist der Anteil an Gemüse und Obst. Fleisch, Wurstwaren, Fisch und fettreiche Milchprodukte sollen einen geringeren Anteil an der täglichen Ernährung haben.
Fette, Öle und Zucker liefern den geringsten Beitrag zu einer gesunden Ernährung. Bei der Auswahl der Lebensmittel ist vor allem auf „versteckte" Fette zu achten, z. B. in Wurstwaren, vollfetten Käsesorten und Sahne.

In der Ernährung ist also auf Vielfalt der Nährstoffe und Abwechslung bei den Lebensmitteln zu achten.
Dies wusste auch schon *Theophrast Bombast (Theophrastus Bombastus) von Hohenheim* (1493–1541), bekannt unter seinem Künstlernamen „Paracelsus". Er sagte:
„Ein jed Ding ist Gift! Allein die Menge machts, ob ein Ding Gift ist oder nicht!"
Für die Ernährung bedeutet dies: Viel essen ist schädlich, viel hungern ist schädlich, viel von einem Nährstoff ist schädlich, zu wenig aber auch.

Die 10 Regeln der DGE

Die Deutsche Gesellschaft für Ernährung hat 10 Regeln für eine gesunde Ernährung aufgestellt:
- Vielseitig essen.
- Getreideprodukte mehrmals am Tag, Kartoffeln reichlich.
- Gemüse und Obst 5 x am Tag.
- Täglich Milch und Milchprodukte, ein- bis zweimal in der Woche Fleisch, Fisch, Wurstwaren sowie Eier in Maßen.
- Wenig Fett und fettreiche Lebensmittel.
- Zucker und Salz in Maßen.
- Reichlich Flüssigkeit.
- Speisen schmackhaft und schonend zubereiten.
- Zeit zum Essen nehmen.
- Auf das Wunschgewicht achten und in Bewegung bleiben.

Lebensmittel-inhaltsstoffe

Die Nährstoffe

Lebensmittel enthalten verschiedene Nährstoffe mit unterschiedlichen Energiegehalten.

Nährstoff	Energie (kJ/g)
Energie liefernde Nährstoffe	
Kohlenhydrate (KH)	17
Fett (F)	37
Eiweiß (E)	17
Alkohol	29
Nährstoffe ohne Energie	
Vitamine	
Mineralstoffe	
Wasser	

Kohlenhydrate

Kohlenhydratreiche Lebensmittel wie (Vollkorn-)Brot, Kartoffeln, Reis und Nudeln sind heute neben Obst und Gemüse besonders wichtig. Neben der Quantität muss auch die Qualität stimmen. Vollkornprodukte, Kartoffeln, Gemüse und Früchte sollten wegen ihres Ballaststoffgehaltes und ihrer hohen Dichte an Vitaminen und Mineralstoffen im Vordergrund stehen. Der Verzehr von Zucker, Süßigkeiten und zuckerreichen Getränken sollte dagegen wegen des geringen Gehaltes an Vitaminen und Mineralstoffen eingeschränkt werden. Nahrungskohlenhydrate können im Körper in Form des Leber- und Muskelglykogens (= tierische Stärke) gespeichert werden. Zuviel gespeicherte Kohlenhydrate werden in Depotfett umgewandelt. Ca 55 % der täglichen Energiezufuhr sollte durch Kohlenhydrate erfolgen.
Hinter dem Begriff „Kohlenhydrate" verbergen sich Stoffe wie Traubenzucker (Glucose), Fruchtzucker (Fructose), Haushaltszucker (Saccharose), Malzzucker (Maltose), Milchzucker (Lactose), Invertzucker im Honig und Stärke – das mengenmäßig wichtigste Kohlenhydrat in unserer Ernährung – sowie die vom Menschen energetisch nicht verwertbare Cellulose, ein **Ballaststoff**, vgl. S. 12.

ERNÄHRUNG

Je nachdem wie viel Bausteine ein Kohlenhydratmolekül enthält, sprechen wir von:
- Einfachzucker (z. B. Traubenzucker)
- Zweifachzucker (z. B. Haushaltszucker, Rohr-, Rübenzucker)
- Vielfachzucker (z. B. Stärke aus Kartoffeln und Brot)

Bei der Verdauung werden alle Zuckerarten zu Einfachzuckern abgebaut, mit Ausnahme der Cellulose. Diese für die menschlichen Verdauungsenzyme unverdaulichen Ballaststoffe sind keineswegs überflüssiger Ballast. Ihre gesundheitsfördernde Wirkung ist heute allgemein anerkannt. Ballaststoffreiche Nahrung fördert die Kautätigkeit, hat gute Sättigungseigenschaften und erhält die gesunde Darmfunktion.

Zuckeraustauschstoffe und Süßstoffe

Zucker kann durch Süßstoffe oder Zuckeraustauschstoffe ganz oder teilweise ersetzt werden.
Zuckeraustauschstoffe wie Fruktose, Xylit, Sorbit, Mannit, Isomalt und Lactit sind süßende Stoffe natürlicher Herkunft. Bei der Verdauung verändern sie den Blutzucker- und Insulinspiegel kaum.
Viele Zuckeraustauschstoffe können von den im Mundraum lebenden Bakterien, die für die Kariesentstehung verantwortlich sind, nicht oder nur geringfügig verwertet werden. Deshalb werden sie für zahnfreundliche Produkte, z. B. Kaugummi, verwendet.
Zuckeraustauschstoffe haben einen Energiegehalt zwischen 2,4 und 17 kJ/g. Ihre Süßkraft ist unterschiedlich hoch. Der Verzehr größerer Mengen an Zuckeraustauschstoffen kann abführend wirken und Durchfälle verursachen.

Süßstoffe sind künstlich hergestellte Süßungsmittel, die keine Energie liefern. Hierzu gehören z. B. Saccharin, Cyclamat, Aspartam und Acesulfam.

Diabetikerprodukte und Diätprodukte werden häufig mit Zuckeraustauschstoffen oder Süßstoffen hergestellt.

Fette

Fette sind neben Kohlenhydraten die zweitwichtigste Nahrungsenergiequelle. Außerdem sind sie die Träger der fettlöslichen Vitamine A, D, K und E sowie der lebensnotwendigen mehrfach ungesättigten Fettsäuren. Fette sind in pflanzlichen und tierischen Lebensmitteln sichtbar (Keimöl, Butter) oder verborgen (Nüsse, Wurst) enthalten.
Im Körper dient Fett als Schutzpolster für empfindliche Organe, beispielsweise der Nieren. Das Unterhautfettgewebe bzw. Depotfett dient als Energiespeicher. Zu viel Fett in der Nahrung belastet die Gesundheit und das Wohlbefinden.
Die Kontrolle der täglichen Gesamtfettaufnahme ist daher ein ganz wichtiges Ernährungsziel – anstatt gegenwärtig 35 bis 40 % der Gesamtenergiezufuhr sind 25 bis 30 % anzustreben (entspricht ca. 0,8 g Fett/kg Körpergewicht).

Eine **Verminderung der Fettzufuhr** bedeutet zunächst die Beachtung der in Lebensmitteln verarbeiteten Fette. So genanntes verstecktes Fett findet sich in Wurst und Käse, aber auch in Gebäck, Süßwaren und Knabbereien wie Schokolade, Nüssen und Chips. Daneben ist der Verbrauch von sichtbaren Zubereitungs- und Streichfetten wie Butter, Margarine, Schmalz, speziellen Bratfetten, Öl, Sahne und Mayonnaise einzuschränken.
Durch Zubereitungsverfahren wie Garen und Braten in der Folie sowie in Spezialtöpfen und -pfannen, aber auch durch Dünsten, Dämpfen und Grillen lässt sich Fett einsparen.
Neben der Menge ist die Zusammensetzung der täglichen Fettzufuhr zu beachten, d. h. die Verteilung der so genannten Fettsäuren und das Vorhandensein von Cholesterin, einem Fettbegleitstoff, der aber auch im Körper selbst gebildet wird. Wir unterscheiden bei den Fettsäuren: **gesättigte Fettsäuren** (z. B. Palmitin- und Stearinsäure in Schmalz und Kokosfett), **einfach ungesättigte Fettsäuren** (z. B. Ölsäure in Olivenöl und Butter), **mehrfach ungesättigte Fettsäuren** (z. B. Linolsäure in Keimöl, Eicosapentaensäure in Lachsöl).
Mehrfach ungesättigte Fettsäuren, die lebensnotwendig sind und die der Körper selbst nicht bilden kann, werden als essenziell bezeichnet. Die wichtigste essenzielle Fettsäure in der Ernährung ist die Linolsäure, die in Sonnenblumenkern-, Maiskeim-, Weizenkeim-, Soja- und Distelöl enthalten ist. 10 g dieser Arten decken den Tagesbedarf an Linolsäure.

Eiweiß

Eiweiße oder **Proteine**, so die wissenschaftliche Bezeichnung, sind die wichtigsten Baustoffe des menschlichen Körpers. Man bezeichnet Eiweiß deshalb auch als Lebensbaustein. Ein besonderer Bedarf besteht im Wachstum – also bei Kindern und Jugendlichen – und bei Krafttraining von Sportlern. Alle Zellen enthalten Eiweiß, alle Enzyme und einige Hormone bestehen aus Eiweiß. Kollagen – eine eiweißhaltige Gerüstsubstanz – ist in Haut, Knorpeln und Bindegewebe enthalten.
Proteine sind große Moleküle, die wiederum aus kleineren Bausteinen, den so genannten **Aminosäuren**, zusammengesetzt sind. Acht dieser Aminosäuren sind essenziell, d. h., da der Körper sie nicht selbst aufbauen kann, müssen sie mit der Nahrung aufgenommen werden.
Für Kinder und Jugendliche richtet sich die Empfehlung nach den jeweiligen Wachstumsraten. Von bis zu 2,0 g/kg Körpergewicht für das erste Lebensjahr verringert sie sich auf 0,8 g Eiweiß/kg Körpergewicht für das 18. Lebensjahr.

ERNÄHRUNG

Die Empfehlung von 0,8 g/kg Körpergewicht bleibt für Erwachsene in etwa konstant. So werden ca. 10 bis 15 % des Gesamtenergiebedarfs in Form von Eiweiß gedeckt.
Die Deckung des täglichen Eiweißbedarfs fällt beim heutigen Lebensmittelangebot nicht schwer. Man muss eher darauf achten, beim bevorzugten Verzehr tierischer Eiweißträger (Milch, Käse, Ei, Fleisch und Fisch) nicht gleichzeitig zu viel Fett und Cholesterin aufzunehmen.
Dies gelingt durch gezielte Auswahl fettarmer Produkte und vermehrten Verzehr pflanzlicher, eiweißhaltiger Lebensmittel (Brot, Reis und Nudeln, Hülsenfrüchte und Getreideflocken). Pflanzliche und tierische Proteinlieferanten können sich in ihrer Aminosäurezusammensetzung so ergänzen, dass für den Aufbau- bzw. Erhaltungsbedarf des menschlichen Organismus die richtigen Bauelemente zusammenkommen. Die Aufnahme von einem Drittel tierischem und zwei Drittel pflanzlichem Eiweiß ist ein guter Anhaltspunkt hierfür.

Zöliakie

Es gibt eine Gruppe von Menschen, die das Klebereiweiß von Weizen, Roggen, Gerste und Hafer nicht verträgt.
Der Verzehr des so genannten Glutens, das beim Backen das Gerüst im Teig bildet, führt bei diesen Menschen zu schweren Verdauungsbeschwerden. Deshalb dürfen sie z. B. keine Backwaren mit Weizen- oder Roggenanteilen essen.

Mineralstoffe

Mineralstoffe sind lebensnotwendige Nährstoffe, weil der Organismus sie nicht selbst herstellen kann und sie ihm deshalb mit der Nahrung zugeführt werden müssen.
Mineralstoffe dienen als Baustoffe des Körpers und als Regler bei Stoffwechselvorgängen. Da sie vom Körper ausgeschieden werden, müssen sie täglich mit der Nahrung zugeführt werden.

Entsprechend ihrem mengenmäßigen Anteil im Körper werden die Mineralstoffe in **Mengenelemente** und **Spurenelemente** unterschieden.

Ernährungstipps:

Bei einer ausgewogenen Ernährung, vgl. Ernährungspyramide auf S. 7, werden dem Körper alle Mineralstoffe ausreichend geliefert.
Trotzdem sollte besonders auf eine bedarfsgerechte **Jodversorgung** geachtet werden. Diese lässt sich beispielsweise durch ein bis zwei Seefisch-Mahlzeiten in der Woche und durch die Verwendung von jodiertem Speisesalz erreichen.
Natrium sollen vor allem Kleinkinder aufgrund des sensiblen Wasserhaushaltes und alte Menschen, die zu Bluthochdruck neigen, nicht über den Bedarf hinaus zu sich nehmen.
Da meistens zu viel Kochsalz (NaCl) aufgenommen wird, sollten Speisen grundsätzlich nicht am Tisch nachgesalzen werden.
Beim Kauf von Mineralwasser kann darauf geachtet werden, dass es einen niedrigen Natriumgehalt hat. Mineralwasser mit geringem Natriumgehalt (weniger als 20 mg/l) kann mit folgendem Zusatz gekennzeichnet werden: „geeignet für natriumarme Ernährung".

Vitamine

Vitamine sind ebenfalls lebensnotwendige Nährstoffe, die der Körper selbst nicht oder nicht ausreichend produziert. Sie müssen deshalb mit der Nahrung zugeführt werden. Eine Vitaminunterversorgung bezeichnet man als Hypovitaminose, eine Vitaminüberversorgung als Hypervitaminose.
Hauptunterscheidungsmerkmal der Vitamine ist ihre Löslichkeit: Sie sind entweder **wasserlöslich** oder **fettlöslich**. Ein weiterer Unterschied besteht in ihrer Licht-, Wärme- und Sauerstoffempfindlichkeit.
Bei Kochvorgängen gehen z. B. die Vitamine teilweise verloren, die wasserlöslich und hitzeempfindlich sind.

Ernährungstipps:

Mit einer ausgewogenen Ernährung, vgl. Ernährungspyramide auf S. 7, werden dem Körper alle notwendigen Vitamine zugeführt. Beim Verzehr von Nahrungsmitteln mit fettlöslichen Vitaminen ist darauf zu achten, dass sie zusammen mit Fett verzehrt werden, damit die Vitamine gelöst werden können. Dies gilt z. B. für Möhrenrohkost, da Möhren Carotin enthalten, eine Vorstufe des fettlöslichen Vitamins A.
Die Verwendung von Vitaminpräparaten ist bei einer ausgewogenen Ernährung nicht notwendig, im Gegenteil, ein Zuviel an Vitaminen kann schädlich sein. Das trifft vor allem auf die fettlöslichen Vitamine zu, die gespeichert werden. Zu viele wasserlösliche Vitamine werden hingegen ausgeschieden. Daraus kann gefolgert werden, dass Vitamin C, das z. B. häufig in hoher Dosis zur Vorbeugung von Erkältungskrankheiten genommen wird, nur bedingt wirken kann.
Die Zusammensetzung von Vitaminpräparaten zeigt, dass die zugeführte Vitamin-Dosis häufig sehr viel höher liegt, als es der Tagesbedarf erfordert.

Wasser

Wasser ist für jeden Organismus lebensnotwendig: für alle Stoffwechseltätigkeiten und für die Arbeit der Organe.
Der Wasserbedarf eines Menschen ist abhängig vom Lebensalter, dem Salzgehalt der Nahrung und der körperlichen Aktivität.
Wann löschen Getränke den Durst? Wir trinken, um den Bestand an Körperflüssigkeit konstant zu halten. Nur wenn genügend Wasser im Körper vorhanden ist, funktionieren alle Regelmechanismen. Unsere Körperflüssigkeit enthält 0,9 g gelöste Stoffe je Liter.
Flüssigkeiten mit einer gleich hohen Konzentration an gelösten Stoffen führen dem Körper Wasser zu und löschen gleichzeitig den Durst.

Flüssigkeiten, die eine größere Menge an gelösten Stoffen enthalten, entziehen dem Körper Wasser.
Beispiel:
Cola und andere Limonaden enthalten ca. 12 g Zucker/Liter. Zum Ausgleich des Wasserhaushaltes sollte deshalb eine selbst hergestellte Apfelsaftschorle bevorzugt werden.

Bioaktive Substanzen
Bioaktive Substanzen sind natürliche Inhaltsstoffe von Nahrungsmitteln, die einen gesundheitsfördernden Einfluss auf den Menschen haben.

Hierzu zählen die Ballaststoffe, vgl. S. 8, im Getreide, in Kartoffeln und Hülsenfrüchten, Gemüse und Obst ebenso wie die Milchsäure in Joghurt und Sauerkraut.
Die größte Gruppe der bioaktiven Substanzen sind jedoch die sekundären Pflanzenstoffe.

Mineralstoffe	Vorkommen in Lebensmitteln	Wirkungsweise im Körper	Tagesbedarf eines Erwachsenen von 19–25 Jahren
Mengenelemente			
Natrium	Kochsalz, Wurstwaren, Speisezubereitungen	regelt den osmotischen Druck in den Zellen und steuert außerdem den Wasserhaushalt im Körper	550 mg
Chlorid	Kochsalz, Wurstwaren, Speisezubereitungen	regelt den osmotischen Druck in den Zellen und steuert außerdem den Wasserhaushalt im Körper	830 mg
Kalium	Gemüse, Vollkornprodukte, Fisch und Fleisch und in großer Menge in Bananen	regelt den osmotischen Druck in den Zellen, zuständig für die Herztätigkeit, Enzymaktivator	2 g
Calcium	Milch und Milcherzeugnisse, vor allem Käse, Vollkornprodukte, grüne Gemüsesorten	verantwortlich für den Knochen- und Zahnaufbau sowie für die Blutgerinnung und Muskelarbeit	1 g
Magnesium	grüne Gemüsesorten, Fleisch	steuert die Erregbarkeit von Muskeln und Nerven und ist ein wichtiger Aktivator von Enzymen	310–400 mg
Phosphor	Fleisch, Fisch und Milch	im Wechselspiel mit Calcium für den Knochen- und Zahnaufbau sowie zur Energiegewinnung beim Abbauprozess der Nährstoffe notwendig	700 mg
Spurenelemente			
Eisen	grüne Gemüsesorten, Fleisch und Eier, Vollkornbackwaren	transportiert den Sauerstoff im Blut	10 bis 15 mg
Kupfer	Fleisch, Fisch, Eigelb	baut den roten Blutfarbstoff auf, Enzymbestandteil	1,0–1,5 mg
Jod	Seefische, Milch, jodiertes Speisesalz	Bestandteil des Schilddrüsenhormons	150 bis 200 µg
Fluorid	schwarzer Tee, Fisch	härtet den Zahnschmelz	3,1 bis 3,8 mg
Zink	Getreide und Rindfleisch	Enzymbestandteil und kann die allergene Wirkung mancher Substanzen einschränken	7 bis 10 mg

ERNÄHRUNG

Sekundäre Pflanzenstoffe

Sie werden in den Pflanzen in nur sehr geringen Mengen hergestellt. Die Pflanzen produzieren diese Stoffe nicht in ihrem primären Stoffwechsel, sondern im sekundären, der nicht direkt dem Wuchs der Pflanzen dient.

Die sekundären Pflanzenstoffe haben z. B. die Aufgabe, die Pflanze vor UV-Strahlung zu schützen oder dienen als Farbstoff, z. B. in der Roten Bete. Bei einer ausgewogenen Ernährung werden pro Tag ca. 1,5 g sekundäre Pflanzenstoffe aufgenommen.

Ihnen werden folgende Wirkungen zugeschrieben:
- Krebsrisiko senkende Funktion
- Schutz vor freien Radikalen, die die Zellen schädigen
- Stärkung der Immunabwehr
- Schutz vor Pilz-, Bakterien- und Virenbefall des Körpers

Vitamine	Vorkommen in Lebensmitteln	Wirkungsweise im Körper	Tagesbedarf eines Erwachsenen von 19–25 Jahren
wasserlöslich			
Ascorbinsäure, C	Obst, Gemüse und Kartoffeln	verantwortlich für Stoffwechselfunktionen, stärkt die Immunabwehr und unterstützt die Wundheilung	100 mg
Thiamin, B_1	Vollkornprodukte, Schweinefleisch, Hefe	steuert den Kohlenhydratstoffwechsel	1,0 bis 1,3 mg
Riboflavin, B_2	Milch und Milcherzeugnisse, Ei und Seefische	steuert den Energiestoffwechsel	1,2 bis 1,5 mg
Pyridoxin, B_6	alle Lebensmittel	steuert den Eiweißstoffwechsel	1,2 bis 1,6 mg
Cobalamin, B_{12}	tierische Lebensmittel	Bildung der roten Blutkörperchen	3 µg
Biotin	Eigelb, Vollkornprodukte	steuert den Fett- und Kohlenhydratstoffwechsel	30 bis 60 µg
Folsäure	Gemüse, Fleisch, Vollkornprodukte	steuert den Eiweißstoffwechsel	400 µg
Niacin	Fleisch, Fisch, Gemüse, Vollkornprodukte	steuert den Energiestoffwechsel	13–17 mg
Pantothensäure	alle Lebensmittel	steuert den Fett- und Kohlenhydratstoffwechsel	6 mg
fettlöslich			
Retinol, A	Retinol in tierischen Lebensmitteln, wie Leber, Eigelb und Butter	beteiligt am Sehvorgang	0,8 bis 1,0 mg
Vorstufe: Carotin	Carotin in Möhren und grünen Gemüsesorten		
Calciferol, D	Milch, Eigelb, Fischöl	zuständig für die Knochenhärte im Wechselspiel mit dem Mineralstoff Calcium	5 µg (Bildung auch in der Haut)
Tocopherol, E	Keimöl, Vollkornprodukte, Blattgemüse	wirkt antioxidativ, Schutz für die Zellmembranen	12 bis 15 mg
Phyllochinon, K	Fleisch, Fisch, grünes Gemüse	unterstützt die Blutgerinnung	60 bis 70 µg

Carotinoide

Am bekanntesten ist das Beta-Carotin (ß-Carotin), das in allen gelb-orangefarbenen Obst- und Gemüsesorten zu finden ist. Außerdem gehören die Xanthophylle dazu, die z. B. im Spinat und Grünkohl vorhanden sind und das Immunsystem stärken und vor Herzinfarkt schützen sollen.

Glucosinolate

Diese sekundären Pflanzenstoffe finden sich z. B. im Senföl, aber auch im Meerrettich sowie in Radieschen und sind dort für den scharfen Geschmack zuständig. Auch sie sollen die Immunabwehr stärken und der Krebsentstehung vorbeugen. Man findet sie in vielen Gemüsesorten. Sie werden bei Garvorgängen allerdings bis zu 60 % zerstört, weil sie sehr hitzeinstabil sind.

Lektine

Dies sind Eiweißstoffe, die vor allem in Samen der Pflanzen vorkommen. Größere Mengen sind in Hülsenfrüchten und Getreideprodukten zu finden.
Sie können sich an die Darmwände „andocken" und verhindern so, dass sich Bakterien dort festsetzen. Das bekannteste Lektin ist das Phasein in den Bohnen, das allerdings roh gegessen giftig ist.

Phytosterine

Sie sind chemisch dem Cholesterin sehr ähnlich und kommen in pflanzlichen Ölen vor. Man schreibt ihnen eine cholesterinsenkende Wirkung zu.
Da die Phytosterine bei der Raffination von Ölen weitgehend zerstört werden, wird empfohlen bei der Dressingherstellung kaltgepresste Öle zu verwenden.

Polyphenole und Flavonoide

Sie kommen in fast allen Pflanzen und einigen Obstsorten vor. Ihr Wirkungsspektrum ist besonders groß: Sie wirken vorbeugend gegen Herzinfarkt, schützen vor Krebs, wirken antioxidativ, entzündungshemmend und stärken die Immunabwehr.

Saponine

Diese Bitterstoffe, die in Sojabohnen, Erbsen, Bohnen und Spinat sowie in den Gewürzen Rosmarin und Salbei vorkommen, stärken die Immunabwehr, senken den Cholesterinspiegel und das Darmkrebsrisiko.

Sulfide

Sie kommen in Knoblauch, Zwiebeln und Lauch vor und hemmen das Bakterienwachstum im Darm. Außerdem senken sie den Cholesterinspiegel und das Krebsrisiko, helfen gegen Entzündungen und stärken das Immunsystem. Roh gegessen ist die Wirkung am besten.

Ballaststoffe

Die unverdaulichen Bestandteile pflanzlicher Nahrungsmittel bezeichnet man als Ballaststoffe. Sie liefern keine Energie und haben ein großes Wasserbindevermögen. Darauf wird auch ihre unterstützende Funktion bei der Darmtätigkeit zurückgeführt. Aufgrund der längeren Verweildauer im Magen-Darm-Trakt sorgen die Ballaststoffe für ein lange anhaltendes Sättigungsgefühl, ohne dass Energie aufgenommen wurde. Ballaststoffe dienen daher auch als Unterstützung bei energiereduzierten Kostformen.

Zu den Ballaststoffen gehören:
- Pektine
- Cellulose
- Hemicellulose

Es sollten täglich 30 bis 40 g Ballaststoffe aufgenommen werden. Dieser Bedarf lässt sich durch den Verzehr von Vollkornprodukten, Obst und Gemüse (Hülsenfrüchte) decken.

Zusammenfassung

Alle Nährstoffe haben im menschlichen Körper eine spezifische Aufgabe. Bei Unterversorgung kann es zu Mangelerscheinungen bis hin zu Krankheiten kommen.

Zu den häufigsten ernährungsbedingten Krankheiten zählen:
- Herz-Kreislauf-Erkrankungen
- Diabetes (Insulinmangelkrankheit)
- Übergewicht

Krankheiten können auch genetisch bedingt sein, sind aber durch die Ernährung von jedem Einzelnen selbst zu beeinflussen.

Ernährungsgruppen

Die Ernährung muss auf die individuellen Bedürfnisse des Menschen abgestimmt sein und ist daher von Mensch zu Mensch verschieden. Auf Unterschiede in der Höhe der Energiezufuhr in Abhängigkeit vom Gewicht und der körperlichen Aktivität wurde bereits eingegangen. Zusätzlich gibt es für bestimmte Personengruppen spezielle Anforderungen hinsichtlich des Nährstoffbedarfs.

Schwangere und Stillende

Schwangere und Stillende sollten auf eine vielseitige und ausgewogene Ernährung achten. Energie und Eiweißbedarf sind leicht erhöht, ebenso der Vitamin- und Mineralstoffbedarf.
Während der Schwangerschaft sollte kein rohes Fleisch gegessen werden, da es Krankheitserreger enthalten kann, die zu Fehlbildungen bei dem ungeborenen Kind führen können.

Säuglinge

Muttermilch ist die beste Nahrung für Säuglinge. Wenn das Stillen des Babys nicht möglich ist, muss die Nahrung so weit wie möglich der Zusammensetzung der Muttermilch angepasst werden. Fertigprodukte sollten unbedingt daraufhin überprüft werden. Die reine Milchnahrung wird nach und nach durch Karottensaft, Gemüsebrei und andere Breie ergänzt.

Kinder und Jugendliche

Der Eiweiß- und Calciumbedarf von Kindern und Jugendlichen ist höher als bei Erwachsenen, weil beide Stoffe zum Aufbau von Muskeln, Zähnen und Knochen benötigt werden. Außerdem muss insbesondere auf eine ausreichende Flüssigkeitszufuhr geachtet werden. Der Fett- und Kohlenhydratbedarf unterscheiden sich nicht von denen der Erwachsenen. Der Energiebedarf wird leicht überschätzt. Bei der Berechnung muss der PAL-Wert berücksichtigt werden, vgl. S. 6, der je nach körperlicher Betätigung variiert.

Bei einer nicht ausreichenden Nährstoffversorgung von Kindern und Jugendlichen kann es zu Schäden kommen, die erst in späteren Jahren bemerkt werden. Hierzu zählen z. B. Rückenprobleme durch eine nicht ausreichende Versorgung mit Calcium. Der weit verbreiteten Ernährung mit Fastfood-Gerichten muss unbedingt entgegengewirkt werden, da sie keine ausgewogene und vollwertige Ernährung ermöglicht. Um dies umzusetzen, ist es wichtig, dass Kinder und Jugendliche über die Wirkung der einzelnen Nährstoffe im Körper Kenntnisse erwerben.

Senioren

Die Energiezufuhr muss stetig an die meist ruhigere Lebensweise der älter werdenden Menschen angepasst werden. Das Gewicht sollte möglichst konstant auf dem Normalgewicht gehalten werden.

Der sinkende Energiebedarf erfordert eine Auswahl an Lebensmitteln mit hoher Nährstoffdichte und einem geringeren Fett- und Kohlenhydratgehalt. Der Fettgehalt der Nahrungsmittel und der Fettverbrauch beim Garen von Speisen sollten so niedrig wie möglich sein.

Alte Menschen sind die größte Risikogruppe für Fettstoffwechselstörungen. Um das Risiko einzuschränken, sollten Fette mit einem hohen Anteil ungesättigter Fettsäuren bevorzugt werden.

Zur Prophylaxe von Altersdiabetes ist es ratsam, den Zuckerkonsum einzuschränken.

Der Calciumbedarf ist im Alter höher, um der Knochenbrüchigkeit entgegenzuwirken.

Ballaststoffe müssen in ausreichender Menge zugeführt werden, da eine verminderte Elastizität der Darmwände zur Obstipation (Verstopfung) führen kann.

Der Flüssigkeitsbedarf ändert sich im Alter nicht, aber das Durstgefühl verringert sich. Deshalb muss besonders auf reichliche Flüssigkeitszufuhr im Alter geachtet werden.

Ältere Menschen haben einen schwächeren Geruchs- und Geschmackssinn, deshalb sollten alle Speisen kräftiger gewürzt, jedoch nicht stärker gesalzen und gesüßt werden.

Ernährungsformen

Spezielle Ernährungsformen beruhen entweder auf dem Vorhandensein von kurzzeitigen oder dauerhaften Krankheiten oder auf der persönlichen Entscheidung für eine bestimmte Ernährung.

Leichte Vollkost und Diäten

Besondere Beachtung erfordern alle Formen von leichter Vollkost (Schonkost und Diäten). Die Mengen der notwendigen oder einzuschränkenden Nährstoffe müssen entsprechend ärztlicher Vorschrift genau eingehalten werden.

Beispiele hierfür sind:
- Schonkost – leichte Vollkost: reizarm essen, fett- und zuckerreiche Speisen meiden
- Diabetesdiät: auf den Kohlenhydratgehalt und die Kohlenhydratauswahl achten
- Bluthochdruck: natriumarme Kostform
- Übergewicht und Adipositas: energiereduzierte Kostformen

Vollwertige Ernährung

Vollwerternährung hat zum Ziel, den Ernährungswert eines Lebensmittels möglichst wenig durch Verarbeitung zu mindern. Zucker wird nur eingeschränkt verwendet, statt dessen natürliche Süßungsmittel. Es werden Lebensmittel aus ökologischem Anbau, vgl. S. 15, eingesetzt.

Vegetarische Ernährung

Vegetarier essen keine Lebensmittel von getöteten Tieren. Es werden folgende Vegetarier-Gruppen unterschieden:

- Veganer nehmen gar keine Lebensmittel zu sich, die von Tieren stammen, auch nicht von lebenden. Bei dieser Kostform kann es schnell zu Mangelerscheinungen kommen.
- Lacto-Vegetarier essen zusätzlich Milchprodukte, aber keine Eier.
- Ovo-Lacto-Vegetarier essen pflanzliche Lebensmittel und Produkte von lebenden Tieren wie Milch und Eier.

Lebensmittelrecht

Die Grundlage des Lebensmittelrechts ist das **Lebensmittel- und Futtermittelgesetzbuch (LFGB)**. Es regelt den Verkehr mit Lebensmitteln, kosmetischen Mitteln und sonstigen Bedarfsgegenständen. Durch das LFGB wird der Verbraucher vor Täuschung und Irreführung sowie gesundheitlichen Schäden geschützt.
Das LFGB wird durch weitere Verordnungen und Gesetze ergänzt. Verstöße gegen die Verordnungen und Gesetze werden als Ordnungswidrigkeit bestraft.
Zu den Verordnungen gehört z. B. die **Lebensmittelkennzeichnungs-Verordnung (LMKV)**. Sie gilt für die Kennzeichnung aller Fertigpackungen, die verkauft werden und nicht zum baldigen Verzehr bestimmt sind.

Auf der Verpackung müssen folgende Angaben erfolgen:
- Bezeichnung des Inhalts, z. B. Apfelmus,
- Menge des Inhalts,
- Verzeichnis der Zutaten,
- Mindesthaltbarkeitsdatum oder Verbrauchsdatum, evtl. mit Angabe der Lagertemperatur,
- Name oder Firma und die Anschrift des Herstellers oder Verpackers,
- vorhandener Alkoholgehalt, sofern er über 1,2 % liegt.

Damit der Verbraucher erkennen kann, aus welchen Rohstoffen das Lebensmittel hergestellt wurde, müssen die Zutaten in der **Zutatenliste** aufgeführt werden. Dies geschieht in mengenmäßig absteigender Reihenfolge. Die an erster Stelle stehende Zutat hat also den größten Anteil an dem Nahrungsmittel. Energie- und Nährwertangaben sind nicht vorgeschrieben, erfolgen aber von einigen Herstellern freiwillig.
Das **Mindesthaltbarkeitsdatum** ist der Zeitpunkt, bis zu dem ein Lebensmittel unter Einhaltung der entsprechenden Lagerbedingungen, z. B. Kühlung oder Tiefkühlung, **mindestens** haltbar ist. Das **Verbrauchsdatum** wird bei leicht verderblichen Lebensmitteln angegeben und ist genau einzuhalten.
Die **Zusatzstoffzulassungs-Verordnung (ZzulV)** regelt, welche Stoffe einem Lebensmittel/einer Lebensmittelzubereitung zugesetzt werden dürfen. Die meisten Zusatzstoffe müssen gekennzeichnet werden.
Die Kennzeichnung der Zusatzstoffe erfolgt mit **E-Nummern** und dem Klassennamen, z. B. „Konservierungsstoff E 200". Diese Kennzeichnung steht für den **Konservierungsstoff** Sorbinsäure.
Auch **Farbstoffe**, die meist aus optischen Gründen zugesetzt werden, zählen zu den Zusatzstoffen.
Eine weitere Gruppe stellen die **Antioxidantien** dar. Wie der Name sagt, verhindern sie den Verderb durch Sauerstoffeinfluss. Als Antioxidantien werden auch Vitamine wie Vitamin E oder C eingesetzt.

Weitere Zusatzstoffe sind:
- Aromen
- Emulgatoren
- Enzyme
- Geliermittel
- Geschmacksverstärker
- Konservierungsmittel
- Säuerungsmittel
- Stabilisatoren
- Süßstoffe
- Verdickungsmittel

Zu den **Geschmacksverstärkern** zählen u. a. Glutamatverbindungen wie Natrium- (E 621), Calcium- (E 623) und Magnesiumglutamat (E 625), deren Wirkung auf den Organismus umstritten ist.
Emulgatoren haben die Aufgabe, eine wässrige Phase mit einer Fettphase stabil zu vereinen. Vorwiegend werden Mono- und Diglyzeride von Speisefettsäuren sowie Citronen- und/oder Weinsäure verwendet.
Als **Verdickungsmittel** werden vor allem Substanzen eingesetzt, die in der Natur vorkommen. Hierzu zählen Guarkernmehl und Johannisbrotkernmehl. Beide Substanzen wirken auch als **Stabilisatoren**.
Die Bedeutung der E-Nummern kann vor allem für Allergiker lebenswichtig sein.
Die Zutatenliste ermöglicht dem Verbraucher außerdem eine Beurteilung hinsichtlich des Ernährungswertes des Produktes. Ist zusätzlich eine Nährwertaufstellung vorhanden, wird diese Beurteilung vereinfacht. Kennzeichnungspflichtige Zusatzstoffe müssen auch bei **loser Ware**, also z. B. Backwaren in der Bäckerei, gekennzeichnet werden.

Eine Auflistung aller E-Nummern und der entsprechenden Zusatzstoffe ist in jeder Verbraucherzentrale zu erhalten oder unter **www.oekotest.de** einzusehen. Zusätzliche Informationen und die jeweils aktuellen Fassungen weiterer Verordnungen und Gesetze können unter **www.umwelt-online.de** abgerufen werden.

Lebensmittel aus ökologischem Anbau

Neben konventionell erzeugten Lebensmitteln gibt es in Supermärkten immer häufiger Abteilungen, die nur Lebensmittel aus ökologischem Anbau, so genannte Bio-Lebensmittel, anbieten.
Parallel dazu steigt die Zahl der Einzelhandelsgeschäfte, die ausschließlich Lebensmittel aus ökologischem Anbau führen. Auch auf Wochenmärkten gibt es diese Lebensmittel immer häufiger zu kaufen.

Was versteht man unter ökologischem Anbau?

Ökologischer Landbau verzichtet weitgehend auf den Einsatz von Düngemitteln, Pflanzenschutzmitteln und Tierarzneien sowie Futterzusatzstoffen. Völlig rückstandsfreier Anbau ist jedoch nur bei einem flächendeckenden Verzicht auf die Verwendung dieser Stoffe möglich, was häufig jedoch nicht der Fall ist. Damit der Verbraucher sicher sein kann, dass die Produkte, die er kauft, den Ansprüchen an ein Biolebensmittel entsprechen, wurden Prüf- und Warenzeichen eingeführt, z. B. Bioland, Demeter und Bio.

Ziele der ökologischen Lebensmittelproduktion sind:
- Tiere sollen nach ihren artgemäßen Bedürfnissen gehalten und gefüttert werden.
- Es sollen natürliche und geschmackvolle Lebensmittel erzeugt werden.
- Die natürlichen Lebensgrundlagen, wie Wasser, Boden und Luft, sollen geschützt werden.
- Die Umwelt soll möglichst wenig durch die Lebensmittelproduktion belastet werden.
- Energie- und Rohstoffressourcen sollen geschont werden.
- Arbeitsplätze in der Landwirtschaft sollen gesichert und ausgebaut werden.
- Genetisch verändertes Saatgut darf nicht eingesetzt werden.
- Arbeitsflächen in der Landwirtschaft sollen gesichert und ausgebaut werden.

Für Obst und Gemüse aus ökologischem Landbau spricht vor allem auch der bessere Geschmack der Lebensmittel.
Mit Wirkung vom 1.4.2003 werden gemäß des „Öko-Landbaugesetzes" die Vermarktung und der Verkauf von Bioprodukten durch eine Behörde kontrolliert.

Ökologische Zertifizierung

Nach der **EG-Öko-Verordnung** besteht für Betriebe mit Gemeinschaftsverpflegung und Gastronomiebetriebe bei der Verwendung von Öko- und Bioprodukten eine Nachweispflicht.
Das bedeutet, dass z. B. Kindertagesheime und Seniorenheime, die biologisch erzeugte Produkte anbieten und dies auch auf den Speiseplänen kenntlich machen, eine Bio-Zertifizierung benötigen.
Die Zertifizierung kostet jährlich eine Gebühr und wird kontrolliert. Die Nichtbeachtung der Vorschrift wird mit Bußgeldern bestraft.

Voraussetzungen für die Zertifizierung:
- Nachweis, dass die Produkte bei einem zertifizierten Landwirt gekauft wurden.
- Nachweis, dass die Bioprodukte gesondert gelagert wurden, um Verwechslungen mit anderen Produkten auszuschließen.
- Überprüfung der Rechnungen über eingekaufte Bioprodukte.
- Überprüfung der Speisenkarte und Rezepturen, um sicherzustellen, dass bei einer Vermischung von konventionell und biologisch erzeugten Speisen, kein Hinweis auf die biologischen Anteile gegeben wird.

Eine Gemüsesuppe, die mit biologisch angebauten Möhren, aber konventionell hergestellten Bohnen zubereitet wurde, darf keinen Hinweis auf biologisch erzeugte Lebensmittel haben.

Zertifizierung nach DIN ISO 9001

Neben der ökologischen Zertifizierung gibt es eine europäische Norm für die Zertifizierung von Qualität, die neben der ökologischen Qualität auch die Arbeitsprozesse unter hygienischen Gesichtspunkten, vgl. S. 33, betrachtet: Die so genannte DIN ISO 9001.
Diese ISO-Norm erfordert, dass ein Betrieb nach einem Qualitätsmanagementsystem arbeitet, das er selbst entwickelt oder als vorhandenes System übernommen hat.
Ein hierfür geeignetes Konzept ist das HACCP-Kontrollsystem, das an kritischen Punkten eine Gefahrenanalyse vornimmt und diese überwacht und dokumentiert. HACCP bedeutet:

Hazard Analysis and Critical Control Points (HACCP)
Für die Dokumentation der kritischen Punkte gibt es vorbereitete Dokumentationsbögen.
Das System muss in Betrieben schrittweise eingeführt werden. Wenn ein Betrieb die Anforderungen der DIN ISO 9001 erfüllt, kann er sich zertifizieren lassen.
Ist ein Betrieb zertifiziert, so heißt dies nicht automatisch, dass er nur gute Qualität liefert. Das Zertifikat kann aber für den Kunden ein Zeichen dafür sein, dass der Betrieb sich um Qualität bemüht.

Gentechnisch veränderte Lebensmittel

Die wachsende Zahl gentechnisch veränderter Lebens- und Futtermittel hatte neue Verordnungen im Rahmen der EU zur Folge. Die neuen Verordnungen verschärfen die Vorschriften für die Kennzeichnung und Zulassung dieser Lebens- und Futtermittel und es wurden zusätzlich Bestimmungen zur Rückverfolgbarkeit und zum Schutz der Umwelt eingeführt. Alle Verordnungen sind seit April 2004 in Kraft.

Unter die neuen Verordnungen fallen:
- Lebensmittel und Zutaten, die gentechnisch veränderte Organismen sind oder diese enthalten, z. B. gentechnisch veränderte Sojabohnen und Maiskörner.
- Futtermittel, die gentechnisch veränderte Organismen sind oder diese enthalten.

Bevor gentechnisch veränderte Lebens- und Futtermittel auf den Markt kommen dürfen, müssen sie zugelassen werden. Dafür sind folgende Punkte zu erfüllen:
- keine nachteiligen Auswirkungen auf die Gesundheit von Mensch und Tier oder auf die Umwelt
- keine Irreführung des Verbrauchers
- keine Ernährungsmängel durch den normalen Verzehr bei Ersatz des konventionellen Lebensmittels

Die Entscheidung über die Zulassung von genetisch veränderten Lebens- und Futtermitteln trifft eine EU-Kommission. Jede Genehmigung wird auf 10 Jahre begrenzt, eine Verlängerung ist möglich.

Kennzeichnungsregelungen

Kennzeichnungspflichtig sind alle Lebensmittel, die **gentechnisch veränderte Organismen (GVO)** enthalten, aus solchen bestehen oder aus solchen hergestellt wurden. Die Kennzeichnung gilt für Fertigpackungen und lose Ware.

Kennzeichnungspflichtig sind außerdem alle Futtermittel, die gentechnisch veränderte Organismen (GVO) enthalten, aus solchen bestehen oder aus solchen hergestellt wurden. Lebensmittel von Tieren, die GVO-Futtermittel erhalten haben, bleiben weiterhin kennzeichnungsfrei.
Weitere Informationen sind zu finden unter: **www.transgen.de**
Die „Arbeitsgemeinschaft Lebensmittel ohne Gentechnik" (ALOG) listet unter **www.infoxgen.com** alle Rohstoffe und Zutaten auf, die ohne Verwendung von Gentechnik erzeugt wurden.

Functional Food

(Funktionelle Lebensmittel)
Functional Food (die deutsche Bezeichnung wird üblicherweise nicht verwendet) sind Lebensmittel, die durch Zugabe bestimmter Nährstoffe/Zutaten so verändert wurden, dass sie einen bestimmten gesundheitlichen Nutzen bzw. Vorteil bringen.
Rechtlich ist ein Lebensmittel jedoch, das mit einem Hinweis auf eine bestimmte krankheitsbezogene Wirkung verkauft wird, gar kein Lebensmittel mehr, sondern ein Arzneimittel. Diese müssen aber, bevor sie verkauft werden dürfen, klinisch auf Nebenwirkungen untersucht werden. Dies geschieht nicht bei Functional Food.
Selbst gesundheitsbezogene Werbung, wie sie häufig für Functional Food erfolgt, muss wissenschaftlich gesichert sein.
Für Functional Food gilt:
Diese Lebensmittel sind teurer als vergleichbare Lebensmittel und ihre Wirkung ist umstritten.

Novel Food

Novel Food ist die Bezeichnung für neuartige Lebensmittel und Lebensmittelzusatzstoffe, die hergestellt werden, indem einzelne Bausteine wie Kohlenhydrate, Fette, Proteine zu neuen Lebensmitteln zusammengesetzt oder neue Verfahren bei der Herstellung eingesetzt werden. Im Gegensatz zu konventionellen Lebensmitteln darf Novel Food erst dann in den Verkehr gebracht werden, wenn die gesundheitliche Unbedenklichkeit festgestellt wurde. Kennzeichnungspflicht besteht nur dann, wenn die neuartigen Lebensmittel Unterschiede zu herkömmlichen Lebensmitteln aufweisen oder wenn sie gentechnisch veränderte Organismen beinhalten.

Beispiele für Novel Food sind:
- Fettersatzstoffe
- Lebensmittel aus Algen oder Plankton

Functional Food	
ACE–Getränke	Mit den Vitaminen A, C und E angereichert./ Diese Vitamine können dem Organismus durch eine ausgewogenen Ernährung zugeführt werden.
Omega-3-fettsäurereiche Lebensmittel	Omega-3-Fettsäuren sollen Herz-Kreislauferkrankungen vorbeugen./ Diese Fettsäuren kommen auch in Ölen und Seefischen vor.
Probiotische Joghurts	enthalten bestimmte Joghurtkulturen, die positiv auf den Darm wirken sollen./ Bei täglichem Verzehr gilt dies für jeden Joghurt.
Prebiotische Joghurts	enthalten meist Inulin und Oligofructose, die für die Milchsäurebakterien im Darm nützlich sind./ Beide Stoffe sind z. B. in Zwiebeln, Bananen und Spargel enthalten.

Gemüse

Gemüse möglichst frisch kaufen. Saisonkalender gibt es z. B. unter **www.was-wir-essen.de** oder **www.verbraucherzentrale-bawue.de.** Gemüse- und Obstsorten werden nach Handelsklassen (EU-Qualitätsnormen) unterschieden:
• Extra: auserlesene Ware • I: hochwertige Ware • II: gute Ware • III: Haushalts- und Industrieware

Auberginen

Da Auberginen wenig Eigengeschmack haben, brauchen sie eine kräftige Würzung.

Bohnen

Bohnen dürfen nur gegart gegessen werden, weil sie den giftigen Stoff Phasin enthalten.

Blumenkohl, Brokkoli

Beim Einkauf von Blumenkohl und Brokkoli auf feste, geschlossene Röschen achten.

Möhren

Möhren schmecken roh und gegart. Bundmöhren sind besonders süß.

Paprikaschoten

Paprikaschoten lassen sich roh und gegart verwenden. Rote, gelbe und orange Schoten schmecken milder.

Knollensellerie

Knollensellerie ist ein wichtiger Bestandteil von Suppengemüse. Scheiben können auch gebraten werden.

Spargel

Spargel wird grün und weiß verwendet. Auf geschlossene Köpfe und frische Schnittenden achten.

Spinat

Spinat kann jung als Salat gegessen oder gekocht und evtl. püriert werden. Rippen und Stiele nicht verwenden.

Schwarzwurzeln

Schwarzwurzeln schmecken besonders gut in heller Soße und eignen sich als Spargelersatz.

Tomaten

Tomaten werden vor allem als Grundlage für Soßen und Suppen und für Salate verwendet.

Zucchini

Zucchini können gefüllt oder zerkleinert gedünstet gegessen werden. Die Blüten sind ebenfalls essbar.

Zwiebeln

Weiße, braune oder violette Zwiebeln werden als Würze beim Kochen und für Salate verwendet.

EINKAUF

Hülsenfrüchte und Sprossen

Vor der Zubereitung müssen die Hülsenfrüchte verlesen werden, um kleine Steine auszusortieren. Sprossen sollten frisch oder im Glas gekauft werden. Vor der Verarbeitung müssen sie gewaschen werden.

Weiße Bohnen

Weiße Bohnen haben einen milden Geschmack. Sie kochen sämig.

Rote Bohnen

Die bekanntesten roten Bohnen sind die Kidney Beans. Sie haben einen würzig-süßlichen Geschmack.

Erbsen

Gelbe oder grüne Erbsen werden geschält und ungeschält angeboten. Sie schmecken süßlich-mild.

Kichererbsen

Kichererbsen haben einen kräftigen nussartigen Geschmack. Sie kochen fest und behalten ihre Form dabei.

Grüne Linsen

Grüne Linsen haben einen würzigen Geschmack, vor allem ungeschält.

Rote Linsen

Rote Linsen haben einen milden Geschmack, kochen leicht sämig und haben eine kürzere Garzeit als grüne.

Alfalfasprossen

Alfalfasprossen sind Keimlinge der Luzerne, haben einen frischen Geschmack und werden roh gegessen.

Kichererbsensprossen

Kichererbsensprossen schmecken herzhaft nussartig. Sie sollten kurz gekocht oder gedünstet werden.

Linsensprossen

Linsensprossen haben einen herb-würzigen Geschmack. Sie eignen sich roh für Salate.

Mungobohnensprossen

Die Sprossen haben einen herben, saftigen Geschmack. Sie eignen sich roh für Salate, erhitzt für Suppen.

Weizensprossen

Weizensprossen schmecken süßlich, leicht mehlig und eignen sich roh als Brotbelag oder für Müsli.

Radieschensprossen

Die Sprossen schmecken scharf würzig. Sie eignen sich zum Rohessen, als Brotbelag oder für Salate.

EINKAUF

Salate

Frische Salate – in erster Linie Blattsalate – gibt es das ganze Jahr über im Angebot. Einzelne Sorten werden jahreszeitabhängig mehr oder weniger angeboten und sollten nur in der Saison gekauft werden.

Kopfsalat

Kopfsalat hat wenig Eigengeschmack und braucht deshalb unbedingt ein Dressing.

Eisbergsalat

Eisbergsalat ist knackiger als Kopfsalat und schmeckt nur mit einem Dressing.

Römersalat

Römersalat wird vor allem zusammen mit Parmesan und Croûtons serviert.

Rucola (Rauke)

Rucola schmeckt sehr nussig und kräftig, besonders gut passt Parmesan dazu.

Radicchio

Radicchio kann bitter schmecken, vor allem wenn der Strunk nicht richtig entfernt wird.

Chicorée

Chicorée kann bitter schmecken, vor allem wenn der Strunk nicht richtig entfernt wird.

Salatherzen

Salatherzen schmecken nur ganz frisch. Als Dressing reicht etwas Öl mit Salz und Pfeffer.

Feldsalat

Feldsalat schmeckt herzhaft. Er muss besonders gründlich gewaschen werden.

Eichblattsalat

Eichblattsalat schmeckt neutral und sollte deshalb mit Dressing serviert werden.

Friséesalat

Friséesalat (ähnl. Endiviensalat) schmeckt neutral, manchmal etwas bitter, er sollte mit Dressing serviert werden.

Lollo rosso

Lollo rosso schmeckt neutral und wird vor allem zur Garnierung und für gemischten Salat verwendet.

Lollo bionda (bianco)

Lollo bionda schmeckt neutral und wird vor allem zur Garnierung und für gemischten Salat verwendet.

EINKAUF

Kräuter

Frische Kräuter gibt es im Topf das ganze Jahr über zu kaufen. Kräutertöpfe auf der Fensterbank sind besonders praktisch. Kräuter können aber auch tiefgefroren oder getrocknet gekauft werden.

Bärlauch

Bärlauch hat einen knoblauchähnlichen Geschmack. Er kann zu Pesto verarbeitet werden.

Basilikum

Basilikum eignet sich für die italienische Küche (Tomatensoße, Pesto, Nudeln) und Salate.

Bohnenkraut

Bohnenkraut eignet sich für Bohnenspeisen, Suppen, Eintöpfe und Salate.

Dill

Dill eignet sich für Kräutersoßen, Salate, Mayonnaise, Remoulade. Er sollte nicht mitgegart werden.

Estragon

Estragon eignet sich für Quark, Joghurt, geschmorte Tomaten und zur Essigwürze.

Kerbel

Kerbel eignet sich für Tomatensuppe, Lamm und Hackbraten.

Oregano (wilder Majoran)

Oregano eignet sich für Gemüse, Salate, Eintöpfe, Fisch und Fleisch.

Petersilie

Petersilie eignet sich für Kartoffeln, Hack, Tomaten- und Salatsoße. Sie sollte nicht gegart werden.

Minze

Minze eignet sich für Lamm, Hack, Tomatensuppen und -soßen. Sie schmeckt roh am kräftigsten.

Rosmarin

Rosmarin eignet sich für Gemüse, Eintöpfe, Dressing, Fisch, Fleisch, Tomatensoßen.

Schnittlauch

Schnittlauch eignet sich für Quark, Rührei, Omeletts.

Thymian

Thymian eignet sich für Lamm, Wurstsalat, Gemüse, Kräutersoßen, Marinaden.

Obst

Obst sollte in der jeweiligen Saison gekauft werden. Saisonkalender gibt es unter **www.was-wir-essen.de** oder **www.verbraucherzentrale-bawue.de**. Schön aussehendes Obst sagt nicht unbedingt etwas über den Gesundheitswert und den Geschmack aus. Beim Einkauf jedoch unbedingt darauf achten, dass Obst keine Druckstellen hat!

Äpfel

Die Auswahl erfolgt entsprechend der Verwendung, da Geschmack und Konsistenz unterschiedlich sind.

Birnen

Birnen werden pflückreif verkauft und reifen schnell nach. Zum Rohessen, Kochen und Backen.

Aprikosen

Aprikosen werden roh gegessen und gekocht vor allem für die Zubereitung von Konfitüre verwendet.

Erdbeeren

Erdbeeren sollten am besten gut gereift roh gegessen werden. Sie eignen sich auch für Konfitüre.

Himbeeren

Himbeeren schmecken sehr gut roh. Sie können gut zu Konfitüre verarbeitet werden.

Johannisbeeren

Es gibt weiße, rote und schwarze Johannisbeeren. Sie werden häufig für „rote Grütze" verwendet.

Kiwis

Kiwis am besten roh essen. Sie enthalten ein eiweißspaltendes Enzym, das Milchprodukte bitter macht.

Mangos

Mangos haben einen herben bis süßlichen Geschmack. Sie können roh für Obstsalate verwendet werden.

Papayas

Papayas schmecken melonenartig. Sie können roh, gefüllt oder als Obstsalat gegessen werden.

Pflaumen, Zwetschgen

Pflaumen sind zum Rohessen gut geeignet. Zwetschgen werden vorwiegend zum Backen verwendet.

Weintrauben

Es gibt grüne und blaue Weintrauben. Einige Sorten sind kernlos. Sie passen gut in Obstsalate.

Limetten / Zitronen

Beide eignen sich vor allem zum Entsaften und die Schale von ungespritzten Früchten als Gewürz.

EINKAUF

Gewürze

Gewürze sollen beim Abschmecken von Speisen sehr vorsichtig dosiert werden, damit der Eigengeschmack der Speisen nicht überlagert wird. Mehrere Gewürze zugleich sollten ebenfalls sehr vorsichtig verwendet werden, weil bestimmte Gewürze geschmacklich nicht zusammenpassen.

Paprika

Paprika besteht aus den Schoten der reifen Gewürzpaprika, getrocknet und gemahlen. Man unterscheidet fünf Schärfegrade: Delikatess-, Edelsüß-, Halbsüß-, Rosen- und Scharfpaprika.

Curry

Curry ist eine indische Gewürzmischung aus zwölf Gewürzen, u. a. aus Kurkuma, Kardamom, Pfeffer, Ingwer, Piment, Zimt, Nelken, Muskat und Koriander. Curry ist beliebt für exotische Gerichte und Soßen.

Muskat

Muskat hat einen kräftigen Geschmack, der frisch gerieben am stärksten ist. Muskat nur in kleinen Mengen für Kartoffelspeisen, Cremesuppen, Fleischbrühen, Blumenkohl und Spinat verwenden.

Pfeffer

Weißer Pfeffer: Kern der reifen Beeren; scharfer, feiner Geschmack.
Rosa Pfeffer: getrocknete Beeren; leicht süßlich, harziger Geschmack.
Grüner Pfeffer: unreife, konservierte Beeren; mild, aromatisch.
Schwarzer Pfeffer: ungeschälte, unreife Beeren; würzig, scharf.

Kümmel

Kümmel schmeckt aromatisch herb und sollte sparsam verwendet werden. Er macht Weißkohl, Gulasch, Wirsing, Sauerkraut und Schweinebraten bekömmlicher und kann auch gemahlen zugegeben werden.

Lorbeer

Lorbeerblätter haben einen leicht bitteren Geschmack und müssen vorsichtig verwendet werden. Sie sind für Fleischbrühe, Sauerkraut, Sauerbraten, Fischsud und Marinaden geeignet.

Nelken

Nelken können ganz oder gemahlen verwendet werden. Sie schmecken sehr intensiv und sollten sparsam benutzt werden für Rotkohl, gespickte Zwiebel, Birnenkompott oder Gebäck.

Ingwer

Eine süßlich scharfe Wurzel, die frisch, in Sirup, kandiert oder gemahlen in den Handel kommt. Frischer oder gemahlener Ingwer passt zu Hühnersuppe, Hackfleisch, Currysoße, Kompotten oder zu Gebäck.

Zimt

Zimt ist gemahlen oder stangenförmig im Handel. Zimt ist das Innere der getrockneten Rinde des Zimtbaumes. Zimt wird für Kompott, Milchreis, Geflügelbrühe oder für Gebäck verwendet.

EINKAUF

Kartoffeln

Speisekartoffeln werden in den Handelsklassen Extra und I verkauft. Die Kartoffelsorten unterscheiden sich in ihren Kocheigenschaften und sollten entsprechend verwendet werden. Einige Beispiele dafür sind:

Kartoffel Bintje

Mehlig kochende Kartoffel. Sie ist für Puffer, Klöße und Püree geeignet.

Kartoffel Agata

Vorwiegend fest kochende Kartoffel. Sie ist ideal für Salz-, Pell- und Bratkartoffeln.

Kartoffel Exquisa

Fest kochende Kartoffel. Sie eignet sich für Kartoffelsalat, Salz-, Pell- und Bratkartoffeln.

Brot

Weizen- oder Roggenbrote werden aus mindestens 90 % Weizen- bzw. Roggenmehl hergestellt. Weizenmischbrote haben neben dem Weizen- auch einen Roggenanteil von bis zu 49 %. Als Lockerungsmittel werden Hefe und/oder Sauerteig verwendet.

Vollkornbrot / Bauernbrot

Die Brote haben eine kräftige Kruste. Sie schmecken besonders gut mit einem herzhaften Belag.

Ciabatta / Baguette

Diese Brote eignen sich sehr gut als Beilage zu Salaten und Suppen sowie für die Zubereitung von Snacks.

Weizenbrot / Brötchen

Weizenbrote und Brötchen haben einen milden Geschmack und sind ideal für das Frühstück.

Nudeln

Nudeln gibt es in vielen verschiedenen Formen und Farben. Meistens werden sie aus Weizengrieß hergestellt. Die Zugabe von Eiern und evtl. Gewürzen und Kräutern verfeinert den Geschmack und beeinflusst die Nudelfarbe.

Muschelnudeln

Gelbe und rote Muschelnudeln eignen sich für Suppen und Salate.

Grüne Nudeln

Grüne Nudeln sind mit Spinat eingefärbt. Sie schmecken gut als Beilage oder im Salat.

Lasagneblätter

Lasagneblätter werden für die Zubereitung von Aufläufen verwendet (Lasagne al forno).

EINKAUF

Reis

Reis wird in verschiedenen Sorten angeboten. Sie unterscheiden sich zum einen durch die Form des Reiskornes: Rundkornreis oder Langkornreis; zum anderen durch die technische Bearbeitung: Vollreis, auch Naturreis genannt, geschälter Reis, bei dem die Silberhaut des Kornes durch Schleifen entfernt wurde, oder parboiled Reis, der vor dem Abschleifen der Silberhaut mit einem speziellen Dampfverfahren behandelt wurde, mit dem Vitamine und Mineralstoffe aus den Randschichten in das Reiskorninnere gepresst werden.

Parboiled Reis

Parboiled Reis eignet sich als Beilage für Suppen, Aufläufe und Salate.

Wilder Reis

Wilder Reis eignet sich als Beilage, auch gemischt mit Langkornreis. Er ist botanisch ein Grassamen.

Roter Reis

Roter Reis eignet sich als Beilage, für Aufläufe und Salate. Seine Farbe stammt von tonhaltigen Böden.

Basmatireis

Basmatireis eignet sich als Beilage und hat einen feinen Geschmack.

Naturreis

Naturreis eignet sich als Beilage, für Suppen, Aufläufe und Salate.

Rundkornreis

Rundkornreis eignet sich für Risotto und Desserts.

Getreide

Alle Getreidearten lassen sich ungemahlen, gekocht und ausgequollen als Beilage verwenden. Weizen, Gerste und Hirse eignen sich auch als Sprossen zum Rohessen.

Weizen

Die Weizenmehle werden am häufigsten zum Backen verwendet.

Hafer

Hafer gibt es als Flocken und Mehl. Beim Backen sollte es mit Weizenmehl gemischt werden.

Hirse

Hirse eignet sich als Zugabe zu Backwaren, für Aufläufe und Müsli.

Buchweizen

Der aromatische Buchweizen wird als Zugabe zu Backwaren mit Weizenmehl gemischt.

Mehle

Mehle unterscheiden sich in der Getreideart und im Ausmahlungsgrad. Mehlrohstoffe sind neben Weizen als Hauptlieferanten: Roggen, aber auch Hafer, Gerste, Mais, Hirse und Buchweizen.
Weizen-, Dinkel- und Roggenmehle werden in Mehltypen eingeteilt, die Auskunft über den Mineralstoffgehalt des Mehles geben. Je mehr Schalenteile im Mehl enthalten sind, desto mehr Mineralstoffe enthält das Mehl.
Die **Typenzahl** wird durch die Verbrennung des wasserfreien Mehles bestimmt. Die unverbrennbaren Mineralstoffe bleiben in Form von Asche zurück.

Beispiel:
Bleiben beim Verbrennen von 100 g wasserfreiem Mehl ca. 550 mg als Asche übrig, so entspricht dies der Mehltype 550.
Vollkornmehle und Vollkornschrote, also grob vermahlene Getreide, werden nicht nach Mehltypen eingeteilt, weil in diesen Mahlerzeugnissen sämtliche Kornbestandteile enthalten sind.

Die gebräuchlichsten Weizenmehle sind:
- Type 405 für Kuchen
- Type 550 für Brötchen, helles Brot und Kuchen
- Type 1050 für kräftige Brote und Kuchen
- Type 1700 Weizenbackschrot für Schrotbrote

Die gebräuchlichsten Roggenmehle sind:
- Type 997 für Weizenmischbrote
- Type 1150 für Roggenmischbrote
- Type 1800 Roggenbackschrot für Schrotbrote

Werden Vollkornmehle anstelle von anderen Mehlen verwendet, müssen die Flüssigkeitszugabe und die Rührzeit erhöht werden.

Hühnereier

Seit dem 1.1.2004 muss auf jedes Ei ein Code aufgedruckt werden.

Die erste Zahl gibt die Haltungsform an:
0   ökologische Haltung
1   Freilandhaltung
2   Bodenhaltung
3   Käfighaltung

Die folgenden beiden Buchstaben geben Auskunft über das Herkunftsland:
DE   Deutschland
AT   Österreich
BE   Belgien
FR   Frankreich
NL   Niederlande
Die folgende mehrstellige Nummer ist der Herstellercode.

Eier werden in vier Gewichtsklassen unterteilt:
S – klein,   unter 53 g
M – mittel,   unter 63 g
L – groß   unter 73 g
XL – sehr groß   über 73 g

Für die Rezepte in diesem Buch und in fast allen anderen Rezeptveröffentlichungen wird von der Gewichtsklasse M ausgegangen. Die Klasse M entspricht einem Durchschnittsgewicht von 58 g.
Werden deutlich kleinere oder größere Eier verwendet, ist das Rezept entsprechend umzurechnen.

Auf Eierverpackungen muss Folgendes angegeben werden:
- Erzeugerkennzeichnung mit Name und Anschrift
- Anzahl der verpackten Eier
- Kennnummer der Packstelle
- Güte- und Gewichtsklasse
- Mindesthaltbarkeitsdatum (MHD)
- die Angabe „bei Kühlschranktemperatur aufzubewahren – nach Ablauf des MHD durcherhitzen"
- Art der Legehennenhaltung

Die Frische eines Eis erkennt man an der Form des Eiklars und des Eidotters: Bei einem frisch aufgeschlagenen Ei steht das Eiklar um das gewölbte Eigelb. Bei älteren Eiern zerfließt das Eiklar am Rand und das Eigelb ist flach.

Fette

Für die Speisenzubereitung müssen je nach Zubereitungs- oder Gartechnik verschiedene Fette verwendet werden, weil sich Fette aufgrund ihrer Zusammensetzung beim Erhitzen unterschiedlich verhalten.
Die Zusammensetzung ist abhängig vom Rohstoff sowie von der technischen Weiterverarbeitung.
Neben pflanzlichen Ölen enthält **Margarine** bis zu 20 % Wasser, gesäuerte Magermilch, Lecithin, Vitamin A und D sowie Stärke.
Die Pflanzenöle werden z. T. gehärtet, um die Margarine streichfähig zu machen.
Bei **Halbfettmargarine**, die nicht zum Kochen und Braten verwendet werden darf, wird bis zu 50 % Wasser zugesetzt.
Plattenfette enthalten gehärtete Pflanzenöle und -fette, z. B. Erdnussfett und Palmfett.
Durch Zentrifugieren der Milch wird **Butter** gewonnen. Sie enthält außer dem tierischen Fett noch höchstens 16 % Wasser, außerdem Milcheiweiß sowie die Vitamine A und D. Butter ist als Brotaufstrich, zum Dünsten von Fisch und Gemüse und zum Backen geeignet.
Beim **Butterschmalz** wird der Butter Wasser entzogen und das Milcheiweiß entfernt, sodass 100 % Fett zurückbleibt.
Neben den rein tierischen und pflanzlichen Fetten gibt es so genannte Mischfette, die Milchfett und Pflanzenfett enthalten.

EINKAUF

Welches Fett für welches Garverfahren?					
Fett	kalt zubereitet	Backen	Dünsten	Frittieren	Braten/Schmoren
Butter	•	•	•		
Margarine	•	•	•		
Halbfettmargarine	•				
kaltgepresste Öle	•				
heißgepresste Öle	•			•	•
Butterschmalz			•	•	•
Schweineschmalz					•
Plattenfette				•	•

Öle

Ölrohstoffe

Rohstoffe für Öle sind z. B. Oliven, Sonnenblumenkerne, Raps, Weizenkeime oder Distelsamen.
Aus diesen Rohstoffen werden Öle kalt- oder heißgepresst.
Kaltgepresste Öle sollen nur für Marinaden, Dressings oder Brot-

Öle

auflagen verwendet werden.
Heißgepresste oder durch Extraktion gewonnene Öle eignen sich zum Schmoren oder Braten.
Eine besondere Rolle spielen Olivenöle, die sich durch Qualitätsstufen unterscheiden:

„**Natives Olivenöl extra**" entspricht in allen Punkten den Qualitätsanforderungen. Diese besondere Qualität heißt in Italien auch „**extra vergine**".
„**Natives Olivenöl**" ist die zweite Qualitätsstufe, die in Deutschland nur selten angeboten wird.
Als **Olivenöl** wird das Öl bezeichnet, wenn die Qualitätsanforderungen nicht erfüllt werden und das Öl raffiniert wurde. Um einen angenehmen Olivengeschmack zu erhalten, wird dem Öl ein Teil natives Olivenöl beigemischt. Diese preiswerteren Sorten eignen sich für Garverfahren wie Braten und Schmoren.

Die wichtigsten Ölsorten im Überblick			
Sorte	Aroma	passt zu	Verwendung
Olivenöl	je nach Pressung fruchtig bis nussig	kräftigen und zarten Salaten wie Rauke, Kopfsalat	kaltgepresstes Öl nicht erhitzen; raffiniertes Öl zum Braten oder Dünsten
Weizenkeimöl	mild, weizenartiger Geschmack	zartem Kopf-, Eisberg- oder Endiviensalat	nur kalt verwenden, nicht erhitzen
Rapsöl	feinmild bis neutral	jungen Spinatblättern, Kopf- oder Friséesalat	ideal zum Backen und Braten
Sesamöl	intensiver Geschmack nach geröstetem Sesam	kräftigem Römersalat oder Löwenzahnblättern	kalt und warm zum Abschmecken und Aromatisieren
Sonnenblumenöl	feinmild bis neutral	feinen Salaten wie Lollo rosso oder Lollo bionda	für Dressings, aber auch zum Backen und Braten
Distelöl	sehr mild bis neutral	Brunnenkresse, Kopfsalat oder Pflücksalat	nur kalt verwenden, nicht erhitzen
Traubenkernöl	intensiv, kräftig hocharomatisch	feinen Salaten wie Batavia- oder Eskariosalat	am besten nur kalt verwenden oder ganz leicht erwärmen
Kürbiskernöl	intensiv nussig	würzigem Eichblatt-, Römersalat oder Rauke	kalt verwenden, für warme Gerichte nur zum Abschmecken
Walnussöl, Haselnussöl	intensives Nussaroma	kräftigen Salaten wie Radicchio oder Chicorée	am besten kalt verwenden, höchstens erwärmen
Maiskeimöl	mild bis neutral	Salaten, deren Aroma zur Geltung kommen soll	raffiniertes Öl eignet sich auch zum Dünsten und Schmoren

Milch und Milchprodukte

Vollmilch ist die wichtigste Milchsorte. Sie hat einen eingestellten Fettgehalt von 3,5 %. Außerdem gibt es Vollmilch mit natürlichem Fettgehalt, dessen Höhe abhängig ist vom Fettgehalt der Rohmilch. In Rezepten ohne weiteren Hinweis ist Vollmilch gemeint.

Fettarme Milch oder teilentrahmte Milch hat einen eingestellten Fettgehalt zwischen 1,5 und 1,8 %.

Magermilch hat den geringsten Fettgehalt. Er liegt bei höchstens 0,3 %.

Vorzugsmilch hat keinen eingestellten, sondern einen natürlichen Fettgehalt. Es handelt sich dabei um Rohmilch, deren Gewinnung und Vermarktung besonderen hygienischen Auflagen unterliegen. Diese Milch wird direkt beim Erzeuger nach der Reinigung in Verpackungen abgefüllt. Vor dem Verzehr muss sie kurz auf 100 °C erhitzt werden.

Rohmilch ist frische, unbehandelte und nicht erwärmte Milch, die vom Milcherzeugerbetrieb direkt an die Verbraucher (Ab-Hof-Verkauf) verkauft wird. Die Milch muss vor dem Verzehr kurz auf 100 °C erhitzt werden.

Sahne

Sahne wird meistens als Schlagsahne oder Schlagrahm angeboten. Sie wird durch Abschöpfen des Milchfettes hergestellt.
Sahne muss einen Fettgehalt von mindestens 30 % haben. Schlagsahne mit einem höheren Fettgehalt lässt sich technisch leichter verarbeiten, weil diese Sahne auch in warmer Umgebung beim Schlagen steif wird.
Angeboten wird Sahne mit einem Fettgehalt bis zu 38 %.

Aufbereitungsverfahren

Homogenisieren: Die Milch aus der Molkerei wird vor der Wärmebehandlung unter Druck durch feinste Düsen gepresst. Die Fettkügelchen in der Milch werden dadurch so klein und fein verteilt, dass die Milch so gut wie nicht aufrahmt.

Pasteurisieren: Durch kurzzeitiges Erhitzen der Milch auf 72–75 °C wird die Tätigkeit der Mikroorganismen unterbrochen und die Haltbarkeit verlängert. Die Milch wird als „frische Milch" bezeichnet.

Ultrahocherhitzen: Wird die Milch für einige Sekunden auf 135 bis 150 °C erhitzt, enthält sie keine vermehrungsfähigen Keime mehr. Ultrahocherhitzte Milch wird als „H-Milch" (haltbare Milch) bezeichnet. Durch die Erhitzung gehen die hitzeempfindlichen B-Vitamine zum größten Teil verloren, das Milcheiweiß verändert sich und die Milch hat einen „Kochgeschmack". Sie ist zum Aufschäumen für Cappuccino und für die Eigenproduktion von Joghurt geeignet.

Längerfrische Milch: Die Milch wird im FSH-Verfahren (Falling Stream Heater) 1–2 Sekunden auf 125–127 °C erhitzt. Die Trinkmilch wird dadurch länger haltbar, ohne einen Kochgeschmack zu bekommen.

Sauermilcherzeugnisse

Joghurt
Unterscheidungsmerkmale sind

Fettgehalt	0,3 %–10 %
Konsistenz	cremig bis stichfest
Herkunft	Milch, Biomilch
Geschmack	stark bis schwach säuerlich
Zusätze	natur, Früchte, Getreide oder Schokolade
Herstellungsart	Säuerung mit rechts- und/oder linksdrehender Milchsäure

Saure Sahne oder **Sauerrahm** ist frische Sahne, die mit Milchsäure versetzt wurde. Saure Sahne gibt es in Fettstufen zwischen 10 % und 30 %. Sahne mit einer höheren Fettstufe ist besser zum Verfeinern von Soßen geeignet, da sie nicht ausflockt. Bei der Verwendung von 10%iger Sahne sollte diese mit etwas Stärke oder Mehl angerührt werden, um ein Ausflocken zu verhindern.

Schmand ist ein fester Sauerrahm mit 20 % Fettgehalt für die Herstellung von Dressings oder Soßen.

Crème fraîche ist ähnlich wie Schmand stichfest und hat einen Fettgehalt von 30 %. Sie wird zum Verfeinern von Soßen oder als Dressinggrundlage verwendet.

Käse

Käse wird je nach Wassergehalt in verschiedene Sorten unterteilt:

Frischkäse (mehr als 73 % Wasser), z. B. Doppelrahmfrischkäse, körniger Frischkäse (Hüttenkäse), Schichtkäse und Quark.

Quark entsteht bei der Dicklegung von Milch durch Lab und Milchsäurebakterien. Man kann ihn als jungen Käse vor dem Reifeprozess bezeichnen. Quark gibt es in drei Fettstufen: unter 10 %, 20 % und 40 %. Den fetteren Sorten wird Sahne beigemengt, dadurch sind sie cremig und mild im Aroma.

Weichkäse (mehr als 67 % Wasser), z. B. Camembert, Brie oder Limburger.

Halbfester Schnittkäse (61–69 % Wasser), z. B. Butterkäse, Edelpilzkäse, Tilsiter oder Wilstermarschkäse.

Schnittkäse (54–63 % Wasser), z. B. Edamer, Gouda.

Hartkäse (56 % und weniger Wasser), z. B. Emmentaler, Cheddar und Parmesan.

Fettgehalt i. Tr.
Die Abkürzung i. Tr. bedeutet „in der Trockenmasse". Die bei Käse angegebenen Fett-Prozentsätze beziehen sich nicht auf den gesamten Käse, sondern nur auf das Fett in der trockenen (wasserlosen) Masse.
Die Käse-Verordnung unterscheidet acht Fettgehaltsstufen:

- Doppelrahmstufe, mind. 60 %, höchstens 85 % Fett i. Tr.,
- Rahmstufe, mind. 50 % Fett i. Tr.,
- Vollfettstufe, mind. 45 % Fett i. Tr.,
- Fettstufe, mind. 40 % Fett i. Tr.,
- Dreiviertelfettstufe, mind. 30 % Fett i. Tr.,
- Halbfettstufe, mind. 20 % Fett i. Tr.,
- Viertelfettstufe, mind. 10 % Fett i. Tr.,
- Magerstufe, weniger als 10 % Fett i. Tr.

EINKAUF

Fleisch

Fleisch kann frisch, vakuumiert oder tiefgefroren gekauft werden. Frisches Fleisch hat eine kräftige rote Farbe. Das Fett ist weiß-gelb. Marmoriertes Fleisch ist zarter und saftiger als völlig fettarmes Fleisch. Im Folgenden einige ausgewählte Teile vom Schwein, Lamm, Rind und Kalb:

Schweinekotelett

Das Fleisch wird als Kotelett natur, paniert oder im Ganzen als Kotelettbraten gebraten.

Schweinenacken

Nacken wird als Kotelett einzeln natur, paniert oder im Ganzen gebraten.

Schweinebauch

Schweinebauch kann in Scheiben oder im Stück, z. B. gefüllt mit Äpfeln oder Backobst, gebraten werden.

Schweineschinken

Schweineschinken wird als Schnitzel, für Geschnetzeltes, gepökelt oder natur als Braten verwendet.

Schweinefilet

Schweinefilet eignet sich zum Kurzbraten in Stücken (Medaillons).

Kalbsschnitzel

Das Fleisch wird als Schnitzel für das typische Wiener Schnitzel oder als Roulade verwendet.

Nacken vom Rind

Nacken wird zum Kochen für Brühen oder für Fleisch in Meerrettichsoße verwendet.

Kugel vom Rind

Das Fleisch eignet sich für Tafelspitz, Schmorbraten oder Sauerbraten.

Hohe Rippe

Hohe Rippe wird als Grundlage für Eintopf verwendet.

Roastbeef

Roastbeef lässt sich zum Kurzbraten in Scheiben, im Ganzen als Roastbeef oder als Aufschnitt verwenden.

Lammrücken

Lammrücken eignet sich zum Braten im Ganzen.

Lammkoteletts

Lammkoteletts sind ideal zum Grillen.

Fische, Krustentiere und Muscheln

Fisch muss frisch gekauft werden. Qualitätsmerkmale sind ein frischer und angenehmer Geruch, klare und durchsichtige Schleimhaut, hellrote und fest anliegende Kiemen, klare, feste Augen. Beim Kauf von Fischfilet unbedingt auf festes Fleisch achten, die Ränder dürfen nicht angetrocknet sein.

Forelle

Forellen können im Ganzen oder als Filets zum Braten, „Blaugaren" oder Räuchern verwendet werden.

Lachs

Lachs kann als Kotelett gebraten, gedünstet oder im Ganzen in Salzkruste gegart werden.

Makrele

Makrelen eignen sich zum Grillen oder zum Braten in der Pfanne.

Rotbarsch

Rotbarsch wird vor allem als Filet gebraten, frittiert oder gedünstet.

Kabeljau/Dorsch

Kabeljau/Dorsch wird als Ganzes, z. B. im Gemüsebett, gedünstet.

Seelachs

Seelachs wird vor allem als Filet gebraten, frittiert oder gedünstet.

Seewolf/Loup de mer

Seewolf wird im Ganzen – auch gefüllt – oder als Filet gebraten.

Seeteufel

Seeteufel wird in Stücken gebraten (Medaillons).

Hering

Heringe werden im Ganzen als Bratheringe bzw. als Filet gebraten oder gegrillt.

Aal

Aal wird im Ganzen gedünstet, gebraten sowie in sauer eingelegt.

Garnelen

Gebratene oder gedünstete Garnelen eignen sich für Salate, Rührei oder als Suppeneinlage.

Muscheln

Muscheln werden gekocht mit unterschiedlichen Soßen serviert.

Getränke

Kaffee

Kaffee wird aus den gerösteten Kaffeekirschen der Kaffeebäume gewonnen. Bekannteste Herkunftsländer sind: Brasilien, Costa Rica, Kolumbien und mittelafrikanische Länder. Für den Verkauf werden verschiedene Kaffeesorten, z. B. die herb schmeckende Robusta und die schokoladenartig schmeckende Arabica, miteinander vermischt, um unterschiedliche Geschmacksrichtungen zu erhalten.

Folgende Kaffeesorten werden angeboten:
- Bohnenkaffee mit 1 bis 2,5 % Koffeingehalt,
- Entkoffeinierter Kaffee mit höchstens 0,1 % Koffein,
- reizstoffarmer Kaffee (magenschonender Kaffee) mit niedrigerem Säuregehalt und 1 bis 2,5 % Koffein,
- Instantkaffee, der in heißem Wasser schnell löslich ist.

Tee

Tee wird aus den jüngsten und feinsten Blättern des Teestrauches aus tropischen und subtropischen Gebieten hergestellt. Je nach Herkunft und Mischung unterscheidet sich der Geschmack der Teesorten. Die Qualität des Tees hängt von den Teilen des Teestrauches ab, die für den Tee verwendet werden.

In den Tees befinden sich folgende Blattteile:
- Golden Tipps sind die oberen Blattknospen,
- Flowery orange Pekoe sind die noch nicht voll entwickelten, gerollten Blätter,
- Pekoe sind die zweiten Blätter am Trieb,
- Pekoe Souchong sind die dritten Blätter am Trieb.

Tee wird in verschiedenen Blattgrößen angeboten:
- Blatt-Tee: ganze Blätter,
- Broken Tee: gebrochene Blätter,
- Fannings und Dust: feinstzerkleinerte Blätter für den Teebeutel.

Für **schwarzen Tee** werden die Teeblätter sofort nach der Ernte fermentiert. Für **grünen Tee** werden die Teeblätter getrocknet, aber nicht fermentiert.

Für **teeähnliche Erzeugnisse** dienen getrocknete Pflanzenteile oder Blätter als Rohstoffe. Zu diesen Teesorten gehören die **Kräuter- und Früchtetees**. Außerdem gibt es **aromatisierte Tees** und Tees, die Fruchtstücke (Rote-Grütze-Tee, Weihnachtstee) oder Gewürze (Orangenschale, Bergamotteöl) sowie künstliche Aromastoffe enthalten.

Kakao

Kakao wird aus der gerösteten Kakaobohne des Kakaobaumes gewonnen. Er stammt aus Afrika, Mittel- und Südamerika und Asien.

Beim Trinkkakao werden zwei Qualitätsstufen unterschieden:
- schwach entölt mit einem Fettgehalt von mindestens 20 %,
- stark entölt mit einem Fettgehalt von mindestens 8 %.

Außerdem werden Instant-Getränkepulver angeboten, die auch in kalter Milch löslich sind. Sie enthalten meistens viel Zucker.

Mineralwasser

Mineralwasser stammt aus Mineralwasserquellen. Das Wasser reichert sich unterirdisch mit Mineralstoffen an. Dem Mineralwasser kann Kohlensäure zugesetzt oder entzogen werden. Mineralwasser muss amtlich anerkannt werden. Kohlensäureloses Mineralwasser ist magenverträglicher, aber nicht so erfrischend. Tafelwasser besteht aus Trinkwasser, dass mit weiteren Zutaten, z. B. Meerwasser oder Sole, versetzt wurde.

Quellwasser muss direkt aus der Quelle abgefüllt werden und mindestens dieselben Kriterien erfüllen wie Leitungswasser.

Heilwasser ist kein Lebensmittel, sondern ein Arzneimittel und benötigt deshalb eine Zulassung.

Fruchtsäfte

Fruchtsaft besteht zu 100 % aus Früchten oder Gemüse. Es dürfen keine Konservierungs- und Farbstoffe sowie andere chemische Zusätze hinzugefügt werden.

Um einen wetterbedingten Mangel an fruchteigenem Zucker auszugleichen, dürfen bis zu 15 g Zucker je Liter zugesetzt werden. Eine Zuckerzugabe ist kennzeichnungspflichtig. Fruchtsäfte dürfen auch aus Fruchtsaftkonzentraten hergestellt werden.

Fruchtnektare

Fruchtnektar enthält 25 bis 50 % Fruchtsaft oder Fruchtmark und höchstens 20 % Zucker. Der Rest ist Wasser.

Fruchtsaftgetränke

Fruchtsaftgetränke beinhalten 6 bis 30 % Fruchtsaft. Der Fruchtsaftgehalt hängt von den verwendeten Früchten ab:
- Kernobst: 30 %,
- Zitrusfrüchte: 6 %,
- alle anderen Früchte: 10 %.

Limonaden

Limonaden enthalten 3 bis 15 % Fruchtsaft. Außerdem beinhalten sie Kohlensäure und viel Zucker.
Cola ist eine spezielle koffeinhaltige Limonade.

Fruchtsaftgehalt verschiedener Getränke

EINKAUF

Lagerung von Lebensmitteln

Brote	Brot muss trocken gelagert werden. Besonders frisch hält sich Brot im Tontopf. Es darf nicht zu kühl gelagert werden, da es dann trocken wird. Brot, das auch nur kleinste Schimmelspuren hat, darf aus Gesundheitsgründen nicht verwendet werden.
Eier	Sehr frische Eier können bei schnellem Verbrauch (drei Tage) in der Küche gelagert werden. Werden sie nicht kurzfristig verbraucht, müssen die Eier im Kühlschrank aufbewahrt werden.
Fette und Öle	Fette und Öle sollten bei der Aufbewahrung für längere Zeit im Kühlschrank gelagert werden. Dabei ist zu beachten, dass Butter, wenn sie streichfähig bleiben soll, entweder im Butterfach des Kühlschranks gelagert wird oder frühzeitig herausgenommen werden muss. Olivenöl wird im Kühlschrank fest und muss dementsprechend früh entnommen werden.
Fische	Fische und Krustentiere sollen nicht länger als einen Tag im Kühlschrank gelagert werden. Für eine längere Lagerung müssen sie tiefgefroren werden.
Fleisch	Fleisch kann im Kühlschrank bis zu drei Tagen gelagert werden. Für eine längere Lagerdauer muss es tiefgefroren werden. Dabei hängt die Lagerdauer vom Fettgehalt des Fleisches ab. Je fetter das Fleisch ist, desto kürzer ist die Lagerzeit.
Gemüse	Gemüse sollte kühl und dunkel aufbewahrt werden. Gemüse nicht länger als ein bis drei Tage im Kühlschrank lagern. Nur Möhren und Kürbisse können z. B. in einem kühlen Keller länger gelagert werden. Je kälter das Gemüse gelagert wird, desto mehr Vitamine bleiben erhalten.
Gewürze	Gewürze müssen trocken in fest zu verschließenden Dosen möglichst dunkel gelagert werden. Die Lagerdauer sollte ein Jahr nicht überschreiten, damit der Würzeffekt erhalten bleibt.
Hülsenfrüchte	Ungeschälte Hülsenfrüchte sind bis zu einem Jahr, geschälte bis zu sechs Monaten haltbar, wenn sie trocken gelagert werden.
Kaffee, Tee, Kakao	Kaffee, Tee und Kakao können ohne Kühlung gelagert werden, weil es Trockenprodukte sind. Um Aromaverluste, z. B. bei gemahlenem Kaffee zu vermeiden, sollte Kaffee, der länger aufbewahrt werden soll, entweder tiefgefroren oder ungemahlen gelagert werden.
Kartoffeln	Kartoffeln können auf Vorrat gekauft werden, wenn man sie kalt und dunkel lagern kann.
Kräuter	Trockenkräuter ohne Kühlung, frische Kräuter ein bis drei Tage im Wasser oder im Kühlschrank, Kräutertöpfe mit täglicher Wasserzufuhr auf der Fensterbank lagern.
Milch und Milcherzeugnisse	Trinkmilch (pasteurisiert) ist bis zu sechs Tagen im Kühlschrank haltbar. H-Milch ist mit einem Haltbarkeitsdatum versehen. Sahne hält sich vier bis sechs Tage im Kühlschrank, ultrahocherhitzte Sahne hat ein Verbrauchsdatum. Saure Sahne hält sich mindestens zehn Tage im Kühlschrank. Wenn sich Molke (wässriger Bestandteil der Milch) absetzt, ist dies kein Zeichen für Verderb. Noch länger kann Joghurt – bis zu vier Wochen – im Kühlschrank aufbewahrt werden.
Obst	Bis auf Zitrusfrüchte, wie Zitronen, Limetten und Orangen, sowie Äpfel sollte Obst möglichst nur kurz gelagert werden, damit der Vitamingehalt erhalten bleibt. Außerdem sind viele Sorten anfällig für Schimmel. Obst sollte generell kühl gelagert werden, Äpfel kühl und trocken. Sollen Äpfel überwintern, so müssen sie auf ein Lattenrost gelegt und beobachtet werden, damit Druckstellen oder braune Stellen sofort gesehen werden.
Reis	Reis und Getreide muss trocken in verschließbaren Gefäßen gelagert werden. Die Haltbarkeit beträgt ca. ein Jahr. Nudeln als Trockenprodukt können bis zu einem Jahr trocken gelagert werden. Offene Packungen müssen wieder verschlossen werden. Bei frischen Nudeln aus dem Kühlregal muss das Mindesthaltbarkeitsdatum beachtet werden. Um die Lagerdauer zu verlängern, müssen diese Nudeln tiefgefroren werden.
Salate	Salate möglichst nicht lange lagern. Eine Lagerung im Kühlschrank ist möglich. Dafür sollte der Salat in Plastikbeutel verpackt werden, damit er nicht austrocknet.

Der Arbeitsplatz

Vor möglichst jeder Arbeit in der Küche wird der Arbeitsplatz so eingerichtet, dass die Arbeit ohne Unterbrechung verrichtet werden kann.

Zur Einrichtung des Arbeitsplatzes gehören:
1. Arbeitsplatz so auswählen, dass der Lichteinfall möglichst von links kommt (bei Rechtshändern). Für längere Arbeiten eine Sitzmöglichkeit schaffen oder – falls vorhanden – eine Stehhilfe bereitstellen. Sowohl beim Stehen als auch beim Sitzen muss eine richtige Arbeitshöhe gewählt werden, sodass der Körper nicht gebeugt werden muss.
2. Alle Geräte, die benötigt werden, zusammenstellen und so anordnen, dass ein Rechtshänder von links nach rechts, ein Linkshänder von rechts nach links arbeiten kann, ohne dass sich Handgriffe kreuzen.
3. Alle Lebensmittel, die benötigt werden, zusammentragen und anordnen. Lebensmittel, die erdbehaftet sind, dürfen nicht mit anderen Lebensmitteln in Berührung kommen.
4. Eine Schüssel oder Papier für Abfälle in Reichweite stellen.

Organisation der Arbeit

Einkauf
Ohne Einkaufsliste besteht die Gefahr, dass etwas vergessen wird oder dass etwas gekauft wird, was gar nicht benötigt wird.
Psychologisch besser ist es, nach einem kleinen Snack eine Einkaufsliste zu schreiben und anschließend einkaufen zu gehen: Wer hungrig einkauft, kauft meist zu viel.
Wenn ausreichend Lagerraum vorhanden ist (Keller), kann einmal pro Woche oder monatlich ein Großeinkauf erfolgen.
Zum Einkaufen möglichst Stoffbeutel mitnehmen. In sauberen Stoffbeuteln können z. B. Brot und Brötchen lose transportiert werden, so dass Verpackung gespart werden kann.

Speisenzubereitung
Die Rezepte so auswählen, dass sie in der vorhandenen Zeit und vom Schwierigkeitsgrad her bewältigt werden können.
Das Ausprobieren neuer Rezepte mit neuen Techniken sollte bei Zeitdruck oder bei zu erwartenden Gästen auf ruhige Tage verschoben werden.
Die Rezepte genau und vor allem bis zum Ende durchlesen und prüfen, ob alle Geräte und Lebensmittel vorhanden sind.
Mit einer guten Zeitplanung können ablaufbedingte Wartezeiten genutzt werden, z. B. während des Schmorens von Fleisch können eine Beilage gegart und ein Salat zubereitet werden. Ebenso lässt sich die Zeit zum Aufräumen oder zum Tischdecken nutzen.

Arbeitssicherheit

In der Küche lauern viele Gefahren, deshalb müssen unbedingt folgende Vorsichtsmaßnahmen berücksichtigt werden:
- Beim Arbeiten Schmuck wie Ketten, Ringe und Reifen ablegen, damit er nicht in Maschinen o. Ä. hängen bleibt.
- Maschinen nur einsetzen, wenn deren Handhabung bekannt ist (Bedienungsanleitung). Die Schutzeinrichtungen der Küchenmaschinen unbedingt benutzen, z. B. den Stopfer beim Fleischwolf, die Haltevorrichtung bei der Schneidemaschine.
- Elektrische Geräte immer vor dem Einstecken des Netzsteckers zusammensetzen. Im Betrieb die Stecker und Kabel jährlich kontrollieren.
- Geräte, in denen sich Dampf entwickelt, so öffnen, dass der Dampf nicht ins Gesicht strömen kann.
- Geräte, vor allem Pfannen mit Stiel, so auf den Arbeitsplatz und den Herd stellen, dass niemand im Vorbeigehen daran hängen bleiben kann.
- Topflappen und Spritzschutz verwenden, um sich vor Verbrennungen zu schützen.
- Im Betrieb standsichere, geschlossene Schuhe mit rutschfester Sohle tragen, damit die Gefahr des Ausrutschens herabgesetzt wird.
- Flüssigkeiten und Fett sofort vom Fußboden aufwischen, um ein Ausrutschen zu verhindern. Im Betrieb fettigen Boden zusätzlich mit Salz abstreuen.

Richtig eingerichteter Arbeitsplatz

Richtig stehende Pfanne

Richtiges Öffnen eines Topfdeckels

Arbeitshygiene

Bei der Verarbeitung von Lebensmitteln müssen aus Gesundheitsgründen Hygienevorschriften eingehalten werden.

Die Hygiene wird in drei Bereiche unterteilt:
- Betriebshygiene
- Persönliche Hygiene
- Produkt- und Produktionshygiene

Die Durchführung hygienischer Maßnahmen und deren schriftliche Dokumentation ist Pflicht für die Betriebe. Sie ist außerdem eine der Voraussetzungen für die Zertifizierung nach DIN ISO 9001, vgl. S. 15.

Bei den Richtlinien für die Hygiene muss unterschieden werden, ob im privaten Bereich Lebensmittel zubereitet werden oder ob in einem fremden Haushalt oder in einem Betrieb für andere Personen Speisen hergestellt werden. Im eigenen Haushalt wird jeder entsprechend seiner persönlichen Hygieneanforderungen arbeiten.

Betriebshygiene
- Betriebsräume müssen sich in einem einwandfreien und sauberen Zustand befinden.
- Die Räume, Einrichtungen und Maschinen müssen leicht zu reinigen sein.
- Die Räume dürfen nicht für betriebsfremde Zwecke genutzt werden.
- Der Betrieb ist täglich gründlich zu reinigen.

Persönliche Hygiene
- Vor der Arbeit und nach jedem Toilettengang die Hände waschen. Die Hände mit einem Einweghandtuch abtrocknen, das in einen besonderen Behälter entsorgt werden muss.
- Saubere, kochfeste Arbeitskleidung tragen.
- Lange Haare zusammenbinden und ebenso wie kurze Haare mit einem Kopftuch oder einer Haube festhalten.
- Kleinere Wunden durch Heftpflaster oder besondere Fingerverbände abdecken.
- Nagellack vor der Arbeit entfernen.
- Schmuck ablegen, da sich z. B. unter Ringen Mikroorganismen vermehren können.
- Nicht auf die Speisen niesen oder husten.
- Keine Lebensmittel verarbeiten, wenn eine ansteckende Krankheit vorliegt.

Hygienisches Verbinden von Wunden

Produkt- und Produktionshygiene
- Warenqualität beim Einkauf oder der Anlieferung kontrollieren.
- Waren kühl und trocken lagern.
- Erdbehaftete Lebensmittel wie Kartoffeln nicht mit anderen Lebensmitteln gleichzeitig an einem Ort verarbeiten. Spülbecken, in denen diese Lebensmittel gewaschen wurden, jedes Mal gründlich reinigen.
- Beim Auftauen von Fleisch, v.a. Geflügelfleisch, darauf achten, dass kein Auftauwasser auf andere Speisen oder Geräte gelangt.
- Nur saubere Geräte verwenden.
- Geflügel am besten in einem besonderen Behälter mit Siebeinsatz auftauen lassen.
- Bei Verwendung von Eiern auf das Legedatum achten, vgl. S. 25, da Eier nur die ersten 9 Tage nach dem Legen einen Salmonellenschutz haben. Bei der Zubereitung von Speisen, v.a. in der Gemeinschaftsverpflegung, evtl. pasteurisierte Eier verwenden.
- Beim Abschmecken von Speisen einen Probierlöffel verwenden.
- Wenn Holzkochlöffel eingesetzt werden, diese getrennt für salzige und süße Speisen verwenden, damit der Geschmack nicht übertragen wird.
- Speisen nie lange Zeit warm halten. Besser ist das sofortige Abkühlen der Speisen und bei Bedarf ein erneutes Erwärmen von Resten oder Einzelportionen.
- Alle zubereiteten Speisen und Speisereste abgedeckt und kühl lagern.

Hygienische Arbeitskleidung

Hygienischer Seifenspender und Handtuchspender

Speisen immer abdecken

RATIONELLES ARBEITEN

Küchengeräte – Messer

Messer sind für fast alle Vor- und Zubereitungsverfahren in der Küche notwendige Werkzeuge. Zum Schneiden gehören Schneidbretter aus Kunststoff oder Holz. Für stark riechende und/oder färbende Lebensmittel, z. B. Zwiebeln und Petersilie, sollten vorzugsweise Kunststoffbretter verwendet werden.

Gute Messer weisen folgende Merkmale auf:

Saubere Verarbeitung
Messerklinge und -heft sind fugenlos zusammengesetzt und weisen keine Unebenheiten und Grate auf.

Hohe Sicherheit
Das Messer hat einen Knauf und einen Fingerschutz und bietet dadurch guten Halt für die Hand.

Gute Ergonomie
Das Messerheft ist ergonomisch – der Hand angepasst – geformt und hat das richtige Gewicht. Es ist gut ausbalanciert und liegt deswegen gut in der Hand.

Lange Haltbarkeit
Die Gebrauchsdauer der gut geschliffenen und polierten Klinge ist hoch und das Messer bleibt lange scharf. Ein Qualitätsmesser hat einen dicken Rücken (mind. 1 mm) und verjüngt sich zur Scheide hin gleichmäßig.

Spülmaschinen-Eignung
Hochwertige Messer können in der Spülmaschine gereinigt werden. Allerdings werden sie leicht von anderen Geräten, z. B. Töpfen beschädigt. Schonender ist eine Reinigung von Hand, vor allem für Messer mit Holzgriffen.

Messer	Name	Verwendung und Beschreibung
	Kochmesser	zum Kleinschneiden, 15–25 cm lange Klinge
	Brotmesser	gezähnt oder mit Wellenschliff, ca. 20 cm lange Klinge
	Gemüsemesser	zum Schneiden, Putzen und Zurichten (Tournieren) von Gemüse, ca. 9 cm lange Klinge
	Schälmesser	zum Obst- und Gemüseschälen, gebogene Spitze und kurze Klinge
	Schinkenmesser	zum Schneiden von Fleisch – auch mit Kruste, mit verschiedenen Klingenlängen
	Tomatenmesser	mit Zähnung oder Wellenschliff sowie einer Gabelspitze
	Buntmesser	zum Schneiden von Garnierungen, z. B. Butter
	Wiegemesser	zum Zerkleinern von Kräutern

34

Küchengeräte – Töpfe und Pfannen

Töpfe und Pfannen gehören zur Basisausstattung jeder Küche. Gute Töpfe und Pfannen zeichnet Folgendes aus:

Unempfindlich gegen Kratzer und Stöße
Das Material muss so hart beschaffen sein, dass z. B. das Umrühren mit einem Pfannenwender keine Kratzer hinterlässt. Eine Ausnahme stellt beschichtetes Material dar.

Standfestigkeit
Töpfe und Pfannen müssen einen ebenen Boden haben und dürfen nicht wackeln, damit die Wärme der Herdplatte ohne Verlust übertragen werden kann.

Gute und gleichmäßige Hitzeleitfähigkeit des Bodens
Von der Leitfähigkeit ist die Höhe des Energieverbrauches abhängig. Töpfe und Pfannen haben für eine optimale Leitfähigkeit z. T. einen Kupferzwischenboden.

Stabile Griffe
Griffe von Töpfen und Pfannen sollen stabil und ausreichend groß sein, um den Topf oder die Pfanne gut in der Hand halten zu können.

Schüttrand
Der Rand eines Topfes oder einer Pfanne muss so geformt sein, dass z. B. Flüssigkeiten gefahrlos abgegossen werden können.

Geschmacksneutralität
Die Materialien, aus denen Töpfe und Pfannen hergestellt werden, dürfen auch bei der Zubereitung von säurehaltigen Speisen keinen Eigengeschmack entwickeln.

Backofenfest
Töpfe und Pfannen sollten zu diesem Zweck ganz aus Metall hergestellt sein und z. B. keine Kunststoff- oder Holzgriffe haben. So lässt sich auch schnell eine Speise warm stellen oder zum Übergrillen in den Ofen schieben.

Pflegeleicht
Das Material sollte sich auch ohne weitere Hilfsmittel gut reinigen lassen. Für Töpfe ist eine Spülmaschineneignung zu empfehlen. Pfannen sollten nicht mit Spülmittel abgewaschen werden, damit ihre Bratfähigkeit erhalten bleibt. Häufig reicht das Auswischen mit Küchenpapier oder das Abwaschen mit klarem Wasser ohne Spülmittel.

Größe
Töpfe und Pfannen sollten die für den Durchmesser der Herdplatten passenden Größen haben.

Topf / Pfanne	Material	Name und Verwendung
	Edelstahl	Topf zum Garen größerer Mengen. Als Zusatz gibt es einen Dämpfeinsatz oder einen Siebeinsatz zum Nudelkochen.
	Edelstahl	Stielkasserolle zum Garen kleiner Mengen. Besonders gut für Soßen geeignet.
	Edelstahl	Bräter oder Fischtopf. Zum Garen von ganzen Fischen muss der Einsatzkorb verwendet werden.
	Gusseisen oder Edelstahl	Wok zum Kurzgaren vor allem von Gemüse, auch zum Frittieren geeignet.
	Gusseisen oder Edelstahl, mit und ohne Beschichtung	Pfanne zum Braten von z. B. Fleisch, Fisch und Eiern.
	Gusseisen	Grillpfanne vor allem für das Braten von Fleisch, das beim Braten dadurch die typischen Grillstreifen erhält.

Herde und Backöfen

Herde

Generell werden Standgeräte von Einbaugeräten sowie Elektro- und Gasherde unterschieden. Die Auswahl hängt von der Größe der Küche und vom vorhandenen Mobiliar ab.

Die Einbaugeräte werden erst mit einem geeigneten Einbauschrank gebrauchsfähig. Die Schränke lassen im Gegensatz zu Standgeräten einen Einbau auf Augenhöhe zu, z. B. für Backöfen oder Mikrowellengeräte. Am häufigsten werden Backöfen eingebaut, die durch eine Einbaukochmulde – häufig mit Glaskeramikoberfläche – ergänzt werden. Einbaugeräte erleichtern die Reinigung der Küchenoberfläche, weil die Arbeitsfläche lückenlos abschließt. Die Geräte können gas- oder strombeheizt sein.

Die Wahl der Energieform hängt meistens von der zur Verfügung stehenden Energie ab. In den meisten Haushalten der Bundesrepublik wird mit Strom gegart.

Vorteile von Elektroherden:
- Elektrischer Strom ist eine „saubere" Energieform, weil der Strom in der Küche ohne Abgase oder Verbrennungsrückstände umgewandelt wird.
- Automatikschaltungen ermöglichen es, dass der Kochvorgang nicht ständig überwacht werden muss.
- Die Reinigung ist einfach.
- Explosionen sind nicht zu befürchten und es besteht nur geringe Brandgefahr.
- Die Wärme wird gleichmäßig verteilt.

Nachteile von Elektroherden:
- Bei der Stromerzeugung wird die Umwelt belastet.
- Nur 40 % der ursprünglich eingesetzten Energie gelangt in Form von Strom bis zum Verbraucher. Der Rest geht bei der Energiegewinnung, Energieumwandlung und beim Transport verloren.
- Die aufwändige Technik moderner Elektroherde führt zu hohen Anschaffungspreisen.

Vorteile von Gasherden:
- Gas ist eine Primärenergie und damit umweltschonend.
- Der Brenner lässt sich stufenlos regulieren.
- Es gibt keine Nachwärme, sodass Einstellungsänderungen sofort auf das Kochgut übertragen werden.

Nachteile von Gasherden:
- Offene Flammen können gefährlich sein; inzwischen gibt es auch Gasherde ohne offene Flammen.
- Gasgeräte lassen sich nur mühsam sauber halten.
- Die Wärme des Flammenkranzes kann den Topfboden ungleichmäßig erhitzen. Das wirkt sich z. B. beim Pfannkuchenbacken durch ungleichmäßige Bräunung aus.
- Das Wärmeangebot ist auch bei kleinster Einstellung noch sehr groß.

Neuerdings gibt es auch kombinierte Gas- und Elektroherde, sodass sich die Vorteile beider Energieformen kombinieren lassen.

Neben den herkömmlichen Kochsystemen für Kochstellen gibt es
- **Infrarotkochzonen:** Die Strahlungshitze wird mit elektrischen Heizspiralen erzeugt, die unter der Glaskeramikfläche glühend aufleuchten.
- **Halogenkochzonen:** Die Wärmestrahlung wird durch Halogenlampen erzeugt, die die Glaskeramik mit wenig Wärmeverlust durchdringen.
- **Induktionskochzonen:** Die Wärme wird durch ein elektromagnetisches Feld im Boden des (besonderen) Kochgeschirrs erzeugt.

Backöfen

Es gibt verschiedene Backsysteme:
- **Ober- und Unterhitze** (konventionelle Beheizung): die Strahlungshitze wirkt von oben und unten, die Temperaturverteilung im Herd ist unterschiedlich.
- **Umluftsystem (Heißluftsystem/Konvektomat):** Ein Ventilator sorgt für eine gleichmäßige Verteilung der Strahlungshitze, sodass mehrere Speisen übereinander gegart werden können.
- **Grilleinrichtung:** Durch Wärmezufuhr von oben können Fleisch und Fisch gegrillt oder Aufläufe gratiniert werden.
- **Integrierte Mikrowelle:** Sie kombiniert alle Heizarten des Backofens mit der schnellen Mikrowelle. Die Kombination spart Zeit und Energie. Die Mikrowelle kann aber auch alleine genutzt werden.
- **Integriertes Dampfsystem:** Mit diesem System können Lebensmittel gedünstet werden. Durch die Kombination von Heißluft und Dampf lassen sich außerdem hervorragende Backergebnisse erzielen.

In modernen Backöfen sind häufig mehrere dieser Systeme eingebaut und lassen sich untereinander kombinieren.

Das Garen in der Mikrowelle ist auf Seite 58 beschrieben.

Einstellungsbereiche für Kochstellen bei Elektroherden

Garvorgänge	Einstellungsbereiche Die Schaltelemente für die Kochstellen haben unterschiedliche Kennzeichnungen				
	Normal- und Blitzkochstellen			Automatik-Kochstellen	
Ankochen, Erhitzen Aufkochen, Blanchieren	3	9	12	Bei der Ankochautomatik entfallen die Einstellungen 9 bis 12 für „Ankochen" bzw. „Erhitzen" 9	12
Anbraten, Andünsten Auslassen, Rösten Bräunen, Abbrennen Frittieren, Karamellisieren	2½	6–8	9–11	6–8	9–11
Braten	2	5–7	8–10	5–7	8–10
Abschlagen	2	3–5	5–7	3–5	5–7
Große Mengen: Fortkochen, Dämpfen Dünsten, Schmoren	1½	4–5	6–7	4–5	6–7
Fortkochen, Dämpfen Dünsten, Schmoren	1	3–4	4–6	3–4	4–6
Quellen, Garziehen Erwärmen, Schmelzen Stocken	½	1–2	1–3	1–2	1–3
Nachwärme für diverse Garvorgänge	0	0	0	0	0

Einstellungsbereiche für Backöfen mit Unter- und Oberhitze

50 °C	Hefeteig gehen lassen
50– 75 °C	Auftauen, Warmhalten, Geschirr erwärmen
100–125 °C	Trocknen von u. a. Baisers, Eiweißgebäck
175 °C	Einkochen
175–225 °C	Backen
175–190 °C	hohe Gebäcke
200 °C	mittelhohe Gebäcke, Quiches, Aufläufe
210–225 °C	flache Gebäcke, Pizzen, Aufläufe
200–250 °C	Garen eines Menüs
200–250 °C	Braten
200–225 °C	hohe Braten
225–250 °C	Überbacken
G oder ^ ^ ^	Grillen

Bei Umluftöfen kann die Temperatur generell 25–30 °C niedriger eingestellt werden.

Küchenmaschinen und Backutensilien

1 Handrührgerät mit Pürierstab, Knethaken, Rührbesen
2 Küchenmaschine mit Zubehör
3 Getreidemühle
4 Rührbesen
5 Knethaken
6 Mixer
7 Schnitzelwerk
8 Rührschüsseln

Handrührgeräte und Küchenmaschinen werden von fast allen Herstellern elektrischer Kleingeräte angeboten. Welche Geräte am besten geeignet sind, hängt einerseits von der elektrischen Leistung der Geräte ab, andererseits von den speziellen Erfordernissen. Bei der Beschaffung von Zusatzteilen sollte gut überlegt werden, ob diese Teile wirklich regelmäßig gebraucht werden oder ob sie so viel Zeit einsparen, dass sich die Anschaffung lohnt. Die Geräte sollten möglichst in einem Schrank gelagert werden, um sie vor Küchenwrasen zu schützen.

1 Obstkuchenform
2 Messbecher
3 Springform
4 Teigkarte, Garnierkamm
5 Kuchengitter
6 Palette
7 Spritzbeutel mit Tüllen
8 Napfkuchenform
9 Kuchenrolle
10 Teigschaber
11 Backpinsel
12 Teigrädchen
13 Rühr- und Kochlöffel
14 Kastenform

Backformen aus Schwarzblech oder dunkel gefärbtem Stahlblech sind am gebräuchlichsten. Weißblechformen reflektieren die Hitze und werfen sie in den Ofenraum zurück, dadurch kann sich die Backzeit um 10 bis 20 % verlängern.
Formen aus feuerfestem Glas sind schlechte Wärmeleiter, deswegen wird der Backprozess in ihnen ebenfalls verzögert. Das Gleiche gilt für Keramikformen. Aus beschichteten Formen löst sich jedes Gebäck einwandfrei.

Entsorgung

Im Durchschnitt produziert jeder Bundesbürger pro Tag ein Kilogramm Müll. Besonders viel Müll fällt in der Küche an: z. B. Verpackungsmaterial, Konservendosen, Gemüseschalen, Flaschen, Speisereste.

Der wichtigste Grundsatz bei der Müllentsorgung ist die **Vermeidung von Müll**, um die zu entsorgende Menge so gering wie möglich zu halten.

Damit die getrennte Entsorgung von Abfällen zeitsparend durchgeführt werden kann, sollten in jedem Haushalt und Betrieb Müll und Abfall bereits getrennt gesammelt werden. Die Küchenmöbelindustrie bietet hierfür eine Vielzahl von Trennsystemen an. Bei der Anschaffung ist darauf zu achten, dass jeder einzelne Behälter separat herausgenommen und zum Entleeren gebracht werden kann. Außerdem muss der Mülleinwurf in jedem Teilbereich möglich sein, ohne dass mit schmutzigen Händen z. B. erst ein Deckel abgenommen werden muss.

Für gewerbliche Einrichtungen in der Lebensmittelproduktion und in Großküchen muss beispielsweise der Behälter für gebrauchte Handtücher beim Handwaschbecken mit einem Deckel versehen sein, der sich mit dem Fuß anheben lässt. Für technische Geräte gibt es gesonderte Vorschriften zur Entsorgung: Wenn diese Geräte nicht bei einem Neukauf vom Händler zurückgenommen werden, müssen sie in einem Recyclinghof entsorgt werden. Dies gilt insbesondere für Kühlschränke und Mikrowellengeräte. Die Verpackungsverordnung sieht vor, dass der Handel ein **Rücknahmesystem** aufbauen muss (Recyclingsystem).

Seit 1992 hat der Verbraucher das Recht, Umverpackungen in Geschäften zurückzulassen. Seit 1993 muss der Handel Verkaufsverpackungen zurücknehmen und wieder verwerten. Der **grüne Punkt** wird für wieder verwertbare Verpackungen vergeben.

Abfallcontainer

Küchenmöbel für die Abfalltrennung

Abfallart	Beispiele	Entsorgung
Organischer Abfall	Gemüse- und Obstschalen, Speisereste	Organischer Abfall kommt in die „grüne Tonne" oder „Biotonne". Hierfür wird im Allgemeinen eine geringere Müllentsorgungsgebühr verlangt.
Altfette und Altöle	Frittierfett und Bratfett	Die Entsorgung führen privatwirtschaftliche Firmen durch.
Wertstoffe und Verpackungen	Hierzu zählen alle Stoffe, die den so genannten „grünen Punkt" aufweisen: z. B. Kunststoffbehälter wie Flaschen, Dosen und Joghurtbecher, Verpackungen	Wertstoffe gehören in den „gelben Sack" oder die „gelbe Tonne". Die Entsorgung ist für Haushalte kostenfrei, da sie bereits mit dem Kauf des Produktes bezahlt wird.
Glas	Flaschen aus Glas, sofern es keine Pfandflaschen sind	Damit Glas wieder verwendet werden kann, müssen Gläser nach Farben sortiert in Container entsorgt werden.
Altpapier	Zeitungen und Zeitschriften sowie Kartons und Papier	Altpapier kann in Containern entsorgt werden oder es wird zusammengepackt am Straßenrand abgeholt.
Restmüll	Alle Abfälle, die nicht unter den anderen Stichworten erfasst sind	Dieser Abfall wird in der Restmülltonne entsorgt.

VOR- UND ZUBEREITUNG

Gemüse
Stark verschmutztes Gemüse, z. B. Bio-Gemüse, sollte auch vor dem Putzen gewaschen werden.

Salate putzen, waschen und zerkleinern:
Kopfsalat, Eisbergsalat, Endiviensalat, Frisée, Lollo rosso, Römersalat

1. Blätter vom Strunk ablösen, welke Blätter und die Rippen entfernen.

2. In einer großen Schüssel oder im Spülbecken in reichlich kaltem Wasser gründlich waschen.

3. In einer Salatschleuder oder im Durchschlag trocknen.

4. Kopfsalatblätter in Stücke zupfen.

5. Eisbergsalat, Endiviensalat, Lollo rosso in feine Streifen schneiden.

6. Römersalat, Frisée in grobe Streifen schneiden.

Feldsalat

1. Vom Feldsalat die kleinen Wurzeln so abschneiden, dass die Blätter noch zusammenhalten.

2. In einer großen Schüssel im Spülbecken in reichlich kaltem Wasser gründlich waschen, bis kein Sand mehr am Boden ist.

3. In einer Salatschleuder oder im Durchschlag abtropfen lassen.

Chicorée, Radicchio

1. Chicorée waschen, der Länge nach halbieren und den Strunk keilförmig herausschneiden.

2. Chicorée auf ein Brett legen und in Streifen schneiden.

3. Radicchio wie Chicorée verarbeiten. Welke Blätter entfernen, restliche Blätter grob zerteilt verwenden.

Salate, Kräuter, Dressings und Toppings kombinieren

Salate	Kräuter	Dressings / Toppings
Bataviasalat	Basilikum, Estragon, Kerbel, Knoblauch, Petersilie	Vinaigrette, Croûtons, Parmesanspäne, geröstete Kerne
Brunnenkresse	ohne zusätzliche Kräuter und Gewürze	Vinaigrette
Chicorée	Knoblauch, Petersilie, Schalotten oder Zwiebeln	Joghurt- oder Sahnedressing
Chinakohl	Petersilie, Knoblauch, Schalotten oder Zwiebeln, Schnittlauch	Joghurt- oder Sahnedressing
Eisbergsalat	Kerbel, Petersilie, Zwiebeln	Joghurt- oder Sahnedressing, Vinaigrette, Croûtons, geröstete Kerne
Eichblattsalat	Knoblauch, Petersilie, Schalotten oder Zwiebeln	Vinaigrette, Croûtons, Parmesanspäne, geröstete Kerne
Eskariol	Petersilie, Knoblauch, Schalotten oder Zwiebeln, Schnittlauch	Vinaigrette, Croûtons, geröstete Kerne
Feldsalat	Knoblauch, Schalotten oder Zwiebeln	Joghurt- oder Sahnedressing, Croûtons, geröstete Kerne
Friséesalat	Petersilie, Knoblauch, Schnittlauch	Joghurt- oder Sahnedressing, Croûtons, geröstete Kerne
Kopfsalat	Basilikum, Dill, Estragon, Kerbel, Petersilie, Pimpinelle	Joghurt- oder Sahnedressing, Vinaigrette
Löwenzahn	Kerbel, Knoblauch, Zwiebeln	Vinaigrette
Lollo rosso	Knoblauch, Zwiebeln	Vinaigrette, Croûtons, geröstete Kerne
Radicchio	Basilikum, Knoblauch, Zwiebeln	Vinaigrette, Croûtons, geröstete Kerne
Römischer Salat	Basilikum, Knoblauch, Oregano, Zwiebeln	Vinaigrette, Croûtons, geröstete Kerne, Parmesanspäne
Salatgurke	Borretsch, Dill	Joghurt- oder Sahnedressing Vinaigrette
Tomate	Basilikum, Estragon, Knoblauch, Oregano	Vinaigrette

Gemüse

Tomaten abziehen und entkernen

1. Stielansatz mit einem spitzen Messer keilförmig herausschneiden.

2. Haut kreuzweise einritzen und Tomaten 5–10 Sek. in kochendes Wasser tauchen.

3. Herausheben und kurz in kaltem Wasser abschrecken.

4. Tomatenhaut mit spitzem Messer abziehen, Tomaten halbieren.

5. Kerne mit einem Löffel vorsichtig herausnehmen.

6. Tomatenhälften flach auf ein Brett drücken und in Streifen schneiden.

Paprikaschoten putzen und zerkleinern

1. Gelbe, rote oder grüne Paprikaschoten der Länge nach halbieren.

2. Stielansatz, Kerne und weiße Innenwände mit einem spitzen Messer entfernen, gründlich waschen.

3. Die abgetropften Schoten halbieren, vierteln, in Würfel oder Streifen schneiden.

Chilischoten und Peperoni putzen und zerkleinern

1. Chilischoten oder Peperoni der Länge nach halbieren.

2. Stielansatz, Kerne und weiße Innenwände mit einem spitzen Messer entfernen, gründlich abspülen.

3. In Ringe schneiden. **Hände gründlich waschen**, weil die Schoten sehr scharf sind.

VOR- UND ZUBEREITUNG

Gemüse

Kohlköpfe putzen und zerkleinern

1. Kohlkopf halbieren, dann vierteln und den Kohl waschen.

2. Strunk herausschneiden, welke Randblätter entfernen.

3. Kohlkopfviertel in dünne Streifen schneiden.

Blumenkohl und Brokkoli putzen und zerkleinern

1. Blumenkohl aus den Blättern lösen, in Röschen teilen, beim Brokkoli den Strunk abschneiden, dann waschen.

2. Die Stiele der Röschen jeweils kreuzweise einschneiden.

3. Brokkolistrunk schälen und in Scheiben schneiden.

Kohlrabi putzen und zerkleinern

1. Kohlrabi waschen und schälen.

2. Kohlrabi in Scheiben schneiden.

3. Die Scheiben in Stifte oder Würfel schneiden.

Möhren putzen und zerkleinern

1. Die Spitzen und Blätter der Möhren abschneiden, die Möhren dünn schälen und gründlich waschen.

2. Möhren je nach Verwendung grob oder fein raspeln.

3. Zum Dünsten und Braten längs in Scheiben, dann quer in dünne Stifte schneiden.

43

Gemüse

Lauch (Porree) und Frühlingszwiebeln putzen, waschen und zerkleinern

1. Wurzelansatz abschneiden, welke Blätter abziehen, die Lauchstangen halbieren.

2. Unter fließendem Wasser gründlich säubern, bis der Sand herausgespült ist, abtropfen lassen.

3. Lauchstangen längs in Streifen und quer in Ringe schneiden, Frühlingszwiebeln in Ringe schneiden.

Bleichsellerie (Stauden- oder Stangensellerie) putzen und zerkleinern

1. Dunkelgrüne Blätter abschneiden.

2. Von den Stangen evtl. Fäden abziehen, Sellerie waschen.

3. Stangen in feine Streifen schneiden, die hellgrünen Blätter hacken.

Sellerieknolle schälen und zerkleinern

1. Gewaschene Knolle zunächst mit einem großen Messer halbieren.

2. Knolle auf ein Schneidebrett legen und die Schale in Streifen von oben nach unten hinunterschneiden.

3. Knolle in dicke oder dünne Scheiben schneiden.

4. Scheiben aufeinander legen, dickere Scheiben in Stäbchen schneiden, dünnere in feine Streifen.

5. Aus den Stäbchen oder Streifen können nun grobe oder feine Würfel geschnitten werden.

6. Sellerieknollenstücke sofort mit Zitronensaft beträufeln, da sie leicht bräunlich werden.

Gemüse

Pilze putzen und zerkleinern

1. Pilze sofort aus der Verpackung nehmen.

2. Füße der Pilze abschneiden, Pilze gründlich mit einem Pinsel säubern.

3. Pilze vierteln oder in Scheiben schneiden.

Auberginen putzen und zerkleinern

1. Früchte gründlich waschen, Enden abschneiden, längs oder quer in Scheiben schneiden.

2. Scheiben mit etwas Salz bestreuen, etwa 30 Min. ziehen lassen.

3. Mit Küchenpapier die entstandene Flüssigkeit abtupfen.

Zwiebeln schälen und zerkleinern

1. Wurzelansatz entfernen und die Schale der Zwiebel abziehen, längs halbieren.

2. Mit der Schnittfläche auf ein Brett legen und vom Wurzelende bis zur Spitze längs einschneiden.

3. Zwiebel 2- bis 3-mal waagerecht einschneiden und dann quer schneiden, sodass Würfel entstehen.

Knoblauch schälen und zerkleinern

1. Knoblauchzehen aus der Knolle lösen, Schale abziehen und dabei die Spitze und den Wurzelansatz entfernen.

2. Die Knoblauchzehe auf ein Kunststoffbrett legen und mit einem breiten Messerrücken zerdrücken oder in feine Scheiben schneiden.

3. Oder Knoblauchzehe halbieren, in eine Knoblauchpresse geben und durchpressen.

Gemüse/Obst

Kräuter waschen und zerkleinern

1. Kräuter unter fließendem Wasser abbrausen, trockenschütteln.

2. Kräuter mit dem Wiegemesser durch leichtes Hin- und Herbewegen grob hacken.

3. Grob gehackte Kräuter übereinander schieben, Messer hin und her wiegen, bis sie fein gehackt sind.

Ingwer schälen und zerkleinern

1. Ingwer schälen, holzige Stellen mit dem Messer herausschneiden.

2. Ingwer in dünne Scheiben schneiden, danach in feine Streifen schneiden oder hacken.

3. Oder geschälten Ingwer grob zerkleinern und durch eine Knoblauchpresse drücken.

Zitrusfrüchte filetieren

1. Ober- und Unterseite abschneiden, mit einem scharfen Messer Schale von oben nach unten abschneiden.

2. Darauf achten, dass alles Weiße entfernt ist.

3. Frucht in die Hand nehmen und über einer Schüssel die Filets vorsichtig auslösen, den Saft auffangen.

Vorbereiten von Äpfeln

1. Äpfel schälen, vierteln, entkernen und quer in Scheiben schneiden; für Kuchen, Kompott oder Salate.

2. Mit einem Apfelentkerner Kerngehäuse ausstechen, indem durch die Mitte des Apfels gestochen wird.

3. Ausgestochene Äpfel in Ringe schneiden, zum Trocknen oder Garnieren verwenden.

Exotische Früchte

Ananas in Ringe schneiden

1. Blatt- und Strunkende abschneiden, Schale mit den „Augen" von oben nach unten abschneiden.

2. Frucht in 2 cm dicke Scheiben schneiden.

3. Den holzigen Mittelstrunk mit einem Ausstecher entfernen.

Ananas in Stücke schneiden

1. Ananas längs halbieren, jede Hälfte wiederum in 3 Teile schneiden.

2. Ananassechstel hochkant stellen und den harten Strunk längs abschneiden.

3. Fruchtfleisch von der Schale lösen, in Portionsstücke schneiden.

Mango in Stücke schneiden

1. Frucht ungeschält auf die schmale Seite stellen und von beiden Seiten am Kern entlang schneiden.

2. Das Fruchtfleisch gitterförmig einritzen, dabei die Schale nicht durchtrennen.

3. Von unten gegen die Schale drücken, bis die Einschnitte zu sehen sind, Fruchtwürfel lösen.

Kokosnussfleisch auslösen

1. Mit einem Nagel oder Messer die drei Keimporen öffnen, Milch abfließen lassen.

2. Ca. 15 Min. bei 200 °C in den Backofen legen, die Schale platzt dann auf und lässt sich leicht lösen.

3. Fruchtfleisch aus der Schale lösen. Das Fruchtfleisch ist gekühlt eine Woche haltbar.

VOR- UND ZUBEREITUNG

Eier, Zitronenschale, Vanillemark, Mandeln

Eiklar und Eigelb trennen

1. Ei mit der Mitte an einen runden Schüsselrand schlagen, ohne dass die Schale ganz zerbricht.

2. Eierschale über der Schüssel vorsichtig auseinander teilen und das Eiklar herauslaufen lassen.

3. Eigelb in eine Schalenhälfte gleiten lassen, Schalenhälften voneinander lösen und das restliche Eiklar auslaufen lassen.

Zitronenschale abreiben

1. Pergamentpapier über eine Reibfläche legen.

2. Papier andrücken und die Zitronenschale rundherum abreiben.

3. Pergamentpapier entfernen, die Zitronenschale vorsichtig abstreifen.

Vanillemark herauskratzen

1. Vanillestange flach drücken und längs aufschlitzen.

2. Mit der Messerspitze das Mark herauskratzen, in die Speise geben.

3. Für Vanillezucker die Schote klein schneiden und in ein Zuckergefäß geben.

Mandeln abziehen

1. Mandeln in kochendes Wasser geben, einmal aufkochen lassen, dann abseihen.

2. Mit kaltem Wasser abschrecken und die Schale mit Daumen und Zeigefinger entfernen.

3. Die abgezogenen Mandeln auf einem Tuch trocknen lassen.

Gelatine verarbeiten

Verarbeitung von Gelatine
Gelatine ist ein tierischer Gelierstoff. Sie wird in Blatt- und Pulverform, weiß oder rot angeboten. Die Menge der Gelatine bestimmt die Gelierzeit und Festigkeit, vgl. Rezeptangaben. Generell gilt: Für 1/2 l Flüssigkeit 6 Blatt Gelatine oder 1 Tüte gemahlene Gelatine

! Sofortgelatine kann ohne Einweichen und Auflösen in die Speisen gerührt werden. Sie ist jedoch teurer als Blattgelatine.

- Sollen kleine Mengen Gelatine aufgelöst werden, die eingeweichte Gelatine in eine Suppenkelle geben und im Wasserbad auflösen.
- Eingeweichte Gelatine kann auch in der Mikrowelle ca. 2 Min. bei 360 Watt aufgelöst werden.
- Gelatine nicht kochen, weil sie dann ihre Gelierfähigkeit verliert.
- Für Veganer, die keinerlei tierische Produkte zu sich nehmen, kann als Gelatineersatz Konfigel oder das aus Algen gewonnene Agar-Agar verwendet werden.

- Soll eine heiße Flüssigkeit gelieren, braucht die eingeweichte Gelatine nicht extra aufgelöst zu werden, sondern kann direkt in die heiße Flüssigkeit gegeben werden. Die Flüssigkeit sollte jedoch nicht heißer als 50 °C sein.
- Evtl. vorhandene Gelatineklümpchen können nur durch vorsichtiges Erwärmen der Flüssigkeit bzw. Masse aufgelöst werden.

Blattgelatine

1. Gelatineblätter einzeln anfeuchten und in kaltem Wasser für ca. 10 Min. einweichen.

2. Gelatine gut ausdrücken.

3. Gelatine im Wasserbad auflösen.

4. Zu gelierende Flüssigkeit langsam zu der Gelatine geben.

5. Nach Temperaturausgleich die Gelatineflüssigkeit in die zu gelierende Masse geben.

6. Speise oder Gelee kalt stellen.

Gelatinepulver

1. Gelatinepulver mit Wasser verrühren (für 1 Tüte Gelatine 6 EL Wasser).

2. 10 Min. quellen lassen.

3. Weitere Verarbeitung vgl. Phasen 3–6 für die Verarbeitung von Blattgelatine.

Bindemittel verarbeiten

Art der Bindemittel	Menge der Bindemittel				Garzeit
	Suppen/Soßen	Speisen/Grützen	Flammeri	Flammeri z. Stürzen	
Feine Bindemittel:					
Speisestärke	20 g	60 g	90 g	110 g	einmal aufkochen
Mehl	30 g				5 Min. kochen
Mittelfeine Bindemittel:					
Grieß	30 g	60 g	120 g	160 g	10 Min. kochen
Haferflocken	40 g	100 g	–	–	15 Min. kochen
Grobe Bindemittel:					
Reis, Rund- und Langkornreis	40 g	120 g	160 g	200 g	20–30 Min. kochen
Naturreis	45 g	130 g	–	–	ankochen, 40 Min. quellen lassen
Sago	–	100 g	–	–	15–20 Min. kochen

Feine Bindemittel

1. Feine Bindemittel mit kaltem Wasser anrühren.

2. In die kochende Flüssigkeit rühren.

3. Unter Rühren einmal aufkochen lassen.

Mittelfeine Bindemittel

1. Flüssigkeit zum Kochen bringen.

2. Grieß einrieseln lassen, dabei umrühren, Energiequelle abstellen.

3. 5 Min. quellen lassen.

Legieren von Flüssigkeiten

1. Soßen oder Suppen von der Kochstelle nehmen.

2. Frisches Eigelb und/oder Sahne verschlagen und mit etwas warmer Suppe oder Soße verrühren.

3. Gemisch in die Suppe oder Soße rühren, nicht mehr kochen lassen, da sonst das Eiweiß gerinnt.

Gebäck

Fetten von Backformen

1. Die Form mit einem Pinsel einfetten.

2. Gefettete Form mit Grieß ausstreuen.

3. Gefettetes Blech bemehlen.

Belegen eines Bleches mit Teig

1. Teig über alle 4 Ecken gleichmäßig ausrollen.

2. Teigplatte über das bemehlte Rollholz wickeln, evtl. mehrere Stücke verwenden.

3. Teig auf dem Blech wieder abrollen, bei mehreren Stücken die Übergänge mit den Händen glätten.

Auskleiden einer Springform

1. Auf die ausgerollte Teigplatte einen Springformboden legen, entlang des Formrandes schneiden.

2. Ausgeschnittene Teigplatte in die Form legen.

3. Aus den Teigresten eine Rolle formen und entlang des Springformrandes festdrücken.

Kleingebäck ausstechen

1. Ausstechform in Mehl drücken, damit der Teig nicht festklebt.

2. Teig ausstechen.

3. Plätzchen nebeneinander auf ein Blech legen und backen.

VOR- UND ZUBEREITUNG

Gebäck

Blindbacken von Mürbeteig

1. In die mit Teig ausgeschlagene Form Pergamentpapier legen.

2. Mit Hülsenfrüchten, die häufiger verwendet werden können, ausfüllen.

3. Ca. 15 Min. bei 170 °C backen.

Garprobe bei Gebäck

1. Holzstäbchen in die Mitte des Kuchens stechen, Formboden nicht berühren.

2. Holzstäbchen herausziehen; wenn Teig daran klebt, ist der Kuchen noch nicht gar.

3. Wenn das Stäbchen sauber bleibt, den Kuchen aus dem Ofen nehmen.

Herstellen einer Cremetorte

1. Um den Tortenboden einen Ring stellen, mit Creme bestreichen, Obst auflegen.

2. Obst mit Tortenguss, der nach Herstellerhinweis zubereitet werden muss, überziehen.

3. Wenn die Creme und der Guss fest sind, den Ring mit einem Messer lösen und abheben.

Handhabung eines Spritzbeutels

1. Den Beutel halb nach außen schlagen, in die Mitte die Spritztülle setzen und festdrücken.

2. Den Beutel unterhalb der Krempe fassen und die Masse einfüllen.

3. Den Beutel glattziehen, oben zuhalten und die Masse nach unten drücken.

VOR- UND ZUBEREITUNG

Gemüse/Fleisch

Blanchieren in Wasser

1. Gemüse, z. B. grüne Bohnen, waschen und putzen.

2. Reichlich Wasser zum Kochen bringen und Gemüse 2 Min. darin kochen.

3. Gemüse aus dem kochenden Wasser nehmen und in eiskaltem Wasser abschrecken.

Vorbereiten von Fleisch

Parieren: Zurichten von Fleisch, wobei alle überflüssigen Teile abgeschnitten werden.

Plattieren: Dünn geschnittenes Fleisch in Folie einschlagen, mit einem schweren, flachen Messer klopfen.

Klopfen: Dickere Fleischscheiben vor dem Braten leicht flach klopfen.

Vorbereiten von Fisch nach der „3-S-Methode"

1. Fisch säubern, mit einem Papiertuch abtupfen.

2. Fisch mit Zitronensaft oder Essig säuern.

3. Fisch nach dem Garen salzen/würzen.

Panieren von Fleisch, Fisch oder Gemüse

1. Fleisch, Fisch oder Gemüse in Mehl wenden, überschüssiges Mehl abklopfen.

2. Fleisch, Fisch oder Gemüse durch verschlagenes Ei ziehen.

3. Fleisch, Fisch oder Gemüse in Paniermehl legen, umdrehen und das Paniermehl gut anklopfen.

Verpackung

Als Verpackung können Materialien mit folgenden Eigenschaften genommen werden:
- geruchsneutral
- haltbar
- luft- und wasserdicht

Dafür kommen in Frage:
- gefriergeeignete Kunststoffgefäße
- Polyethylenbeutel
- extrastarke Aluminiumfolie

Wenn Beutel ohne Verschlussleiste verwendet werden, müssen die Beutel mit einem Drahtverschluss, Gummibändern oder dem Folienschweißgerät verschlossen werden.

Tipps

- Möglichst Verpackungen auswählen, die häufig verwendet werden können.
- Bei der Verwendung von Tiefgefrierbehältern muss unbedingt auf die Einfüllhöhe geachtet werden, weil sich Flüssigkeiten beim Tiefgefrieren ausdehnen.
- Geflügel vor dem Auftauen aus der Verpackung nehmen. Auftauflüssigkeit nicht verwenden. Salmonellengefahr!
- An- und Auftauzeit nicht unnötig verlängern. Das allmähliche Auftauen im Kühlschrank ist schonend für die Lebensmittel.
- Gefriergut sofort nach dem Auftauen verbrauchen. Nicht wieder einfrieren.
- Tiefgefrorene Lebensmittel mit Datum kennzeichnen. Lagerzeiten beachten.

Auftauzeiten für tiefgefrorene Lebensmittel vor der Zubereitung bzw. dem Verzehr					
Lebensmittel	Gewicht in kg	Auftauzeit in Stunden (ca.)			in Minuten (ca.)
		im Backofen ca. 50 °C	in der Küche ca. 20 °C	im Kühlschrank ca. 5 °C	im Mikrowellengerät (150 Watt)
Bratenstücke	0,8–1,0	3–5	6–10	20–30	30–40
Hähnchen	0,6–0,8	1,5–2	5–7	12–16	30–35
Huhn, Ente	1,5	2–3	12–15	22–25	40–45
Gans, Pute	4,0–6,0	3,5	16–20	35–38	60–70
Größere Fische	0,8–1,0	2	5	16	20–22
Krabben	0,25	–	2–3	6–9	6–9
Beeren-, Steinobst, gezuckert	0,4–0,5	–	4–7	10–12	10–12
Ganze Kuchen[1]	–	0,3–1	3–6	–	10–12

[1] Speziell bei Rührkuchen und Hefe-Kastenkuchen ist zu empfehlen, nach 1stündigem Vortauen bei 20 °C die in hitzebeständige Folie verpackten Backwaren 10 Min. lang bei 200 °C im Backofen zu erwärmen.

Verpacken in Beuteln mit Folienschweißgerät und in Behältern

1. Lebensmittel sauber einfüllen.

2. Luft aus der Folie streichen bzw. mit dem Folienschweißgerät herausziehen.

3. Folie schweißen, Naht kontrollieren, Beutel beschriften, vgl. unten.

1. Passenden Tiefkühlbehälter je nach einzufrierender Menge auswählen.

2. Speise einfüllen, dabei Füllhöhe nicht überschreiten.

3. Dose mit Inhalt, Datum und evtl. Menge beschriften.

Garverfahren

Kochen

Garen in viel siedender Flüssigkeit bei einer Temperatur von 100 °C im geschlossenen oder offenen Topf. Außer in Wasser kann man Lebensmittel je nach Art in Milch, Brühe, Wein oder Sud kochen.
Gekocht werden Suppen, Soßen, Fleisch, Eier, wasserarme Lebensmittel und solche, die viel Stärke enthalten.
1. Mit kaltem Wasser ansetzen: Hülsenfrüchte, Trockenobst, Graupen, Knochen.
Das Wasser wird aufgenommen, die Stärke quillt, und wasserlösliche Inhaltsstoffe werden herausgelöst.
2. Mit kochendem Wasser ansetzen: Teigwaren, Grieß, Fleisch.
Die Stärke verkleistert, dadurch kleben Teigwaren nicht aneinander. Fleischporen schließen sich sofort, wasserlösliche Vitamine und Mineralstoffe bleiben so besser erhalten.

Dämpfen

Garen durch Wasserdampf mit einem Siebeinsatz über kochender Flüssigkeit in einem geschlossenen Topf; Temperatur 98–100 °C. Dämpfen ist eine schonende Zubereitungsart, da der Wasserdampf Vitamine und Mineralstoffe wenig herauslöst, Form und Geschmack des Gargutes bleiben besser erhalten. Anwendung bei Gemüse, Kartoffeln, Fisch, zarten Fleischstücken.
1. Gargut auf den Siebeinsatz legen.
2. Flüssigkeit aufkochen und das Gargut einsetzen.
3. Siedetemperatur beibehalten.
4. Nach dem Dämpfen würzen.
5. Dämpfwasser für Soßen verwenden.
Die Gartechnik Dämpfen ist nährstoffschonend und kann besonders gut für Diäten eingesetzt werden. Blumenkohl sollte nicht gedämpft werden, weil er seine Farbe verliert und grau wird.

Garziehen

Kurzes Garen („Köcheln") in viel Flüssigkeit bei einer Temperatur von 70–95 °C. Die Stärke quillt und verkleistert, die Eiweißstoffe gerinnen, die wasserlöslichen Inhaltsstoffe bleiben weitgehend erhalten.
Anwendung bei Klößen, Reis, Eierspeisen, Obst.
1. Flüssigkeit einmal aufkochen lassen.
2. Gargut in die siedende Flüssigkeit geben.
3. Temperatur je nach Gargut zurückschalten – die Flüssigkeit darf nicht mehr kochen.

Pochieren

Langsames Garziehen bei einer Temperatur von 75–98 °C. Flüssigkeit darf nicht mehr kochen. Anwendung bei Fisch und Eiern.

Wasserbad

Allmähliches Erwärmen im offenen Topf, der in heißem, nicht mehr kochendem Wasser steht oder schwimmt. Geeignet für Soßen und Cremes, die als Zutat Butter, Eier oder Sahne enthalten und die bei der Zubereitung auf der Kochstelle gerinnen oder leicht anbrennen könnten. Im Handel gibt es „Simmertöpfe". Hier wird das Wasser in einen Zwischenraum eingefüllt.

Garen im Wasserbad

Trotz des gleichen Begriffes (s. links) unterscheiden sich die beiden Techniken des Garens im Wasserbad erheblich voneinander. Während auf der Kochstelle das Gargut (z. B. Sauce hollandaise, Sabayon) in einem offenen Gefäß ständig gerührt werden muss, ruht es beim Wasserbad-Garen im Herd oder im geschlossenen Topf in ausgefetteten, abgedeckten Gefäßen (meist Steingut). Lediglich die Wassertemperatur sollte die gleiche sein: 75–85 °C. Dazu muss man den Backofen (je nach Modell) auf 120–150 °C einstellen.

Garverfahren

Dünsten

Garen im eigenen Saft unter Zugabe von wenig Fett und/oder Flüssigkeit bei einer Siedetemperatur von 100 °C im geschlossenen Topf. Geeignet für zartes Gemüse und Obst, Fisch und empfindliche Fleischsorten (Kalb, Huhn).

Dünsten ist die einfachste und schonendste Garmethode, da wenig Mineralstoffe und Vitamine verloren gehen. Wasserarme Lebensmittel durch Zugabe von wenig Flüssigkeit dünsten, wasserreiche ohne Flüssigkeitszugabe. Fett verbessert den Geschmack und erschließt die fettlöslichen Vitamine aus den Provitaminen. Nährstoffe bleiben in der Dünstflüssigkeit, die einen guten Soßenfond ergibt.

Braten in der Pfanne

Schnelles Garen und Bräunen in heißem Fett.
1. Die Pfanne muss gut erhitzt sein, sonst klebt das Bratgut am Boden und bräunt nicht.
2. Das Fett in der Pfanne muss eine Temperatur von 200 °C (höchste Stufe) haben.
3. Während des Bratvorgangs kein kaltes Fett zugeben, da der Bratvorgang sonst unterbrochen wird und das Bratgut Saft verliert.
4. Nur eiweiß- und wasserfreie Fette verwenden, also Fette mit einem hohen Siedepunkt, z. B. Kokosfett und Pflanzenöl.
5. Alle Fleischstücke, die nicht paniert sind, erst nach dem Braten salzen, da das Salz dem Bratgut Flüssigkeit entzieht – es wird trocken.
6. Während des Bratvorgangs niemals in das Fleisch einstechen, da der Saft austritt, immer Bratenwender benutzen.

Braten im Backofen

Garen und Bräunen in wenig Fett bei einer Temperatur von 200–250 °C.
Anwendung bei großen Bratenstücken.
1. Fleisch würzen und auf die Fettpfanne legen.
2. Wenig Fett dazugeben.
3. Gemüse (Möhren, Zwiebeln, Sellerie) rund um den Braten legen.
4. Bei 250 °C ca. 15 Min. braten.
5. Nur wenig Flüssigkeit zum Ablöschen dazugeben.
6. Die Hitzezufuhr regulieren und bei 200 °C weiterbraten.
7. Den Braten während des Bratvorgangs mit Flüssigkeit begießen.
8. Bratenfond für eine Soße verwenden.
Alle Braten, die im Backofen gegart werden, können auch in der Folie gegart werden, die Garzeit verlängert sich dann um ca. 10 %.

Garen im Bratschlauch

Schonendes Garen im eigenen Saft mit dem Vorteil, dass kein Fett verwendet werden muss.
Anweisungen des Herstellers beachten, damit der Schlauch nicht platzt!

Backen im Backofen

Garen und leichtes Bräunen an der Oberfläche (Kruste) durch heiße Luft im Backofen bei Temperaturen zwischen 150 und 200 °C. Anwendung bei Kuchen, Torten, Pizzen, Wähen, Pies, Quiches und in Teig eingeschlagenem Gemüse, Fleisch sowie Fisch.

Garen in Aluminiumfolie

Schonendes Garen bei hohen Temperaturen im Backofen.
Bratgut bleibt auch ohne Zugabe von Fett saftig, bildet aber keine braune Kruste. Möchte man eine braune Oberfläche, öffnet man ca. 20 Min. vor Ende der Garzeit die Folie.
Anwendung bei Fleisch, Fisch, Gemüse und Kartoffeln.

Garverfahren

Schmoren im Topf
Anbraten in Fett und Fertiggaren unter Zugabe von wenig Flüssigkeit im geschlossenen Topf bei einer Temperatur von 100 °C.
Ein Garprozess, der die Vorzüge von Fett, Flüssigkeit und Dampf kombiniert. Für preiswerte Fleischstücke wie Nacken, Schulter oder Bug, Rouladen, Gulasch, Kohlrouladen, Wirsingrollen.
1. Schmorgerichte in heißem Fett bei einer Temperatur von 180–200 °C im offenen Topf kräftig anbraten.
2. Heiße Flüssigkeit hinzufügen, sodass das Gargut etwa bis zur Hälfte mit Wasser bedeckt ist, und bei geschlossenem Topf weitergaren.
Durch die Einwirkung des Fettes bildet sich eine braune, schmackhafte Kruste. Die Röststoffe ermöglichen die Herstellung einer schmackhaften Soße.

Schmoren im Backofen
Im Prinzip die gleiche Technik wie oben beschrieben.
Profis ziehen diese Methode jedoch vor, weil durch die Rundum-Hitze im Backofen ein besonders gutes Schmorergebnis zu erzielen ist. Das Anbraten sollte nach Möglichkeit auf der Kochstelle vorgenommen werden; sie eignet sich besser für das rasche Bräunen und Schließen der Fleischporen.

Grillen
Garen durch Bräunen in geöffnetem Grillraum durch Strahlungshitze bei einer Temperatur von 350 °C.
Eine scharfe Krustenbildung wird vermieden. Das Eiweiß gerinnt sofort, dadurch entsteht kein Saftverlust. Nährstoffe und Eigengeschmack bleiben weitgehend erhalten. Gegrilltes eignet sich gut für leichte Vollkost und Diät, da ohne Fettzugabe gegart werden kann.
Gegrilltes ist sehr schnell zubereitet. Für Fleisch, Fisch und Brathähnchen geeignet.
1. Grill mindestens 3 Min. vorheizen.
2. Grillgut auf den Rost legen oder am Drehspieß befestigen.
3. Grillgut leicht mit Öl bestreichen, man kann aber auch ohne Fettzugabe grillen.

Gratinieren
Gratinieren (überbacken) ist ein Bräunen der Oberfläche unter gleichzeitiger Verkrustung durch Einwirkung starker Oberhitze (z. B. von Käse).

Frittieren
Ausbacken in reichlich heißem Fett bei einer Temperatur von 180–200 °C.
Geeignet für kleine Fleisch- und Fischstücke, Kartoffeln, Pommes frites, paniertes Gemüse.
1. Das Gargut muss schwimmend im Fett ausgebacken werden.
2. Nur hitzebeständiges Fett verwenden: Öl, Kokosfett, Schmalz.
3. Fett nicht öfter als 2–3 mal verwenden.
4. Das Fett muss immer heiß sein.
5. Einen Holzspieß in das Fett tauchen: Bilden sich sofort Bläschen, ist das Fett heiß.
6. Das Frittiergut vor dem Einlegen sorgfältig abtrocknen.
7. Das Gargut in kleinen Mengen nacheinander dazugeben, sonst nimmt die Temperatur zu stark ab und das Gargut bräunt nicht.
Frittieren kann man im Topf, in einer tiefen Pfanne und in der Fritteuse.

Sautieren
Beim Sautieren wird klein geschnittenes Fleisch, Fisch oder Gemüse kräftig angebraten und dabei ständig hin und her geschwenkt. Vor allem das Gemüse behält auf diese Weise seinen „Biss" und schmeckt so intensiv wie rohes. Das Verfahren lässt sich gut in einem Wok durchführen. Es gibt auch besondere Töpfe, die Sauteusen heißen und ähnlich wie ein Wok geformt sind.

Garverfahren

Garen im Dampfdrucktopf
Garen in einem fest verschlossenen Topf bei einer Temperatur von über 100–120 °C.
Die höhere Temperatur, die durch erhöhten Druck (1,5–1,8 bar) erreicht wird, verkürzt die Garzeit bei Gerichten mit kurzer Garzeit um 30–35 % (Gemüse) und bei solchen mit langer Garzeit um 70–75 % (z. B. Fleisch, Hülsenfrüchte, Huhn). Im Dampfdrucktopf kann man mit entsprechenden Einsätzen in mehreren Lagen garen.
Beim Einsatz des Dampfdrucktopfes auf die Hinweise des Herstellers achten, speziell beim Öffnen. **Der Topf darf in jedem Fall erst geöffnet werden, wenn er druckfrei ist!**
Wenn im Dampfdrucktopf mehrere Speisen gleichzeitig gegart werden sollen, müssen die Garzeiten der einzelnen Lebensmittel berücksichtigt werden, weil sonst die einen zu weich werden, während die anderen noch zu hart sind. Außerdem ist der Verlust an hitzeempfindlichen Vitaminen bei übergarten Speisen besonders hoch. Im Dampfdrucktopf sollten keine schäumenden Speisen gegart werden. Für jeden Garvorgang gilt, dass der Topf nur etwa bis zur Hälfte gefüllt sein sollte.

Garen im Römertopf
Garen im geschlossenen Topf unter möglicher Zugabe von Fett bei einer Temperatur von 225 °C.
1. Römertopf vor Gebrauch in kaltes Wasser stellen.
2. Gargut würzen.
3. Gargut im Topf bei 220–225 °C im Backofen garen. Wird eine Bräunung des Gargutes gewünscht, ca. 20 Min. vor Ende der Garzeit den Deckel abnehmen.

Garen in der Mikrowelle
Mikrowellengeräte sind vor allem für das Wiederaufbereiten von Fertiggerichten fast unentbehrlich geworden. Da sich in der Mikrowelle kleinste Portionen erwärmen lassen, kann die Mikrowelle optimal für Diäten, Zwischenmahlzeiten oder für die Versorgung von Kranken eingesetzt werden.
Die Mikrowellen werden im Sender, im so genannten Magnetron, erzeugt und über eine Antenne in den Garraum geleitet.
Eine gleichmäßige Verteilung der Wellen in den Speisen wird durch einen Drehteller unterstützt.
In Rezepten wird im Allgemeinen von einer Mikrowellenleistung von 600 Watt ausgegangen. Inzwischen werden Geräte bis zu 1200 Watt angeboten. Bei zu schneller Erhitzung kann es im Lebensmittel zu einer Überhitzung kommen. Am besten geeignet sind Geräte mit unterschiedlich einzustellender Wattzahl bzw. zumindest mit einer niedrigen Wattzahl als Auftaustufe. Es können nicht alle Lebensmittel in der Mikrowelle gegart werden und nicht jedes Geschirr ist geeignet. Die Bedienungsanleitung gibt genaue Hinweise, die beachtet werden müssen.
Zeiten zum Erwärmen von Speisen oder Garen von Lebensmitteln hängen von deren Beschaffenheit ab, z. B. Wassergehalt, Menge und Größe. Folgende Zeiten sind deshalb nur Richtwerte.
Bei einer höheren Wattleistung müssen die Garzeiten verkürzt werden. Ruhezeit bedeutet, dass die Speisen in der Mikrowelle verbleiben, um z. B. die Wärme bis zum Speisenkern durchdringen zu lassen.

Erwärmen von Speisen bei 600 Watt	Menge	Zeit	Ruhezeit
Milch	1/4 l	1/2–1 Min.	–
Wasser	1/4 l	1–1 1/2 Min.	1/2 Min.
Babyflasche	200 ml	1–1 1/2 Min.	–
Kindernahrung	1 Glas = 200 g	1–2 Min.	1 Min.
Nudeln mit Tomatensoße	1 Port. = 300 g	3–4 Min.	2 Min.
Fischfilet	1 Port. = 200 g	1 1/2–2 Min.	2 Min.
Garen von Speisen			
Hackbällchen	500 g	6–8 Min.	4–5 Min.
Fischfilet in Soße	500 g	5 Min.	2–3 Min.
Blumenkohl	500 g	5 Min.	–
Kartoffeln	500 g	5 Min.	–
Milchreis	1/2 l	7 Min.	2–3 Min.

Was ist was?

Abbrennen – eine Masse, z. B. Brandmasse, in einem Topf so lange rühren, bis ein Kloß entsteht.

Ablöschen – angebratene Speisen mit Flüssigkeit begießen.

Abschäumen – z. B. beim Kochen von Fleisch den weißgrauen Eiweißschaum abheben.

Anschwitzen – Mehl in Fett geben und so lange mit einem Schneebesen rühren, bis sich beides gut vermischt hat.

Aprikotieren – Überziehen von Gebäckstücken mit heißer, glatt gerührter Aprikosenkonfitüre.

Arrosieren – bei starker Hitze angebratene Fleischstücke immer wieder mit entstandenem Bratensaft begießen.

Aufschlagen – mit einem Schneebesen luftig schlagen, meist eine Eigelbmasse im Wasserbad.

Bardieren – mageres Fleisch oder mageren Fisch mit Speckscheiben umwickeln.

Binden – Andicken von kochender Flüssigkeit mit Bindemitteln.

Blanchieren – kurz in kochendes Wasser tauchen.

Blaukochen – Zugabe von Essig im Kochsud bei Süßwasserfischen bewirkt eine Blaufärbung der Fischschleimhaut.

Deglacieren – vgl. Ablöschen.

Degrassieren = Entfetten – von Suppen oder Soßen das überflüssige Fett abschöpfen.

Dressieren – eine Speise, z. B. Sahne, in eine schöne Form bringen oder Geflügel durch Zusammenbinden in eine feste Form bringen.

Faschieren – Lebensmittel fein zerkleinern oder durch einen Wolf drehen.

Ficelieren – Fleisch mit Küchengarn verschnüren, z. B. bei Rouladen.

Filetieren – fachgerechtes Trennen der Fischfilets von der Gräte oder Herausschneiden der einzelnen Fruchtfilets bei Zitrusfrüchten.

Frappieren – eiskalt kühlen.

Glacieren – Speisen mit Fond oder Gelee begießen, damit sie schön glänzen oder z. B. Möhren mit Honig überziehen.

Gratinieren – Überbacken von Gerichten, damit sie eine goldgelbe Kruste bekommen. Zum Überbacken können Käse, Eischaum, Soße oder Sahne verwendet werden.

Karamellisieren – Zucker wird unter ständigem Rühren so lange erhitzt, bis er schmilzt. Je länger er erhitzt wird, desto mehr verfärbt (karamellisiert) er sich. Man verwendet karamellisierten Zucker für Süßspeisen, zum Färben von Soßen oder auch zum Verfeinern von Gemüsen, wie Möhren und Frühlingszwiebeln.

Klären – trübende Stoffe in der Suppe z. B. mit Eiweiß binden und dann abschöpfen.

Legieren – Binden von hellen Soßen oder Suppen mit Eigelb.

Marinieren – Fleisch, Fisch, Geflügel oder Gemüse in einer Würzflüssigkeit einlegen.

Mehlieren – Lebensmittel, die eine feuchte Oberfläche haben, vor dem Braten in Mehl wenden.

Mijotieren (Köcheln) – bei sehr geringer Hitze garen.

Montieren – Binden von feinen Soßen und Suppen mit kalten Butterflöckchen, die mit einem Schneebesen untergeschlagen werden.

Nappieren – fertige Gerichte mit einer Soße überziehen.

Panieren – Fleisch oder Fisch mit Bröseln oder Mehl umhüllen. Als „Bindestoff" dient Eigelb.

Parieren – sorgfältiges Entfernen von überflüssiger Haut sowie von Fett und Sehnen bei Fleisch. Die Abschnitte werden Parüren genannt.

Passieren – frisches, weiches oder gedünstetes Obst, gegartes Gemüse, Suppen oder Soßen durch ein feines Sieb streichen.

Pochieren – in heißer, nicht kochender Flüssigkeit gar ziehen lassen. Der Flüssigkeit kann zum schnelleren Garen etwas Säure (Essig) zugesetzt werden.

Pürieren – weiches oder gedünstetes Obst und Gemüse, klein geschnittenes Fleisch oder Fisch fein (im Mixer) zerkleinern.

Reduzieren – starkes Einkochen von Flüssigkeiten, um den Geschmack zu intensivieren.

Rösten – in der Pfanne stark erhitzen oder auf einem Rost braten.

Sautieren – schnelles Anbraten von Fleisch, Fisch oder Gemüse in wenig heißem Fett. Topf oder Pfanne werden dabei ständig hin und her geschwenkt.

Sieden – österreichischer Ausdruck für Kochen.

Soufflieren – etwas z. B. beim Backen aufgehen lassen.

Spicken – mageres Fleisch mit Speck- oder Käsestreifen durchziehen.

Stocken – eihaltige Masse im Wasserbad oder in der Pfanne fest werden lassen.

Tournieren – Form geben: Gemüse in gefälliger, schöner Form gleichmäßig zurechtschneiden.

Tranchieren – fachgerechtes Zerteilen von Fleisch, Geflügel und Fisch.

Unterheben – empfindliche Lebensmittel mit dem Schneebesen vorsichtig unterziehen.

Ziehen – in heißer Flüssigkeit gar werden lassen, aber nicht kochen, oder Würze Zeit geben, sich zu entfalten.

SUPPEN

Rindfleischbrühe mit Flädle

300 g Rindfleisch
200 g Suppenknochen
1 Zwiebel
1 Bund Suppengrün
3 Tomaten
1 l kaltes Wasser
1 Lorbeerblatt
1 TL Pfefferkörner
Salz, Pfeffer
Für die Flädle
2 Eier
6 EL Milch
25 g Mehl
1/2 Bund Petersilie
Salz, Cayennepfeffer

Garzeit: 130 Min.
Nährwert: 366 kcal, 1537 kJ
8 g E, 13 g F, 52 g KH

Vorbereitung
1. Zwiebel pellen und halbieren.
2. Suppengrün waschen, putzen, vgl. S. 43/44, und klein schneiden.
3. Tomaten waschen. 2 Tomaten entkernen und würfeln, 1 Tomate halbieren.
4. Petersilie für die Flädle waschen und hacken.

Die Rindfleischbrühe eignet sich sehr gut als Vorspeise oder als leichter Zwischengang.

Anstelle der Flädle können Backerbsen, Eierstich oder Hackklößchen als Suppeneinlage verwendet werden.

★★★★ Die Brühe ohne Flädle kann in kleinen Portionen eingefroren und bei Bedarf statt eines Trockenproduktes eingesetzt werden.

Zubereitung Rindfleischbrühe

1. Alle Zutaten – außer den Gewürzen – in einen Topf geben, Wasser zufügen.

2. Wasser langsam zum Kochen bringen, auf kleinste Hitze schalten, Gewürze zufügen.

3. Nach 2 Std. Garzeit das Fleisch aus der Brühe nehmen und in kleine Würfel schneiden.

4. Brühe durch ein mit einem Küchentuch ausgelegtes Sieb gießen.

5. Brühe abkühlen lassen, das erstarrte Fett abnehmen.

6. Brühe wieder erhitzen, salzen und pfeffern. Mit Fleisch- und Tomatenwürfeln und Flädle servieren.

Zubereitung Flädle

1. Eier, Milch und Mehl verquirlen, Petersilie, Salz und Cayennepfeffer zufügen.

2. Eine beschichtete Pfanne erhitzen. Teig dünn hineingeben und 2 Min. von beiden Seiten stocken lassen.

3. Pfannkuchen herausnehmen, aufrollen und nach dem Abkühlen in Streifen schneiden.

SUPPEN

Hühnerbrühe

1 Suppenhuhn oder 1,5 kg Hühnerklein (Flügel, Hälse, Stücke)
3 l Wasser
1 Bund Suppengrün
1 Zwiebel
Salz, Pfeffer

Garzeit: 120–150 Min.

Vorbereitung
1. Suppenhuhn oder Hühnerklein waschen und trocknen.
2. Suppengrün waschen und putzen, vgl. S. 43/44, klein schneiden.

🍽️ Das Fleisch der Hühnerbrühe kann entweder für einen Geflügelsalat oder für Hühnerfrikassee verwendet oder tiefgefroren werden. Fleischklößchen und Ei-Einlauf eignen sich als Einlage für Suppen und Brühen.

Gemüsebrühe

800 g gemischtes Gemüse (Lauch, Sellerie, Möhren, Zwiebeln, Wirsing)
Kräuter nach Jahreszeit
2 EL Öl
2 l Wasser
Salz, Pfeffer

Garzeit: 60 Min.

✳✳✳✳ Beide Brühen lassen sich portionsweise, z. B. in Eiswürfelbehältern, einfrieren und später wie Trockenprodukte verwenden.

🛒 Für beide Brühen können Reste verwendet werden, z. B. die dunkelgrünen Stiele von Lauch und Frühlingszwiebeln, äußere Blätter von Gemüse, Möhrenabschnitte, Stiele von Kräutern o. Ä.

Fleischklößchen

120 g Kalb- oder Geflügelfleisch, klein geschnitten
3 EL Sahne
Salz, Pfeffer
1 l Salzwasser

Garzeit: 15 Min.
Nährwert: 73 kcal, 307 kJ
8 E, 4 F, 0 KH

Zubereitung
1. Fleisch mit Sahne, Salz und Pfeffer im Mixer sehr fein pürieren.
2. Mit einem Teelöffel kleine Klöße abstechen und diese mit dem Finger direkt in siedendes Salzwasser streifen.
3. Im offenen Topf gar ziehen lassen.

Zubereitung Hühnerbrühe

1. Fleisch mit dem Wasser in einen Topf geben und kochen.

2. Suppengrün und ganze Zwiebel zufügen, salzen und pfeffern.

3. Nach 2–2½ Std. Brühe abseihen, erkalten lassen, entfetten.

Vor- und Zubereitung Gemüsebrühe

1. Gemüse putzen, waschen und klein schneiden. Kräuter waschen und hacken.

2. Gemüsestücke in Öl andünsten. Wasser und Kräuter zugeben.
1 Stunde kochen lassen.

3. Suppe durch ein Sieb gießen, salzen und pfeffern.

SUPPEN

Blumenkohl-cremesuppe

400 g Blumenkohl
3/4 l Gemüsebrühe
30 g Margarine oder Butter
4 EL Mehl (40 g)
1 Eigelb
1 Becher süße Sahne (200 g)
Salz, Pfeffer nach Geschmack
geriebene Muskatnuss
Kerbel zum Garnieren

Garzeit: 10 Min.
Nährwert: 330 kcal, 1386 kJ
5 g E, 28 g F, 12 g KH

Vorbereitung
1. Blumenkohl in Salz-Essig-Wasser legen, damit vorhandenes Ungeziefer herauskommt.
2. Strunk so weit wie möglich herausschneiden.
3. Sämtliche Blätter entfernen.

Gemüsecremesuppe

400–500 g Gemüse
1 Zwiebel
20 g Butter oder Margarine
3/4 l Gemüsebrühe
1/8 l Sahne
Salz, Peffer
gehackte Kräuter

Garzeit: 5–10 Min.
Nährwert: 167 kcal, 701 kJ
4 g E, 14 g F, 7 g KH

Vorbereitung
1. Gemüse putzen und fein hacken.
2. Zwiebel pellen und fein würfeln.

Zubereitung
1. Zerkleinertes Gemüse in Butter oder Margarine glasig dünsten.
2. 2 EL Gemüse beiseite legen.
3. Mit Brühe auffüllen und ca. 3 Min. kochen lassen.
4. Suppe durch ein Sieb streichen oder pürieren.
5. Suppe mit Sahne verfeinern.
6. Abschmecken, restliches Gemüse und gehackte Kräuter dazugeben.

Gemüsepüreesuppe

400–500 g Gemüse
3/4 l Gemüsebrühe
Salz, Pfeffer

Garzeit: 5–10 Min.
Nährwert: 67 kcal, 281 kJ
3 g E, 0 g F, 13 g KH

Zubereitung
1. Das Gemüse klein schneiden.
2. Mit gut 1/8 l Gemüsebrühe zum Kochen bringen und je nach Gemüseart 5–10 Min. dünsten lassen.
3. Durch ein Sieb streichen oder mit dem Pürierstab pürieren.
4. Restliche Brühe hinzufügen und Suppe abschmecken.

Zubereitung Blumenkohlcremesuppe

1. Einige kleine Röschen zum Garnieren vom geputzten Blumenkohl abtrennen.

2. Restlichen Blumenkohl zerkleinern.

3. Blumenkohl in der Brühe 5 Min. garen, Röschen herausnehmen und beiseite legen.

4. Fett erhitzen, Mehl zugeben, gut verrühren und durchschwitzen lassen, vgl. S. 72.

5. Mit Gemüsefond auffüllen und kräftig durchrühren, 5 Min. kochen lassen.

6. Legieren, vgl. S. 50, und Blumenkohlröschen hinzufügen. Abschmecken, mit Kerbel servieren.

Spinatcremesuppe

600 g Blattspinat, tiefgefroren
1 große Zwiebel
1 Knoblauchzehe
200 g Schlagsahne
2 Eigelb
25 g Sonnenblumenkerne
20 g Butterschmalz
1/2 l Gemüsebrühe
Salz, Pfeffer
geriebene Muskatnuss

Garzeit: 15 Min.
Nährwert: 334 kcal, 1403 kJ
11 g E, 30 g F, 5 g KH

Vorbereitung
1. Spinat in einem Sieb auftauen lassen.
2. Zwiebel und Knoblauch pellen und fein würfeln.
3. 100 g Sahne steif schlagen.
4. 100 g Sahne mit den 2 Eigelb verquirlen.
5. Sonnenblumenkerne in einer Pfanne rösten.

Zu der Suppe passen Crostinis, vgl. S. 79, oder Baguette.

Statt des Blattspinats kann Rahmspinat genommen werden. Dann sollte die Sahnemenge jedoch auf die Hälfte reduziert werden.
Sahne kann auch dadurch eingespart werden, dass z. B. zwei mehlig kochende Kartoffeln mitgegart werden oder dass die Suppe nur mit 100 g Sahne, 1 Eigelb und 10 g Speisestärke legiert wird.
Die Suppe kann auch mit anderem tiefgefrorenen Gemüse hergestellt werden, z. B. Möhren, Erbsen, Kohlrabi.

Für die Zucchinicremesuppe können statt der geräucherten Entenbrust geräucherte Gänsebrust oder Schinken bzw. geräucherte Forellenfilets oder Lachs verwendet werden.

Zucchinicremesuppe

600 g Zucchini, gewürfelt
1 EL Öl
1 Zwiebel, gewürfelt
3/4 l Gemüsebrühe
200 ml Weißwein
Salz, Pfeffer
1–2 EL Zitronensaft
100 g geräucherte Entenbrust, in Scheiben
100 g Sahne, geschlagen

Garzeit: 10 Min.
Nährwert: 188 kcal, 790 kJ,
10 g E, 10 g F, 5 g KH

Zubereitung
1. Öl in einem Topf erhitzen.
2. Zwiebel darin andünsten.
3. Zucchini zugeben und mit Brühe und Weißwein auffüllen, 8 Min. garen lassen.
4. Suppe pürieren.
5. Mit Salz, Pfeffer und Zitronensaft abschmecken.
6. Geschlagene Sahne unterziehen.
7. Mit Entenbrustscheiben servieren.

Zubereitung Spinatcremesuppe

1. Butterschmalz in einem Topf erhitzen, Zwiebel und Knoblauch andünsten.

2. Spinat zufügen und Gemüsebrühe angießen, würzen und 10 Min. kochen lassen.

3. Mit dem Mixstab pürieren.

4. Mit der Sahne-Eigelb-Mischung legieren, vgl. S. 50.

5. Suppe mit Salz, Pfeffer und Muskatnuss abschmecken und geschlagene Sahne unterziehen.

6. Mit Sonnenblumenkernen bestreut servieren.

SUPPEN

Schnelle Kartoffelsuppen

1 Paket Kartoffelpüreeflocken (150 g)
1 l Gemüsebrühe aus einem Trockenprodukt
1 Becher Sahne
1 Becher Schmand
Salz, Pfeffer, Paprika
Für die Einlage
1 Zucchino
oder 1 Bund Rucola
oder 75 g geräucherter Schinken

Garzeit: 10 Min.
Nährwert (mit Zucchini):
433 kcal, 1819 kJ
7 g E, 30 g F, 32 g KH
Nährwert (mit Rucolapüree):
424 kcal, 1781 kJ
6 g E, 30 g F, 31 g KH
Nährwert (mit Schinken):
440 kcal, 1848 kJ
9 g E, 31 g F, 30 g KH

Vorbereitung
1. Zucchino waschen und in feinste Streifen schneiden oder raspeln
oder
1. Rucola waschen, dicke Stiele abschneiden, pürieren, dabei pro Teller, der serviert werden soll, ein Blatt zurücklassen,
oder
1. Schinken in feinste Streifen schneiden.

Zubereitung
1. Gemüsebrühe zum Kochen bringen, Püreeflocken einrühren.
2. Von der Wärmequelle nehmen und Sahne sowie Schmand mit dem Schneebesen unterrühren.
3. Abschmecken, evtl. mit etwas Salz, Pfeffer oder Paprika nachwürzen.
4. Evtl. je nach Konsistenz noch etwas Flüssigkeit (Wasser, Milch, Brühe oder Sahne) zugeben.

Mit Zucchinistreifen
5. Zucchinistreifen 3 Min. ziehen lassen, Suppe servieren.

Mit Rucolapüree
5. Suppe in Teller füllen, Rucolapüree in die Mitte geben, mit einem Holzstab ringförmig verziehen und mit einem klein geschnittenen Rucolablatt garnieren.

Mit Schinkenstreifen
5. Schinkenstreifen in die Mitte des Tellers geben, Suppe darüber füllen und servieren.

 Zu den Suppen kann Graubrot gereicht werden.
Die angegebene Zutatenmenge reicht als Hauptgericht für 4–5 Personen, als Vorsuppe für 8 Personen.

Kartoffelpüreeflocken gibt es in unterschiedlichen Zusammensetzungen. Wenn bereits Milch enthalten ist, kann der Sahneanteil im Rezept um die Hälfte verringert und der Brüheanteil um die gleiche Menge erhöht werden. Gemüsebrühe oder Gemüsebouillon wird in verschiedenen Geschmacksrichtungen angeboten.

Diese schnell zuzubereitenden Kartoffelsuppen lassen sich beliebig abwandeln.
Statt Zucchini können Erbsen, statt Rucola Petersilie und anstelle des Schinkens z. B. geräucherte Forelle oder eine Rose aus geräuchertem Lachs verwendet werden. Lachsrosen werden folgendermaßen hergestellt: Lachsscheibe an den breiten Seiten gerade schneiden, Scheibe von der schmalen Seite her aufrollen und hinstellen, zur Rose zurechtzupfen.
Außerdem passen als Suppeneinlage z. B. Hackklößchen oder Krabben und als Topping Brotcroûtons oder geröstete Kerne.

Für Personen, die auf den Fettgehalt der Speisen besonders achten müssen, können die Sahne z. B. durch Kaffeesahne und der Schmand durch saure Sahne, die beide einen geringeren Fettgehalt haben, ersetzt werden.

Kartoffelsuppe mit Zucchini

Kartoffelsuppe mit Rucola

Kartoffelsuppe mit Schinken

Toppings für Kartoffel- und Gemüsecremesuppen

1 Fertigsuppe, z. B.
Kartoffelsuppe
Blumenkohlcremesuppe
Möhrencremesuppe
Zucchinicremesuppe

Fertige Toppings
- 60 g Crème fraîche verrührt mit 1/2 TL Curry
- Kürbiskerne
- getrocknete, in Streifen geschnittene, eingelegte Tomaten
- gewürfelter Schinken
- gehackte Kräuter, z. B. Dill, Borretsch, Petersilie oder Schnittlauch
- Gemüsestreifen, blanchiert

Bratwurst-Apfeltopping
8 kleine Nürnberger Bratwürste in Scheiben schneiden und in 1 EL Öl braten. 1 geschälten, in Scheiben geschnittenen Apfel mitbraten. Mit Salbei würzen.

Speck-Tomatentopping
75 g Speck würfeln und zusammen mit je 1 gewürfelten Zwiebel und Knoblauchzehe andünsten. 1 kleine Dose weiße Bohnen und 150 g geschälte Tomaten aus der Dose zugeben, 15 Min. kochen lassen. Mit Salz und Pfeffer abschmecken.

Mangold- oder Spinattopping
1/2 Staude Mangold oder 250 g Blattspinat waschen, putzen und mit den Stielen klein schneiden. In 1 EL Olivenöl 2–3 Min. dünsten. Mit Salz, Pfeffer, Kreuzkümmel und Zucker würzen. Je 2–3 EL Rosinen und/oder Pinienkerne unterheben.

Pikantes Salamitopping
100 g Chorizo – eine spanische scharfe Salami – in Streifen schneiden. Die Wurst kurz anbraten und mit 2–3 EL Sonnenblumenkernen mischen.

Scharfes Kasselertopping
200 g Kasseleraufschnitt würfeln. 2 Tomaten waschen, entkernen und würfeln. Zusammen mit dem Kasseler und 150 g Mais mischen. Mit Tabasco, Salz und Pfeffer abschmecken.

Falls Chorizo nicht in der Aufschnittabteilung angeboten wird, kann auch andere Salami verwendet werden.
Für das Kasselertopping können ebenso Kasselerreste verbraucht werden.

Das Servieren von Suppen mit unterschiedlichen Toppings kann zu einem kommunikativen Essen gehören.
Als Hauptspeise wird Kartoffelsuppe serviert und die Gäste können mit Toppings ihre Suppe variieren.
Alle Toppings für Salate, vgl. S. 112, sind ebenfalls für Suppen geeignet.

Fertige Toppings

Bratwurst-Apfeltopping

Speck-Tomatentopping

Mangoldtopping

Pikantes Salamitopping

Scharfes Kasselertopping

SUPPEN

Sauerkraut-Kartoffelsuppe

750 g Kartoffeln, mehlig kochend
150 g frisches Sauerkraut
1 Stange Porree
2 Möhren
200 g Knollensellerie
100 g Räucherspeck
1,25 l Gemüsebrühe
1/4 l Schlagsahne
Salz, Pfeffer
100 g Schmand

Garzeit: 45 Min.
Nährwert: 453 kcal, 1903 kJ
14 g E, 28 g F, 28 g KH

Vorbereitung
1. Kartoffeln schälen, waschen und in Würfel schneiden.
2. Sauerkraut grob hacken.
3. Porreestange putzen, waschen, vgl. S. 44.
4. Möhren und Sellerie schälen, waschen und in Scheiben schneiden.
5. Speck in kleine Würfel schneiden.

Kartoffelsuppe mit Lachs

500 g Kartoffeln, mehlig kochend
1 Zwiebel
80 g graved Lachs
1 EL Öl
200 ml Weißwein
3/4 l Gemüsebrühe
100 g Sahne
Salz, Pfeffer
1–2 EL Zitronensaft

Garzeit: 25 Min.
Nährwert: 293 kcal, 1229 kJ
12 g E, 14 g F, 20 g KH

Vorbereitung
1. Kartoffeln waschen, schälen und würfeln.
2. Zwiebel pellen und würfeln.
3. Graved Lachs in Streifen schneiden.

Kartoffel-Möhrensuppe

800 g Kartoffeln
500 g Möhren
1 gr. Zwiebel (100 g), gewürfelt
1 Bund glatte Petersilie, gehackt
2 EL Olivenöl
3/4 l Hühnerbrühe
Salz, Pfeffer
Honig
8 kleine Wiener Würstchen

Garzeit: 25 Min.
Nährwert: 585 kcal, 2457 kJ
21 g E, 39 g F, 39 g KH

Vorbereitung
1. Kartoffeln und Möhren schälen, waschen und würfeln.

Zubereitung
1. Zwiebel in Öl andünsten.
2. Mit Hühnerbrühe auffüllen.
3. Kartoffeln und Möhren 15 Min. darin garen lassen.
4. Mit Salz, Pfeffer und Honig abschmecken.
5. Würstchen 5 Min. darin ziehen lassen.
6. Mit Petersilie bestreut servieren.

Zubereitung Sauerkraut-Kartoffelsuppe

1. Speck zerlassen, Gemüse und Kartoffeln zugeben und andünsten.

2. Mit Brühe auffüllen, nach 40 Min. pürieren, Sahne zugeben, würzen.

3. Sauerkraut in Suppenteller füllen. Kartoffelsuppe darüber gießen, mit Schmand servieren.

Zubereitung Kartoffelsuppe mit Lachs

1. Die Zwiebelwürfel in Öl anbraten. Kartoffelstücke zugeben, mit Weißwein und Brühe ablöschen.

2. 20 Min. kochen lassen. Kartoffeln fein pürieren. Sahne zugießen und Suppe mit Salz, Pfeffer und Zitronensaft abschmecken.

3. Kartoffelsuppe nochmals mit dem Mixer aufschäumen, mit Lachsstreifen anrichten.

Tomaten-Gemüsesuppe

100 g breite grüne Bohnen
1 Zwiebel
1 Möhre (50 g)
1/2 Kohlrabi (ca. 150 g)
150 g Kartoffeln
1 Knoblauchzehe
1 EL Öl
1–2 EL Essig
2 EL Tomatenmark
1 Dose Tomaten (Füllmenge 400 g)
450 ml Gemüsebrühe
Salz, Pfeffer
Zucker
2 Prisen Kreuzkümmel

Garzeit: 15 Min.
Nährwert: 118 kcal, 496 kJ
4 g E, 5 g F, 14 g KH

Vorbereitung
1. Bohnen putzen und waschen, schräg in kleine Stücke schneiden.
2. Zwiebel pellen und würfeln.
3. Möhre, Kohlrabi und Kartoffeln schälen, waschen und würfeln.
4. Knoblauch pellen, fein würfeln.

🍽 Zu der Tomaten-Gemüsesuppe passen Bauernbrot oder geröstete Baguettescheiben. Die Suppe kann mit Basilikumblättern und/oder gehobeltem Parmesan garniert werden.

⚠ Wenn kein Kreuzkümmel vorhanden ist, kann er in der Tomaten-Gemüsesuppe entweder weggelassen oder durch 1 Prise gemahlenen Kümmel ersetzt werden. Im Sommer sollten anstatt der geschälten Tomaten aus der Dose frische Tomaten verwendet werden.

Tomatensuppe

1 1/2 Dosen Tomaten (Füllmenge 400 g)
3 Zwiebeln
1 Bund Basilikum und/oder Thymian
20 g Butter oder Margarine
1/2 l Brühe
Salz, Pfeffer, Zucker
Zitronenschale nach Belieben
1 Becher saure Sahne

Garzeit: 15 Min.
Nährwert: 147 kcal, 617 kJ
4 g E, 8 g F, 13 g KH

Vorbereitung
1. Zwiebeln pellen und würfeln.
2. Basilikum und/oder Thymian waschen und hacken.

Zubereitung
1. Butter oder Margarine in einem Topf erhitzen und die Zwiebeln darin glasig dünsten.
2. Tomaten und Brühe zugeben, ca. 10 Min. kochen lassen.
3. Suppe durch ein Sieb gießen.
4. Mit Salz, Pfeffer, Zucker, Zitronenschale abschmecken.
5. Mit Basilikum und/oder Thymian und saurer Sahne servieren.

Zubereitung Tomaten-Gemüsesuppe

1. Öl in einem Topf erhitzen, Zwiebel darin glasig dünsten, Knoblauch zugeben.

2. Möhren-, Kartoffel- und Kohlrabiwürfel hinzufügen.

3. Essig und Tomatenmark unterrühren.

4. Dosentomaten mit dem Saft zugießen und mit dem Kochlöffel leicht zerdrücken.

5. Gemüsebrühe zufügen, mit Salz, Pfeffer, Zucker und Kreuzkümmel würzen.

6. Alles ca. 5 Min. kochen, zuletzt die Bohnen zufügen und weitere 5 Min. kochen, abschmecken und servieren.

Asiatische Bouillon

4 kleine Gurken à 80–100 g
1 kleine rote Chilischote
1 Knoblauchzehe
1/2 Bund Petersilie
150 g gewürztes Mett
1 l Gemüsebrühe
2–3 EL Sojasoße
1 EL Sesamöl oder anderes Öl
Zahnstocher zum Feststecken

Garzeit: 15 Min.
Nährwert: 120 kcal, 504 kJ
8 g E, 9 g F, 2 g KH

Vorbereitung
1. Gurken waschen und evtl. schälen, die Enden abschneiden, in 1,5 cm dicke Scheiben schneiden. Das Innere mit einem Apfelausstecher herauslösen.
2. Chilischote waschen und klein schneiden.
3. Knoblauch pellen und in Scheiben schneiden.
4. Petersilie waschen, einige Blätter beiseite legen, den Rest hacken.
5. Mett mit gehackter Petersilie und Knoblauch mischen und zu Bällchen formen.

Beide Suppen sind hervorragende Vorsuppen. Sie können außerdem als Abendmahlzeit gereicht werden.

Statt der Gemüsebrühe kann für beide Rezepte auch Fleischbrühe verwendet werden.

Mett darf erst am Tag der Herstellung frisch gekauft werden und muss bis zur Verarbeitung kühl gelagert werden.

Brotsuppe

4 Scheiben Ciabatta
4–6 Knoblauchzehen
1 l Gemüsebrühe
Salz, Pfeffer, Oregano
4 Eier
4 EL Olivenöl

Garzeit: 10 Min.
Nährwert: 240 kcal, 1008 kJ
7g E, 12 g F, 26 g KH

Vorbereitung
1. Brotscheiben im Backofen oder Toaster rösten.
2. Knoblauchzehen pellen und in Scheiben schneiden.

Die pochierten Eier in der Brotsuppe werden besonders schön rund, wenn man sie erst in die Brühe gibt, wenn diese durch Umrühren Drehbewegungen macht.

Zubereitung Asiatische Bouillon

1. Mett in die Gurkenstücke füllen, mit einem Zahnstocher feststecken.

2. Gemüsebrühe und Chilischoten aufkochen. Gurkenstücke hineingeben und 10 Min. ziehen lassen.

3. Sojasoße und Sesamöl in die Brühe geben und mit den restlichen Petersilieblättchen servieren.

Zubereitung Brotsuppe

1. Gemüsebrühe erhitzen, mit Salz, Pfeffer und Oregano abschmecken, darin die Eier pochieren, vgl. S. 198.

2. Gemüsebrühe auf vier Teller verteilen, je 1 Brotscheibe mit Knoblauch belegt in die Suppe legen.

3. Brot mit Olivenöl beträufeln und jeweils 1 Ei auflegen.

SUPPEN

Exotische Fischsuppe

300 g Fischfilet, Dorsch oder Seelachs, tiefgefroren
20 g Ingwerwurzel
oder 1 EL Ingwerpulver
1 Knoblauchzehe
2 rote Paprikaschoten (400 g)
100 g Mungbohnensprossen
1 l Gemüsebrühe
2 EL Sojaße
2 EL Zitronensaft
4 EL gemischte Kräuter, tiefgefroren
Salz, Pfeffer

Garzeit: 10 Min.
Nährwert: 168 kcal, 706 kJ
16 g E, 8 g F, 7 g KH

Vorbereitung
1. Fischfilet noch angefroren in Würfel schneiden.
2. Ingwer schälen und fein hacken, vgl. S. 46.
3. Knoblauch pellen und hacken.
4. Paprikaschoten waschen, putzen und in feine Streifen schneiden.
5. Sprossen blanchieren, vgl. S. 53.

Scharf-saure Linsensuppe

100 g rote Linsen
400 g Möhren
250 g Zwiebeln
1 Knoblauchzehe
1 rote Chilischote
1/2 gegrilltes Hähnchen
150 g Porree
5 EL Olivenöl
1 EL Curry
1 TL Kreuzkümmel
1/2 TL Zimt
1 1/2 l Hühnerbrühe
3–4 EL Zitronensaft
Salz

Garzeit: 25 Min.
Nährwert: 232 kcal, 974 kJ
19 g E, 11 g F, 15 g KH

Vorbereitung
1. Möhren schälen, waschen und raspeln.
2. Zwiebeln und Knoblauch pellen und würfeln.
3. Chilischote vorbereiten und klein schneiden, vgl. S. 42.
4. Hähnchenfleisch von den Knochen lösen und klein schneiden.
5. Porree waschen und in Ringe schneiden, vgl. S. 44.

Werden die Suppen mit Brot und einem frischen Salat serviert, sind sie als Hauptgerichte geeignet.

Beide sehr exotisch schmeckenden Suppen können durch die Veränderung der Gewürze dem eigenen Geschmack angepasst werden.

Frischer Ingwer schmeckt intensiver als getrocknetes Pulver. Je feiner er geschnitten wird, desto würziger ist der Geschmack.

Zubereitung Exotische Fischsuppe

1. Brühe kochen. Sojaße, Zitronensaft, Knoblauch, Paprika zugeben.

2. Fischwürfel zugeben und 4 Min. ziehen lassen, Ingwer zufügen.

3. Sprossen und Kräuter zugeben, mit Salz und Pfeffer abschmecken.

Zubereitung Scharf-saure Linsensuppe

1. Öl in einem Topf erhitzen, Möhren, Zwiebeln, Knoblauch und Chilischote 3–4 Min. braten.

2. Linsen und Gewürze zugeben, mit der Brühe auffüllen und 20 Min. kochen lassen.

3. Fleisch und Porree 10 Min. vor Ende der Garzeit zugeben, mit Zitronensaft und Salz würzen, servieren.

SUPPEN

Kürbissuppe

1 Stück Kürbis (ca. 500 g)
1 weiße Zwiebel
oder 1/2 Gemüsezwiebel
20 g Ingwerwurzel
1/2 Bund Koriander
1 EL Öl
1 EL brauner Zucker
150 ml Weißwein
1/2 l Gemüsebrühe
1 TL Chilipulver
Salz, Pfeffer
1 EL Créme fraîche
3 EL Orangensaft

Garzeit: 20 Min.
Nährwert: 112 kcal, 470 kJ
2 g E, 4 g F, 9 g KH

Vorbereitung
1. Kürbis entkernen, schälen und klein schneiden.
2. Zwiebel pellen und würfeln.
3. Ingwer schälen und fein reiben.
4. Koriander waschen und die Blättchen abzupfen.

🍽 Die Suppe kann als Vorsuppe zu einem Menü gereicht werden. Dazu passen Crostinis oder Bruschetta, vgl. S. 79 und S. 78.

⚠ Statt des Weißweins ist es möglich, entsprechend mehr Brühe zu verwenden. Will man auf den säuerlichen Geschmack, der durch den Weißwein entsteht, nicht verzichten, kann 1 TL Zitronensaft zur Suppe gegeben werden.

❄❄❄❄ Die Suppe lässt sich gut einfrieren.

🛒 Frischen Ingwer gibt es in Asienläden und gut sortierten Supermärkten. Die Wurzel hält sich im Kühlschrank ca. 3 Wochen frisch.

Hokaidokürbis
Er ist besonders geschmacksintensiv und für Suppen bestens geeignet.

Riesenkürbis
Er ist für Suppen, als Gemüse und am besten für das Konservieren geeignet.

Zubereitung Kürbissuppe

1. Öl in einem Topf erhitzen, Zwiebelwürfel und Ingwer darin 1 Min. dünsten.

2. Kürbisfleisch hinzufügen und 1 Min. weiterdünsten, Zucker zugeben und mit Weißwein ablöschen.

3. Gemüsebrühe zugießen, mit Chilipulver, Salz und Pfeffer würzen.

4. 15 Minuten weich garen lassen, dann mit dem Pürierstab pürieren.

5. Crème fraîche und Orangensaft unterrühren, nochmals aufschäumen und abschmecken.

6. Suppe in vorgewärmte Teller füllen, mit Korianderblättchen anrichten.

SUPPEN

Gurkensuppe

1 Salatgurke
1/2 Bund Borretsch mit Blüten
1 Knoblauchzehe
25 g Sonnenblumenkerne
100 ml kalte Gemüsebrühe
300 g fettarmer Joghurt
1–2 EL Zitronensaft
1 TL Olivenöl
Salz, Pfeffer
4 Scheiben Baguette

Garzeit: 35 Min.
Nährwert: 117 kcal, 491 kJ
5 g E, 8 g F, 5 g KH

Vorbereitung
1. Gurke waschen und in kleine Stücke schneiden.
2. Borretsch waschen und hacken, die Blüten beiseite legen.
3. Knoblauchzehe pellen und in Scheiben schneiden.
4. Sonnenblumenkerne in einer Pfanne rösten.

🍽️ Für alle Suppen eignen sich Salatgurken oder Schmorgurken. Die Schmorgurken sind meistens preiswerter, müssen aber unbedingt geschält und entkernt werden.

Gazpacho

1/2 Salatgurke
500 g Tomaten
1/2 Paprikaschote
1 Zwiebel
2 Knoblauchzehen
2 Eier
2 Scheiben Weißbrot
3 EL Olivenöl
2 EL Essig
Salz, Pfeffer, Paprika
1/2 l Gemüsebrühe

Nährwert: 282 kcal, 1184 kJ
15 g E, 18 g F, 41 g KH

Vorbereitung
1. Gurke schälen und würfeln, 2 EL Gurke fein würfeln und zurücklassen.
2. Tomaten waschen und würfeln, 2 EL fein würfeln und zurücklassen.
3. Paprikaschote waschen, putzen und würfeln, 2 EL fein würfeln und zurücklassen.
4. Zwiebel und Knoblauchzehen pellen und würfeln.
5. Eier in 10 Min. hart kochen, abschrecken und würfeln.
6. Weißbrot zerkrümeln.

Zubereitung
1. Gemüse mit dem Mixer pürieren, Öl und Weißbrot zugeben.
2. Alles im Mixer mischen, mit Essig und Gewürzen abschmecken.
3. Mit Brühe auffüllen und gut gekühlt mit den beiseite gestellten Gemüse- und Eierwürfeln servieren.

Geeiste Gurkensuppe

1 Salatgurke
1 Zwiebel
1 Knoblauchzehe
1 Bund frischer Dill
2 EL Olivenöl
Salz, Pfeffer, Zucker
2 EL (Estragon-)Essig
5 EL Weißwein
1/4 l Sahne
Eiswürfel

Garzeit: 10 Min.
Nährwert: 272 kcal, 1142 kJ
2 g E, 26 g F, 5 g KH

Vorbereitung
1. Gurke schälen und würfeln.
2. Zwiebel und Knoblauchzehe pellen und würfeln.
3. Dill waschen und hacken.

Zubereitung
1. Öl erhitzen und Zwiebel darin glasig dünsten.
2. Knoblauch, Gewürze, Essig, Wein und Gurkenwürfel zugeben, in ca. 10 Min. weich kochen.
3. Alles pürieren und kaltstellen.
4. Vor dem Anrichten Sahne unterrühren und in Suppentassen mit je 1 Eiswürfel anrichten.
5. Mit Dill garniert servieren.

Zubereitung Gurkensuppe

1. Gurke mit dem Borretsch und der Gemüsebrühe pürieren, Joghurt und Zitronensaft unterziehen.

2. Knoblauchscheiben in Öl anbraten und abgekühlt unter die Suppe ziehen, mit Salz und Pfeffer abschmecken.

3. Baguette im Knoblauchöl braten und zu der gekühlten, mit Borretschblüten und Sonnenblumenkernen bestreuten Suppe reichen.

SOSSEN

Helle Grundsoße

30 g Margarine, Butter oder anderes Fett
30 g Mehl
1/2 l Flüssigkeit, z. B. Milch, Brühe, Wasser, Sahne
Salz, Pfeffer
Geschmackszutaten

Garzeit: 10 Min.
Nährwert: 173 kcal, 727 kJ
13 g KH, 11 g F, 5 g E

⚠ Zum Legieren statt 30 g nur 20 g Mehl verwenden, zusätzlich 2 Eigelb unterziehen, vgl. S. 50.

Dunkle Grundsoße

Vgl. Helle Grundsoße, statt 30 g, 50 g Mehl verwenden. Mehl im Fett braun anrösten lassen, weitere Zubereitung wie bei der hellen Grundsoße.

⚠ Für cremige Soßen einen Teil der Flüssigkeit durch Sahne ersetzen.

Bratensoße

Bratensatz vom angebratenen Fleisch
1/4 l Wasser
1/4 l Sahne oder 1 Becher Joghurt
1 EL Mehl
Gewürze

Garzeit: 10 Min.
Nährwert: 134 kcal, 563 kJ
2 g E, 13 g F, 3 g KH

Zubereitung
1. Bratensatz mit Wasser ablöschen, einkochen lassen.
2. Sahne oder Joghurt zugießen, verrühren und einkochen lassen.
3. Soße mit angerührtem Mehl binden, 5 Min. unter Rühren kochen, Soße abschmecken.

🍽 Sollen wasserreiche Nahrungsmittel wie Fisch oder Pilze in der Soße gar ziehen, muss die Menge der Zugussflüssigkeit bis auf 1/4 l reduziert werden.

Grün-schwarze Pfeffersoße

2 Zwiebeln
2 Fleischtomaten (340 g)
2 EL Olivenöl
2 TL grüne Pfefferkörner
2 Prisen schwarzer Pfeffer
Salz
Ca. 1/2 l Fleisch- oder Gemüsebrühe

Garzeit: 15 Min.
Nährwert: 88 kcal, 367 kJ
1 g E, 7 g F, 3 g KH

Vorbereitung
1. Zwiebeln pellen, fein würfeln.
2. Fleischtomaten abziehen, vgl. S. 42, und das Fruchtfleisch klein schneiden.

Zubereitung
1. Öl in einem Topf erhitzen, Zwiebeln darin andünsten.
2. Tomatenfleisch zugeben und salzen.
3. Pfefferkörner und Pfeffer zufügen.
4. Brühe zugießen und im offenen Topf ca. 10 Min. einkochen lassen, dabei umrühren.
5. Soße abschmecken.

Zubereitung Helle Grundsoße

1. Fett erhitzen, Geschmackszutaten wie Curry hinzufügen.

2. Mehl auf einmal einstreuen und mit dem Schneebesen verrühren.

3. Durchschwitzen lassen, bis sich das Mehl kräuselt.

4. Warme Flüssigkeit auf einmal oder kalte Flüssigkeit nach und nach zugießen, dabei kräftig rühren.

5. Kräftig umrühren und 5 Min. durchkochen, damit der Mehlgeschmack nicht durchdringt.

6. Soße mit Salz und Pfeffer abschmecken.

Käsesahnesoße

1 Zwiebel
2 Knoblauchzehen
2 Stiele Basilikum
2 EL Butter
2 EL Mehl
1/2 l Sahne
100 g geriebener Parmesan
Salz, Pfeffer, Muskat

Garzeit: 5 Min.
Nährwert: 550 kcal, 2310 kJ
12 g E, 52 g F, 10 g KH

Vorbereitung
1. Zwiebel pellen und würfeln.
2. Knoblauchzehen pellen und fein zerhacken.
3. Basilikum waschen und zerkleinern.

🍽 Käsesahnesoße passt zu jeder Art von Pasta, zu Blumenkohl und Porree.

⚠ Anstelle des Parmesans können für eine Gorgonzolasoße 150 g Gorgonzola genommen werden.

Fertigsoßen-Abwandlungen

Generell können fertige Soßen (Paket oder Würfel) durch Zugabe von
- saurer Sahne,
- Joghurt,
- Schlagsahne,
- etwas Butter

verfeinert werden.
Daneben gibt es verschiedene Möglichkeiten, spezielle Soßen abzuwandeln.

Braune Soße
- Durch Zugabe von z. B. einer gewürfelten, angedünsteten Zwiebel als Zwiebelsoße für Schweineschnitzel.

Helle Soße
- Durch Zugabe von einem Paket tiefgefrorener gemischter Kräuter und Ersatz von 1/3 der Flüssigkeit durch Sahne als Kräutersoße zu gekochten Eiern oder zu Nudeln.
- Durch Zugabe von 50–70 g geriebenem Käse und Ersatz von 1/3 der Flüssigkeit durch Sahne als Käsesoße.
- Durch Zugabe von 100 g Blauschimmelkäse (Gorgonzola) und Ersatz von 1/3 der Flüssigkeit durch Sahne als Gorgonzolasoße.

🛒 Für Gemüsepfannen und asiatische Gerichte sind fertige süße Chilisoßen und süßsaure Soßen sehr gut geeignet.

Kräutersoße

1 Paket oder Würfel „Helle Soße"
1 Päckchen tiefgefrorene Kräuter
2 EL Butter

Garzeit: 5 Min.
Nährwert: 72 kcal, 302 kJ
2 g E, 6 g F, 2 g KH

Currysoße

1 Paket oder Würfel „Helle Soße"
2 EL Curry
1/2 TL Zucker
1/2 Dose Mandarinenfilets
oder 1 zerdrückte Banane
1 Spritzer Zitronensaft
2 EL Butter

Garzeit: 5 Min.
Nährwert: 161 kcal, 676 kJ
3 g E, 6 g F, 22 g KH

Paprikasoße

1 Paket oder Würfel „Helle Soße"
2 EL Paprika, edelsüß
1/2 TL Zucker
4 EL Tomatenmark
2 EL Butter

Garzeit: 5 Min.
Nährwert: 165 kcal, 693 kJ
3 g E, 8 g F, 22 g KH

Zubereitung Käsesahnesoße

1. Butter in einem Topf zerlassen, Zwiebel und Knoblauch zufügen.

2. Mehl zugeben und anschwitzen, Sahne angießen.

3. Käse unterziehen und schmelzen lassen. Mit den Gewürzen und dem Basilikum abschmecken.

SOSSEN

Soße Bolognese

300 g Rinderhack
40 g durchwachsener Speck
2 Zwiebeln
1 Möhre (ca. 100 g)
1/4 Sellerieknolle (ca. 200 g)
3 Tomaten (250 g)
2 EL Tomatenmark (40 g)
1 Lorbeerblatt
1 Msp. Muskatnuss, gemahlen
Salz, Pfeffer,
etwas Zitronensaft
1 Prise Zucker
3/8 l Wasser

Garzeit: 20 Min.
Nährwert: 348 kcal, 1462 kJ
19 g E, 25 g F, 11 g KH

Vorbereitung
1. Speck fein würfeln.
2. Zwiebeln pellen und würfeln.
3. Möhre und Sellerie waschen, schälen und sehr fein würfeln, vgl. S. 43 und 44.
4. Tomaten häuten und entkernen, vgl. S. 42.

Hackfleischsalbeisoße

300 g Beefsteakhackfleisch
1 Zwiebel
1 Knoblauchzehe
10–15 Salbeiblätter
2 EL Öl
1/4 l Fleischbrühe
Salz, Pfeffer
1 Becher Crème double
3–4 EL Soßenbinder

Garzeit: 20 Min.
Nährwert: 255 kcal, 1071 kJ
19 g E, 15 g F, 11 g KH

Vorbereitung
1. Zwiebel und Knoblauchzehe pellen und hacken.
2. Salbeiblätter in Streifen schneiden.

Zubereitung
1. Hackfleisch im Öl anbraten, bis es krümelig ist.
2. Zwiebel, Knoblauch und Salbei untermischen.
3. Brühe angießen.

4. Salz und Pfeffer zugeben, aufkochen lassen.
5. Crème double unterrühren.
6. Mit Soßenbinder abbinden, abschmecken und z. B. zu Bandnudeln servieren.

🛒 Das Hackfleisch immer am Tag des Einkaufs verwenden.

🧴 Hackfleischsoße (Soße Bolognese) gibt es in vielen Geschmacksvarianten als Fertigprodukt. Die Soße Bolognese kann auch mit Dosentomaten hergestellt werden.

🍽️ Typischerweise werden zur Soße Bolognese Spaghetti und frisch geriebener Parmesan gereicht. Ergänzt mit einem italienischen Salat ist dies ein schnell zuzubereitendes Hauptgericht.

Zubereitung Soße Bolognese

1. Pfanne erwärmen und Speck darin auslassen.

2. Zwiebel-, Möhren- und Selleriewürfel ca. 2 Min. mitbraten.

3. Hackfleisch und Tomatenmark mitbraten.

4. Wasser angießen und etwas einkochen lassen. Lorbeerblatt entfernen.

5. Tomaten, Gewürze, Zitronensaft zugeben.

6. Soße zu frisch zubereiteten Nudeln servieren.

SOSSEN

Fruchtige Tomatensoße

1 Dose geschälte Tomaten
(Füllmenge 800 g)
1 Zwiebel
1 Knoblauchzehe
3 Frühlingszwiebeln (125 g)
3 Orangen
2 EL Olivenöl
Salz, Pfeffer
10 g Zucker (möglichst brauner Zucker)

Garzeit: 15 Min.
Nährwert: 150 kcal, 630 kJ
4 g E, 7 g F, 15 g KH

Vorbereitung
1. Tomaten auf einem Sieb abtropfen lassen, Saft auffangen, evtl. Stielansätze entfernen.
2. Zwiebel und Knoblauchzehe pellen und würfeln.
3. Frühlingszwiebeln putzen, waschen und in feine Ringe schneiden.
4. Orangen filetieren, vgl. S. 46, und den Saft auffangen.

Die fruchtige Tomatensoße passt am besten zu gebratenen Putenschnitzeln, Kalbs- oder Schweinemedaillons.
Die italienische Tomatensoße eignet sich gut zu gebratenem Fisch und Nudeln jeder Art.
Die Tomatensoße mit Speck kann zu gekochten Eiern, Fischfrikadellen, Nudeln oder Gnocchi gereicht werden.

Italienische Tomatensoße

1 Dose geschälte Tomaten
(Füllmenge 800 g)
1 Zwiebel
1 Knoblauchzehe
je 1 Zweig Rosmarin, Thymian, Oregano
1 Lorbeerblatt
evtl. 20 g Ingwer
1 Paket Suppengrün, tiefgefroren
3 EL Olivenöl
Salz, Pfeffer
Zucker

Garzeit: 25 Min.
Nährwert: 155 kcal, 651 kJ
3 g E, 11 g F, 9 g KH

Vorbereitung
1. Tomaten kurz mit einem Mixer oder Mixstab pürieren.
2. Zwiebel und Knoblauchzehe pellen und fein würfeln.
3. Kräuter waschen und zerkleinern.
4. Evtl. Ingwer schälen und reiben, vgl. S. 46.

Zubereitung
1. Olivenöl in einem Topf erhitzen, Zwiebel und Knoblauch darin andünsten.
2. Suppengrün und Kräuter zugeben.
3. Pürierte Tomaten und evtl. Ingwer zugeben, alles 20 Min. köcheln lassen.
4. Lorbeerblatt entfernen.
5. Mit Salz, Pfeffer und Zucker abschmecken.
6. Bei Bedarf alles fein pürieren.

Tomatensoße mit Speck

1 Dose Tomatenmark
(Füllmenge 140 g)
2 Zwiebeln
100 g geräucherter Speck
1 EL Öl
30 g Mehl
1/2 l Gemüse- oder Fleischbrühe
2 TL Paprikapulver, edelsüß
Salz, Pfeffer
Tabasco

Garzeit: 25 Min.
Nährwert: 147 kcal, 617 kJ
8 g E, 11 g F, 16 g KH

Vorbereitung
1. Zwiebeln pellen und würfeln.
2. Speck in feine Streifen schneiden.

Zubereitung
1. Öl in einem Topf erhitzen, Speck darin anbraten.
2. Zwiebeln zugeben.
3. Mehl zugeben und mit dem ausgelassenen Fett zu einer glatten Masse anschwitzen.
4. Tomatenmark zugeben und anschwitzen.
5. Unter Rühren die Brühe angießen.
6. Soße 5–7 Min. kochen lassen.
7. Mit Paprikapulver, Salz, Pfeffer und Tabasco abschmecken.

Zubereitung Fruchtige Tomatensoße

1. Öl in einer Pfanne erhitzen, Zwiebel und Knoblauch darin kurz anbraten, salzen und pfeffern.

2. Tomaten zugeben, Zucker überstreuen, Tomaten- und Orangensaft zugeben, 5 Min. kochen.

3. Frühlingszwiebeln zufügen, Soße abschmecken und kurz vor dem Servieren die Orangenfilets kurz darin erwärmen.

SOSSEN

Joghurtkaviarsoße

300 g Magermilchjoghurt
1 TL Salz
Pfeffer
Zucker
2 EL Öl
30 g Mayonnaise
½ EL Zitronensaft
1 Bund Schnittlauch
1 Glas Forellenkaviar (50 g)

Nährwert: 172 kcal, 718 kJ
7 g E, 15 g F, 4 g KH

🍽 Die Joghurtkaviarsoße passt zu Pellkartoffeln, Kartoffelpuffern oder halbierten Avocados. Sauce hollandaise wird klassisch zu Spargel gegessen. Sie passt aber auch gut zu Blumenkohl und Brokkoli oder zu Erbsen und Wurzeln. Sauce béarnaise wird zu Steaks gereicht. Cumberlandsoße zu Wild.

Cumberlandsoße

100 g Johannisbeergelee
1 Orange, natur
1 TL Senf

Garzeit: 5 Min.
Nährwert: 90 kcal, 378 kJ
0 g E, 0 g F, 20 g KH

Wiener Apfelkren

2 Äpfel (ca. 150 g)
2 EL Weinessig
1 EL Zucker
2 EL frisch geriebener Meerrettich (20 g)
Salz

Nährwert: 37 kcal, 154 kJ
0 g E, 0 g F, 8 g KH

Zubereitung
1. Äpfel waschen, schälen, halbieren, entkernen, fein reiben.
2. Äpfel sofort mit dem Weinessig mischen, Zucker unterrühren.
3. Zum Schluss den geriebenen Meerrettich unterrühren.
4. Mit Salz abschmecken.

Sauce hollandaise

1 Päckchen Sauce hollandaise
Flüssigkeit nach Päckchenangabe
Butter nach Päckchenangabe

Garzeit: 5 Min.
Nährwert: 524 kcal, 2201 kJ,
2 g E, 55 g F, 1 g KH

Zubereitung
1. Nach Päckchenangabe zubereiten. Darauf achten, dass die Soße nicht zu lange kocht, weil sie sich dann entmischt.

🧴 Sauce hollandaise und Sauce béarnaise gibt es auch im Tetrapak oder im Folienbeutel. Beide können entweder im Wasserbad oder in der Mikrowelle erwärmt werden (600 Watt, 1 Min oder 300 Watt 2,5 Min.).

⚠ Für Sauce béarnaise zusätzlich klein geschnittene Estragonblätter und 1 TL Weißwein zur Sauce hollandaise zufügen.

Zubereitung Joghurtkaviarsoße

1. Joghurt, Gewürze, Öl und Mayonnaise miteinander verrühren.

2. Zitronensaft zufügen, Schnittlauch in Röllchen schneiden, unterrühren.

3. Forellenkaviar vorsichtig unterheben.

Zubereitung Cumberlandsoße

1. Orangenschale abschälen.

2. In feine Streifen schneiden.

3. Alle Zutaten miteinander vermischen, abschmecken.

Remoulade

200 g fertige Mayonnaise
75 g Joghurt (Magermilchstufe)
1 kleine Gewürzgurke
1 EL Kapern
½ Bund gemischte Kräuter
1 Ei
Salz, Pfeffer

Nährwert: 411 kcal, 1726 kJ
4 g E, 43 g F, 3 g KH

Vorbereitung

1. Gewürzgurke fein würfeln.
2. Kapern fein hacken.
3. Gemischte Kräuter waschen und hacken.
4. Das Ei hart kochen und würfeln.

❗ Mayonnaise sollte von Menschen, die fettarm leben müssen oder wollen, gemieden werden. Der Fettgehalt kann durch Vermischen mit Magermilchjoghurt oder Magermilch gesenkt werden.

Aioli

200 g fertige Mayonnaise
5–6 Knoblauchzehen
1 gepellte, gekochte Kartoffel
Salz
2–3 EL Zitronensaft

Nährwert: 416 kcal, 1747 kJ
2 g E, 41 g F, 10 g KH

Vorbereitung

1. Knoblauch pellen und durchpressen.
2. Kartoffel mit einer Gabel musen oder durch eine Kartoffelpresse drücken.
(Die Kartoffelpresse lohnt sich nur bei größeren Mengen, weil sonst durch die Reinigung zu viel Kartoffelmus und Zeit verloren gehen.)

🍽 Remoulade wird zu gekochten Eiern, gebratenem Roastbeef oder zu Matjesfilets gereicht. Aioli ist eine spanische Variation von Knoblauchmayonnaise, die vor allem zusammen mit Brot als Vorspeise gereicht wird. Sie ist ca. 14 Tage im Kühlschrank haltbar.

🛒 Mayonnaise gibt es in unterschiedlicher Zusammensetzung und Angebotsform.
Die gebräuchlichste Mayonnaise enthält 80 % Fett. Je nach Qualität des verwendeten Öls ist die Mayonnaise preiswerter oder teurer. Beim Preisvergleich muss genau auf die Zusammensetzung geachtet werden, um einen echten Vergleich zu ermöglichen.
Es gibt auch Salatmayonnaise, die einen geringeren Fettgehalt hat und entweder zusätzlich Magermilch und/oder einen Stärkebrei enthält. Mayonnaise gibt es in Gläsern oder in Feinkostgeschäften auch lose zu kaufen.
Fertig gekaufte Mayonnaise lässt sich individuell zu verschiedenen Soßen verarbeiten.
Variationen von Mayonnaise lassen sich z. B. durch Zugabe von Kräutern, Curry oder grünem Pfeffer herstellen.

Zubereitung Remoulade

1. Mayonnaise und Joghurt mit einem Schneebesen glatt rühren.

2. Gurkenwürfel, Kapern, Kräuter und Ei untermischen.

3. Mit Salz und Pfeffer abschmecken.

Zubereitung Aioli

1. Mayonnaise mit einem Schneebesen glatt rühren.

2. Knoblauch und Kartoffelbrei (-stampf) untermischen.

3. Aioli mit Salz und Zitronensaft abschmecken.

VORSPEISEN UND SNACKS

Bruschetta

8 Scheiben Bauernbrot
500 g Tomaten
2 Knoblauchzehen
1 Bund Basilikum
ca. 6 EL Olivenöl
Salz, Pfeffer

Garzeit: 2 Min.
Nährwert pro Scheibe:
290 kcal, 1218 kJ
8 g E, 6 g F, 49 g KH

Vorbereitung
1. Bauernbrot halbieren.
2. Tomaten waschen und häuten, vgl. S. 42.
3. Knoblauchzehen pellen und der Länge nach halbieren.
4. Basilikum waschen und in Streifen schneiden, dabei ein paar ganze Blätter zurücklassen.

Nur vollreife Früchte – am besten Strauch- oder Flaschentomaten – verwenden. Grana Padana ist aufgrund der einfacheren Herstellung eine kostengünstige Variante von Parmesan (exakte EG-Handelsbezeichnung: Parmigiano Reggiano).

Statt frischer Tomaten kann auch Tomatenpüree verwendet werden.

Bruschetta muss warm gegessen werden. Mit einem frischen Salat kann es auch ein sättigendes Abendessen sein.
Das Tomatenpüree eignet sich als Belag für Bruschetta oder als Grundbelag für Pizza.

Zusätzlich zu den Tomaten können schwarze Oliven als halbierte Früchte oder Olivenpaste (Tapenade) auf dem Brot verteilt werden. Im Winter kann anstelle des frischen Basilikums auch Pesto genommen werden.

Tomatenpüree

1 kg Tomaten
je 3 Stiele Oregano, Thymian und Rosmarin
2 große Zwiebeln
3 Knoblauchzehen
1 TL Salz
Pfeffer, Paprika

Garzeit: 40 Min.
Nährwert: 54 kcal, 227 kJ
3 g E, 0 g F, 8 g KH

Vorbereitung
1. Tomaten überbrühen und die Haut abziehen, klein schneiden.
2. Kräuter waschen und von den Stielen zupfen.
3. Knoblauch und Zwiebeln pellen und klein schneiden.

Zubereitung
1. Tomaten mit allen anderen Zutaten in einen Topf geben und ca. 20 Min. musig kochen.
2. Tomatenmus pürieren und wieder in den Topf zurückgeben.
3. Tomatenpüree einkochen, so dass die Menge halbiert wird.
4. Abschmecken.

Zubereitung Bruschetta

1. Tomaten halbieren, entkernen und in kleine Stücke schneiden.

2. Brotscheiben in die obere Schiene des Backofens schieben, ca. 2 Min. grillen.

3. Brot noch heiß mit den Schnittflächen der Knoblauchzehen einreiben.

4. Sofort mit dem Olivenöl beträufeln.

5. Tomaten darauf verteilen, mit einer Gabel zerdrücken, salzen und pfeffern.

6. Mit Basilikumstreifen bestreuen und sofort servieren.

VORSPEISEN UND SNACKS

Crostini mit Olivenpaste

Für 12 Stück
60 g schwarze Oliven
60 g grüne Oliven
250 g Tomaten
1/2 Bund Petersilie
2 Knoblauchzehen
5 EL Olivenöl
Salz, Pfeffer
12 Scheiben Meterbrot

Garzeit: 7 Min.
Nährwert: 434 kcal, 1823 kJ
9 g E, 27 g F, 39 g KH

Vorbereitung
1. Oliven entkernen und würfeln.
2. Tomaten waschen und häuten.
3. Petersilie waschen und hacken.
4. Knoblauch pellen und halbieren.
5. Brot im Backofen rösten, vgl. S. 78, Phasenfoto Nr. 2 für Bruschetta.

Zubereitung
1. Alle Zutaten – außer Knoblauch – miteinander vermischen, salzen und pfeffern, 1 Std. ziehen lassen.
2. Brot noch heiß mit den Knoblauchzehen einreiben.
3. Olivenmischung darauf verteilen.
4. Im vorgeheizten Ofen auf der mittleren Schiene die Brotscheiben 5 Min. backen, bis sie knusprig und gebräunt sind, sofort servieren.

Statt frischer Tomaten kann auch eine Konserve mit Tomatenstücken verwendet werden und statt Basilikum Pesto.

Crostini sind eine „Vor-Vorspeise" (Amuse Gueule oder Gruß aus der Küche), die z. B. im Restaurant die Wartezeit auf das bestellte Gericht verkürzen soll. Verschiedene Crostini können – ergänzt mit einem frischen Salat – als Zwischenmahlzeit und/oder Abendmahlzeit eingenommen werden.

 Pecorino ist ein typischer italienischer Hartkäse.

Crostini mit Auberginenpaste

Für 12 Stück
1 Aubergine (ca. 300 g)
1 Knoblauchzehe
1 Bund Basilikum
100 g Schafskäse
2 EL Olivenöl
1 EL Zitronensaft
Salz, Pfeffer
12 Scheiben Meterbrot

Garzeit: 30 Min.
Nährwert: 255 kcal, 1071 kJ
9 g E, 13 g F, 25 g KH

Vorbereitung
1. Aubergine waschen, auf ein Backblech legen und bei 220 °C ca. 30 Min. backen, bis die Haut dunkel ist, abkühlen lassen.
2. Knoblauch pellen und halbieren.
3. Basilikum waschen und fein hacken.
4. Brotscheiben im Ofen oder Toaster rösten.

Zubereitung
1. Das Fruchtfleisch der Aubergine mit einem Löffel herausnehmen.
2. Auberginenfleisch, Knoblauch, Schafskäse, Öl und Zitronensaft im Mixer pürieren.
3. Basilikum untermischen.
4. Mit Salz und Pfeffer abschmecken.
5. Auf die heißen Brotscheiben streichen, sofort servieren.

 Statt Meterbrot kann auch Ciabatta verwendet werden.

Crostini mit Käse

Für 12 Stück
125 g Mozzarella
je 50 g Roquefort, Pecorino und Parmesan
1 Bund Basilikum
Pfeffer
4 TL Olivenöl
4 getrocknete, in Öl eingelegte Tomaten
12 Scheiben Meterbrot

Garzeit: 7 Min.
Nährwert: 440 kcal, 1848 kJ
22 g E, 28 g F, 24 g KH

Vorbereitung
1. Mozzarella gut abtropfen lassen und in kleine Würfel schneiden.
2. Roquefort mit einer Gabel zerdrücken.
3. Pecorino und Parmesan reiben.
4. Alle Käsesorten miteinander vermischen.
5. Basilikum waschen, fein hacken und untermischen.
6. Käsemasse pfeffern.
7. Tomaten in Streifen schneiden.
8. Brotscheiben toasten oder im Ofen rösten.

Zubereitung
1. Käsemasse auf die Brote streichen.
2. Öl darauf träufeln.
3. Im Backofen 4–5 Min. backen, bis der Käse zerlaufen ist.
4. Käsecrostini mit den Tomaten garnieren und gleich servieren.

Crostini mit Olivenpaste, Auberginenpaste und Käse

VORSPEISEN UND SNACKS

Belegte Brote

Für 1 Lachsbrot
1 Scheibe Weizenmischbrot
1 TL Dijonsenf
ca. 50 g Räucherlachs
evtl. Zitronengelee oder 1 Zitronenachtel
1 EL Crème fraîche
1 Dillzweig

Nährwert pro Scheibe:
186 kcal, 781 kJ
12 g E, 9 g F, 12 g KH

Für 1 Rucolabrot
1 Scheibe Roggenvollkornbrot
1 Bund Rucola, gewaschen und geputzt
50 g in Öl eingelegte getrocknete Tomaten, gewürfelt
Salz, Pfeffer

Nährwert pro Scheibe:
99 kcal, 416 kJ
8 g E, 10 g F, 32 g KH

Für 1 Frischkäsebrot
1 Scheibe Roggenvollkornbrot
50–60 g Kräuterfrischkäse
10 g Feldsalat, gewaschen und geputzt
frisch gemahlener Pfeffer

Nährwert pro Scheibe:
244 kcal, 1025 kJ
10 g E, 13 g F, 20 g KH

Für 1 Salamibrot
1 Scheibe Weizenmischbrot
10 g Butter
6–8 Scheiben hauchdünn geschnittene Salami
4–5 schwarze Oliven
1 Rosmarinzweig

Nährwert pro Scheibe:
126 kcal, 529 kJ
3 g E, 10 g F, 6 g KH

Für 1 Bananenbrot
1 Scheibe Weizenmischbrot
20 g Erdnussbutter oder Nugatcreme
1 Banane, in Scheiben geschnitten
Schokostreusel

Nährwert pro Scheibe:
133 kcal, 559 kJ
2 g E, 6 g F, 17 g KH

Für 1 Käsebrot
1 Scheibe Roggenvollkornbrot
10 g Butter
2 Scheiben Emmentaler Käse
50 g Senffrüchte aus dem Glas oder 20 g gehackte Walnüsse und 50 g blaue Trauben

Nährwert pro Scheibe:
123 kcal, 517 kJ
5 g E, 7 g F, 9 g KH

Dijonsenf ist der bekannteste Senf, der traditionell nur aus schwarzen Senfkörnern hergestellt wird und sehr scharf ist.

Die Brote sind üppig belegt und können – ergänzt mit einem frischen Salat – eine Hauptmahlzeit ersetzen.

Die Zusammenstellung der Brote kann beliebig verändert werden.

Zubereitung Belegte Brote

Lachsbrot: Brot mit Senf betreichen, Lachs auflegen, mit Zitronengelee, Crème fraîche und Dill garnieren.

Salamibrot: Brot mit Butter bestreichen, Salami auflegen, mit Oliven und Rosmarin garnieren.

Rucolabrot: Rucola auf dem Brot verteilen, Tomaten draufgeben, salzen und pfeffern.

Bananenbrot: Brot mit Erdnussbutter oder Nugatcreme bestreichen, Bananen und Streusel darauf verteilen.

Frischkäsebrot: Brot mit Frischkäse bestreichen und mit Feldsalat garnieren, mit Pfeffer würzen.

Käsebrot: Brot mit Butter bestreichen, Käse auflegen, mit Senffrüchten, Walnüssen, Trauben garnieren.

VORSPEISEN UND SNACKS

Teigschalen mit Salat

250 g Filoteig oder Yufkateig
200 g Schafskäse
100 g schwarze Oliven
200 g Kirschtomaten
50 g Rucola
Vinaigrette, vgl. S. 112
Oregano, getrocknet
Papierförmchen für Gebäck

Garzeit: 5 Min.
Nährwert: 406 kcal, 1705 kJ
14 g E, 25 g F, 30 g KH

Vorbereitung
1. Zwei angefeuchtete Filoteigstücke in Quadrate à 10 x 10 cm schneiden.
2. Schafskäse würfeln.
3. Oliven entkernen und halbieren.
4. Kirschtomaten waschen und halbieren.
5. Rucola waschen, dicke Stiele abschneiden.
6. Alle Zutaten mit der Vinaigrette mischen, mit Oregano abschmecken.

Gefüllte Teigsnacks

250 g Filo- oder Yufkateig
20 g Butter
Für die Füllung
500 g Blattspinat
2 Frühlingszwiebeln
2 EL Olivenöl
20 g Butter
1 Ei
200 g Feta, gewürfelt
1 Bund Petersilie, gehackt
Salz, Pfeffer

Garzeit: 10–20 Min.
Nährwert: 507 kcal, 2130 kJ
19 g E, 34 g F, 30 g KH

Vorbereitung
1. 20 g Butter schmelzen.
2. Für die Füllung Spinat waschen und dünsten.
3. Spinat ausdrücken und hacken.
4. Frühlingszwiebeln putzen, waschen, in Ringe schneiden.
5. Öl und Butter erhitzen, Spinat und Frühlingszwiebeln darin 3 Min. dünsten.
6. Spinat mit allen anderen Zutaten für die Füllung mischen, abschmecken.

Zubereitung
1. Den Teig ausbreiten und mit der flüssigen Butter bestreichen.
2. Teigtaschen formen und füllen.
3. Die Snacks garen, vgl. Phasenfotos.

🛒 Filoteig oder Yufkateig sind griechische bzw. türkische dünne Teigblätter, die wie fertiger Strudelteig verwendet werden können.

🫙 Statt des frischen Blattspinats kann tiefgefrorener Blattspinat verwendet werden.

🍽 Die Teigschalen und Teigsnacks können als Zwischenmahlzeit und besonders gut auf Büfetts und Empfängen als Fingerfood serviert werden.

Zubereitung Teigschalen mit Salat

1. Variante 1: Um ein Papierförmchen ca. 5 Min. bei 180 °C backen.

1. Variante 2: In einem Papierförmchen ca. 5 Min. bei 180 °C backen.

2. Schalen mit dem Salat füllen und servieren.

Zubereitung Gefüllte Teigsnacks

4. Variante 1: Filoteigtaschen dämpfen.

4. Variante 2: Filoteigtaschen frittieren oder im Backofen bei 200 °C goldbraun backen.

4. Variante 3: Filoteigblätter im Wechsel mit der Füllung schichten, bei 200 °C goldbraun backen.

VORSPEISEN UND SNACKS

Tortillas

Für 4 Tortillas
90 g Weizenmehl
1/2 TL Salz
1 EL (25 g) weiche Butter
2–3 EL lauwarmes Wasser
Mehl zum Ausrollen

Garzeit: 5 Min. je Tortilla
Nährwert: 103 kcal, 433 kJ
2 g E, 3 g F, 15 g KH

Vorbereitung
1. Mehl, Salz, Butter und Wasser zu einem glatten Teig verkneten.
2. Teig zu vier Kugeln formen und auf bemehlter Fläche zu Fladen ausrollen.

Zubereitung
1. Fladen auf beiden Seiten in einer beschichteten Pfanne backen, Blasen dabei flach drücken.
2. Tortillas mit Wasser besprühen, in ein feuchtes Tuch und in Alufolie einschlagen, im 125 °C heißen Ofen warm halten.

Mit vorgebackenen Tortillas lässt sich Zeit sparen. Sie werden in einer Pfanne von beiden Seiten 30 Sek. erhitzt.

Wraps werden aus der Hand gegessen. Sie können auch wie eine Frühlingsrolle, vgl. S. 83, die oben offen bleibt, gewickelt werden. Dann werden sie schräg halbiert und jede Hälfte mit einer Papiermanschette oder mit Alufolie umhüllt.

Club-Wraps

Für 4 Wraps
4 Tortillas (vgl. nebenstehendes Rezept)
4 Scheiben Frühstücksspeck
250 g Hähnchenbrustfilet
1 Bund Schnittlauch
80 g Doppelrahmfrischkäse
5 EL Tomatensaft
Salz, Pfeffer
4 große Blätter Eisbergsalat
2 Tomaten, in Scheiben
2 hart gekochte Eier, in Scheiben

Garzeit: 10 Min.
Nährwert: 314 kcal, 1320 kJ
18 g E, 14 g F, 9 g KH

Vorbereitung
1. Speck ausbraten, auf Küchenpapier abtropfen lassen und in Stücke brechen.
2. Hähnchenbrust in ca. 1 cm lange Streifen schneiden.
3. Hähnchenstreifen im Speckfett braten, salzen und pfeffern.
4. Schnittlauch waschen und in Röllchen schneiden.
5. Frischkäse mit Tomatensaft und Schnittlauch verrühren, mit Salz und Pfeffer abschmecken.
6. Salat waschen, trockentupfen, in Streifen schneiden.

Zubereitung
1. Tortillas mit Salat, Hähnchenbrust, Tomaten- und Eischeiben belegen, Schnittlauchsoße und Speck darauf geben.
2. Tortillas zu Tüten aufwickeln und mit Holzstäbchen feststecken.

Mexiko-Wraps

Für 4 Wraps
4 Tortillas (vgl. nebenstehendes Rezept)
1 große Zwiebel
1 Knoblauchzehe
200 g Tomaten
1 kleine frische Chilischote
1 EL Öl
300 g Rinderhackfleisch
100 g Kidney Bohnen
1/2 TL Kreuzkümmel
Salz, Pfeffer
4 EL Crème fraîche
evtl. Holzspieße zum Feststecken

Garzeit: 20 Min.
Nährwert: 372 kcal, 1561 kJ
22 g E, 21 g F, 22 g KH

Vorbereitung
1. Zwiebel und Knoblauch pellen, fein hacken.
2. Tomaten waschen und in Stücke schneiden.
3. Chilischote putzen, waschen, vgl. S. 42, und in feine Streifen schneiden.
4. Öl in einer Pfanne erhitzen, Knoblauch und Zwiebel anbraten.
5. Hackfleisch dazugeben, anbraten.
6. Tomaten und Chilischote dazugeben.
7. Bohnen aus der Dose abtropfen lassen und zugeben, 15 Min. garen.
8. Hack-Gemüsemischung mit Kreuzkümmel, Salz und Pfeffer würzen.

Zubereitung
1. Hackmischung auf die Tortillas streichen und Crème fraîche darauf verteilen.
2. Tortillas zu Tüten wickeln und mit Holzstäbchen feststecken.

Club-Wraps und Mexico-Wrap

VORSPEISEN UND SNACKS

Frühlingsrollen mit Geflügel

12–16 Frühlingsrollenteigblätter (tiefgekühlt)
2 Shiitakepilze
oder Roséchampignons
70 g Bambussprossen in Streifen (Konserve)
2 Frühlingszwiebeln
120 g Chinakohl
120 g Hähnchenbrustfilet
ca. 1/2 l Öl zum Frittieren
1 TL Speisestärke
80 ml Sojasoße
Salz, Pfeffer

Garzeit: 15 Min. (ohne Frittieren)
Nährwert: 372 kcal, 1562 kJ
12 g E, 26 g F, 22 g KH

🛒 Aufgrund der geringen benötigten Menge an Bambussprossen sollte nur eine 2/3 Dose gekauft werden.
Da es keine kleinen Chinakohlköpfe gibt, sollte der Chinakohl in den folgenden beiden Tagen für eine Rohkost oder ein Hauptgericht verbraucht werden.
Statt der Frühlingsrollenteigblätter können auch Yufka-, Strudel- oder Filoteigblätter verwendet werden.

🍽 Frühlingsrollen beim Essen in Sojasoße stippen. In Asien werden sie im Wok zubereitet, dafür wird nur wenig Fett benötigt. Zwei bis drei Frühlingsrollen können als Hauptgericht serviert werden. Als Ergänzung sollte ein frischer Salat gereicht werden.

Vorbereitung
1. Frühlingsrollenblätter auftauen lassen.
2. Pilze reinigen und klein schneiden, vgl. S. 45.
3. Bambussprossen abtropfen lassen.
4. Frühlingszwiebeln putzen, waschen und der Länge nach in 5 cm lange Streifen schneiden.
5. Chinakohl putzen, waschen und in feine Streifen schneiden.
6. Hähnchenbrustfilet in feine Streifen schneiden.

Zubereitung
1. 2 EL Öl in einer Pfanne erhitzen.
2. Hähnchenfleisch unter Wenden anbraten, aus der Pfanne nehmen.
3. Frühlingszwiebeln, Chinakohl, Pilze und Bambussprossen in der gleichen Pfanne ca. 5 Min. anbraten.
4. Speisestärke mit etwas Wasser (z. B. von den Bambussprossen) anrühren und mit der Sojasoße zum Gemüse zufügen.
5. Hähnchenbruststreifen untermischen, etwas köcheln lassen, mit Salz und Pfeffer abschmecken.
6.–8. Vgl. Phasenfotos.
9. Frühlingsrollen ca. 4 Min. von beiden Seiten frittieren.
10. Auf einer warmen Platte anrichten.

⚠ Kleine Frühlingsrollen können als Fingerfood gereicht werden. Dafür werden die Teigblätter und die jeweilige Füllung gedrittelt, sodass fingerdicke und fingerlange Rollen entstehen.

Die Füllung für die Frühlingsrollen lässt sich variieren, z. B.:

Vegetarische Füllung
Statt des Hähnchenbrustfilets können entweder 100 g Pilze oder 100 g Möhrenstreifen oder 100 g Zuckerschoten zusätzlich verwendet werden.

Shrimps-Füllung
Statt des Hähnchenbrustfilets können 120 g Shrimps oder Eismeerkrabben verwendet werden.

Scharfe Füllung
Die Füllung kann durch Zugabe von 30–50 g frischen, klein gehacktem Ingwer oder einer klein geschnittenen Chilischote „verschärft" werden.

✱✱✱✱ Nicht sofort verbrauchte Frühlingsrollen können ungegart oder auch frittiert eingefroren werden. Vor dem Servieren erfolgt entweder erst dann das Frittieren oder nur noch ein kurzes Aufbacken im Backofen.

Zubereitung Frühlingsrollen

6. Teigblätter auslegen und jeweils 1 EL der Füllung auf das untere Drittel des Teigblattes geben.

7. Teigblatt über die Füllung schlagen und knapp bis zur Hälfte aufrollen.

8. Linken und rechten Rand nach innen einschlagen und weiter aufrollen.

VORSPEISEN UND SNACKS

Antipastispieße

Für 12 Spieße
1 Zucchino
1 Aubergine
3 Artischockenböden aus dem Glas
12 Stück getrocknete Tomaten in Öl
Salz, Pfeffer
12 Holzspieße

Garzeit: 5 Min.
Nährwert je Spieß:
246 kcal, 1033 kJ
15 g E, 3 g F, 34 g KH

Vorbereitung
1. Zucchino und Aubergine waschen, Stielansätze abschneiden und ca. 1 cm groß würfeln.
2. Artischockenböden abtropfen lassen und ca. 1 cm groß würfeln.
3. Tomaten abtropfen lassen, Öl aufbewahren.

Zubereitung
1. Gemüse abwechselnd auf die Spieße stecken.
2. Mit dem Tomatenöl bepinseln, salzen und pfeffern.
3. In einer beschichteten Pfanne von allen Seiten ca. 5 Min. rundherum braten.

🛒 Artischockenböden in Konserven gibt es in verschiedenen Geschmacksrichtungen. Am besten sind neutral gewürzte Böden geeignet.
Die Spieße können mit Crostini oder mit Ciabatta serviert werden.

Pflaumentapas

Für 20 Spieße
20 getrocknete Pflaumen
10 Scheiben Frühstücksspeck (Bacon), dünn geschnitten
20 kleine Holzspieße (Zahnstocher)

Garzeit: 5 Min.
Nährwert je Spieß:
42 kcal, 176 kJ
1 g E, 1 g F, 6 g KH

Vorbereitung
1. Je eine Pflaume mit 1/2 Scheibe Speck umwickeln und mit einem kleinen Holzspieß feststecken.

Zubereitung
1. Spieße in einer beschichteten Pfanne von allen Seiten goldgelb ausbraten, servieren.

🍽 Die kleinen Pflaumenspieße eignen sich gut als Fingerfood oder als Beigabe zu einem Glas Wein.
Saté (Sateh), indonesische Fleischspieße, sind Bestandteil jeder indonesischen Reistafel.
Dafür werden Hühner-, Rind- oder Schweinefleischwürfel auf Bambusstäbchen gespießt, mit Salz, Pfeffer und Curry gewürzt und gegrillt.
Zu Saté werden Erdnusssoße und Ketchup sowie Reis serviert.

⚠ Die Pflaumen kann man zusätzlich vorher mit einer abgezogenen Mandel füllen.
Statt der Pflaumen können auch frische Datteln verwendet werden.

Satéspieße

Für 8 Spieße
200 g Putenfilet
3 EL Öl
Für die Marinade
1 Stück Ingwer
1 Knoblauchzehe
1 EL Zitronen- oder Limettensaft
3–4 EL Sojasoße
1/2 TL gemahlener Koriander

Garzeit: 5 Min.
Nährwert je Spieß:
76 kcal, 319 kJ
6 g E, 6 g F, 0 g KH

Vorbereitung
1. Putenfilet in 2–3 cm lange Streifen schneiden.
2. Ingwer schälen und fein hacken, vgl. S. 46.
3. Knoblauch pellen und durchpressen.

Zubereitung
1. Aus Ingwer, Knoblauch, Zitronensaft, Sojasoße und Koriander eine Marinade herstellen.
2. Filets ziehharmonikaförmig auf die Holzspieße stecken.
3. Das Fleisch mit der Marinade bepinseln und 20 Min. ziehen lassen.
4. Öl in einer Pfanne erhitzen und die Spieße 1–2 Min. braten.

🛒 Beim Einkauf unbedingt darauf achten, dass die Pflaumen für die Pflaumentapas keine Steine mehr haben.
Gut geeignet sind Kurpflaumen.

Antipastispieße

Pflaumentapas

Satéspieße

VORSPEISEN UND SNACKS

Tomaten mit Mozzarella

600 g Tomaten
2 Kugeln Mozzarella à 125 g
1 Bund Basilikum
Pfeffer, grob gemahlen
Für die Marinade
6 EL Olivenöl
Saft von 1/2 Zitrone
Salz, Pfeffer

Nährwert: 311 kcal, 1306 kJ
14 g E, 25 g F, 6 g KH

Vorbereitung
1. Tomaten waschen und trocknen.
2. Mozzarella in einem Sieb abtropfen lassen.
3. Basilikum waschen und die Blätter abzupfen.
4. Öl und Zitronensaft zu einer Marinade vermischen, mit Salz und Pfeffer würzen.

Reste von den Tomaten mit Mozzarella können klein geschnitten und mit Rucola gemischt als **Tomatenmozzarellasalat** am Folgetag serviert werden.

Für **Mozzarellabrote** auf je eine Scheibe Weizenmischbrot oder Ciabatta Tomaten- und Mozzarellascheiben schichten. Mit Pfeffer würzen und unter dem Grill 5 Min. überbacken. Mit in Streifen geschnittenen Basilikumblättern bestreuen.

Als Beilage passen Ciabatta oder Baguette. Das darauf folgende Hauptgericht sollte möglichst fettarm sein.
Die Tomaten mit Mozzarella halten sich abgedeckt einen Tag im Kühlschrank frisch.

Im Winter kann anstelle des frischen Basilikums auch Pesto, vgl. S. 160, verwendet werden.
Tomaten müssen reif und aromatisch sein. Am besten eignen sich runde oder ovale Strauch- oder Flaschentomaten.

Tomaten-Mozzarellaspieße

2 Kugeln Mozzarella à 125 g
20 Cocktailtomaten
1 Bund Basilikum
20 Holzspieße (Zahnstocher)
Marinade, vgl. Tomaten mit Mozzarella

Nährwert: 311 kcal, 1306 kJ
14 g E, 25 g F, 6 g KH

Vorbereitung
1. Mozzarella in einem Sieb abtropfen lassen, in kleine Scheiben schneiden.
2. Tomaten waschen und trocknen.
3. Basilikum waschen und die Blätter abzupfen.

Zubereitung
1. Auf jeden Zahnstocher abwechselnd Tomate, Mozzarella und ein Basilikumblatt spießen.
2. Vor dem Servieren die Spieße mit Marinade übergießen und pfeffern.

Die Tomaten-Mozzarellaspieße können auf einem Büfett oder als Fingerfood serviert werden.

Zubereitung Tomaten mit Mozzarella

1. Stielansatz der Tomaten herausschneiden.

2. Tomaten parallel zum Stielansatz in Scheiben schneiden.

3. Mozzarella in Scheiben schneiden.

4. Tomaten und Mozzarella auf eine Platte schichten und Basilikumblätter dazwischenstecken.

5. Marinade über den Mozzarella und die Tomaten träufeln.

6. Mit grob gemahlenem Pfeffer bestreuen.

VORSPEISEN UND SNACKS

Tomaten mit Avocadopüree

4 große Fleischtomaten à 200 g
1 Zwiebel
1–2 EL Zitronensaft
Tabasco
3 EL Öl
Salz, Pfeffer
1 Prise Zucker
2 Avocados
200 g Frischkäse
1–2 TL Limettensaft
200 g Kirschtomaten
1/2 Bund Schnittlauch

Nährwert: 534 kcal, 2243 kJ
19 g E, 46 g F, 10 g KH

Vorbereitung
1. Tomaten waschen, vierteln und mit einem Teelöffel aushöhlen.
2. Zwiebel pellen und sehr fein würfeln.
3. Zitronensaft, 1 Spritzer Tabasco, Öl, je 1 Prise Salz und Zucker und die Zwiebel zu einer Soße verrühren.
4. Avocados schälen, halbieren und die Steine entfernen.
5. 3 Avocadohälften mit Frischkäse, Limettensaft, Salz und Pfeffer pürieren.
6. Vierte Avocadohälfte in kleine Scheiben schneiden.
7. Kirschtomaten waschen und vierteln.
8. Schnittlauch waschen und in Röllchen schneiden.

🛒 Avocados müssen beim Einkauf auf einen leichten Druck nachgeben, sonst lassen sie sich nicht gut aushöhlen.

🫙 Statt des selbst hergestellten Avocadopürees kann auch fertige Guacamole (mexikanisches Avocadopüree, das mit Kreuzkümmel gewürzt ist) aus dem Glas genommen werden.

❗ Damit das Avocadopüree lange hell bleibt, sollte der Kern bis zum Verarbeiten in das Püree gesteckt werden.

Italienische Kartoffelcanapees

300 g Kartoffeln, fest kochend
2 große Tomaten
1/2 Kugel Mozzarella (70 g)
einige Basilikumblätter
Salz, Pfeffer

Garzeit: 30 Min.
Nährwert: 97 kcal, 407 kJ
4 g E, 4 g F, 10 g KH

Vorbereitung
1. Pellkartoffeln kochen und pellen, auskühlen lassen.
2. Kartoffeln in dicke Scheiben schneiden.
3. Tomaten waschen, Stielansatz entfernen und Tomaten in dicke Scheiben schneiden.
4. Mozzarella in dünne Scheiben schneiden.
5. Basilikumblätter waschen.

Zubereitung Tomaten mit Avocadopüree

1. Tomatenviertel mit Avocadopüree füllen, auf einer Platte anrichten.

2. Kirschtomaten und Avocadoscheiben verteilen.

3. Mit Schnittlauch bestreuen. Tomaten und Avocados mit der Soße beträufeln und servieren.

Zubereitung Italienische Kartoffelcanapees

1. Kartoffelscheiben auf ein Backblech legen, salzen und pfeffern.

2. Jede Kartoffelscheibe mit einer Tomaten- und Mozzarellascheibe belegen, nochmals salzen und pfeffern.

3. Bei 200 °C 10–12 Min. gratinieren, ein Basilikumblatt auflegen und mit einem Holzspieß feststecken.

VORSPEISEN UND SNACKS

Miniputenburger

300 g Putenschnitzel
2 Tomaten (200 g)
16 Scheiben Vollkorntoastbrot
2 Scheiben Käse, z. B. Gouda
8 kleine Salatblätter
1 EL Öl
Salz, Pfeffer
8 EL Ketchup

Garzeit: 10 Min.
Nährwert: 340 kcal, 1428 kJ
29 g E, 5 g F, 45 g KH

Vorbereitung
1. Putenschnitzel in 8 Stücke schneiden, pfeffern.
2. Tomaten waschen und in 8 Scheiben schneiden.
3. Aus den Toastbrotscheiben Kreise mit ca. 6 cm Durchmesser ausstechen und toasten.
4. Käse in 8 Stücke schneiden.
5. Salatblätter putzen und waschen.
6. Backofen auf 200 °C vorheizen.
7. Putenstücke auf ein Backblech setzen und mit je einer Tomatenscheibe belegen.

Zubereitung
1. Öl in einer Pfanne erhitzen und die Putenstücke von beiden Seiten ca. 3 Min. braten.
2. Putenstücke auf ein Backblech legen und mit je einer Tomatenscheibe belegen.

Die Miniburger sind auch als kleine Zwischenmahlzeit geeignet.

Anstelle des Ketchups kann für die Miniburger pikantes Tomatenpesto verwendet werden.

Bei der Verarbeitung von Geflügelfleisch darauf achten, dass die Hände und Arbeitsgeräte gründlich gereinigt werden, damit keine Salmonellen übertragen werden.

Zucchini-Hamburger

1 Grundrezept Hackteig, vgl. S. 164
1 Zucchino (200 g)
einige Salatblätter
1 Fleischtomate
1 Päckchen tiefgefrorene Kräuter
4 Mini-Butterkäse, quer halbiert
Butterschmalz zum Braten
8 Hamburgerbrötchen
Hamburgersoße
Tomatenketchup
Remoulade

Garzeit: 10 Min.
Nährwert: 527 kcal, 2213 kJ
40 g E, 17 g F, 50 g KH

Vorbereitung
1. Vorbereitungsarbeiten für Hackteig, vgl. S. 164.
2. Zucchino waschen und in feine Streifen schneiden.
3. Salatblätter waschen.
4. Fleischtomate waschen und in 8 Scheiben schneiden.
5. Die Brötchen halbieren.

Zubereitung Miniputenburger

3. Salzen, pfeffern, Käse auflegen und ca. 4 Min. überbacken.

4. Toastbrot mit einem Salatblatt und den Putenstücken belegen.

5. Ketchup draufgeben und mit einem Toastkreis bedecken.

Zubereitung Zucchini-Hamburger

1. Hackteig herstellen, vgl. S. 164. Zucchinistreifen und Kräuter untermischen, 8 große flache Frikadellen formen.

2. In die Mitte jeweils 1/2 Minikäse einarbeiten. Die Bällchen im heißen Fett rundum 6–8 Min. braten.

3. Salat, Tomate, Frikadelle, Hamburgersoße, Ketchup und Remoulade verteilen, mit der oberen Brötchenhälfte belegen.

VORSPEISEN UND SNACKS

Pilzcarpaccio

400 g weiße oder rosé Champignons
2 Bund Rucola
4 kleine Tomaten
Für das Dressing
4 EL Essig oder Aceto Balsamico
4 EL Walnussöl oder anderes Öl
Salz, weißer Pfeffer

Nährwert: 162 kcal, 680 kJ
4 g E, 15 g F, 3 g KH

Vorbereitung
1. Pilze mit Papier abreiben – nur wenn nötig waschen – und in hauchdünne Scheiben schneiden oder hobeln.
2. Rucola waschen und putzen, dicke Stiele abschneiden.
3. Tomaten waschen, von den Stielansätzen befreien und würfeln.
4. Aus Essig, Öl, Salz und Pfeffer ein Dressing (Vinaigrette) mischen, abschmecken.

Marinierte Paprikaschoten

1–2 rote Paprikaschoten
4 EL Öl
je 2 Thymian- und Rosmarinzweige, gehackt
1 Knoblauchzehe, in Scheiben
Schale von einer Zitrone
2–3 EL Essig
3 EL Orangensaft
Salz, Pfeffer, Zucker

Garzeit: 15 Min.
Nährwert: 270 kcal, 1134 kJ
7 g E, 24 g F, 7 g KH

Vorbereitung
1. Paprika waschen, der Länge nach halbieren und putzen, vgl. S. 42.
2. Im Ofen 15 Min. grillen, bis die Haut Blasen wirft, herausnehmen.
3. Mit einem nassen Küchentuch bedecken. Die abgekühlten Schoten häuten, in breite Streifen schneiden.

Frische Champignons haben eine feste, straffe Haut und keine dunklen Stellen. Reife Köpfe sind fest und geöffnet, sodass man die braunen Lamellen sieht. Walnussöl ist sehr teuer. Es lässt sich selbst herstellen, indem Speiseöl mit gehackten Walnusskernen vermischt wird. Nach fünf Tagen kann das Öl gefiltert und verwendet werden.

Apfelcarpaccio wird aus hauchdünnen Apfelscheiben, Walnusskernen und dem Dressing hergestellt. Es kann mit gebratener Geflügelleber ergänzt werden.

Zubereitung Pilzcarpaccio

1. Eine Platte oder 4 Teller mit Rucolablättern auslegen.

2. Pilzscheiben dachziegelartig darauf anordnen.

3. Tomatenwürfel darüber streuen, das Dressing über die Pilze träufeln.

Zubereitung Marinierte Paprikaschoten

1. Öl erhitzen, Kräuter, Knoblauch, Zitronenschale darin kurz andünsten.

2. Das heiße Öl mit Essig und Orangensaft verrühren, abschmecken.

3. Marinade über die Paprika geben.

VORSPEISEN UND SNACKS

Zucchiniwürfel

Für 20 Stück
750 g Zucchini
100 g Parmesan, frisch
1 Bund Minze
3 Eier
125 g Ricotta oder Quark
Salz, Pfeffer
ca. 25 g flüssige Butter
250 g fertiger Strudelteig

Garzeit: 45 Min.
Nährwert: 498 kcal, 2092 kJ
25 g E, 29 g F, 52 g KH

Vorbereitung
1. Zucchini waschen und grob raspeln, salzen.
2. Parmesan reiben.
3. Minze waschen, ca. 20 Blättchen abzupfen und trocknen. Restliche Blättchen hacken.
4. Form mit Backpapier auslegen.

Zubereitung
1. Zucchini und Minze mischen.
2. Eier mit Parmesan und Ricotta (Quark) verrühren und unter die Zucchini mischen, salzen, pfeffern.

Tsatsiki mit Schafskäse

1 Salatgurke
1 Knoblauchzehe
1 Bund Dill
150 g schwarze Oliven ohne Stein
300 g Sahnejoghurt
150 g Schafskäse
2–3 EL Zitronensaft
Salz, Pfeffer
1 Prise Zucker
4 EL Olivenöl

Nährwert: 220 kcal, 924 kJ
6 g E, 19 g F, 6 g KH

Vorbereitung
1. Gurke schälen und raspeln, mit 1 TL Salz vermischen und 15 Min. stehen lassen.
2. Knoblauch pellen und durchpressen.
3. Dill waschen und hacken.
4. Oliven halbieren.

Anstelle von Parmesan kann für die Zucchiniwürfel geriebener Emmentaler gekauft werden. Die Minze kann – wenn sie als Pflanze gekauft worden ist – stehen gelassen werden. Sie schlägt wieder aus und treibt neue Blätter.
Statt Strudelteig kann Filo- oder Yufkateig verwendet werden, den es in türkischen oder griechischen Läden gibt.
Tsatsiki gibt es in vielen Variationen fertig zu kaufen. Er kann mit Schafskäse verfeinert werden.

Statt Parmesan selbst zu reiben, kann auch fertig geriebener Parmesan, sofern er frisch ist, gekauft werden.
Getrockneter, geriebener Parmesan ist zu streng im Geschmack.

Die Zucchiniwürfel sind besonders gut als Fingerfood geeignet.
Größere Würfel können auch als Vorspeise oder Zwischenmahlzeit serviert werden.

Zubereitung Zucchiniwürfel

3. Die Form mit Teigblättern auslegen, mit flüssiger Butter bestreichen.

4. Zucchinimasse auf dem Teig verteilen, ca. 45 Min. bei 160 °C backen.

5. In 20 kleine Quadrate schneiden und auf den Minzblättern anrichten.

Zubereitung Tsatsiki mit Schafskäse

1. Joghurt mit Schafskäse, Zitronensaft, Knoblauch, Salz, Pfeffer, Zucker und Olivenöl verrühren.

2. Gurken ausdrücken und mit dem Dill zusammen untermischen, nochmals abschmecken.

3. Mit den Oliven zusammen servieren.

Umhüllte Oliven

200 g große grüne mit Paprika oder Mandeln gefüllte Oliven
1 Ei
Salz
Pfeffer, schwarz
2 EL Mehl
100 g Semmelmehl
Fett zum Frittieren

Garzeit: 5 Min. je Portion
Nährwert: 150 kcal, 630 kJ
7 g E, 25 g F, 20 g KH

Vorbereitung
1. Oliven mit Küchenpapier abtrocknen.
2. Ei verquirlen, salzen und pfeffern.
3. Oliven panieren, vgl. S. 53.
4. Fett auf 180 °C erhitzen.

Zubereitung
1. Oliven portionsweise gleich nach dem Panieren in das heiße Fett geben und goldgelb ausbacken.
2. Mit einer Schaumkelle herausnehmen und auf Küchenpapier abtropfen lassen.

Oliven sind die Früchte des Ölbaums. Es gibt sie in unterschiedlichen Angebotsformen: Grüne, noch unreife Früchte werden im Ganzen oder entkernt, gefüllt oder ungefüllt entbittert und in Salzwasser eingelegt.
Die schwarzen, vollreifen Früchte werden gewässert und in Salzwasser eingelegt oder getrocknet und mit Olivenöl mariniert.
Beide Sorten gibt es auch in Kräuter- oder Knoblauchmarinade.

Olivenschnecken

300 g Tiefkühlblätterteig
150 g schwarze Oliven
150 g durchwachsener Speck
1 TL getrockneter Thymian
Salz, Pfeffer
Mehl zum Ausrollen

Garzeit: 15 Min.
Nährwert: 365 kcal, 1533 kJ
10 g E, 45 g F, 23 g KH

Vorbereitung
1. Blätterteigplatten nebeneinander auf einem Küchentuch auftauen lassen.
2. Oliven entkernen und hacken.
3. Speck fein würfeln.
4. Oliven, Speck und Thymian mischen, mit Salz und Pfeffer würzen.
5. Blech mit Backpapier auslegen.

Zubereitung
1. Jede Blätterteigplatte auf leicht bemehlter Fläche leicht ausrollen.
2. Olivenmischung auf die Teigplatten streuen.
3. Teigplatten von der Längsseite her fest aufrollen.
4. Die Rollen in 1 cm dicke Scheiben schneiden und auf das Backblech legen.
5. Bei 200 °C ca. 15 Min. backen.

Die umhüllten Oliven können als Fingerfood gereicht werden. Man sollte sie frisch essen, weil sie nach längerem Stehen weich werden.

Käsestreifen

250 g Mehl
1 Prise Muskatnuss
1 Prise Pfeffer
1/2 TL Salz
100 ml Olivenöl
50 g geriebener Provolone (italienischer Hartkäse)
30 g Parmesan
1 Ei
1/8 l Milch

Garzeit: 15 Min.
Nährwert: 572 kcal, 2402 kJ
16 g E, 36 g F, 46 g KH

Vorbereitung
1. Mehl mit den Gewürzen und dem Salz in einer Schüssel mischen.
2. Restliche Zutaten zugeben und zu einem Teig verrühren.
3. Zwei Bleche mit Backpapier auslegen.
4. Backofen auf 175 °C vorheizen.

Zubereitung
1. Teig in einen Spritzbeutel mit mittelgroßer Sterntülle füllen.
2. 6–7 cm lange Streifen auf die Bleche spritzen, flach drücken.
3. Ca. 15 Min. backen.
4. Auskühlen lassen und servieren.

Die Käsestreifen können anstelle der italienischen Käsesorten auch mit Emmentaler oder Gouda hergestellt werden.
Bei größeren Mengen kann der Teig durch einen Fleischwolf mit entsprechendem Vorsatz gedreht werden. Das ist leichter und kräftesparender.

Umhüllte Oliven

Olivenschnecken

Käsestreifen

VORSPEISEN UND SNACKS

Tomatenpesto

100 g in Öl eingelegte getrocknete Tomaten
2 Knoblauchzehen
90 g Parmesan, frisch im Stück
30 g gemahlene Mandeln
2 EL Orangensaft
Salz, Pfeffer

Nährwert: 204 kcal, 857 kJ
10 g E, 18 g F, 1 g KH

Vorbereitung
1. Tomaten abtropfen lassen, dabei das Öl auffangen.
2. Knoblauchzehen pellen.
3. Parmesan in Stücke schneiden.

⚠️ Pesto wird durch Verdünnen mit etwas Nudelkochwasser zu einer schmackhaften Nudelsoße.

🛒 Das Tomatenpesto hält sich im Kühlschrank bis zu vier Wochen. Passierte Tomaten gibt es im Tetrapak oder in der Konserve. Selbst herstellen lässt sich Tomatenpüree aus Dosentomaten, die in einen Mixer gegeben werden.

Tomatendip

2 Zwiebeln
2 kleine Möhren (150 g)
2 TL Basilikum, tiefgefroren oder frisch
2 TL Olivenöl
400 g passierte Tomaten (Fertigprodukt)
1 TL Salz
Pfeffer
Zucker

Garzeit: 5 Min.
Nährwert: 78 kcal, 328 kJ
2 g E, 5 g F, 5 g KH

Vorbereitung
1. Zwiebeln pellen und fein würfeln.
2. Möhren schälen, waschen und fein raspeln.
3. Frisches Basilikum waschen und hacken.

🍽️ Die Dips können zu Brot gegessen werden.
Sie eignen sich außerdem gut zum Dippen von frittiertem Gemüse. Der Kräuterdip passt bestens zu rohen Gemüsesticks und der Tomatendip zu kleinen Frikadellen.

Kräuterdip

2 kleine Gewürzgurken
1 Bund Schnittlauch
1 Bund glatte Petersilie
2 EL saure Sahne
300 g Joghurt
2 TL Senf
2 TL Zitronensaft
1 TL Salz
Pfeffer
etwas Zucker

Nährwert: 53 kcal, 223 kJ
3 g E, 2 g F, 4 g KH

Vorbereitung
1. Gewürzgurken sehr fein würfeln.
2. Schnittlauch und Petersilie waschen und hacken.

Zubereitung
1. Sahne, Joghurt, Senf und Zitronensaft vermischen.
2. Gewürzgurke und die Kräuter unterziehen.
3. Den Kräuterdip mit Salz, Pfeffer und Zucker abschmecken.

Zubereitung Tomatenpesto

1. Tomaten, Knoblauch, Parmesanstücke in einen Blitzhacker geben.

2. Nach und nach 6 EL Tomatenöl und gemahlene Mandeln zugeben.

3. Den Orangensaft unterrühren, salzen, pfeffern und abschmecken.

Zubereitung Tomatendip

1. Olivenöl in einer Pfanne erhitzen, Zwiebeln darin glasig dünsten, Möhren zugeben und mitdünsten.

2. Passierte Tomaten zugießen und alles bei geringer Hitze 5 Min. garen.

3. Den Dip mit Basilikum, Salz, Pfeffer und Zucker abschmecken, kalt stellen.

Bunter Salat

1 Salatgurke
1 großer säuerlicher Apfel
3 Frühlingszwiebeln
350 g gemischte Blattsalate
(Chicorée, Radicchio, Eisbergsalat,
Feldsalat)
1 Bund Dill
1 EL Zitronensaft
Für das Dressing
100 g saure Sahne
4 EL Orangensaft
1 EL Zitronensaft
Salz, Cayennepfeffer
1 Prise Zucker

Nährwert: 83 kcal, 347 kJ
4 g E, 2 g F, 13 g KH

! Der Salat ist für Kinder nur bedingt geeignet, weil Chicorée und Radicchio einen leicht bitteren Geschmack haben.

Vorbereitung
1. Gurke waschen, trocknen und halbieren.
2. Apfel waschen und trocknen, vierteln und entkernen.
3. Frühlingszwiebeln putzen und waschen, vgl. S. 44.
4. Blattsalate waschen, trockenschleudern und vorbereiten.
5. Dill waschen und trocknen. Die kleinen Zweige abzupfen und hacken.
6. Die Zutaten für das Dressing mischen und abschmecken.

Blattsalate sollten möglichst frisch gekauft werden. Geputzter, gewaschener und trockengeschleuderter Blattsalat bleibt in geschlossenen Plastikbeuteln oder -dosen ca. 3 Tage im Kühlschrank frisch.

Statt des selbst hergestellten Dressings kann ein fertiges Dressing verwendet werden.

Der bunte Blattsalat ist auch als Hauptmahlzeit geeignet. Dazu kann Baguette, Ciabatta oder Vollkornbrötchen gereicht werden.

Der Salat lässt sich ebenfalls mit anderen Blattsalaten zubereiten.
Für einen Salat mit Blauschimmelkäse werden statt des Apfels 2 in Spalten geschnittene Birnen verwendet und zusätzlich 100 g Blauschimmelkäse in Würfeln zum Salat gegeben.
Zum Salat mit Blauschimmelkäse passt folgendes Dressing: 3 EL Himbeeressig mit 3 EL Walnussöl, Salz, Pfeffer, 1 Prise Zucker mischen.

Zubereitung Bunter Salat

1. Chicoreé halbieren, den Strunk herausschneiden und die Blätter einzeln in Streifen schneiden.

2. Radicchio und Eisbergsalat in Stücke zupfen, Feldsalat ganz lassen.

3. Aus den Gurkenhälften die Kerne herauslösen, Gurkenhälften quer in dünne Scheiben schneiden.

4. Apfel in dünne Scheiben schneiden und in einer Schüssel mit Zitronensaft beträufeln.

5. Frühlingszwiebeln schräg in kleine Stücke schneiden.

6. Salate mit Gurke, Apfel und Frühlingszwiebeln auf Tellern anrichten, mit Dressing beträufeln und mit Dill bestreuen.

SALATE UND SALATSOSSEN

Pikanter Feldsalat

200 g Feldsalat
1 rote Zwiebel
Brotcroûtons, vgl. S. 112
Für das Dressing
1 EL Zitronensaft
3 EL Olivenöl
frisch gemahlener Pfeffer
1 Prise Zucker

Nährwert: 170 kcal, 715 kJ
2 g E, 15 g F, 5 g KH

Vorbereitung
1. Zwiebel pellen und fein würfeln.
2. Aus Zitronensaft, Öl, Pfeffer und Zucker ein Dressing mischen.

Der Feldsalat schmeckt auch mit fein geschnittenen Champignonscheiben und einem mit Knoblauch abgeschmeckten Joghurtdressing.
Für den Eisbergsalat können statt der Grapefruits Orangen verwendet werden.

Fruchtiger Eisbergsalat

1 kleiner Eisbergsalat (ca. 250 g)
2 rosa Grapefruits
1/2 kleine Honigmelone
3 Zweige Zitronenmelisse
Für das Dressing
1 Zitrone oder Limette
150 g Vollmilchjoghurt
2 EL Crème double
Zucker

Nährwert: 90 kcal, 378 kJ
3 g E, 1 g F, 15 g KH

Vorbereitung
1. Eisbergsalat halbieren, Strunk keilförmig herausschneiden.
2. Grapefruits filetieren, vgl. S. 46.
3. Melone schälen, entkernen und das Fruchtfleisch in Würfel schneiden.
4. Für das Dressing Zitrone oder Limette auspressen.

Feldsalat hält sich in einem verschlossenen Kunststoffbeutel 4–5 Tage im Kühlschrank. Vom Herbst bis zum Frühjahr ist die besonders aromatische Freilandware erhältlich.

Die Salate eignen sich beide als Beilage zu einem Hauptgericht. Sie können aber ergänzt mit Brot auch als Zwischenmahlzeit serviert werden.
Der Eisbergsalat sollte dann statt der Früchte mit gebratenen Putenbruststreifen oder Thunfisch aus der Dose serviert werden.
Der Feldsalat eignet sich z. B. mit knusprig gebratenen Speckwürfeln als Zwischenmahlzeit.

Zubereitung Pikanter Feldsalat

1. Die Wurzeln der Feldsalatstauden abschneiden.

2. Feldsalat waschen, putzen, erneut waschen und trockenschleudern.

3. Das Dressing über den Salat geben, mit Zwiebelwürfeln und Croûtons servieren.

Zubereitung Fruchtiger Eisbergsalat

1. Eisbergsalathälften in feine Streifen schneiden.

2. Aus Joghurt, Crème double, Zucker und Zitronensaft ein Dressing mischen.

3. Salat mit Melone, Grapefruit und der Marinade mischen, mit Zitronenmelisse anrichten.

SALATE UND SALATSOSSEN

Möhrensalat

350 g Möhren
2 Äpfel (Ingrid Marie, 250 g)
1 EL Zitrone
Für das Dressing
3 EL Olivenöl
4 EL Sonnenblumenöl
80 g Joghurt
3 EL Zitronensaft
3 EL gehackte Kräuter wie Estragon, Petersilie, Schnittlauch
1/2 TL Salz
frisch gemahlener Pfeffer

Nährwert: 311 kcal, 1308 kJ
2 g E, 27 g F, 15 g KH

Vorbereitung
1. Möhren waschen, schälen und mit der Küchenmaschine fein raspeln.
2. Äpfel waschen, vierteln, entkernen und in dünne Scheiben schneiden.
3. 1 EL Zitronensaft über die Apfelscheiben geben.

Statt des selbst hergestellten Dressings kann ein fertiges Kräuterdressing verwendet werden.

Der Möhrensalat eignet sich gut als Beilagensalat z. B. für Gulasch oder ein Nudelgericht.

Das Dressing kann auch ohne Kräuter hergestellt und mit Zucker abgeschmeckt werden. Der Salat schmeckt ebenfalls mit einem Dressing, das nur Zitronensaft und Zucker enthält.

Grün-roter Salat

1 Kopf Eisbergsalat
100 g Feldsalat
300 g Tomaten
40 g Sonnenblumenkerne
Für das Dressing
4 EL Olivenöl
3 EL Aceto Balsamico
3 EL Senf
1 TL Salz
Pfeffer

Nährwert: 228 kcal, 958 kJ
4 g E, 20 g F, 7 g KH

Vorbereitung
1. Eisbergsalat waschen, putzen und in mundgerechte Stücke schneiden, vgl. S. 40.
2. Feldsalat putzen und waschen, vgl. S. 40.
3. Tomaten waschen und achteln.
4. Sonnenblumenkerne in einer Pfanne rösten.

Zubereitung
1. Eisbergsalat und Feldsalat mit Tomaten auf vier Tellern anrichten.
2. Aus Öl, Aceto, Senf, Salz und Pfeffer ein Dressing herstellen.
3. Dressing über den Salat gießen.
4. Geröstete Sonnenblumenkerne darüber streuen.

Die Sonnenblumenkerne erst kurz vor dem Servieren über den Salat streuen, da sie sonst weich werden.

Waldorfsalat

750 g Knollensellerie
500 g Äpfel, säuerlich
50 g Walnusskerne
Für die Mayonnaise
125 g Mayonnaise
2 Zitronen
1 Becher Joghurt (150 g)
Salz, Pfeffer, Zucker

Nährwert: 393 kcal, 1652 kJ
6 g E, 27 g F, 32 g KH

Vorbereitung
1. Sellerie waschen und schälen, vgl. S. 44.
2. Äpfel waschen und das Kerngehäuse entfernen.
3. Walnusskerne fein hacken.
4. Für die Mayonnaise Zitronen auspressen.

Zubereitung
1. Mayonnaise mit Joghurt und Zitronensaft verrühren und abschmecken.
2. Sellerie sehr fein in die Soße raspeln.
3. Äpfel grob in die Soße raspeln.
4. Alles vermischen und mit den Walnusskernen bestreut servieren.

Waldorfsalat passt auf einem Kalten Büfett sehr gut zu geräucherter Putenbrust. Er kann auch mit einer Scheibe Toastbrot als Vorspeise gereicht werden.

Zubereitung Möhrensalat

1. Öle mit dem Joghurt und 3 EL Zitronensaft verrühren.

2. Kräuter in das Dressing geben, mit Salz und Pfeffer abschmecken.

3. Kurz vor dem Servieren das Dressing über die Möhren und die Apfelscheiben geben, alles gut vermengen.

SALATE UND SALATSOSSEN

Sprossensalat

300 g gekeimte Sprossen wie Alfalfa, Soja, Linsen, Mungobohnen
½ Kopf Endiviensalat
150 g Tomaten
100 g rosa Champignons
Saft einer halben Zitrone
125 g Lachsschinken oder geräucherter Lachs
Für die Soße
1 Becher Crème fraîche
1 EL geriebener Meerrettich
Salz, Pfeffer

Nährwert: 203 kcal, 853 kJ
12 g E, 15 g F, 49 g KH

Vorbereitung
1. Sprossen waschen, abtropfen lassen.
2. Endiviensalat und Tomaten waschen und putzen.
3. Champignons putzen, vgl. S. 45.

Sprossen müssen sehr frisch gekauft werden. Man kann sie im Kunststoffbehälter oder Glas auch selber ziehen.
Informationen darüber gibt es bei der Verbraucherzentrale und/oder im Reformhaus.

Außer den angegebenen Sprossen können auch Weizen- oder Gerstensprossen und/oder Radieschensprossen verwendet werden.

Zubereitung Sprossensalat

1. Alfalfasprossen in die Schüssel geben.

2. Linsensprossen hinzufügen.

3. Mungobohnensprossen hinzufügen.

4. Sojabohnensprossen hinzufügen.

5. Endiviensalat zerpflücken und in die Schüssel geben.

6. Champignons in dünne Scheiben schneiden, in die Schüssel geben.

7. Tomaten achteln und in die Schüssel geben. Alle Zutaten und den Zitronensaft vorsichtig vermengen.

8. Zutaten für die Soße verrühren, über das Gemüse geben.

9. Lachsschinken oder Lachs in feine Streifen schneiden, über die Soße streuen.

Gemischter Salat mit Kokosdressing

Gemischte Blattsalate, z. B.
1/2 Kopf Lollo rosso, 1/2 Kopf Frisée,
1 Chicoréestaude
2 rote Paprikaschoten
2 Orangen
75 g Sojasprossen
Brotwürfel als Topping, vgl. S. 112
Für das Dressing
4 EL Kokosmilch
2 1/2 EL Öl
2 EL Orangensaft
3 TL Limetten- oder Zitronensaft
2 Knoblauchzehen
Salz, Cayennepfeffer
1 Prise Zucker

Nährwert: 239 kcal, 1005 kJ
3 g E, 13 g F, 24 g KH

Vorbereitung
1. Blattsalate waschen, putzen und trockenschleudern, vgl. S. 40.
2. Lollo rosso und Friseé in Stücke zupfen.
3. Chicorée waschen, halbieren, den Strunk herausschneiden und die Blätter längs in Streifen schneiden.
4. Paprikaschoten waschen und putzen, vgl. S. 42.
5. Knoblauch für das Dressing pellen und pressen.

🛒 Ungesüßte Kokosmilch gibt es fertig in Dosen oder kleinen Päckchen zu kaufen. Wenn die Menge zu groß ist, kann Kokosmilchpulver verwendet werden. Kokoscreme, die es auch in Dosen zu kaufen gibt, muss erwärmt und mit Wasser verdünnt werden. Frische rote Paprikaschoten erkennt man am grünen, saftigen Stiel. Sie sind milder im Geschmack als grüne Paprikaschoten. Frisch gekaufte Paprikaschoten sind im Kühlschrank bis zu 2 Wochen haltbar.

🍽️ Der Salat kann als Vorspeise, Zwischenmahlzeit oder – ergänzt mit Brot und z. B. gebratener Hähnchenbrust oder gebratenem Fischfilet – als Hauptgericht serviert werden.

⚠️ Je nach Jahreszeit können unterschiedliche Blattsalate verwendet werden:
im Sommer z. B. Lollo rosso, Lollo bianco, Rucola,
im Winter z. B. Chicorée, Radicchio, Feldsalat.
Anstelle des Kokosdressings kann z. B. Joghurtsoße, vgl. S. 112, verwendet werden.

Zubereitung Gemischter Blattsalat mit Kokosdressing

1. Paprikaschoten in ca. 1 cm große Stücke schneiden.

2. Orangen schälen, sodass die weiße Haut entfernt ist, in Scheiben schneiden und diese halbieren.

3. Sprossen in einem Sieb mit kochendem Wasser übergießen, abtropfen lassen.

4. Für das Dressing Kokosmilch mit den anderen Zutaten verrühren, mit Salz, Pfeffer und Zucker würzen.

5. Blattsalat mit Sprossen, Orangenscheiben und Paprikaschoten anrichten.

6. Kokosdressing darüber geben, Brotwürfel darauf verteilen und servieren.

SALATE UND SALATSOSSEN

Römersalat mit Mozzarella

3 kleine Römersalatköpfe
2 Frühlingszwiebeln
1/2 Galiamelone
1/2 Honigmelone
1 Bund Zitronenmelisse
200 g Mozzarellakugeln
40 g Mandelstifte
3 EL Zitronensaft
Salz, Pfeffer
4 EL Öl, z. B. Olivenöl
100 g gekochter Schinken (hauchdünn geschnitten)

Nährwert: 362 kcal, 1521 kJ
19 g E, 28 g F, 12 g KH

Vorbereitung
1. Römersalat waschen und putzen, vgl. S. 40, und 12 große Blätter beiseite legen.
2. Frühlingszwiebeln putzen und waschen, vgl. S. 44.
3. Melonen entkernen.
4. Zitronenmelisse waschen, trocknen und hacken.
5. Mozzarella abtropfen lassen und in Stücke schneiden.
6. Mandelstifte in einer Pfanne rösten.

Melonenkugeln gibt es tiefgefroren. Statt der Kugeln können auch Stücke geschnitten werden.

Der Salat lässt sich besonders dekorativ in den Melonenhälften anrichten. Dafür die Melonenhälften zuerst mit den Salatblättern auslegen und dann mit Salat füllen.

Der Salat kann statt mit Schinken und Mozzarella auch mit 250 g in Streifen geschnittenem Matjes hergestellt werden.

Für einen vegetarischen Salat kann der Schinken ersatzlos gestrichen werden.

Melonen werden in verschiedenen Sorten angeboten. Die wichtigsten sind:

- **Honigmelone:** Sie hat eine längliche Form und eine glatte, zitronengelbe Schale. Das Fruchtfleisch schmeckt honigsüß.
- **Galiamelone:** Sie gehört zu den Netzmelonen, hat eine runde Form und eine raue, gelblichgrüne Schale. Das Fruchtfleisch von reifen Früchten schmeckt sehr würzig.
- **Kantalupmelone:** Sie hat eine runde, manchmal abgeplattete Form. Die Schale ist weiß bis grüngelb und stark gerippt. Das aprikosenfarbige Fruchtfleisch schmeckt sehr süß und würzig.
- **Wassermelone:** Sie ist kugelrund mit grüner, glatter Schale. Das rote Fruchtfleisch schmeckt mildsüß.

Die Reife einer Melone erkennt man daran, dass der Stiel etwas geschrumpft ist und die Melone hohl klingt.

Zubereitung Römersalat mit Mozzarella

1. Römersalat in 1/2 cm dünne Streifen schneiden.

2. Frühlingszwiebeln mit dem hellen Grün in feine Ringe schneiden.

3. Aus den Melonen Kugeln ausstechen, restliches Melonenfleisch mit einem Löffel aus der Schale holen.

4. Melonenfleisch pürieren, mit Zitronensaft mischen und mit Salz und Pfeffer abschmecken.

5. Öl unterschlagen, mit Salat, Zwiebeln, Melonenkugeln, Zitronenmelisse mischen, 30 Min. ziehen lassen, abschmecken.

6. Salat auf Salatblättern anrichten und mit Mozzarella, Schinkenscheiben und Mandelstiften servieren.

SALATE UND SALATSOSSEN

Tomatensalat mit Schafskäse

750 g kleine Tomaten
2 Zwiebeln (100 g)
50 g Feldsalat
150 g Schafskäse
Brotcroûtons, vgl. S. 112
Für das Dressing
3 EL Obstessig
4 EL Olivenöl
1 TL Tomatenmark
Salz, Pfeffer
1 TL Oregano, ½ TL Rosmarin
2 Knoblauchzehen

Nährwert: 295 kcal, 1239 kJ
10 g E, 22 g F, 14 g KH

Vorbereitung
1. Tomaten waschen, Stielansätze entfernen, in dünne Scheiben schneiden.
2. Zwiebeln pellen, längs halbieren und in dünne Scheiben schneiden.
3. Feldsalat waschen, trockenschütteln und putzen, vgl. S. 40.
4. Schafskäse würfeln.
5. Für das Dressing die Knoblauchzehen pellen und pressen.

Tomatensorten	besonders geeignet für
• lose Tomaten	Salat, Snack, Suppe, zum Braten
• Strauchtomaten	Salat, Snack
• Fleischtomaten	Suppe, zum Braten
• Kirschtomaten	Salat, Snack, zum Braten
• Eiertomaten	Salat, Brot, Snack, zum Braten
• grüne Tomaten	zum Braten

🍽 Den Tomatensalat am besten mit einem Vollkornbrötchen servieren.

⚠ Beim Tomatensalat können die Zwiebeln weggelassen werden und der Schafskäse kann durch Tofu ersetzt werden.

Tomatensalat mit Gurke

750 g kleine Tomaten
1 kleine Salatgurke (500 g)
1 Bund Frühlingszwiebeln
1 Bund Minze
1 Bund glatte Petersilie
Für das Dressing
Zutaten vgl. linke Spalte

Nährwert: 207 kcal, 871 kJ
4 g E, 15 g F, 13 g KH

Vorbereitung
1. Tomaten waschen, Stielansätze entfernen, in dünne Scheiben schneiden.
2. Gurke schälen und längs halbieren, Kerne entfernen, in Scheiben schneiden.
3. Frühlingszwiebeln putzen, waschen und in Ringe schneiden, vgl. S. 44.
4. Minze waschen und hacken.
5. Petersilie waschen und hacken.
6. Aus den Zutaten ein Dresssing herstellen.

Zubereitung Tomatensalat mit Schafskäse

1. Alle Zutaten außer Brotcroûtons in eine Schüssel geben.

2. Aus den angegebenen Zutaten ein Dressing herstellen, abschmecken.

3. Marinade über den Salat geben, Croûtons überstreuen, servieren.

Zubereitung Tomatensalat mit Gurke

1. Tomaten und Gurken in eine Schüssel geben.

2. Frühlingszwiebeln dazugeben.

3. Kräuter zufügen und mit dem Dressing mischen.

SALATE UND SALATSOSSEN

Gurkensalat mit Tofu

1 Salatgurke (500 g)
1/2 TL Salz
3 Frühlingszwiebeln
250 g Tofu
2 Eiklar
2 EL Sesam
1 TL Zucker
80 g Maisstärke
Öl zum Braten
Für die Marinade
4 Knoblauchzehen
4 EL heißes Wasser
2 EL Öl (Sesamöl)
2 EL Obstessig
1 EL Sojasoße
1 TL Curry
Salz

Garzeit: 5 Min.
Nährwert: 350 kcal, 1470 kJ
13 g E, 24 g F, 20 g KH

Vorbereitung
1. Gurke waschen und der Länge nach halbieren. Kerne entfernen und die Hälften in dünne Scheiben schneiden. Mit 1/2 TL Salz mischen und stehen lassen. Nach ca. 15 Min. gezogenes Wasser weggießen und die Gurken abtupfen.
2. Frühlingszwiebeln putzen, waschen und längs in ca. 7 cm lange Streifen schneiden, vgl. S. 44.
3. Tofu in Scheiben schneiden.
4. Eiklar zu steifem Schnee schlagen.
5. Sesam in einer Pfanne rösten.
6. Knoblauch für die Marinade pellen und hacken.

Es gibt auch fertig marinierten Tofu zu kaufen.

 Der Gurkensalat mit Tofu kann – ergänzt mit einem Vollkornbrötchen – als Hauptmahlzeit gegessen werden.

Gurkensalat mit Schafskäse

1 Salatgurke (500 g)
1/2 TL Salz
3 Frühlingszwiebeln
200 g Schafskäse
1 Bund Dill
Für das Dressing
Zutaten vgl. Joghurtdressing, S. 112

Nährwert: 211 kcal, 887 kJ
11 g E, 15 g F, 8 g KH

Vorbereitung
1. Gurke und Frühlingszwiebeln wie links beschrieben verarbeiten.
2. Schafskäse in Würfel schneiden.
3. Dill waschen und hacken.

Zubereitung
1. Gurken- und Frühlingszwiebelscheiben mit Schafskäse und dem Dressing mischen und mit Dill bestreut servieren.

Zubereitung Gurkensalat mit Tofu

1. Heißes Wasser, Öl, Essig, Sojasoße, Curry, Salz und Knoblauch zu einer Marinade rühren.

2. Tofu 30 Min. in der Marinade ziehen und dann abtropfen lassen.

3. Gurkenscheiben mit der Tofumarinade mischen, mit Zucker abschmecken.

4. Tofu zuerst durch den Eischnee ziehen, dann in Maisstärke wenden.

5. Öl ca. 1/2 cm hoch in eine Pfanne gießen und erhitzen. Tofu von beiden Seiten 5 Min. darin braten.

6. Gurkensalat und Frühlingszwiebeln mit Tofu anrichten und mit Sesam bestreuen.

SALATE UND SALATSOSSEN

Tomaten-Eiersalat

350 g Tomaten
4 Eier
3 Frühlingszwiebeln
1 kleines Paket Sprossenmix
Für die Basilikummayonnaise
1 Bund Basilikum
100 g Mayonnaise
1 EL Zitronensaft
150 g Joghurt
Salz, Pfeffer
Zucker
Für die Vinaigrette
1/2 TL Senf
5 EL Öl
2 EL Weinessig
Salz, Pfeffer, Zucker

Nährwert: 306 kcal, 1287 kJ
8 g E, 29 g F, 5 g KH

Vorbereitung
1. Tomaten waschen, Stielansatz entfernen und in Scheiben schneiden.
2. Eier 10 Min. hart kochen, abschrecken, pellen und in Scheiben schneiden.
3. Frühlingszwiebeln putzen und waschen, in dünne Ringe schneiden, vgl. S. 44.
4. Sprossen waschen.
5. Für die Mayonnaise Basilikum waschen und grob zerkleinern.
6. Basilikum mit Mayonnaise und Zitronensaft pürieren, Joghurt unterrühren.
7. Basilikummayonnaise mit Salz, Pfeffer und Zucker abschmecken.
8. Aus den angegebenen Zutaten eine Vinaigrette rühren.

Französischer Eiersalat

6 Eier
3 Frühlingszwiebeln
1/2 Bund Petersilie
120 g Mayonnaise
100 g Joghurt
Salz

Nährwert: 264 kcal, 1107 kJ
8 g E, 29 g F, 5 g KH

Vorbereitung
1. Eier 10 Min. hart kochen, abschrecken, pellen und in Scheiben schneiden.
2. Frühlingszwiebeln putzen und waschen, in dünne Ringe schneiden, vgl. S. 44.
3. Petersilie waschen und hacken.

Zubereitung
1. Mayonnaise mit Joghurt und Petersilie verrühren, mit Salz abschmecken.
2. Eischeiben und Frühlingszwiebeln mit der Joghurtmayonnaise mischen, nochmals mit Salz abschmecken.

⚠ Der Tomaten-Eiersalat kann auch ohne Basilikummayonnaise serviert werden.

🍽 Zu dem Tomaten-Eiersalat passt Baguette oder Schwarzbrot. Die anderen beiden Salate sind gut als Brotauflage geeignet.

Eier-Schinkensalat

4 Eier
100 g gekochter Schinken
1 Dose Mandarinen (Füllmenge 175 g)
120 g Mayonnaise
100 g Joghurt
Salz, Pfeffer

Nährwert: 146 kcal, 613 kJ
12 g E, 7 g F, 7 g KH

Vorbereitung
1. Eier 10 Min. hart kochen, abschrecken, pellen und in Scheiben schneiden, vierteln.
2. Schinken in dünnste Streifen schneiden.
3. Mandarinen abtropfen lassen, halbieren, dabei etwas Saft auffangen.

Zubereitung
1. Mayonnaise und Joghurt mit etwas Mandarinensaft verrühren, mit Salz und Pfeffer abschmecken.
2. Eischeiben und Schinkenstreifen sowie die Mandarinenfilets mit der Joghurtmayonnaise mischen und nochmals abschmecken.

⚠ Der Eier-Schinkensalat kann durch 1 Paket tiefgefrorene Erbsen ergänzt werden. Die Erbsen 2 Min. blanchieren. Der gekochte Schinken lässt sich durch Salami ersetzen.

Zubereitung Tomaten-Eiersalat

1. Sprossen auf einer Platte anrichten, Tomaten- und Eischeiben fächerförmig darüber legen.

2. Mit der Vinaigrette beträufeln und mit Frühlingszwiebeln bestreuen.

3. Einen Teil der Basilikummayonnaise darüber geben, den Rest getrennt dazu servieren.

SALATE UND SALATSOSSEN

Linsen-Orangensalat

250 g kleine Linsen,
z. B. französische Puy-Linsen
2 Bio-Orangen
1 Staudensellerie mit Blattgrün
1 Frühlingszwiebel
1 Lorbeerzweig
oder 4 getrocknete Lorbeerblätter
3 Zweige Thymian
oder 1 TL getrockneter Thymian
½ Bund glatte Petersilie
Salz
Für das Dressing
5 EL Olivenöl
1 EL Zitronensaft
Salz, Pfeffer

Garzeit: 20–35 Min.
Nährwert: 207 kcal, 869 kJ
4 g E, 15 g F, 14 g KH

Linsen gibt es in verschiedenen Angebotsformen. Am schnellsten garen rote Linsen und kleine Puy-Linsen. Die braunen Linsen, die es als Hülsenfrüchte zu kaufen gibt, müssen sehr lange gekocht werden.

Vorbereitung

1. Orangen heiß waschen, trocknen und mit der Schale in sehr dünne Scheiben schneiden.
2. Selleriestangen putzen und waschen, Stangen in sehr dünne Scheiben schneiden, Blätter aufheben.
3. Selleriegrün hacken.
4. Frühlingszwiebel waschen und in sehr feine Ringe schneiden, vgl. S. 44.

Statt die Linsen selbst zu kochen, können Linsen aus der Dose verwendet werden.

Der Salat eignet sich hervorragend als Vorspeise oder für ein Büfett. Er kann aber auch gut zu gegrilltem Fisch oder Fleisch – vor allem Lamm – gereicht werden.

Der Salat ist für magenempfindliche Personen nicht geeignet. Diese Personengruppe könnte den Salat evtl. vertragen, wenn er mit roten Linsen zubereitet wird. Kinder mögen den Salat wegen seines strengen Selleriegeschmacks meistens nicht.

Chinakohlsalat

1 Chinakohl
1 Dose Mandarinen
(Füllmenge 175 g)
Für das Dressing
250 g Joghurt
Curry
Salz, Pfeffer
1 TL Zucker

Nährwert: 85 kcal, 356 kJ
4 g E, 1 g F, 13 g KH

Vorbereitung

1. Vom Chinakohl die äußeren Blätter entfernen. Die übrigen Blätter ablösen, waschen, trockenschleudern und in Streifen schneiden.
2. Die Mandarinen abtropfen lassen, den Saft auffangen.
3. Joghurt, Curry, Salz, Pfeffer, Zucker und 3 EL Mandarinensaft miteinander verrühren.

Zubereitung

1. Das Dressing über den Salat geben und alles gut vermischen.
2. Die Mandarinen vorsichtig unterheben.
3. Den Salat kurz kühl stellen.

Zubereitung Linsen-Orangensalat

1. Linsen in einen Topf füllen und so viel Wasser zugeben, dass es 4 Finger breit über den Linsen steht.

2. Lorbeer, Thymian und Petersilie hineinlegen, ca. 20–35 Min. kochen.

3. Linsen salzen und im Kochwasser abkühlen lassen, Lorbeer und Thymianzweige entfernen.

4. Orangen- und Selleriescheiben mit den abgetropften Linsen mischen.

5. Aus Öl, Zitronensaft, Salz und Pfeffer ein Dressing herstellen, über den Salat geben, ziehen lassen.

6. Frühlingszwiebelringe unterheben und mit gehacktem Selleriegrün bestreut anrichten.

Salat mit Thunfisch

300 g Thunfisch, naturell aus der Dose
1/2 Kopf Lollo rosso
200 g Möhren
4 Frühlingszwiebeln
2 rote Paprikaschoten (ca. 300 g)
2 Fenchelknollen
60 g Alfalfasprossen
2 EL Sesamsamen
Für das Dressing
2 TL Honig
2 TL Öl (Sesamöl)
2 TL Sonnenblumenöl
6 EL Sherryessig
Salz, Pfeffer

Nährwert: 381 kcal, 1600 kJ
10 g E, 31 g F, 15 g KH

Vorbereitung
1. Thunfisch abtropfen lassen und in kleine Stücke zerteilen.
2. Salat waschen und zerpflücken.
3. Möhren schälen, waschen und längs in dünne Scheiben hobeln.
4. Frühlingszwiebeln putzen und waschen und schräg in Stücke schneiden, vgl. S. 44, diese dann 2 Min. blanchieren.
5. Paprikaschoten waschen, putzen, vgl. S. 42, und in Streifen schneiden.
6. Fenchel waschen.
7. Sprossen abspülen und abtropfen lassen.
8. Aus allen Zutaten ein Dressing mischen und abschmecken.

Italienischer Salat

8 Fleischtomaten
2 Bund Rucola
3 Zweige Basilikum
1 Packung Mozzarella (200 g)
2 EL Sesamsamen
2 EL Oliven, schwarz, entkernt
Für das Dressing
4 EL Weißweinessig
2 EL Olivenöl
2 EL Zitronensaft
2 TL Kapern
1 TL Zucker
2 TL Senf
Salz, Pfeffer

Nährwert: 293 kcal, 1231 kJ
15 g E, 21 g F, 10 g KH

Vorbereitung
1. Tomaten waschen, Stielansatz herausschneiden und in Scheiben schneiden.
2. Rucola waschen, abtropfen lassen, dicke Stiele entfernen und in mundgerechte Stücke teilen.
3. Basilikum waschen und Blätter abzupfen.
4. Mozzarella in Scheiben schneiden.
5. Sesam rösten, vgl. Phasenfoto 2.
6. Kapern hacken.
7. Aus Essig, Öl, Zitronensaft, Kapern, Zucker, Senf, Salz und Pfeffer ein Dressing rühren, abschmecken.

Zubereitung
1. Tomaten und Mozzarella auf 4 Tellern anrichten, Rucola herumlegen.
2. Salat mit der Marinade übergießen, Oliven und Sesam darüber geben.
3. Mit Basilikumblättern garnieren.

Bauernsalat

4 Tomaten (ca. 250 g)
1/2 grüne Paprikaschote
1/2 rote Paprikaschote
1 Salatgurke (ca. 500 g)
1 Zwiebel
Salz, Pfeffer
4 EL Olivenöl
2 EL Essig
200 g Schafskäse
100 g schwarze Oliven

Nährwert: 112 kcal, 470 kJ
2 g E, 18 g F, 7 g KH

Vor- und Zubereitung
1. Das Gemüse waschen, putzen und beliebig zerkleinern.
2. Das Gemüse mit dem Öl, dem Essig und den Gewürzen mischen.
3. Schafskäse in Würfel schneiden und mit den Oliven darüber verteilen.

🍽 Zu dem Salat mit Thunfisch passt am besten geröstetes Bauernbrot, zum italienischen Salat geröstetes Bauernbrot oder Ciabatta, zum Bauernsalat Fladenbrot.

⚠ Für den Salat mit Thunfisch können statt des Fenchels, den nicht alle mögen, entsprechend mehr Möhren und/oder Paprikaschoten sowie Lollo rosso verwendet werden.
Beim italienischen Salat kann auf die Oliven verzichtet werden.

Zubereitung Salat mit Thunfisch

1. Fenchel putzen und in feine Streifen schneiden, passend zum Paprika.

2. Sesamsamen in einer beschichteten Pfanne leicht rösten.

3. Vorbereitetes Gemüse, Sprossen und Thunfisch mit dem Dressing mischen, mit Sesamsamen bestreuen.

SALATE UND SALATSOSSEN

Salatplatte mit Thunfischcreme

1 Radicchio
2 Römersalatherzen
250 g Salatgurke
1 Dose Mais (Füllmenge 425 g)
250 g Kirschtomaten
1/2 Bund Schnittlauch
4 Eier
5 EL Olivenöl
3 EL Weißweinessig
Salz, Pfeffer
Für die Thunfischcreme
1 Dose Thunfisch, naturell
(Füllmenge 185 g)
100 g Magerjoghurt
200 g Schmand
1 Knoblauchzehe
1 EL Kapern
1–2 EL Zitronensaft

Nährwert: 590 kcal, 2478 kJ
26 g E, 45 g F, 20 g KH

Vorbereitung
1. Salate putzen, waschen und achteln.
2. Salatgurke waschen und würfeln.
3. Mais abtropfen lassen.
4. Kirschtomaten waschen und halbieren.
5. Schnittlauch waschen und in Röllchen schneiden.
6. Eier 10 Min. hart kochen, abschrecken, pellen und sechsteln.
7. Für die Thunfischcreme den Thunfisch abtropfen lassen.
8. Die Knoblauchzehe pellen und pressen.

🛒 Beim Kauf von Thunfisch darauf achten, dass auf einen „Delfin-freundlichen" Fang hingewiesen wird.

🍽 Die Salatplatte kann als Hauptgericht serviert werden. Als Beilage eignet sich Brot oder ein Brötchen.
Zur Pute tonnato passt Ciabatta.

Pute tonnato

Doppeltes Rezept der Thunfischcreme, vgl. linke Spalte
400 g Putenfilet, gegart
50 g Kapern
1 Zitrone, natur

Nährwert: 571 kcal, 2398 kJ
52 g E, 37 g F, 6 g KH

Vorbereitung
1. Zitrone waschen und in dünne Scheiben schneiden.

Zubereitung
1. Die Thunfischcreme wie links beschrieben herstellen.
2. Putenscheiben auf einer Platte anrichten.
3. Mit Thunfischcreme bestreichen.
4. Mit Kapern und Zitronenscheiben garnieren.

⚠ Pute tonnato ist eine Abwandlung der klassischen italienischen Vorspeise „vitello tonnato" (mit Kalbfleisch). Für die Salatplatte können je nach Jahreszeit auch andere Salatsorten verwendet werden.

Zubereitung Salatplatte mit Thunfischcreme

1. Für die Thunfischcreme die Hälfte des Thunfisches zusammen mit den anderen Zutaten pürieren.

2. Salate auf einer Platte anrichten.

3. Gurkenwürfel mit dem Mais und den Kirschtomaten vermengen, mit Öl, Essig, Salz und Pfeffer mischen.

4. Auf den Salaten anrichten.

5. Eier mit dem restlichen Thunfisch auf der Platte arrangieren.

6. Den Salat mit Schnittlauchröllchen bestreuen und mit der Thunfischcreme servieren.

SALATE UND SALATSOSSEN

Herbstsalat

400 g Hähnchenbrustfilets
2 EL Traubenkernöl oder anderes Öl
2–3 Prisen Cayennepfeffer
200 g Möhren
1 kleiner Radicchio
1 Kopf Eichblattsalat
300 g blaue Trauben
50 g Walnusskerne
Salz
2 EL Öl
Für das Dressing
1 Schalotte oder 1 kleine Zwiebel
3 EL Weißweinessig
3 EL Traubenkernöl oder anderes Öl
Salz, Pfeffer

Garzeit: 7 Min.
Nährwert: 414 kcal, 1738 kJ
27 g E, 27 g F, 16 g KH

Vorbereitung
1. Hähnchenbrustfilets in ca. 5 cm lange Streifen schneiden.
2. Traubenkernöl mit Cayennepfeffer mischen und die Hähnchenbruststreifen darin 30 Min. marinieren.
3. Möhren schälen und waschen, grob raspeln.
4. Salate putzen und waschen, trockenschleudern und in Stücke zupfen.
5. Trauben waschen, halbieren und entkernen.
6. Walnusskerne grob hacken.
7. Für das Dressing die Schalotte oder Zwiebel pellen und fein würfeln.
8. Zwiebelwürfel mit Essig und Öl mischen und mit Salz und Pfeffer abschmecken.

Vegetarischer Salatteller

250 g Römersalat
150 g Staudensellerie
150 g rote Bohnen aus der Dose
150 g Mais, tiefgefroren oder aus der Dose
200 g Paprikastreifen, rot, grün, gelb, tiefgefroren
120 g Tomaten
30 g Gartenkresse
30 g Alfalfasprossen

Nährwert: 244 kcal, 1025 kJ
5 g E, 19 g F, 12 g KH

Vorbereitung
1. Römersalat putzen, waschen und grob zerteilen.
2. Staudensellerie putzen, waschen, vgl. S. 44, in feine Ringe schneiden.
3. Bohnen aus der Dose abgießen.
4. Tiefgefrorenen Mais auftauen lassen oder Mais aus der Dose abgießen.
5. Paprikastreifen auftauen lassen.
6. Tomaten waschen, Stielansatz entfernen und in Spalten schneiden.
7. Gartenkresse abschneiden.
8. Sprossen waschen und abtropfen lassen.

Zubereitung
1. Römersalat auf 4 Tellern anrichten.
2. Staudensellerie, rote Bohnen, Mais und Paprikastreifen miteinander mischen und dekorativ auf dem Salat verteilen.
3. Tomatenspalten anlegen.
4. Mit der Kresse und den Sprossen garnieren und mit Dressing (siehe rechts) servieren.

Radieschen-Senfdressing

400 g French Dressing (Fertigprodukt)
1 TL Senf
200 g Radieschen, gewaschen und gehackt.

Zubereitung
Alle Zutaten miteinander mischen.

Kräuterdressing (Birmingham)

400 g Kräuterdressing (Fertigprodukt)
10 g Minze, gewaschen und fein gehackt
10 g Petersilie, gewaschen und fein gehackt
10 g Honig

Zubereitung
Alle Zutaten miteinander mischen.

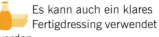 Es kann auch ein klares Fertigdressing verwendet werden.

 Der Herbstsalat eignet sich ergänzt mit Baguette gut als Hauptmahlzeit oder Abendbrotgericht.

Der Salat kann auch ohne Trauben hergestellt werden.

Zubereitung Herbstsalat

1. Öl in einer Pfanne erhitzen, Hähnchenbruststreifen darin ca. 7 Min. braten, salzen.

2. Salate, Möhren und Trauben mit dem Dressing mischen.

3. Salat auf Tellern anrichten, Hähnchenbruststreifen und Nüsse darüber geben.

Geflügelsalat auf Radicchio

½ gebratenes Huhn
1 Radicchiokopf
125 g Champignons
½ Bund Petersilie
1 Knoblauchzehe
2 EL Öl
20 g Kapern
oder 50 g Kapernäpfel zum Dekorieren
Für das Dressing
150 g Mayonnaise
2 TL Joghurt

Garzeit: 10 Min.
Nährwert: 583 kcal, 2450 kJ
24 g E, 55 g F, 1 g KH

Der Geflügelsalat auf Radicchioblättern ist auch als Snack oder Fingerfood geeignet. Als Ergänzung passt Ciabatta oder Baguette.

Vorbereitung
1. Huhn häuten, Fleisch von den Knochen lösen und in ca. 2–3 cm große Stücke schneiden.
2. Radicchio waschen und den Strunk abschneiden.
3. Champignons putzen, vgl. S. 45.
4. Petersilie waschen, trocknen und hacken.
5. Knoblauch pellen und hacken.
6. Mayonnaise und Joghurt für das Dressing verrühren.

⚠ Der Salat kann durch die Zugabe von 150 g Ananasstücken und/oder Pfirsichstücken variiert werden. Er hat dann einen milden, süßlichen Geschmack. Die Garnitur mit Kapern entfällt in dem Fall. Stattdessen passen dann Ananas- oder Pfirsichstücke.

❗ Der Salat ist für Kinder aufgrund des Radicchiogeschmacks nur bedingt geeignet.

Geflügelsalat mit Avocado

Fleisch von ½ gebratenem Huhn
1 Avocado
Für das Dressing
4 EL Salatmayonnaise
1 rote Paprikaschote
Salz, Pfeffer, Paprikapulver
1 EL Ketchup
1 TL Chilisoße
2 EL Orangensaft

Nährwert: 367 kcal, 1540 kJ
22 g E, 29 g F, 4 g KH

Vorbereitung
1. Avocado schälen, halbieren, entkernen, in Scheiben schneiden.
2. Für das Dressing Paprika waschen, putzen, vgl. S. 42, und in Würfel schneiden.
3. Paprikawürfel mit den anderen Zutaten der Mayonnaise vermischen.

Zubereitung
1. Hähnchenfleisch und Avocadoscheiben auf Tellern anrichten.
2. Das Dresssing darüber geben.

Zubereitung Geflügelsalat auf Radicchio

1. Öl in einer Pfanne erhitzen, Knoblauch darin anrösten.

2. Champignons und Petersilie zufügen, ca. 5 Min. dünsten, abkühlen lassen.

3. Hühnchenfleisch, Champignons und 1 TL Kapern mit dem Dressing mischen.

4. Radicchio in Blätter teilen.

5. Auf jedes Radicchioblatt einen großen Esslöffel Geflügelsalat geben.

6. Den Salat mit den restlichen Kapern bestreuen und servieren.

SALATE UND SALATSOSSEN

Rucolasalat mit Fischspießen

2 Bund Rucola (150 g)
je 1 rote und gelbe Paprikaschote
250 g Kirschtomaten
300 g Rotbarschfilet
300 g Lachsfilet
2 EL Zitronensaft
Salz, Pfeffer, Zucker
2 TL Limetten- oder Zitronenschale
8 Holzspieße
Für das Kräuteröl
3 EL Limetten- oder Zitronensaft
4 EL Olivenöl
1 Knoblauchzehe
Salz, Pfeffer
1 EL Thymianblättchen
Für das Dressing
4 EL Olivenöl
4 EL Gemüsefond
1 EL Limetten- oder Zitronensaft
1 Knoblauchzehe
Salz, Pfeffer, Zucker
1 EL Thymianblättchen

Garzeit: 8 Min.
Nährwert: 471 kcal, 1980 kJ
41 g E, 31 g F, 11 g KH

Vorbereitung
1. Rucola waschen, dicke Stiele entfernen und trockenschleudern.
2. Paprikaschoten waschen, putzen, halbieren und mit der Hautseite nach oben auf ein Backblech legen.
3. Unter dem Grill so lange grillen, bis die Haut schwarze Blasen wirft.
4. Mit feuchtem Tuch abdecken.
5. Kirschtomaten waschen und am oberen Ende kreuzweise einschneiden.
6. Fischfilets vorbereiten, vgl. S. 53, und in 16 Würfel schneiden.
7. Für das Kräuteröl und das Dressing Knoblauch pellen und durchpressen.
8. Limetten- oder Zitronensaft, Öl, Knoblauch, Salz, Pfeffer und Thymian zu einem Kräuteröl rühren.

Die Fischspieße können durch ein ganzes gebratenes Fischfilet, fertige Fischstäbchen oder -frikadellen ersetzt werden. Statt des selbst herzustellenden Kräuteröls, vgl. S. 113, kann ein fertiges verwendet werden.

Weißkohlsalat

300 g Weißkohl
1 Zitrone
1/2 TL Salz
1 grüne Paprikaschote
3 EL Salatmayonnaise
Salz, Pfeffer

Nährwert: 81 kcal, 340 kJ
1 g E, 6 g F, 5 g KH

Vorbereitung
1. Weißkohl putzen, vgl. S. 43, den Kohl auf dem Gemüsehobel in feine Streifen schneiden.
2. Zitrone auspressen.
3. Den Weißkohl mit der Hälfte des Zitronensaftes und dem Salz vermischen, 30 Min. ziehen lassen.
4. Paprika waschen, putzen, vgl. S. 42, in sehr feine Streifen schneiden.
5. Salatmayonnaise mit dem restlichen Zitronensaft verrühren, mit Salz und Pfeffer abschmecken.

Zubereitung
1. Weißkohl und Paprika vermischen, Salatmayonnaise darüber geben.

Zubereitung Rucolasalat mit Fischspießen

1. Tomaten durch das Kräuteröl ziehen und auf einem Backblech 2 Min. grillen, salzen und abkühlen.

2. Von den Paprikaschoten die Haut abziehen und in schräge Stücke schneiden.

3. Fischfiletwürfel abwechselnd auf 8 Spieße stecken, mit Kräuteröl bestreichen und 6 Min. grillen.

4. Die Zutaten für das Dressing verrühren.

5. Rucola, Paprika und Tomaten vorsichtig mit dem Dressing mischen.

6. Salat mit den Fischspießen anrichten und mit Limettenschale bestreut servieren.

SALATE UND SALATSOSSEN

Nudelsalat mit Rucola

250 g Spaghetti oder Spaghettini
2 l Salzwasser
2 Bund Rucola (200 g)
2 Knoblauchzehen
250 g Kirschtomaten
3 Sardellenfilets
40 g Parmesan im Stück
5 EL Olivenöl
Pfeffer, geschrotet
3 TL Crème fraîche
1 EL Weißweinessig

Garzeit: 15 Min.
Nährwert: 420 kcal, 1760 kJ
13 g E, 20 g F, 47 g KH

Vorbereitung
1. Salzwasser zum Kochen bringen, Spaghetti darin in 8–10 Min. bissfest kochen, abgießen.
2. Rucola waschen, trocknen, dicke Stiele entfernen, in Stücke zupfen.
3. Knoblauch pellen und in Scheiben schneiden.
4. Kirschtomaten waschen und halbieren.
5. Sardellen fein hacken.

Nudelsalat mit Schafskäse

350 g Nudeln (Penne)
3 l Salzwasser
75 g Peperoni, eingelegt
1 rote Paprikaschote
1 Bund glatte Petersilie
200 g Schafskäse (Feta)
60 g schwarze und grüne Oliven
Für das Dressing
2 Sardellenfilets (in Öl)
5 EL Olivenöl
3 EL Orangensaft
3 EL Weißweinessig
Salz, Pfeffer

Garzeit: 10–12 Min.
Nährwert: 571 kcal, 2400 kJ
20 g E, 27 g F, 63 g KH

Vorbereitung
1. Peperoni klein schneiden.
2. Paprikaschote waschen, putzen, vgl. S. 42, und würfeln.
3. Petersilie waschen, trocknen und hacken.
4. Schafskäse in Würfel schneiden.
5. Für das Dressing die Sardellenfilets hacken.

Bunter Nudelsalat

250 g kleine Nudeln
3 l Salzwasser
300 g Erbsen und Möhren, tiefgefroren
1 Apfel, säuerlich
3 Gewürzgurken
1 Zwiebel
Dressing wahlweise, vgl. S. 112

Nährwert: 408 kcal, 1715 kJ
15 g E, 14 g F, 55 g KH

Vorbereitung
1. Nudeln „al dente" im Salzwasser kochen.
2. Tiefgefrorenes Gemüse nach Packungsanweisung garen.
3. Apfel waschen, schälen und in Würfel schneiden.
4. Gewürzgurken fein würfeln.
5. Zwiebel pellen und fein würfeln.
6. Dressing herstellen.

Zubereitung
1. Alle Zutaten unter das Dressing mischen, abschmecken.

Zubereitung Nudelsalat mit Rucola

1. Parmesan in dünne Streifen hobeln.

2. Knoblauch und Sardellen in Olivenöl braten, pfeffern.

3. Spaghetti mit allen anderen Zutaten mischen, mit Parmesan anrichten.

Zubereitung Nudelsalat mit Schafskäse

1. Penne in Salzwasser in 10–12 Min. bissfest kochen, abgießen.

2. Dressing aus allen Zutaten anrühren, salzen und pfeffern.

3. Penne heiß mit allen Zutaten verrühren, mit Petersilie bestreuen.

Norddeutscher Kartoffelsalat

1 kg Kartoffeln, fest kochend
2 Zwiebeln
1/2 l Brühe
1 Salatgurke
Salz
200 g Salatmayonnaise
1 Becher Joghurt

Garzeit: 20 Min.
Nährwert: 295 kcal, 1238 kJ
5 g E, 15 g F, 35 g KH

Vorbereitung
1. Kartoffeln als Pellkartoffeln kochen und pellen.
2. Zwiebeln pellen und würfeln, in der Brühe 1 Min. blanchieren.
3. Salatgurke waschen, in dünne Scheiben hobeln und salzen, nach 10 Min. mit Küchenpapier abtupfen.

Statt selbst gekochter Pellkartoffeln kann auch eine Packung vorgefertigter Bratkartoffeln – ohne Speck – genommen werden.

Kartoffelsalate sind hervorragende Hauptmahlzeiten, wenn sie z. B. mit Würstchen, Spiegeleiern oder gebratenem Fischfilet gereicht werden.

Für magenempfindliche Personen ist Kartoffelsalat geeignet, wenn sehr fettarme Mayonnaise oder Joghurt als Soße verwendet wird.
Kartoffelsalate wegen der Salmonellengefahr nicht länger als 1/2 Tag im Kühlschrank aufbewahren. Ohne Mayonnaise hält sich der Kartoffelsalat bis zu 2 Tage frisch.

Bayerischer Kartoffelsalat

600 g Kartoffeln, fest kochend
75 ml Gemüsebrühe
2 EL Essig
1 TL Senf
etwas Zucker
200 g Geflügelfleischwurst
1 gelbe Paprikaschote
1 Frühlingszwiebel
1 kl. Dose Mais (Füllmenge 125 g)
Salz, Pfeffer

Garzeit: 20 Min.
Nährwert: 236 kcal, 992 kJ
15 g E, 5 g F, 31 g KH

Vorbereitung
1. Kartoffeln als Pellkartoffeln kochen und pellen.
2. Gemüsebrühe mit Essig, Senf, Zucker und Pfeffer mischen.
3. Geflügelwurst in Würfel oder dünne Scheiben schneiden.
4. Paprika waschen, putzen, vgl. S. 42, und in Würfel schneiden.
5. Frühlingszwiebel waschen, putzen und in feine Ringe schneiden.
6. Mais abtropfen lassen.

Zubereitung Norddeutscher Kartoffelsalat und Bayerischer Kartoffelsalat

1. Pellkartoffeln in dünne Scheiben schneiden.

2. Mit der Brühe übergießen und ca. 30 Min. durchziehen lassen.

3. Restliche Brühe abgießen (entfällt beim Bayerischen Kartoffelsalat).

4. Mayonnaise mit Joghurt verrühren und über die Kartoffeln geben (entfällt beim Bayerischen Salat).

5a. Für den norddeutschen Kartoffelsalat Gurke und Zwiebelwürfel zugeben, alles vermischen.

5b. Für den Bayerischen Kartoffelsalat, Wurst, Paprika, Frühlingszwiebel und Mais untermischen.

Warmer Gemüsesalat

300 g kleine Kartoffeln
2 l Salzwasser
1 kg gemischtes Gemüse,
z. B. Möhren, Zucchini
1 Bund glatte Petersilie
Für das Dressing
1 Peperoni
2 Knoblauchzehen
2 TL Kapern
2 Sardellenfilets
2 Frühlingszwiebeln
4 EL Olivenöl
2 EL Weißweinessig
4 EL Orangensaft
Salz, Pfeffer
Zucker
1/2 TL Kreuzkümmel

Garzeit: 25 Min.
Nährwert: 189 kcal, 792 kJ
4 g E, 11 g F, 19 g KH

Für den Gemüsesalat sollte möglichst Gemüse der Jahreszeit gekauft werden

Vorbereitung
1. Salzwasser zum Kochen bringen.
2. Kartoffeln waschen und längs in Spalten schneiden.
3. Gemüse putzen und waschen, dann in Scheiben bzw. Würfel schneiden.
4. Petersilie waschen und trocknen, Blättchen abzupfen.
5. Für das Dressing die Peperoni halbieren, entkernen, waschen und fein hacken.
6. Knoblauch pellen und hacken.
7. Kapern und Sardellenfilets hacken.
8. Frühlingszwiebeln waschen, putzen und in feine Ringe schneiden.

Statt der selbst hergestellten Marinade kann auch eine klare Fertigsalatsoße verwendet werden.
Das frische Gemüse lässt sich bei Zeitmangel durch tiefgefrorenes Gemüse ersetzen.

Der warme Gemüsesalat kann als Zwischenmahlzeit oder als Abendessen serviert werden.
Als Beilage eignet sich Baguette oder Graubrot.
Soll der Salat als Hauptgericht gegessen werden, passen dazu auch Nudeln und/oder Reis.

Eine würzige Note erhält der Salat, wenn grob zerkrümelter Schafskäse darüber gestreut wird. Der Salat kann auch kalt gegessen werden.

Zubereitung Warmer Gemüsesalat

1. Kartoffelspalten in das kochende Salzwasser geben.

2. Möhren nach 5 Min., Zucchini nach 7 Min. zu den Kartoffeln geben und 12 Min. garen.

3. Das Gemüse in ein Sieb geben und abtropfen lassen.

4. Alle angegebenen Zutaten zu einem Dressing verrühren.

5. Dressing mit Salz, Pfeffer, Zucker und Kreuzkümmel abschmecken.

6. Dressing mit dem noch warmen Gemüse mischen, Petersilie unterheben, servieren.

Indischer Reissalat

200 g Basmatireis
1/2 l Salzwasser
250 g Möhren
1 TL Zucker
250 g Zucchini
150 g Aubergine
1–2 EL Zitronensaft
100 g Erbsen, tiefgefroren
1/2 Bund Koriander
2 EL Öl
Salz, Pfeffer
Für das Dressing
1 rote Zwiebel
1 rote Peperoni
2 Knoblauchzehen
1 Stück frischer Ingwer
2 EL Öl
Kurkuma, Kreuzkümmel
4 EL Kokosmilch
2-3 EL Obstessig
3 EL Wasser
Salz, Zucker

Garzeit: 25 Min.
Nährwert: 364 kcal, 1530 kJ
8 g E, 13 g F, 52 g KH

Vorbereitung
1. Reis in Salzwasser garen, vgl. S. 148.
2. Möhren schälen, waschen und längs in ca. 5 cm lange Stifte schneiden, mit Zucker mischen und 15 Min. stehen lassen.
3. Zucchini waschen, putzen und in Scheiben schneiden.
4. Aubergine waschen, putzen, vgl. S. 45, und in kleine Stücke schneiden, mit Zitronensaft beträufeln.
5. Erbsen 2 Min. blanchieren, vgl. S. 53.
6. Koriander waschen, trockenschütteln und die Blättchen abzupfen.
7. Für das Dressing die Zwiebel pellen und fein würfeln.
8. Peperoni halbieren, entkernen, waschen und in feine Streifen schneiden.
9. Knoblauch schälen und sehr fein hacken.
10. Ingwer schälen, vgl. S. 46, und sehr fein hacken.

Basmatireis ist ein indischer Langkornreis, der an den Hängen des Himalaya wächst. Alternativ kann Langkornreis verwendet werden.

Der Reissalat schmeckt warm oder kalt. Wenn der Salat kalt serviert wird, sollte er erneut abgeschmeckt werden, weil der Reis sehr viele Würzstoffe aufnimmt.
Als Hauptmahlzeit kann der Salat mit gebratener Hähnchenbrust ergänzt werden.

Der Salat lässt sich auch mit anderem Gemüse, z. B. roter und gelber Paprikaschote, zubereiten.

Der Salat ist aufgrund des Geschmacks für die meisten Kinder nicht geeignet.

Zubereitung Indischer Reissalat

1. 2 EL Öl in einer Pfanne erhitzen, Zucchini und Aubergine kurz darin anbraten, salzen und pfeffern.

2. Zwiebeln, Peperoni, Knoblauch, Ingwer, Kurkuma und Kreuzkümmel in 2 EL Öl anbraten.

3. Würzöl mit Kokosmilch, Essig und Wasser zu einem Dressing verrühren, mit Salz und Zucker abschmecken.

4. Gegarten Reis in eine Schüssel füllen und ausdampfen lassen.

5. Möhrenstreifen im Sieb kalt abspülen und abtropfen lassen.

6. Gemüse, Dressing und etwas Koriander unter den Reis mischen, mit Korianderblättchen anrichten.

Avocado-Reissalat

100 g Langkornreis (Naturreis)
1 l Salzwasser
3 Tomaten
2 Eier
100 g Champignons
2 reife Avocados
150 g gegarte Hähnchenbrust
Für das Dressing
3 EL Öl
4 EL Kräuteressig
3 EL Sahne
1/2 durchgepresste Knoblauchzehe
Salz, weißer Pfeffer
Currypulver
Basilikumblättchen

Garzeit: 20 Min.
Nährwert: 482 kcal, 2026 KJ
15 g E, 37 g F, 21 g KH

🛒 Avocados müssen beim Einkauf auf Druck ganz leicht nachgeben. Je nach Sorte gibt es sehr dunkle oder grüne Avocados. Die Farbe der Schale sagt nichts über den Reifegrad und den Zustand des Fruchtfleisches aus.

Vorbereitung
1. Reis in Salzwasser ca. 20 Min. garen.
2. Tomaten häuten, vierteln und in Streifen schneiden, vgl. S. 42.
3. Champignons putzen, vgl. S. 45, und in dünne Scheiben schneiden.
4. Eier 10 Min. hart kochen, abschrecken, pellen und in Scheiben schneiden.
5. Hähnchenbrust in feine Streifen schneiden.
6. Basilikumblättchen waschen.

🫙 Statt der selbst hergestellten Salatsoße kann wie bei allen Salaten eine Fertigsalatsoße oder ein Salatsoßentrockenprodukt verwendet werden.

🍽 Der Salat ist aufgrund seiner Nährstoffzusammensetzung sehr gut als Zwischenmahlzeit geeignet.

Fruchtiger Reissalat

200 g gegarter Langkornreis
4 Frühlingszwiebeln
3 Tomaten
1 Nektarine oder 1/4 Mango
1-2 EL ungesalzene Erdnüsse
Für die Marinade
4 EL Sonnenblumenöl
2–3 EL Limettensaft
Salz und Pfeffer

Nährwert: 249 kcal, 1045 kJ
5 g E, 18 g F, 19 g KH

Vorbereitung
1. Frühlingszwiebeln putzen, waschen und in Ringe schneiden, vgl. S. 44.
2. Tomaten waschen, entkernen und in Spalten schneiden.
3. Nektarine oder Mango waschen, schälen, entsteinen, in Würfel schneiden.
4. Erdnüsse rösten.
5. Zutaten für die Marinade mischen.

Zubereitung
1. Zutaten unter das Dressing mischen, Erdnüsse darüber streuen.

Zubereitung Avocado-Reissalat

1. Avocados halbieren, entkernen und schälen.

2. Fleisch der Avocados in Würfel schneiden.

3. Reis und die vorbereiteten Zutaten – außer Basilikum – in eine Schüssel geben.

4. Salatdressing aus den angegebenen Zutaten herstellen.

5. Salatzutaten mit dem Dressing vermengen.

6. Salat mit Basilikumblättchen garnieren.

Dressings und Toppings für Salate

Vinaigrette

2 EL Essig
1/2 TL Senf
Salz, Pfeffer
5 EL Öl
evtl. Honig

Nährwert: 172 kcal, 724 kJ
1 g E, 18 g F, 2 g KH

Toppings

Durch Toppings bekommen Blattsalate den letzten Pfiff. Hierfür eignen sich z. B. (vgl. Fotos):
- **Essbare Blüten** von Gänseblümchen, Thymian oder Kapuzinerkresse
- **Weißbrotwürfel**, in einem Esslöffel Butter und evtl. mit einer durchgepressten Knoblauchzehe angebraten
- **Pinien-** oder **Sonnenblumenkerne** oder **Sesamsamen**, in einem Esslöffel Butter angebraten.

Joghurtsoße

150 g Joghurt oder Sauerrahm
Salz, Pfeffer
1/2 TL Senf
2–3 EL Zitronensaft
2–3 EL Öl
2 EL gehackte Zitronenmelisse oder andere Kräuter

Nährwert: 102 kcal, 430 kJ
1 g E, 10 g F, 2 g KH

Zubereitung
1. Joghurt oder Sauerrahm mit Salz, Pfeffer und Senf verrühren, mit Zitronensaft abschmecken.
2. Öl zugeben und weiterrühren, bis eine cremige Soße entsteht.
3. Zitronenmelisse oder andere Kräuter zugeben.

⚠️ Die Joghurtsoße lässt sich durch die Zugabe von Ketchup, Ingwer oder Curry variieren. Zur Vinaigrette können nach Belieben gehackte frische Kräuter und/oder Knoblauch oder Honig gegeben werden.

Thousand Islands

2 Eigelb
Salz, Pfeffer
1/8 l Öl
2 EL Essig
oder Zitronensaft
1 EL Weinbrand
3 EL Tomatenketchup (60 g)
1/8 l süße Sahne
1 EL gehackte Kräuter
1/2 Paprikaschote

Nährwert: 430 kcal, 1808 kJ
2 g E, 44 g F, 4 g KH

Vorbereitung
1. Sahne steif schlagen.
2. Paprika waschen, würfeln.

Zubereitung
1. Eigelb, Salz, Pfeffer verschlagen.
2. Öl tröpfchenweise unter Rühren zugeben.
3. Essig oder Zitronensaft unterrühren.
4. Mayonnaise mit Weinbrand verrühren.
5. Tomatenketchup, Sahne, Kräuter und Paprika zugeben.

Zubereitung Vinaigrette

1. Essig, Senf, Salz, Pfeffer rühren, bis sich das Salz aufgelöst hat.

2. Nach und nach das Öl zugeben und rühren, bis sich die Zutaten zu einer cremigen Soße verbinden.

3. Vinaigrette durch Zugabe von z. B. Honig variieren.

Toppings

Mit Blüten garnieren.

Weißbrotwürfel anbraten.

Pinienkerne rösten.

SALATE UND SALATSOSSEN

Würzessig

Für eine 0,5-l-Flasche
1–2 Zweige Estragon
2 Knoblauchzehen
1/2 l Weißweinessig
1 EL rote Pfefferkörner

Vorbereitung
1. Estragon waschen und trockenschütteln.
2. Knoblauchzehen pellen.

Zubereitung
1. In eine gereinigte Flasche 1/4 l Essig einfüllen.
2. Estragonzweige, Knoblauch sowie Pfefferkörner hineingeben und mit dem restlichen Essig auffüllen.
3. Die Flasche mehrmals vorsichtig auf dem Tisch aufstoßen, damit eventuell vorhandene Luftblasen nach oben steigen können. Den Essig mindestens 14 Tage an einem kühlen, dunklen Ort stehen lassen.

Himbeeressig

Für eine 0,7-l-Flasche
200 g Himbeeren
200 ml Rotwein
300 ml Rotweinessig
2 Prisen Salz
1/2 TL Zucker

Vorbereitung
1. Himbeeren waschen und verlesen.

Zubereitung
1. Himbeeren in die Flasche füllen.
2. Salz und Zucker mit Essig vermischen, auf die Himbeeren gießen.
3. Rotwein zugießen.
4. Flasche verschließen und stehen lassen, bis die Himbeeren nicht mehr oben schwimmen.

Rosmarinöl

Für eine 0,5-l-Flasche
2–3 Zweige Rosmarin
2–3 Knoblauchzehen
1 kleine Chilischote
1/2 l Olivenöl
1 EL rote Pfefferkörner

Vorbereitung
1. Rosmarin waschen und trockenschütteln.
2. Knoblauchzehen pellen.
3. Chilischote mit einer Nadel mehrmals einstechen.

Zubereitung
1. In eine gereinigte Flasche 1/4 l Öl einfüllen.
2. Rosmarinzweige, Knoblauch und Chilischote sowie Pfefferkörner hineingeben und mit dem restlichen Öl auffüllen.
3. Die Flasche mehrmals vorsichtig auf dem Tisch aufstoßen, damit eventuell vorhandene Luftblasen nach oben steigen können. Das Öl mindestens 14 Tage an einem kühlen, dunklen Ort stehen lassen.

 Die Rezeptbeispiele für gewürzte Öle und gewürzten Essig können beliebig variiert werden.
Statt der angegebenen Kräuter kann z. B. auch Thymian verwendet werden und anstelle von Knoblauch frischer Ingwer.
Die Zutatenzusammenstellung ist abhängig vom späteren Verwendungszweck.

Steinpilzöl

Für eine 0,5-l-Flasche
1–2 Zweige Basilikum
20 g Parmesan im Stück
1/2 l Olivenöl
10 g getrocknete Steinpilze

Vorbereitung
1. Basilikum waschen und trockenschütteln.
2. Parmesan in dünne Scheiben schneiden.

Zubereitung
1. In eine gereinigte Flasche 1/4 l Öl einfüllen.
2. Basilikumzweige, Steinpilze und Parmesan hineingeben und mit dem restlichen Öl auffüllen.
3. Die Flasche mehrmals vorsichtig auf dem Tisch aufstoßen, damit eventuell vorhandene Luftblasen nach oben steigen können. Das Öl mindestens 14 Tage an einem kühlen, dunklen Ort stehen lassen.

🛒 Die Zubereitungszeit der Öle ist so gering, dass sich zwischendurch immer Zeit für ihre Herstellung findet. Sie eignen sich auch als „Mitbringsel und Geschenk aus der Küche". Fertig gekauft sind die Öle sehr teuer.

🍽 Das Aroma der Würzöle kommt am besten zur Geltung, wenn das Öl auf frisches Graubrot oder Weißbrot geträufelt wird. Das Brot kann auch mit dem Öl geröstet werden. Dann eignet es sich als Grundlage für Bruschetta, vgl. S. 78.

GEMÜSE

Erbsen und Möhren

1. 750 g geputzte Möhren in wenig Fett andünsten.

2. Nach ca. 5 Min. die ausgelösten Erbsen zugeben, mit etwas Wasser auffüllen, salzen und zuckern.

3. Im geschlossenem Topf ca. 10 Min. dünsten.

Spargel

1. In einem Topf 1/2 l Wasser, 1 EL Butter, 2 El Orangensaft, Salz und Zucker aufkochen.

2. Geschälten Spargel – bei Bedarf zusammenbinden – in das Wasser geben, ca. 12 Min. köcheln lassen.

3. Spargel aus dem Wasser heben, abtropfen lassen und servieren.

Lauch / Porree

1. Ca. 1/4 l Salzwasser zum Kochen bringen.

2. 750 g klein geschnittenen Lauch, vgl. S. 44, zugeben und im geschlossenen Topf bei geringer Hitze ca. 12 Min. garen.

3. Lauch abschmecken und legieren, vgl. S. 50.

Bohnen

1. 750 g geputzte Bohnen in 1/4 l kochendes Salzwasser geben, 15 Min. garen.

2. Bohnen im Sieb abgießen, 1 EL Butter im Topf schmelzen lassen.

3. Bohnen in die Butter geben, schwenken und mit Petersilie bestreut servieren.

GEMÜSE

Blumenkohl

1. Geputzten Blumenkohl, vgl. S. 43, evtl. in Röschen teilen.

2. In kochendes Salzwasser legen und 20–25 Min. kochen lassen.

3. Den Kohl nach der Garprobe vorsichtig herausnehmen und servieren.

Rosenkohl

1. Äußere Blättchen von 1 kg Rosenkohl entfernen und den Strunk jeweils kreuzweise einschneiden.

2. In 20 g Butter andünsten, 1/4 l Wasser zufügen und 10–15 Min. im geschlossenen Topf kochen.

3. Gegarten Kohl aus dem Wasser nehmen und mit gemahlener Muskatnuss, Salz und Pfeffer abschmecken.

Kohlrabi

1. 1 kg geputzten Kohlrabi, vgl. S. 43, in Stifte oder Scheiben schneiden.

2. In 40 g Butter oder Margarine und 50 ml Wasser 10 Min. dünsten, vgl. S. 56.

3. Mit gehacktem Dill bestreut servieren.

Chinakohl

1. 1 kg geputzten Chinakohl in Streifen schneiden.

2. In 20 g Margarine und 1/4 l Wasser zusammen mit einer gewürfelten Zwiebel 10 Min. gar dünsten.

3. Mit Salz abschmecken und mit gehackter Petersilie bestreut servieren.

GEMÜSE

Gemüse im Bierteig mit Eier-Senf-Dip

500 g Brokkoli
1 kleiner Blumenkohl (ca. 600 g)
120 g Mehl
100 g Hartweizengrieß
1 Prise Zucker
2 Prisen Paprikapulver, scharf
Salz
4 Eier
200 ml Weizenbier
ca. 2 kg Frittierfett
Für den Dip
1 Ei
2 Frühlingszwiebeln
1 EL Senf
1 TL Zucker
3 EL Olivenöl
2 EL warmes Wasser
1 EL Kapern
1 Sardellenfilet (wenn vorhanden)
Salz, Pfeffer

Garzeit: 4 Min. pro Portion
Nährwert: 805 kcal, 3381 kJ
21 g E, 67 g F, 28 g KH

Vorbereitung
1. Brokkoli und Blumenkohl waschen und in Röschen teilen.
2. Blumenkohl und Brokkoli 3 Min. blanchieren, vgl. S. 53.
2. Mehl, Grieß, Zucker, Paprikapulver und Salz mischen.
3. Mehlmischung mit den Eiern und dem Bier mit einem Schneebesen verschlagen.
4. Für den Dip das Ei ca. 10 Min. hart kochen, danach abschrecken und pellen.
5. Frühlingszwiebeln putzen, waschen und in Ringe schneiden, vgl. S. 44.

Frischer Brokkoli ist an den dunkelgrünen und geschlossenen Blütenständen zu erkennen. Frischer Bluhmenkohl hat feste, geschlossene Röschen.

Es gibt auch Fertigmischungen für die Zubereitung von Ausbackteig.

Statt Weizenbier kann ebenso Weißwein oder Milch verwendet werden.
Besonders geeignet zum Frittieren sind auch geputzte Champignons, Zucchini- und gelbe oder rote Paprikastücke.

Das ausgebackene Gemüse muss sofort gegessen werden, weil es sonst weich und pappig wird.

Diese Art Gemüse anzubieten, ist besonders für Kinder und Jugendliche, die nicht gerne Gemüse essen, geeignet. Anstelle von Bier sollte dann Mineralwasser für den Teig verwendet werden.
Nicht geeignet ist frittiertes Gemüse für alle, die fettarm essen müssen oder wollen.

Zubereitung Gemüse im Bierteig mit Eier-Senf-Dip

1. Gemüseröschen durch den Teig ziehen und etwas abtropfen lassen.

2. Frittierfett auf 150 °C erhitzen und das Gemüse portionsweise in ca. 4 Min. frittieren.

3. Gemüse auf Küchenpapier abtropfen lassen.

4. Senf mit Zucker mischen und das Öl sowie Wasser langsam unterrühren.

5. Kapern, evtl. das Sardellenfilet und das hart gekochte Ei hacken.

6. Mit den Frühlingszwiebeln mischen und unter den Dip rühren, mit Salz und Pfeffer würzen.

GEMÜSE

Gegrilltes Gemüse auf Polenta

3 Knoblauchzehen
1/2 Bund frischer Thymian
400 g Kürbis
250 g Champignons
300 g Pastinaken
250 g Zucchini
2 Zwiebeln
6 EL Olivenöl
2 EL Weißweinessig
Salz, Pfeffer
Für die Polenta
40 g Butter oder Margarine
200 ml Milch
750 ml Gemüsebrühe (Gemüsekochwasser)
200 g Maisgrieß (Polenta)
150 g Cheddar oder Gouda, mittelalt

Garzeit: 15 Min.
Nährwert: 607 kcal, 2549 kJ
21 g E, 36 g F, 47 g KH

Vorbereitung
1. Knoblauch pellen, 2 Zehen in dünne Scheiben schneiden, 1 Zehe für die Polenta pressen.
2. Thymian waschen, trockenschütteln und die Blättchen abzupfen.
3. Kürbis schälen, Kerne entfernen und Fruchtfleisch in kleine Stücke schneiden.
4. Champignons putzen und vierteln, vgl. S. 45.
5. Pastinaken schälen und längs in dünne Spalten schneiden.
6. Zucchini waschen und Stielenden abschneiden, halbieren, die Hälften schräg in Scheiben schneiden.
7. Zwiebeln pellen und in Spalten schneiden.
8. Käse für die Polenta reiben.

Zubereitung Polenta
Gemüsebrühe, Milch und 10 g Butter aufkochen, Maisgrieß einrieseln lassen, aufkochen, salzen und pfeffern. Knoblauch, restliche Butter und Käse (30 g beiseite legen) unterrühren.

Pastinaken sind ein traditionelles deutsches Gemüse.

Das gegrillte Gemüse schmeckt warm und kalt. Gemüsereste können gut 2–3 Tage im Kühlschrank aufbewahrt werden. Polentareste lassen sich weiterverwenden, vgl. S. 154.

Wer keinen Käse verwenden möchte, kann die Polenta auch mit der Zugabe von Kräutern verändern.
Polenta wird geschmeidiger, wenn 2 El Créme fraîche untergerührt werden.

Zubereitung Gemüse auf Polenta

1. Reichlich Salzwasser zum Kochen bringen, Kürbisfleisch und Pastinaken hinzugeben, ca. 3 Min. kochen.

2. Zucchini und Zwiebeln zufügen, 1 Min. bissfest kochen, abgießen und Brühe auffangen für Polenta.

3. Aus Olivenöl, Essig, Thymian und Knoblauch eine Marinade rühren, mit Salz und Pfeffer abschmecken.

4. Gemüse – auch die Champignons – mit der Marinade auf einem Backblech mischen.

5. Gemüse auf dem Backblech ca. 10 Min. grillen.

6. Zusammen mit Polenta anrichten und mit dem restlichen Käse bestreuen.

GEMÜSE

Tofu-Gemüsecurry

250 g schnittfester Tofu
150 g Zuckerschoten
200 g Champignons
1 Bund Frühlingszwiebeln (250 g)
1 Knoblauchzehe
20 g Ingwer, frisch
2 Schalotten (60 g)
1/2 Bund Koriander
3 EL Öl
2 TL Garam masala (indisches Gewürz) oder Kreuzkümmel
1 Msp. Kardamom
1 TL Kurkuma
250 g Sojacreme (17,2 % Fett)
1/4 l Gemüsebrühe
1/2 Tl Sambal oelek (Chilipaste)
Salz

Garzeit: 20 Min.
Nährwert: 371 kcal, 1558 kJ
21 g E, 24 g F, 19 g KH

Vorbereitung
1. Tofu in Streifen schneiden.
2. Zuckerschoten waschen und schräg halbieren.
3. Pilze waschen, putzen, vgl. S. 45, je nach Größe halbieren oder vierteln.
4. Frühlingszwiebeln waschen, putzen, vgl. S. 44, und schräg in 1 cm dicke Streifen schneiden.
5. Knoblauch pellen und sehr fein würfeln.
6. Ingwer schälen und fein hacken.
7. Schalotten pellen und würfeln.
8. Koriander waschen und hacken.

Zu dem Curry passt Reis – am besten Basmatireis, vgl. S. 110.
Statt einer Reisbeilage können auch Brot oder Nudeln gereicht werden.

Kinder werden das Curry-Gemüse aufgrund der exotischen Gewürze und der Schärfe eventuell ablehnen.

Garam masala ist eine indische Gewürzmischung, die es in kleinen Päckchen in der Asia-Abteilung der Kaufhäuser gibt. Sambal oelek kann auch durch ein anderes Chiliprodukt, z. B. Tabasco oder Harissa (tunesischer Chili, der geschrotet wurde), oder durch Chilipulver ersetzt werden.
Sojacreme gibt es auch in der Asia-Abteilung von Warenhäusern.

Statt der teuren Zuckerschoten können tiefgefrorene Erbsen verwendet werden.
Die Sojacreme lässt sich durch Sahne ersetzen, die allerdings den Fettgehalt des Gerichts weiter anhebt.
Dieses exotische Gericht kann aber auch ohne die besonderen Gewürze, wie Ingwer, Garam masala, Kreuzkümmel, Kardamom, Kurkuma und Sambal oelek, nur mit Salz und Pfeffer zubereitet werden.

Zubereitung Tofu-Gemüsecurry

1. 1 EL Öl in einer Pfanne oder im Wok erhitzen.

2. Tofu darin von allen Seiten braun anbraten und herausnehmen.

3. 2 EL Öl erhitzen, Knoblauch, Ingwer, Schalotten und die gemahlenen Gewürze darin anbraten.

4. Zuckerschoten, Pilze und Frühlingszwiebeln in die Pfanne geben und 2–3 Min. andünsten.

5. Sojacreme, Brühe und Sambal oelek dazugeben, aufkochen, das Gemüse 3–4 Min. mitgaren lassen.

6. Tofu dazugeben und erhitzen, mit Salz abschmecken und mit gehackten Korianderblättchen anrichten.

GEMÜSE

Chili-Blumenkohl

1 weiße Zwiebel (200 g)
4 rote Chilischoten
20 g Ingwer
4 Knoblauchzehen
250 g Lauch
1 Blumenkohl (ca. 800 g)
250 g Tomaten
4 EL Öl
1 TL Kurkuma
200 ml Wasser
3 EL helle Sojasoße
3 EL süße Sojasoße

Garzeit: 15 Min.
Nährwert: 190 kcal, 798 kJ
9 g E, 11 g F, 13 g KH

! Der Chili-Blumenkohl ist für Kinder aufgrund der Schärfe nicht geeignet.

Vorbereitung
1. Zwiebel pellen und in feine Würfel schneiden.
2. Chilischoten vorbereiten, vgl. S. 42, und in Streifen schneiden.
3. Ingwer und Knoblauch schälen und beides fein hacken.
4. Lauch putzen, vgl. S. 44, in 5 cm lange dünne Streifen schneiden. Einige Streifen für die Dekoration in Eiswasser legen.
5. Blumenkohl putzen, vgl. S. 43, und in kleine Röschen teilen.
6. Tomaten abziehen, vgl. S. 42, und achteln.

Zu dem Chili-Blumenkohl passt Reis, vgl. S. 148, oder ein Stück Brot. Das Gemüse sollte nur kurz gegart werden, damit es sehr knackig bleibt.
Soll der Chili-Blumenkohl landestypisch serviert werden, müsste er im Wok, vgl. S. 268, zubereitet und auch in diesem gereicht werden.
Zu dem Chili-Blumenkohl passt ein Joghurtdip, der zugleich etwas die Schärfe des Gerichtes nimmt.

Joghurtdip

1 Becher Vollmilchjoghurt (150 g)
Kreuzkümmel
20 g Ingwer
1/2 Bund Petersilie, gehackt
1/2 Bund Koriander, gehackt
Salz, Pfeffer

Zubereitung
1. Für den Dip alle Zutaten miteinander verrühren und abschmecken.

⚠ Der Chili-Blumenkohl kann zusätzlich oder anstelle der Chilischoten, wenn sie zu scharf sind, mit einer roten Paprikaschote hergestellt werden.
Aus den Resten lässt sich eine Blumenkohlpfanne zubereiten, indem in einem Wok oder einer Pfanne 80 g chinesische Eiernudeln mit heißem Wasser übergossen und nach einer Quellzeit von 5 Min. mit dem Chili-Blumenkohl erhitzt und gemischt werden. Die Blumenkohlpfanne mit Sojasoße abschmecken und servieren.

Zubereitung Chili-Blumenkohl

1. Blumenkohl blanchieren, vgl. S. 53, und in einem Sieb abgießen, abtropfen lassen.

2. Öl in einer Pfanne erhitzen, Zwiebeln, Knoblauch, Ingwer, Kurkuma und Chili darin kurz erhitzen.

3. Blumenkohl und Lauchstreifen dazugeben und 2 Min. dünsten.

4. Wasser mit der hellen und der süßen Sojasoße verrühren, in die Pfanne gießen.

5. 2 Min. köcheln lassen, dann Tomaten zufügen und nochmals kurz erhitzen.

6. Mit den kalten Lauchstreifen garniert servieren.

Gemüseragout mit Couscous

1 Zwiebel
2 Knoblauchzehen
1 rote Peperoni
oder 1/2 TL Chilipulver
4 Stiele Minze
300 g Möhren
300 g Zucchini
1 kleine Aubergine (ca. 250 g)
400 g Couscous (Weizengrütze)
3 EL Öl
650 ml Gemüsebrühe
500 g passierte Tomaten
2 EL Aceto Balsamico
oder 1 EL Essig
1/2 TL Zucker
2 Pr. Kreuzkümmel
Salz, Pfeffer
10 g Butter
1 Prise Zimt

Garzeit: 15 Min.
Nährwert: 505 kcal, 2121 kJ, 14 g E, 11 g F, 80 g KH

Vorbereitung
1. Zwiebel und Knoblauch pellen, dann Zwiebel in Streifen schneiden, den Knoblauch hacken.
2. Peperoni vorbereiten, vgl. S. 42, und in feinste Streifen schneiden.
3. Minze waschen und trockenschütteln, Blättchen abzupfen und in Streifen schneiden.
4. Möhren waschen, schälen und in Scheiben schneiden.
5. Von den Zucchinis und der Aubergine jeweils die Enden abschneiden. Die Zucchinis in Stifte, die Aubergine in 1/4-Scheiben schneiden.

Im Allgemeinen wird als Minze die grüne Pfefferminze verkauft. Es gibt aber auch rote Minze, die ein milderes, aber trotzdem würziges Aroma hat.

Das Gemüseragout könnte für Kinder ungeeignet sein, weil sie die Geschmacksrichtung evtl. nicht mögen.

Couscous ist in Marokko und Tunesien ein beliebtes Gericht. Es wird häufig mit Lammragout oder Lammsteaks ergänzt serviert. Für die Zubereitung gibt es spezielle Töpfe, in denen das Couscous schonend gegart wird.

Statt der einzelnen Gewürze kann auch eine fertige orientalische Gewürzmischung verwendet werden.
Couscousreste können als Salat gegessen werden. Dafür werden die Reste mit Zucchinistreifen und Tomatenachteln vermischt. In einer Marinade, z. B. Vinaigrette, sollte die Mischung mindestens 2 Stunden ziehen. Der Salat kann dann mit gehackter Petersilie bestreut serviert werden.

Zubereitung Gemüseragout mit Couscous

1. Couscous mit 1 EL Öl in 400 ml kochende Brühe einrühren, ohne Hitze 5 Min. quellen lassen.

2. Zwiebeln, Peperoni oder Chilipulver und Knoblauch in 2 EL Öl andünsten, Gemüse zufügen.

3. Mit ca. 250 ml Brühe ablöschen, Tomaten, Aceto oder Essig zugießen.

4. Mit Zucker, Kreuzkümmel, Salz und Pfeffer würzen, Gemüse ca. 7 Min. bissfest garen.

5. Butter vorsichtig unter das Couscous rühren, mit Zimt abschmecken.

6. Gemüse zusammen mit dem Couscous anrichten, mit Minzestreifen garnieren.

Kartoffel-Möhrenpfanne mit Bulgur

500 g Kartoffeln
400 g Möhren
2 Bund Frühlingszwiebeln
2 EL Sonnenblumenkerne (30 g)
200 g Sahne
1½ EL Senf
1 Bund Dill
3 EL Sonnenblumenöl
3/8 l Gemüsebrühe
100 g Bulgur (Weizengrütze)
Salz, Pfeffer

Garzeit: 35 Min.
Nährwert: 474 kcal, 1991 kJ
11 g E, 28g F, 41 g KH

Vorbereitung
1. Kartoffeln und Möhren waschen und schälen, beides in Scheiben schneiden.
2. Frühlingszwiebeln waschen, putzen und in Ringe schneiden, vgl. S. 44.
3. Sonnenblumenkerne in einer Pfanne ohne Fett rösten.
4. Sahne und Senf verrühren.
5. Dill waschen und in kleine Ästchen zupfen.

Statt des frischen Gemüses kann auch tiefgefrorenes verwendet werden. Dann reduziert sich die Garzeit um die Hälfte.

Bulgur ist geschroteter Weizen und wird auch unter der Handelsbezeichnung Weizengrütze verkauft.
Verwendet werden sollte besonders feiner Senf, z. B. Dijonsenf.

Die Kartoffel-Möhrenpfanne sollte möglichst frisch zubereitet und sofort serviert werden, damit das Gemüse knackig bleibt. Wird dieses Rezept für viele Personen zubereitet, sollten keine zu großen Mengen in die Pfanne gegeben werden, sondern lieber nacheinander kleinere Portionen.

Statt der Möhren kann Fenchel hinzugefügt werden. Wenn man Bulgur nicht mag, kann er weggelassen werden, aber stattdessen sollte Brot zu der Kartoffel-Möhren-Pfanne gereicht werden.

Sahnekohlrabi

3 Kohlrabi
1 Knoblauchzehe
1 unbehandelte Zitrone
400 g Sahne
Salz, Pfeffer
Blätter von 5 Petersilienstielen

Garzeit: 10 Min.
Nährwert: 325 kcal, 1365 kJ
5 g E, 30 g F, 9 g KH

Vorbereitung
1. Kohlrabi putzen und schälen, vgl. S. 43, zuerst in Scheiben, dann in Stifte schneiden.
2. Knoblauchzehe pellen.
3. Zitrone waschen, trocknen, die Schale fein abreiben, vgl. S. 48.

Zubereitung
1. Kohlrabi blanchieren, vgl. S. 53.
2. 300 g Sahne auf die Hälfte einkochen, Knoblauch dazupressen.
3. Kohlrabi und Zitronenschale in der Sahne erwärmen.
4. 100 g Sahne steif schlagen, unterziehen, abschmecken.
5. Petersilie überstreuen.

Zubereitung Kartoffel-Möhrenpfanne

1. Öl in einer tiefen Pfanne erhitzen.

2. Kartoffeln unter ständigem Rühren anbraten, salzen, 1/8 l Brühe zugießen.

3. Nach 5 Min. Möhren und Bulgur und die restliche Brühe unterrühren und zugedeckt 15 Min. garen lassen.

4. Frühlingszwiebeln unter die Kartoffeln heben.

5. Senfsahne über das Gemüse geben und ohne Rühren 5 Min. ziehen lassen, mit Pfeffer abschmecken.

6. Mit Dillästchen und Sonnenblumenkernen bestreut servieren.

GEMÜSE

Gemüsegratin

500 g Brokkoli
500 g Möhren
250 g Zucchini
50 g Parmesan, frisch
1/8 l süße Sahne
Salz, Pfeffer
20 g Fett für die Form

Garzeit: 20 Min.
Nährwert: 254 kcal, 1092 kJ
12 g E, 18 g F, 13 g KH

Vorbereitung
1. Brokkoli waschen und putzen, vgl. S. 43, in Röschen teilen.
2. Möhren waschen, schälen und in Scheiben schneiden.
3. Zucchini waschen, Enden abschneiden und in Scheiben schneiden.
4. Käse reiben.
5. Auflaufform einfetten.

Gemüsepfanne

700 g rote und gelbe Paprika
400 g Zucchini
200 g Porree
8 Thymianzweige
6 EL Olivenöl
Salz, Pfeffer
1 TL Zitronenschale
2–3 EL Zitronensaft
200 g Feta, gewürfelt
Für das Knoblauchbrot
1 Baguette
30 g Knoblauchbutter, gesalzen

Garzeit: 7 Min.
Nährwert: 667 kcal, 2680 kJ
22 g E, 33 g F, 72 g KH

Vorbereitung
1. Paprika vorbereiten, vgl. S. 42, und in Stücke schneiden.
2. Zucchini waschen, Enden abschneiden und in Scheiben schneiden.
3. Porree vorbereiten, vgl. S. 44, und in Ringe schneiden.
4. Thymianzweige waschen und hacken.

Zubereitung
1. Öl in einer Pfanne erhitzen, Paprika 3 Min. braten, dann Zucchini und Porree zugeben, nochmals 3 Min. braten.
2. Thymian zugeben und weitere 2 Min. braten.
3. Mit Salz, Pfeffer, Zitronenschale und Zitronensaft würzen.
4. Den Feta untermischen.
5. Mit einem mit Knoblauchbutter bestrichenen Baguette servieren.

Das Gratin und die Gemüsepfanne können ebenso aus tiefgefrorenem Gemüse hergestellt werden. Knoblauchbrot gibt es auch als Fertigware aus dem (Tief)kühlregal.

Beide Gerichte sind leichte Hauptgerichte und können z. B. am Abend serviert werden.

Das Gratin und die Gemüsepfanne können ebenfalls mit anderem Gemüse, z. B. Möhren oder Auberginen, zubereitet werden.

Zubereitung Gemüsegratin

1. Salzwasser aufkochen, Möhren und Brokkoli ca. 5 Min., Zucchini ca. 1 Min. blanchieren.

2. Gemüse auf einen Durchschlag geben, kalt abspülen und abtropfen lassen.

3. Abgetropftes Gemüse in eine feuerfeste Form schichten, salzen und pfeffern.

4. Sahne und Käse miteinander verrühren.

5. Käsesahne über das Gemüse gießen.

6. Auf der obersten Schiene im Backofen bei 220 °C ca. 15 Min. überbacken.

Gemüsebratlinge

1 Zwiebel
1 Knoblauchzehe
1 rote Peperoni
250 g Möhren
250 g Zucchini
ca. 5 EL Öl
1/4 l Gemüsebrühe
75 g Hartweizengrieß
1 Ei
Salz, Pfeffer

Garzeit: 15 Min.
Nährwert: 315 kcal, 1323 kJ
8 g E, 22 g F, 21 g KH

Vorbereitung
1. Zwiebel und Knoblauch pellen und würfeln.
2. Peperoni vorbereiten, vgl. S. 42, und fein hacken.
3. Möhren waschen, schälen und fein raspeln.
4. Zucchini waschen, Enden abschneiden und grob raspeln.

Beim Einkaufen mittelgroße Zucchini mit einem Gewicht bis zu 200 g auswählen, da sie am besten schmecken.

Zu den Bratlingen passen ein Joghurtdip, vgl. S. 119, und ein frischer Blattsalat. Die Bratlinge können auch kalt gegessen werden.

Die Bratlinge lassen sich ebenfalls mit anderem Gemüse, z. B. roter und gelber Paprika, zubereiten.
Wenn das Gericht nicht ganz so scharf werden soll, kann die Peperoni weggelassen werden.

Zubereitung Gemüsebratlinge

1. 1 EL Öl in einem Topf erhitzen, Zwiebel, Knoblauchzehe und Peperoni andünsten.

2. Gemüsebrühe angießen und aufkochen lassen.

3. Grieß einrieseln lassen.

4. Grieß unter Rühren bei kleinster Hitze 5 Min. ausquellen lassen.

5. Das Ei unterrühren, dann die Masse halbieren.

6. Unter eine Hälfte die Möhren, unter die andere die Zucchini mischen.

7. Beide Massen salzen und pfeffern und aus jeder 8–10 Bratlinge formen.

8. Jeweils 2 EL Öl in einer Pfanne erhitzen und die Bratlinge in ca. 5 Min. goldbraun braten.

9. Bratlinge auf Küchenpapier abtropfen lassen und ggf. im Ofen warm halten.

Zucchini-Frittata

1 Zwiebel
350 g Zucchini
1 EL Olivenöl
20 g Butter oder Margarine
Salz, Pfeffer
evtl. Chilipulver
6 Eier
60 g Sahne
100 g gemischte Sprossen
Für den Dip
150 g Joghurt
1 EL Dill, tiefgefroren
1 EL Petersilie, tiefgefroren
2 EL Orangensaft
1 Knoblauchzehe, gepresst
Salz, Pfeffer

Garzeit: 20 Min.
Nährwert: 343 kcal, 1441 kJ
19 g E, 26 g F, 8 g KH

Vorbereitung
1. Zwiebel pellen und würfeln.
2. Zucchini waschen, die Enden abschneiden, in Scheiben schneiden.
3. Für den Dip alle Zutaten verrühren und abschmecken.

Italienischer Brokkoli

800 g Brokkoli
1 Knoblauchzehe
50 g Pinien- oder Haselnusskerne
100 g Butter oder Margarine
Saft und Schale von 1 unbehandelten Zitrone
Salz, Pfeffer
50 g frisch gehobelter Parmesan

Garzeit: 10 Min.
Nährwert: 357 kcal, 1499 kJ
13 g E, 31 g F, 5 g KH

Vorbereitung
1. Brokkoli waschen, putzen und in kleine Röschen teilen, in Salzwasser 5 Min. kochen.
2. Knoblauch schälen und fein hacken.
3. Pinien- oder Haselnusskerne in einer Pfanne rösten und hacken.

Zubereitung
1. Butter schmelzen lassen, Knoblauch, Zitronenschale und -saft, Pinien- oder Haselnusskerne zugeben, mit Salz und Pfeffer abschmecken.
2. Gewürzbutter über den abgetropften Brokkoli geben.
3. Mit Parmesan bestreut servieren.

Beides sind Gerichte aus der Mittelmeer-Region. Die Frittata sollte heiß gegessen werden. Man kann sie aber auch auskühlen lassen und in kleine Tortenstücke geschnitten als kalte Vorspeise oder als Picknickgericht servieren. Dazu passt ein frischer Blattsalat.

Die Frittata kann z. B. auch mit Brokkoli, Paprika, Blumenkohl, Champignons oder Spinat hergestellt werden.
In die Butter für den italienischen Blumenkohl kann noch 1 rote, in feine Streifen geschnittene Peperoni gegeben werden.

Die Frittata ist nicht für Personen geeignet, die auf einen niedrigen Cholesteringehalt in der Ernährung achten müssen.

Zubereitung Zucchini-Frittata mit Joghurtdip

1. Zwiebeln in Öl und Butter in einer beschichteten Pfanne glasig dünsten.

2. Zucchini zugeben und kräftig mit Salz, Pfeffer und Chilipulver würzen.

3. Eier und Sahne verquirlen, in die Pfanne gießen, die Zucchini gleichmäßig unterziehen, 15 Min. garen.

4. Sprossen mit kochendem Wasser übergießen.

5. Sprossen auf die Frittata geben.

6. Zucchinifrittata mit Joghurtdip anrichten.

Gemüseschmarren mit Basilikum

100 g Zucchini
200 g rote Paprika
100 g Mais aus der Dose
1 Bund oder Topf Basilikum
3 Eier
150 g Mehl
300 ml Milch
40 g geriebener Parmesan
Salz, Pfeffer
Muskatnuss, gemahlen
1/2 TL Zucker
2 EL Olivenöl
20 g Butter

Garzeit: 30 Min.
Nährwert: 446 kcal, 1873 kJ
17 g E, 25 g F, 37 g KH

🛒 Im Winter kann anstelle des frischen Basilikums auch Pesto (Basilikumzubereitung mit Pinienkernen und Parmesan) verwendet werden, vgl. S. 160.

Vorbereitung
1. Zucchini waschen, Enden abschneiden und fein würfeln.
2. Paprika waschen, entkernen und fein würfeln.
3. Mais abtropfen lassen.
4. Basilikumblätter abzupfen, waschen und in feine Streifen schneiden.
5. Eier trennen.

Zubereitung
1. Für den Teig Mehl, Milch, Parmesan, Eigelb, etwas Salz und Pfeffer sowie Muskatnuss glatt rühren.
2. Teig ca. 10 Min. stehen lassen, damit das Mehl quellen kann.
3. Eiklar von 3 Eiern mit 1/2 TL Zucker steif schlagen.
4. Eischnee unter den Teig ziehen.

⚠️ Die Gemüsesorten können je nach Jahreszeit verändert werden. Im Frühjahr eignen sich z. B. geraspelte Möhren, Frühlingszwiebeln und Kohlrabi.

Blumenkohl mit Käsesoße

1 Blumenkohl
150 g Parmesan, frisch gerieben
1 Bund Schnittlauch, in Röllchen
50 g Butter
50 g Mehl
250 ml Milch
Salz, Pfeffer
Muskatnuss, gerieben

Garzeit: 25 Min.
Nährwert: 400 kcal, 1680 kJ
22 g E, 26 g F, 18 g KH

Vorbereitung
1. Blumenkohl putzen, waschen, in Röschen teilen, vgl. S. 115.

Zubereitung
1. Blumenkohl in 1 l Salzwasser 15 Min. garen, abtropfen lassen.
2. 500 ml des Kochwassers abnehmen.
3. Butter zerlassen, Mehl darin anschwitzen, Kochwasser und Milch angießen, 5 Min. köcheln lassen.
4. Käse und Schnittlauch unterrühren, abschmecken.
5. Über den Blumenkohl gießen.

Zubereitung Gemüseschmarren mit Basilikum

5. Öl in einer beschichteten Pfanne erhitzen.

6. Die Hälfte des Gemüses im Öl 2 Min. andünsten, salzen und pfeffern.

7. Etwas Butter zugeben und mit der Hälfte des Teiges auffüllen.

8. Mit Basilikumstreifen bestreuen und von der Unterseite ca. 6 Min. goldbraun backen.

9. Pfannkuchen vierteln und wenden, die zweite Seite ebenfalls ca. 6 Min. backen.

10. Pfannkuchen mit zwei Gabeln in Stücke reißen und warm stellen, dann 2. Portion ebenso verarbeiten.

GEMÜSE

Schmorgurken-Linsen-Ragout

500 g weiße Champignons
500 g Schmorgurken
1 Bund Dill
4 EL Olivenöl
80 g rote Linsen
100 ml Weißwein
200 ml Gemüsebrühe
100 g Crème fraîche
Salz, Pfeffer

Garzeit: 15 Min.
Nährwert: 299 kcal, 1256 kJ
12 g E, 16 g F, 7 g KH

Vorbereitung
1. Champignons putzen, vgl. S. 45, und in dicke Scheiben schneiden.
2. Gurken schälen, längs halbieren, entkernen und in dicke Scheiben schneiden.
3. Dill waschen und hacken.

🍴 Das Schmorgurken-Linsen-Ragout kann mit Weißbrot oder Bauernbrot, aber auch mit Kartoffeln oder Reis serviert werden. Zu den Linsen in Senfrahm passt gebratenes Fischfilet, z. B. Rotbarschfilet.

⚠️ Statt des Weißweins können auch 100 bzw. 150 ml Gemüsebrühe und 2 EL Essig oder Zitronensaft zugegeben werden.

Linsen in Senfrahm

200 g Möhren
200 g Knollensellerie
150 g Porree
1/2 Bund Dill
60 g Butter oder Margarine
150 g Linsen, z. B. Puy
150 ml Weißwein
450 ml Gemüsebrühe
150 g Crème fraîche
1–2 TL Dijonsenf
1–2 TL grober Senf
1 EL Zitronensaft
Salz, Pfeffer
1 Prise Zucker

Garzeit: 40 Min.
Nährwert: 360 kcal, 1512 kJ
12 g E, 23 g F, 25 g KH

Vorbereitung
1. Möhren und Sellerie waschen, putzen und fein würfeln.
2. Porree waschen, putzen und in Ringe schneiden, vgl. S. 44.
3. Dill waschen und grob hacken.

Zubereitung
1. Butter oder Margarine in einem Topf schmelzen, Möhren, Sellerie und Linsen darin andünsten.
2. Wein und Brühe zugeben und 30–35 Min. kochen lassen.
3. Crème fraîche, Senf und Zitronensaft unterrühren.
4. Mit Salz, Pfeffer und Zucker abschmecken.
5. Porree unter die Linsen rühren, 5 Min. weitergaren, mit Dill abschmecken und servieren.

Linsengemüse

160 g rote Linsen
1 Zwiebel
2–3 Stangen Bleichsellerie
2 Tomaten
1 EL Öl
1 EL Tomatenmark
1 EL Essig
600 ml Gemüsebrühe
100 ml Sahne
Salz, Pfeffer

Garzeit: 20 Min.
Nährwert: 125 kcal, 525 kJ
4 g E, 8 g F, 8 g KH

Vorbereitung
1. Linsen in einem Sieb waschen.
2. Zwiebel pellen und hacken.
3. Bleichsellerie putzen, waschen und in kleine Würfel schneiden.
4. Tomaten waschen, Stielansatz entfernen und würfeln.

Zubereitung
1. Öl erhitzen und die Zwiebel darin andünsten.
2. Tomatenmark zugeben.
3. Mit Essig ablöschen.
4. Gemüsebrühe zugießen und kurz aufkochen.
5. Linsen zugeben und ca. 15 Min. köcheln lassen.
6. Ca. 8 Min. vor Garzeitende die Bleichsellerie- und Tomatenwürfel zugeben.
7. Sahne unterziehen, mit Salz und Pfeffer abschmecken.

Zubereitung Schmorgurken-Linsen-Ragout

1. Champignons in Öl anbraten.

2. Gurken und Linsen zugeben und offen 3–4 Min. garen, bis die Flüssigkeit verdampft ist.

3. Mit Wein und Brühe ablöschen, 8 Min. kochen, Crème fraîche einrühren, salzen, pfeffern und mit Dill bestreuen.

Gefülltes Gemüse

1 Zwiebel
1 Knoblauchzehe
4 Tomaten (ca. 400 g)
Salz, Pfeffer
4 Riesenchampignons (ca. 200 g)
1 Bund Petersilie
100 g Schafskäse
1 großer Zucchino (ca. 250 g)
125 ml Gemüsebrühe
3 EL Olivenöl
125 g Couscous oder Bulgur
1–2 EL Crème fraîche
10–20 g Butter
Fett für die Form

Garzeit: 45 Min.
Nährwert: 333 kcal, 1399 kJ
11 g E, 19 g F, 28 g KH

Vorbereitung
1. Zwiebel und Knoblauch pellen, fein würfeln.
2. Tomaten waschen. Von jeder Tomate einen Deckel abschneiden, Tomate aushöhlen, das Innere leicht salzen.
3. Champignons putzen und die Stiele herausdrehen.
4. Petersilie waschen, trockenschütteln und bis auf 2 Stiele hacken.
5. Schafskäse würfeln.
6. Zucchino waschen und die Enden abschneiden. In 4 Stücke teilen und mit einem Kugelausstecher aushöhlen, dann 2 Min. blanchieren, vgl. S. 53.
7. Das Innere der Tomaten, Pilzstiele und Zucchinofleisch fein hacken.
8. Feuerfeste Form einfetten.

Das Gemüse zusammen mit Baguette servieren.
Wenn die Champignons mit Zitronensaft eingerieben werden, bleiben sie auch nach dem Garen schön hell.

Das Gemüse kann auch mit Hack gefüllt werden. Dafür 400 g Rinderhackfleisch wie für Frikadellen, vgl. S. 164, zubereiten und in das Gemüse füllen. Das Gemüse kann dann ohne Butterflöckchen belegt gebacken werden. Zum Füllen ist fast jedes Gemüse geeignet. Besonders bekannt sind gefüllte Paprikaschoten. Diese werden wie die Tomaten vorbereitet und dann gefüllt.

Couscous ist ein grober Weizengrieß.
Bulgur ist geschroteter Weizen. Er kann anstelle des Couscous verwendet werden und ist in türkischen Geschäften erhältlich.
Wenn beides nicht angeboten wird, können Haferflocken oder gekochter Reis verwendet werden.

Zubereitung Gefülltes Gemüse

1. Brühe und 1 EL Öl aufkochen, Couscous darin 15 Min. gar ziehen lassen.

2. 2 EL Öl in einer Pfanne erhitzen, Zwiebeln, Knoblauch und das gehackte Gemüse kurz braten, salzen.

3. Gemüse mit Couscous, Petersilie und Crème fraîche mischen, 2/3 des Schafskäses unterrühren.

4. Abgeschmeckte Couscous-Masse in das ausgehöhlte Gemüse füllen.

5. Gemüse in die Form setzen, mit Butterflöckchen und Schafskäse bestreuen, 30 Min. bei 160 °C garen.

6. Mit der restlichen Petersilie garniert servieren.

Spinat, gedünstet

800 g–1 kg Spinat
20 g Butter oder Margarine
oder 50 g gewürfelter Speck
1 Knoblauchzehe
Salz

Garzeit: 15 Min.
Nährwert: 105 kcal, 441 kJ
7 g E, 5 g F, 8 g KH

Vorbereitung
1. Spinat verlesen und die groben Stiele entfernen.
2. Spinat so lange waschen, bis kein Sand mehr vorhanden ist, auf einem Durchschlag abtropfen lassen.
3. Knoblauchzehe pellen und fein zerkleinern.

⚠ Mangold kann ebenso zubereitet werden wie Spinat, d. h. gedünstet als Rahmmangold oder überbacken.
Da Mangold erheblich größere Blätter hat, kann er auch zum Einwickeln von Füllungen für Rouladen verwendet werden.

🛒 Obwohl Mangold ähnlich aussieht wie Spinat, gehört er mit seinen fleischigen Blattstielen und zarten Blättern biologisch zu den Rübenarten. Er wird auch als Blattmangold, Schnittmangold, Rippenmangold oder Römischer Kohl bezeichnet.

Rahmspinat

800 g–1 kg Spinat
1 große Zwiebel (100 g)
30 g Butter oder Margarine
1 EL Mehl
1/8 l saure Sahne
Salz, Pfeffer, gemahlene Muskatnuss

Garzeit: 10 Min.
Nährwert: 178 kcal, 748 kJ
8 g E, 10 g F, 13 g KH

Vorbereitung
1./2. Vgl. Vorbereitung für Spinat, gedünstet, in der linken Spalte.
3. Zwiebel pellen und fein würfeln

Zubereitung
1. Spinat in Salzwasser blanchieren und kalt abschrecken.
2. Spinat mit dem Pürierstab pürieren oder mit einem Messer fein hacken.
3. Butter oder Margarine in einem Topf zerlassen und die Zwiebelwürfel darin glasig dünsten.
4. Mehl unterrühren und sofort das Spinatpüree und die saure Sahne zugeben.
5. Kurz köcheln lassen und mit Salz, Pfeffer und Muskatnuss abschmecken.

❗ Spinat enthält Oxalsäure, die Calcium aus dem Körper bindet. Calciumoxalat kann für Menschen mit einer bestimmten Form von Nierensteinen gesundheitsschädlich sein.

Spinat, überbacken

800 g–1 kg Spinat
75 g Semmelbrösel
50 g Butter oder Margarine
Salz, Pfeffer
Fett für die Form

Garzeit: 35 Min.
Nährwert: 226 kcal, 949 kJ
9 g E, 11 g F, 21 g KH

Vorbereitung
1./2. Vgl. Vorbereitung für Spinat, gedünstet, in der linken Spalte.
3. Spinat gut abtropfen lassen und grob hacken.
4. Feuerfeste Form einfetten.

Zubereitung
1. Den Spinat mit Salz und Pfeffer würzen und in der Form verteilen.
2. Backofen auf 200 °C vorheizen.
3. Den Spinat mit den Semmelbröseln bestreuen.
4. Margarine oder Butter in einem Topf zerlassen und über die Semmelbrösel gießen.
5. Auf der obersten Schiene des vorgeheizten Backofens ca. 30 Min. knusprig braun überbacken.

🍽 Spinat sollte nicht wieder aufgewärmt werden, weil er nitratbelastet sein könnte.

Zubereitung Spinat, gedünstet

1. Spinat in kochendem Salzwasser ca. 1 Min. blanchieren und sofort kalt abschrecken.

2. Butter in einer Pfanne zerlassen, mit der Knoblauchzehe würzen.

3. Ausgedrückten Spinat locker dazugeben und unterrühren, in der Butter garen.

GEMÜSE

Rahmpilze

900 g Champignons
oder andere Pilze
1 Knoblauchzehe
1 Bund Schnittlauch
200 ml süße Sahne
200 ml Milch
1 EL Speisestärke
Salz, Pfeffer

Garzeit: 10 Min.
Nährwert: 198 kcal, 832 kJ
8 g E, 18 g F, 5 g KH

Vorbereitung
1. Knoblauchzehe pellen und fein würfeln.
2. Schnittlauch waschen und in kleine Röllchen schneiden.

Statt der Knoblauchzehe können 1–2 Schalotten verwendet werden.

Die Menge ist so berechnet, dass die Rahmpilze zusammen mit Spätzle oder Klößen ein Hauptgericht bilden. Als Beilage reichen 600–700 g Champignons.

Damit die Farbe der weißen Champignons erhalten bleibt, können diese in einer Mehl-Salz-Wasser-Mischung gewaschen werden. Das Salz entfernt durch Reibung den Schmutz, das Mehl bildet einen Schutzfilm um den Pilzkopf. Pilze sind an sich schwer verdaulich und deshalb für Leichte Vollkost nicht geeignet.

Die wichtigsten Pilze, die in der Küche verwendet werden, sind: **Champignons, weiß, Champignons, rosé,** mit intensiverem Geschmack als die weißen und deshalb besonders zur Verwendung für rohe Speisen (Salate) geeignet.

Steinpilze, die sehr intensiv schmecken und besonders gut zu Nudeln passen.

Pfifferlinge, die sehr gut zu Kurzgebratenem und zu Wildgerichten passen und sich hervorragend als Würze für Bratensoßen eignen.

Zubereitung Rahmpilze

1. Pilze putzen, dabei das trockene Ende des Stieles abschneiden.

2. Pilze halbieren oder vierteln, kleine Pilze ganz lassen.

3. Sahne und Milch in einem Topf aufkochen und dabei etwas einkochen lassen (reduzieren).

4. Pilze zugeben, Knoblauch zufügen und ca. 5 Min. köcheln lassen.

5. Mit angerührter Speisestärke binden, vgl. S. 50.

6. Mit Salz und Pfeffer abschmecken, mit Schnittlauchröllchen bestreut servieren.

GEMÜSE

Bohnen im Speckmantel

800 g Brechbohnen
⅛ l Salzwasser
1 Bund Petersilie
8 Scheiben dünn geschnittener durchwachsener Speck oder Schinken
40 g Margarine

Garzeit: 15 Min.
Nährwert: 213 kcal, 895 kJ
4 g E, 19 g F, 5 g KH

Vorbereitung
1. Bohnen waschen und putzen, aber nicht brechen, im Salzwasser garen vgl. S. 114.
2. Bohnen nach dem Garen in 8 gleich große Portionen teilen.
3. Petersilie waschen und hacken.

Schneidebohnen

600 g Schneidebohnen
⅛ l saure Sahne
1 EL Mehl
Bohnenkraut, je nach Geschmack
1 Bund Petersilie
⅛ l Salzwasser
Salz, Pfeffer

Garzeit: 10 Min.
Nährwert: 69 kcal, 290 kJ
2 g E, 3 g F, 7 g KH

Vorbereitung
1. Schneidebohnen waschen und schräg in feine Stücke schneiden.
2. Saure Sahne und Mehl klumpenfrei verrühren.
3. Bohnenkraut und Petersilie waschen.
4. Petersilie hacken, vgl. S. 46.

Eine besondere Bohnensorte sind die Wachsbohnen. Sie haben eine hellgelbe Farbe, ihre Größe entspricht den Brechbohnen. Außerdem gibt es noch „dicke" Bohnen, auch Pferde- oder Saubohnen genannt.

Bohnen gibt es als Brechbohnen und als Schneidebohnen tiefgefroren und in Konserven. Beide Sorten können wie in den Rezepten angegeben zubereitet werden.

Zu den Bohnen im Speckmantel passen besonders gut Lammfilets oder Lammkoteletts.

Bohnen im Speckmantel können auch mit einer dünn geschnittenen Scheibe Parma- oder Serranoschinken umwickelt werden.

Zubereitung Bohnen im Speckmantel

1. Jedes Bohnenbündchen mit 1 Scheibe Speck fest umwickeln.

2. Margarine zerlassen, die Bohnenbündchen goldbraun braten.

3. Mit gehackter Petersilie anrichten.

Zubereitung Schneidebohnen

1. Salzwasser mit Bohnenkraut zum Kochen bringen und die Bohnen 7 Min. darin kochen.

2. Bohnen abgießen, wieder in den Topf geben, Mehl-Saure-Sahne-Gemisch zufügen und aufkochen.

3. Mit Salz und Pfeffer abschmecken und mit Petersilie bestreut servieren.

GEMÜSE

Kohlrouladen

8 große Weißkohl-
oder Wirsingblätter
Für den Hackteig
100 g durchwachsener Speck
¼ l Wasser
1 EL Speisestärke
Salz, Pfeffer
400 g Hackfleisch
4 Zwiebeln
1 Bund Petersilie
1 Ei, Salz, Pfeffer

Garzeit: 30 Min.
Nährwert: 483 kcal, 2029 kJ
38 g E, 31 g F, 11 g KH

Vorbereitung
1. Kohlkopf blanchieren und 8 große Blätter ablösen, dicke Blattrippen flach schneiden.
2. Speck würfeln.
3. Zwiebeln pellen und kochen.
4. Petersilie waschen und hacken.

⚠ Wird z. B. Chinakohl als Rouladenmantel verwendet, kann dieser auch mit einer Reisfüllung, die Ananas und Fischstücke enthält, gefüllt werden.

Aprikosenwirsing

150 g getrocknete Aprikosen
150 ml Aprikosensaft
1 kg Wirsing
1 Bund Frühlingszwiebeln
30 g Butterschmalz
¼ l Gemüsebrühe
Salz, Pfeffer
1 EL Zitronenschale
2–3 EL Zitronensaft
1–2 EL Soßenbinder, hell

Garzeit: 25 Min.
Nährwert: 167 kcal, 701 kJ
6 g E, 6 g F, 21 g KH

Vorbereitung
1. Aprikosen in Streifen schneiden und im Aprikosensaft einmal aufkochen.
2. Wirsing vorbereiten, vgl. S. 43, und in Streifen schneiden.
3. Frühlingszwiebeln vorbereiten, vgl. S. 44, und schräg in Stücke schneiden.

Zubereitung
1. Butterschmalz in einem Topf zerlassen und das Weiße der Frühlingszwiebeln andünsten.
2. Wirsing zugeben, kurz andünsten und mit Brühe ablöschen, bei geschlossenem Topfdeckel ca. 20 Min. schmoren lassen.
3. Das Zwiebelgrün und die Aprikosen mit Saft zugeben,
4. Mit Salz und Pfeffer, Zitronenschale und Zitronensaft abschmecken.
5. Soßenbinder einstreuen, einmal aufkochen lassen und servieren.

🍽 Zu den Kohlrouladen kann Kartoffelpüree gereicht werden. Zum Aprikosenwirsing passen Pell- oder Salzkartoffeln und auch Nudeln, z. B. Penne rigate.
Der Aprikosenwirsing kann außerdem mit Fischfilet, Frikadellen oder einem Steak ergänzt werden.

Zubereitung Kohlrouladen

1. Je zwei Kohlblätter ineinander legen und auf der Arbeitsfläche ausbreiten.

2. Hackteig herstellen, vgl. S. 164, in vier Portionen teilen und auf die Kohlblätter geben.

3. Kohlblätter seitlich über das Hack falten, zusammenrollen.

4. Speck in einem Topf auslassen, Rouladen von allen Seiten darin anbraten.

5. Wasser zugeben und 25 Min. schmoren lassen, Rouladen herausnehmen.

6. Soße mit angerührter Speisestärke binden, abschmecken, Rouladen erneut darin erwärmen.

GEMÜSE

Grünkohl

2 kg Grünkohl, frisch,
oder 800 g Grünkohl, TK
3 Zwiebeln
1/4 l Wasser
20 g Haferflocken
150 g durchwachsener geräucherter
Speck
Salz, Pfeffer
Senf nach Geschmack

Garzeit: 80 Min.
Nährwert: 400 kcal, 1680 kJ
20 g E, 25 g F, 22 g KH

Vorbereitung
1. Frischen Grünkohl waschen und verlesen.
2. Zwiebeln pellen und fein würfeln.

Vorgefertigten Grünkohl gibt es auch als Konserve, tiefgefroren oder frisch.

Zu Grünkohl passen gut Bratkartoffeln, die in Norddeutschland z. T. süß abgeschmeckt werden. Als Fleischbeilage sind Kasseler, Kohlwürste sowie alles gepökelte Fleisch geeignet.

Weißkohl

1,2 kg Weiß- oder Wirsingkohl
5 Zwiebeln
80 g durchwachsener geräucherter Speck
1 Bund Petersilie
2 EL Mehl
1 l Wasser
Salz, Pfeffer

Garzeit: 35 Min.
Nährwert: 190 kcal, 798 kJ
9 g E, 7 g F, 19 g KH

Vorbereitung
1. Kohlkopf waschen, putzen, vierteln, Strunk herausschneiden und Kohl in Streifen schneiden.
2. Zwiebeln pellen und fein würfeln.
3. Speck fein würfeln.
4. Petersilie waschen und hacken.

Zubereitung
Vgl. Phasenfotos Grünkohl.
Statt Haferflocken kurz vor Ende der Garzeit 2 EL Mehl überstäuben.

Sauerkraut

750 g Sauerkraut
2 Zwiebeln
300 g Äpfel
100 g Kartoffeln
40 g Schweineschmalz
1 Lorbeerblatt
2 EL Zucker
Salz, Pfeffer
1/8 l Wasser

Garzeit: 30 Min.
Nährwert: 226 kcal, 949 kJ
4 g E, 11 g F, 27 g KH

Vorbereitung
1. Zwiebeln pellen und würfeln.
2. Äpfel schälen und würfeln.
3. Kartoffeln waschen und schälen.

Zubereitung
1. Schmalz zerlassen, Sauerkraut, Zwiebeln, Äpfel, Lorbeerblatt zufügen.
2. Mit Zucker, Salz und Pfeffer würzen, Wasser hinzufügen.
3. Nach ca. 25 Min. das Lorbeerblatt entfernen und die Kartoffeln zum Binden in das Sauerkraut reiben, umrühren und abschmecken.

Zubereitung Grünkohl

1. Gewaschenen Grünkohl von den dicken Rippen zupfen.

2. Speckscheiben in Streifen schneiden.

3. Speckstreifen würfeln.

4. Speckwürfel auslassen, Zwiebelwürfel zugeben, andünsten.

5. Grünkohl nach und nach zugeben, 15 Min. dünsten. Wasser zugeben, ca. 60 Min. kochen.

6. Kurz vor Ende der Garzeit Haferflocken dazugeben und würzen.

Rotkohl

1,2 kg Rotkohl
40 g Fett, z. B. Geflügelschmalz oder Speck oder Margarine
2 Zwiebeln
3 Gewürznelken
1 Lorbeerblatt
300 g Äpfel, z. B. Boskop
2 EL Essig
1/4 l Wasser
2 EL Zucker
oder 100–150 g Johannisbeergelee

Garzeit: 60 Min.
Nährwert: 234 kcal, 983 kJ, 5 g E, 11 g F, 27 g KH

Vorbereitung
1. Rotkohl waschen.
2. Zwiebeln pellen, eine Zwiebel mit Lorbeerblatt und Nelken spicken, die andere in Stücke schneiden.
3. Äpfel waschen, entkernen und in Spalten schneiden.

Alle Kohlgerichte sind für Menschen, die auf Schonkost angewiesen sind, aufgrund der Blähstoffe nicht geeignet.

Gefüllter Wirsing

1,5 kg Wirsing
6 Tomaten (300 g)
1 Zwiebel
1 Knoblauchzehe
50 g Grünkern, geschrotet
1/4 l Gemüsebrühe
6 EL Öl
2 Eier

Garzeit: 50 Min.
Nährwert: 247 kcal, 1036 kJ, 6 g E, 12 g F, 27 g KH

Vorbereitung
1. Kohlkopf waschen und 5 Min. blanchieren, äußere Kohlblätter (ca. 2 Schichten) entfernen, die Kohlmitte in kleine Stücke schneiden.
2. Tomaten waschen, häuten, vgl. S. 42, und halbieren.
3. Zwiebel und Knoblauch pellen und würfeln.
4. Grünkern in der Gemüsebrühe 15 Min. quellen lassen.

Zubereitung
1. Für die Füllung 4 EL Öl erhitzen, zerkleinerten Kohl, Zwiebeln und Knoblauch darin andünsten.
2. Grünkern untermischen.
3. Eier unterrühren.
4. Äußere Kohlblätter mit Öl bestreichen und die Füllung in das Innere geben, zum Kohlkopf formen.
5. Kohlkopf in eine feuerfeste Form geben, die Tomatenhälften herumlegen.
6. Mit geschlossenem Deckel bei 200 °C ca. 45 Min. garen.

Statt der vegetarischen Füllung kann auch Fleischteig, vgl. S. 42, in die Kohlmitte gegeben werden.

Gefüllten Wirsing mit Salzkartoffeln servieren.
Rotkohl passt zu vielen Rindfleisch-, Schweinefleisch-, Geflügel- und Wildgerichten. Es ist ein typisches Wintergemüse.

Zubereitung Rotkohl

1. Rotkohl vierteln, Strunk keilförmig herausschneiden.

2. Rotkohlviertel in schmale Streifen schneiden.

3. Fett zerlassen. Zwiebel darin andünsten.

4. Geschnittenen Rotkohl und Essig zugeben.

5. Gespickte Zwiebel und Wasser dazugeben. 20 Min. garen lassen.

6. Äpfel zufügen. Ca. 40 Min. garen lassen. Ab und zu umrühren. Mit Zucker oder Johannisbeergelee abschmecken.

KARTOFFELN/KLÖSSE

Salzkartoffeln

1 kg Kartoffeln G
Salz
1/2 l Wasser

Garzeit: 20 Min.
Nährwert: 147 kcal, 617 kJ
4 g E, 4 g F, 32 g KH

Für Gerichte mit Soße eine mehlig kochende Kartoffelsorte und für Salate o. Ä. eine fest kochende Kartoffelsorte verwenden.

Pellkartoffeln

1 kg Kartoffeln G
Salz
1/2 l Wasser

Garzeit: 20 Min.
Nährwert: 147 kcal, 617 kJ
4 g E, 5 g F, 32 g KH

Kartoffeln müssen an einem kühlen, dunklen Platz gelagert werden, damit sie nicht auskeimen. Grüne Stellen und Keimlinge müssen unbedingt entfernt werden, denn sie enthalten das giftige Solanin.

Sour Cream

200 g Quark, 20 % Fett
200 g Crème fraîche
60 g gehackte Kräuter
Salz, Pfeffer, Paprika

Nährwert: 134 kcal, 563 kJ
8 g E, 7 g F, 4 g KH

Zubereitung
1. Alle Zutaten miteinander vermischen und abschmecken.

Die Sour Cream passt gut zu Pellkartoffeln oder Folienkartoffeln. Pellkartoffeln mit Sour Cream können außerdem mit 1–2 Scheiben rohen Schinken ergänzt werden.

Zubereitung Salzkartoffeln

1. Gewaschene Kartoffeln mit dem Sparschäler oder Messer schälen und waschen.

2. Bei unterschiedlichen Kartoffeln die größten halbieren.

3. Kartoffeln in einen Topf geben, Wasser und etwas Salz hinzufügen.

4. Zugedeckt zum Kochen bringen, ca. 20 Min. kochen.

5. Kartoffeln zur Garprobe mit einem Messer einstechen.

6. Das Wasser abgießen und die Kartoffeln abdämpfen.

Zubereitung Pellkartoffeln

1. Unter fließendem kalten Wasser gründlich waschen.

2. Mit Wasser und Salz zum Kochen bringen. 20–25 Min. kochen lassen.

3. Kartoffeln kurz im Topf abdämpfen. Kartoffeln gepellt oder mit Schale servieren.

KARTOFFELN/KLÖSSE

Folienkartoffeln

4 große oder 8 kleinere Kartoffeln
Aluminiumfolie, in ca. 15 x 15 cm
große Quadrate geschnitten
Salz
Dressing nach Wahl

Garzeit: 60 Min.
Nährwert: 147 kcal, 617 kJ
4 g E, 5 g F, 32 g KH

Bratkartoffeln

1,3 kg Pellkartoffeln,
vorwiegend fest kochend
30 g Margarine, Butter, Öl
oder Butterschmalz
2 Zwiebeln
Salz, Pfeffer
Thymian oder Majoran

Garzeit: 15 Min.
Nährwert: 445 kcal, 1825 kJ
9 g E, 21 g F, 50 g KH

Vorbereitung
1. Zwiebeln pellen, in Ringe schneiden.
2. Gekochte Kartoffeln pellen, in Scheiben schneiden.

Bauernfrühstück

1 kg Pellkartoffeln
2 Zwiebeln
150 g roher Schinken
oder magerer Frühstücksspeck
4 Gewürzgurken
6 Eier
6 EL Milch
Salz, Pfeffer
40–50 g Bratfett, z. B. Butterschmalz

Garzeit: 20 Min.
Nährwert: 596 kcal, 2503 kJ
23 g E, 34 g F, 42 g KH

Vorbereitung
1. Kartoffeln pellen und in Scheiben schneiden.
2. Zwiebeln pellen und würfeln.
3. Schinken oder Speck in Würfel schneiden.
4. Gewürzgurken längs vierteln.
5. Eier und Milch verquirlen, mit Salz und Pfeffer würzen.

Zubereitung
1. Bratfett in einer Pfanne erhitzen.
2. Kartoffelscheiben von allen Seiten anbraten.
3. Zwiebeln hinzufügen und mitbraten.
4. Schinken untermischen.
5. Eiermilch darüber gießen und stocken lassen.
6. Wie ein Omelett, vgl. S. 203, aus der Pfanne auf den Teller gleiten lassen, dabei zur Hälfte übereinander klappen.
7. Mit den Gewürzgurkenvierteln anrichten.

❗ Um die Garzeit von Folienkartoffeln zu verringern, können diese vor dem Einwickeln in Alufolie 10 Min. als Pellkartoffeln angekocht werden.

Zubereitung Folienkartoffeln

1. Kartoffeln einwickeln. Folie einstechen, ca. 1 Std. bei 250 °C backen.

2. Folie öffnen und die Kartoffeln kreuzweise einschneiden.

3. Jede Kartoffel nach unten etwas zusammendrücken, beliebig füllen und würzen.

Zubereitung Bratkartoffeln

1. Fett erhitzen, Kartoffeln bei mittlerer Hitze 8–10 Min. braten, dann wenden.

2. Die Zwiebeln hinzufügen und mitbraten, bis sie goldgelb sind.

3. Mit Salz, frischem Pfeffer und etwas Thymian oder Majoran würzen.

KARTOFFELN/KLÖSSE

Kartoffelgratin

800 g Kartoffeln
1 Knoblauchzehe, gepellt
1/8 l Milch
1/8 l Schlagsahne
Salz, Pfeffer
30 g Butter
Muskatnuss, gemahlen
100 g geriebener Hartkäse

Garzeit: 60 Min.
Nährwert: 390 kcal, 1638 kJ
13 g E, 22 g F, 34 g KH

Vorbereitung
1. Kartoffeln schälen, in dünne Scheiben schneiden und 1 Min. blanchieren.

Kartoffelpüree

1 kg Kartoffeln
50 g Butter
1/4 l Milch
Salz, Pfeffer
Muskatnuss, gemahlen

Garzeit: 20 Min.
Nährwert: 278 kcal, 1166 kJ
6 g E, 13 g F, 35 g KH

Vorbereitung
1. Kartoffeln schälen.

 Die Kartoffeln für das Gratin können teilweise durch Gemüsescheiben, wie z. B. Zucchini oder Möhren, ersetzt werden.

Kräuterkartoffelpüree
Unter das Kartoffelpüree 1 Paket tiefgefrorene, gemischte Kräuter mischen.

Erbsenkartoffelpüree
Unter das Kartoffelpüree 250 g tiefgefrorene, pürierte Erbsen mischen.

Tomatenkartoffelpüree
Unter das Kartoffelpüree 2–3 gehäutete und gewürfelte Fleischtomaten mischen.

Zubereitung Kartoffelgratin

1. Eine feuerfeste Form mit der Knoblauchzehe ausreiben und mit 1 TL Butter ausstreichen.

2. Die in dünne Scheiben geschnittenen Kartoffeln fächerartig in der Form anrichten.

3. Jede Schicht mit Salz und wenig Pfeffer würzen.

4. Milch und Sahne vermischen und über die Kartoffeln gießen.

5. Mit Muskatnuss würzen und mit Käse bestreuen.

6. Im Backofen bei 200 °C in ca. 60 Min. goldbraun backen

Zubereitung Kartoffelpüree

1. Kartoffeln kochen und heiß durch eine Kartoffelpresse drücken.

2. Milch erhitzen und nach und nach unter die Kartoffelmasse rühren.

3. Weiche Butter unterrühren, mit Salz, Pfeffer, Muskat und einer Prise Zucker würzen.

KARTOFFELN/KLÖSSE

Kartoffelpuffer

1 kg Kartoffeln
2 Zwiebeln
2 Eier
1 TL Salz
Pfeffer
Fett zum Braten

Garzeit: 6 Min.
Nährwert: 432 kcal, 1814 kJ
10 g E, 53 g F, 27 g KH

Vorbereitung
1. Kartoffeln waschen und schälen.
2. Zwiebeln pellen und fein würfeln.

Für Kartoffelpuffer gibt es verschiedene Convenience-Angebote: Trockenprodukte, Teig aus dem Kühlregal oder fertige, tiefgefrorene Puffer.

Möhrenpuffer

500 g Kartoffeln
500 g Möhren
1 Bund glatte Petersilie
80 g Cashew- oder Haselnusskerne
3 Eier
3 EL süße Sahne
1/2 TL Cumin (Kreuzkümmel)
1/2 TL Koriander, gemahlen
Fett zum Braten

Garzeit: 10 Min.
Nährwert: 463 kcal, 1944 kJ
12 g E, 48 g F, 31 g KH

Vorbereitung
1. Kartoffeln waschen und schälen.
2. Möhren waschen und schälen.
3. Petersilie waschen und hacken.
4. Nusskerne in der Pfanne anrösten und hacken.

Zubereitung
1. Kartoffeln und Möhren raspeln.
2. Eier und Sahne untermischen.
3. Gewürze, Petersilie, Cashew- oder Haselnusskerne untermischen, abschmecken.
4. Puffer backen, vgl. Phasenfotos 4–6 für Kartoffelpuffer.

Kartoffelpuffer können süß und salzig gegessen werden. Süß werden sie häufig mit Zucker und Apfelmus serviert, salzig mit Dips oder mit frischen Salaten. Sie werden besonders kross, wenn sie aus vorwiegend fest kochenden Kartoffeln hergestellt werden.

Durch den relativ hohen Fettgehalt sind Kartoffelpuffer für Gallenkranke nicht geeignet, ggf. muss zum Braten ein bestimmtes Fett verwendet werden, z. B. mit kurzkettigen Fettsäuren wie Butterschmalz. Nach dem Braten die Puffer auf Haushaltspapier legen, damit das Fett aufgesaugt wird.

Die Puffer können mit weiteren Gemüsesorten, wie z. B. Zucchini ergänzt oder verändert werden.

Zubereitung Kartoffelpuffer

1. Kartoffeln reiben.

2. Zwiebeln untermischen.

3. Eier unterrühren, salzen und pfeffern.

4. Bratfett erhitzen und je nach gewünschter Größe 1–2 EL Teig in die Pfanne geben.

5. Teig zu dünnen Fladen drücken.

6. Von beiden Seiten je ca. 4–6 Min. goldbraun braten.

KARTOFFELN/KLÖSSE

Ofenkartoffeln

1 kg kleine Kartoffeln
3 EL Öl
2 EL Sesam
1 TL Paprikapulver, edelsüß
Für den Quarkdip
500 g Speisequark (20 % Fett i. Tr.)
150 ml Milch
Salz
Hefewürzextrakt
1 EL Kürbiskernöl
1/2 TL Zitronensaft
Zum Garnieren
1 Beet Kresse
5 Radieschen
1 EL Kürbiskerne

Garzeit: 35 Min.
Nährwert: 497 kcal, 2087 kJ
21 g E, 25 g F, 43 g KH

Vorbereitung
1. Kartoffeln unter fließendem Wasser gut abbürsten.
2. Kartoffeln längs halbieren oder in Spalten schneiden.
3. Für die Garnitur Kresse vom Beet schneiden.
4. Radieschen waschen und in feine Scheiben schneiden.

Zubereitung
1. Öl, Sesam und Paprikapulver mit den Kartoffelhälften vermengen.
2. Kartoffeln auf ein Blech legen.
3. Im heißen Ofen bei 200 °C 30–35 Min. backen.
4. Für den Dip Quark mit der Milch verrühren.
5. Mit Salz, Hefewürzextrakt, Kürbiskernöl und Zitronensaft abschmecken.
6. Quark in eine Servierschüssel füllen.
7. Kresse, Radieschenscheiben und Kürbiskerne überstreuen.
8. Kartoffeln mit dem Quark zusammen servieren.

! Der Fettgehalt des Quarkdips kann durch die Verwendung von Magerquark herabgesetzt werden.

Besonders kleine Kartoffeln heißen auch „Drillinge". Eine fest kochende Sorte sollte bevorzugt werden.
Harissa ist eine tunesische Gewürzmischung, die aus Chili- und Paprikaschoten besteht. Anstelle von Harissa kann auch eine Mischung aus Chili- und Paprikapulver verwendet werden.

Anstelle des selbst hergestellten Quarkdips kann ein Fertigprodukt genommen werden. Die Gewürze lassen sich durch eine fertige Gewürzmischung ersetzen.

Im Quarkdip können die Kürbiskerne durch Sonnenblumenkerne, die Radieschen durch feinste Ringe von Frühlingszwiebeln und die Kresse durch gehackte Petersilie oder Schnittlauchringe ersetzt werden.
Die Chilikartoffeln werden zu **Pfefferkartoffeln**, wenn das Chili durch geschroteten, gewürzten Pfeffer ersetzt wird.
Für **Kümmelkartoffeln** wird anstelle des Chilis Kümmel zum Wälzen der Kartoffeln verwendet. Diese Kartoffeln passen sehr gut zu Sauerkraut oder Weißkohl.

Chilikartoffeln

800 g kleine Kartoffeln
Salz
4 EL Olivenöl
1 TL Chiliflocken (Harissa)
1 EL abgeriebene Zitronenschale
1 Knoblauchzehe
1/2 Bund Petersilie

Garzeit: 10 Min.
Nährwert: 273 kcal, 1147 kJ
4 g E, 15 g F, 29 g KH

Vorbereitung
1. Kartoffeln unter fließendem Wasser gut abbürsten.
2. Kartoffeln in Salzwasser 15 Min. kochen, abschrecken und pellen.
3. Knoblauch pellen und fein würfeln.
4. Petersilie waschen und hacken.

Zubereitung
1. Öl in einer Pfanne erhitzen.
2. Kartoffeln darin 8–10 Min. goldbraun rösten.
3. Chiliflocken, Zitronenschale, Knoblauch und Petersilie zu den Kartoffeln geben.
4. Mit Salz würzen und weitere 2 Min. schwenken.

Zu den Chilikartoffeln passt sehr gut eine Sourcream, vgl. S. 134, die mit 1 Bund Schnittlauch zubereitet wird.
Die Chilikartoffeln sollten mit einem frischen Salat oder gedünstetem Gemüse ergänzt werden.

Ofenkartoffel mit Quarkdip

KARTOFFELN/KLÖSSE

Gratinierte Kartoffeln

4 Stück große, mehlig kochende Kartoffeln
100 g geräucherter Speck
100 g Emmentaler
1 Bund Schnittlauch
2 Eigelb
1 EL Dickmilch oder Joghurt
50 g weiche Butter
Salz, Pfeffer

Garzeit: 30 Min., davon 15 Min. Kochzeit für die Kartoffeln
Nährwert: 422 kcal, 1772 KJ
18 g E, 28 g F, 22 g KH

Vorbereitung
1. Kartoffeln unter fließendem Wasser gut abbürsten.
2. Kartoffeln 15 Min. in Salzwasser kochen, halbieren.
3. Speck in feine Würfel schneiden.
4. Käse reiben.
5. Schnittlauch waschen und in feine Röllchen schneiden.

Kartoffelspieße

8 kleine Kartoffeln
16 kleine Tomaten (Kirschtomaten oder größere halbierte Tomaten)
16 Brokkoliröschen (400 g)
1 TL Oregano
1 TL Thymian
Salz, Pfeffer
4 Holzspieße (Schaschlikspieße)

Garzeit: 35 Min., davon 15 Min. Kochzeit für die Kartoffeln
Nährwert: 383 kcal, 1609 KJ
14 g E, 24 g F, 26 g KH

Vorbereitung
1. Kartoffeln waschen und ca. 15 Min. kochen, je nach Größe halbieren oder vierteln.
2. Tomaten waschen und abtrocknen.
3. Brokkoliröschen waschen, putzen und 3 Min. blanchieren, vgl. S. 43.

Zubereitung
1. Auf jeden Spieß Kartoffelstücke, Tomate und Brokkoliröschen abwechselnd aufspießen.
2. Spieße mit Oregano, Thymian, Salz und Pfeffer würzen.
3. Kartoffelspieße im Backofen ca. 15 Min. grillen.

Käse kann fertig gerieben gekauft werden. Zur Aufbewahrung von geriebenem Käse sollte eine luftdurchlässige Folie verwendet werden.

Die Ofenkartoffeln und die Spieße sollten durch einen frischen Salat und die Ofenkartoffeln zusätzlich noch mit gedünstetem Gemüse ergänzt werden.

Für die Ofenkartoffeln können statt der großen Kartoffeln auch sehr kleine verwendet werden, die sich dann auch als Fingerfood oder Vorspeise eignen.

Zubereitung Gratinierte Kartoffeln

1. Kartoffelhälften mit einem Teelöffel oder Melonenausstecher aushöhlen.

2. Ausgehöhlte Kartoffelmasse mit dem Eigelb und der Dickmilch oder dem Joghurt verrühren.

3. Butter, geriebenen Käse und Speckwürfel unter die Masse rühren, mit Pfeffer würzen.

4. Kartoffelmasse in die Kartoffeln füllen.

5. Bei 220 °C im Ofen goldbraun gratinieren.

6. Mit Schnittlauchröllchen überstreuen und servieren.

KARTOFFELN/KLÖSSE

Röstis

1 kg Kartoffeln, vorwiegend fest kochend
50 g Butterschmalz
Salz, Pfeffer

Garzeit: 10 Min.
Nährwert: 395 kcal, 1659 kJ
4 g E, 5 g F, 32 g KH

Vorbereitung
1. Kartoffeln waschen und schälen.

🍽 Röstis können als Beilage oder als Grundlage z. B. mit Pilzsoße gegessen werden.

Kartoffelplätzchen

350 g Kartoffeln
2 Eigelb
Salz
Muskatnuss, gemahlen
60 g durchwachsener Speck
2 Zwiebeln
2 EL gehackte, tiefgefrorene Petersilie
Fett zum Braten

Garzeit: 8 Min.
Nährwert: 180 kcal, 756 kJ
4 g E, 10 g F, 17 g KH

Vorbereitung
1. Den Speck würfeln.
2. Zwiebeln pellen und würfeln.

Zubereitung
1. Kartoffeln als Salzkartoffeln kochen, vgl. S. 134.
2. Kartoffeln durch eine Presse geben.

⚠ Statt der frischen Kartoffeln kann ein Paket Kartoffelplätzchenmischung verwendet werden. Die Flüssigkeitsmenge nach der Packungsangabe zugeben.

Zubereitung Röstis

1. Kartoffeln grob raspeln. In einem Sieb abtropfen lassen.

2. 1 EL Fett bei mittlerer Hitze in einer Pfanne schmelzen.

3. Abgetropfte Kartoffelraspeln ins heiße Fett schütten.

4. Etwas zusammendrücken, knusprig braun braten, salzen, pfeffern.

5. Mit einem Bratenwender umdrehen.

6. Ränder mit dem Bratenwender andrücken. Röstis zum Servieren aus der Pfanne nehmen.

Zubereitung Kartoffelplätzchen

1. Speck ausbraten und Zwiebeln darin glasig dünsten.

2. Fett abgießen, Speck mit den Zwiebeln, der Petersilie und dem Eigelb unter die Masse rühren.

3. Plätzchen formen, anbraten und bei mittlerer Hitze goldbraun braten.

KARTOFFELN/KLÖSSE

Kartoffelecken mit Dip

750 g Kartoffeln
Salz
2 EL Öl
½ TL Chilipulver
Für den Dip
½ Bund Koriander
1 Knoblauchzehe
150 g Vollmilchjoghurt
je 2 Prisen Kurkuma, Cumin
1 EL Crème fraîche
1 EL Limetten- oder Zitronensaft
1 Messerspitze Chilipulver
Salz, Pfeffer

Garzeit: 15 Min.
Nährwert: 308 kcal, 1294 kJ
8 g E, 9 g F, 47 g KH

Vorbereitung
1. Kartoffeln gründlich waschen, abbürsten.
2. Für den Dip Koriander waschen, trockentupfen und die Blättchen abzupfen, hacken.
3. Knoblauch pellen.

Cumin ist die türkische Bezeichnung für Kreuzkümmel. Beim Einkauf findet man beide Bezeichnungen.

Es können auch tiefgefrorene Kartoffelecken (-wedges) verwendet werden.

Zu den Kartoffelecken können verschiedene Dips gereicht werden. Als Ergänzung passt ein frischer Salat.

Zubereitung Kartoffelecken mit Dip

1. Kartoffeln in der Schale der Länge nach achteln. Im kochenden Salzwasser 5 Min. garen.

2. Joghurt, Kurkuma, Cumin, Crème fraîche, Limetten- oder Zitronensaft und Chilipulver verrühren.

3. Gehackte Korianderblättchen untermischen.

4. Knoblauch dazupressen, mit Salz und Pfeffer abschmecken.

5. Kartoffelspalten nach dem Garen in ein Sieb gießen und abtropfen lassen.

6. Öl mit Chilipulver, 1 TL Salz und Pfeffer mischen.

7. Kartoffeln mit der Marinade mischen. Im Backofen bei 200 °C 4–5 Min. backen oder 5 Min. grillen.

8. Kartoffeln vorsichtig wenden. Wiederum 4–5 Min. backen oder 5 Min. grillen.

9. Kartoffelecken zusammen mit dem Dip servieren.

KARTOFFELN/KLÖSSE

Kartoffelgulasch

600 g Kartoffeln
3 Eier
4 Wiener Würstchen (400 g)
1 Beet Kresse
40 g Butter
30 g Mehl
250 ml Gemüsebrühe
125 ml Kartoffelwasser
125 ml Sahne
1 EL gehackter Majoran oder Oregano
Salz, Pfeffer
1–2 TL Zucker
1–2 TL abgeriebene Zitronenschale
1–2 EL Zitronensaft

Garzeit: 30 Min., davon 20 Min. Kochzeit für die Kartoffeln
Nährwert: 654 Kcal, 2747 kJ
24 g E, 49 g F, 29 g KH

Vorbereitung
1. Kartoffeln waschen, schälen, vierteln, in Salzwasser garen. Das Kochwasser beim Abgießen auffangen.
2. Eier hart kochen, zwei hacken und eins in Scheiben schneiden.
3. Würstchen in Scheiben schneiden.
4. Kresse abschneiden.

Kartoffelauflauf

800 g kleine Kartoffeln, mehlig kochend
1 Knoblauchzehe
6 EL Olivenöl
1 EL Paprikapulver, edelsüß
1–2 Zweige Rosmarin oder 1 EL getrockneter Rosmarin
400 g Flaschentomaten
120 g Frühlingszwiebeln
125 g Camembert, 45 % Fett i.Tr.
1 EL Weißweinessig
Salz, Pfeffer
60 g schwarze entsteinte Oliven

Garzeit: 30 Min.
Nährwert: 539 Kcal, 2264 kJ
14 g E, 38 g F, 34 g KH

Vorbereitung
1. Kartoffeln waschen, gut abbürsten und längs halbieren.
2. Knoblauch pellen und pressen.
3. 4 EL Öl mit Paprikapulver und Knoblauch verrühren.
4. Kartoffeln in der Ölmischung wälzen.
5. Frischen Rosmarin waschen und fein hacken.
6. Tomaten waschen und grob würfeln.
7. Frühlingszwiebeln waschen und in feine Ringe schneiden, vgl. S. 44.
8. Camembert in Scheiben schneiden.

Zubereitung
1. Kartoffeln mit Salz und Pfeffer würzen und mit der Schnittfläche nach oben in eine Auflaufform setzen.
2. Im heißen Backofen bei 220 °C ca. 15–20 Min. backen.
3. Rosmarin 2 Min. vor dem Backzeitende überstreuen.
4. Tomaten und Frühlingszwiebeln mit 2 EL Öl und Weißweinessig vermengen, mit Salz und Pfeffer würzen.
5. Tomaten-Frühlingszwiebel-Mischung auf den Kartoffeln verteilen.
6. Mit Camembert belegen.
7. Mit Oliven bestreuen.
8. Im Ofen bei 220° 6–8 Min. gratinieren.

🍽 Der Auflauf sollte mit einem frischen Blattsalat oder einem Tomatensalat ergänzt werden.

⚠ Statt Camembert können zum Überbacken auch andere Käsesorten wie z. B. Mozzarella, geriebener Emmentaler oder Gouda verwendet werden.

🧴 Für den Auflauf können auch tiefgefrorene Kartoffelscheiben verwendet werden.

Zubereitung Kartoffelgulasch

1. Aus Butter, Mehl, Brühe, Kartoffelwasser und Sahne eine helle Soße zubereiten, vgl. S. 72.

2. Soße würzen, mit Zitrone abschmecken, Würstchen, Kartoffeln und gehackte Eier vorsichtig unterziehen.

3. Das Ragout mit Eischeiben und Kresse garnieren.

KARTOFFELN/KLÖSSE

Kartoffel-Gemüsepfanne

400 g kleine Kartoffeln
200 g Tofu
2 Stangen Porree
150 g Schafskäse
2 EL Öl
Salz, grober Pfeffer
1 EL Rosmarinnadeln
¼ l Gemüsebrühe
100 g Kidneybohnen aus der Dose
Koriander, gemahlen

Garzeit: 25 Min.
Nährwert: 303 kcal, 1273 kJ
16 g E, 17 g F, 20 g KH

Vorbereitung
1. Kartoffeln gründlich waschen und schälen.
2. Tofu in ca. 1 cm große Würfel schneiden.
3. Porree waschen, putzen, vgl. S. 44, in Ringe schneiden.
4. Schafskäse würfeln.

🍽 Zu der Kartoffel-Gemüsepfanne passt ein frischer Salat.

⚠ Die Kartoffel-Gemüsepfanne lässt sich auch mit anderen Gemüsesorten wie Paprika und Tomaten oder Zucchini und Auberginen oder Möhren herstellen. Wer keinen Tofu mag, kann die Kartoffelpfanne z. B. mit angebratenem Rinderhack oder in Streifen geschnittenem Schnitzelfleisch herstellen.

❗ Die Kartoffel-Gemüsepfanne sollte für Menschen, die Magenschonkost essen sollen, ohne Kidneybohnen hergestellt werden.

Schmorkartoffeln

800 g Kartoffeln
1 Zwiebel
1 Knoblauchzehe
200 g Kirschtomaten
½ Bund Basilikum
30 g Butterschmalz
250 ml Brühe
Salz, Pfeffer

Garzeit: 15 Min.
Nährwert: 244 kcal, 1025 kJ
7 g E, 8 g F, 34 g KH

Vorbereitung
1. Kartoffeln waschen, schälen und würfeln.
2. Zwiebel und Knoblauchzehe pellen und würfeln.
3. Tomaten waschen, halbieren.
4. Basilikum waschen und hacken.

Zubereitung
1. Butterschmalz erhitzen und die Kartoffelwürfel darin anbraten.
2. Zwiebel und Knoblauch zugeben.
3. Brühe angießen und alles 10 Min. schmoren lassen.
4. Tomaten und Basilikum unter die Kartoffeln rühren, abschmecken.

Zubereitung Kartoffel-Gemüsepfanne

1. Öl in einer Pfanne erhitzen, Kartoffeln unter häufigem Wenden 25 Min. knusprig braten.

2. Salzen und pfeffern, Rosmarinnadeln überstreuen.

3. Tofu nach 15 Min. Bratzeit zu den Kartoffeln geben.

4. Porree 5 Min. vor Ende der Garzeit zugeben und mitbraten, Brühe angießen.

5. Kidneybohnen und Schafskäse unter die Kartoffelpfanne heben.

6. Mit Salz, Pfeffer und Koriander kräftig würzen.

KARTOFFELN/KLÖSSE

Kartoffeltaschen

400 g Kartoffeln, mehlig kochend
2 Eigelb
40 g weiche Butter oder Margarine
40 g Hartweizengrieß
200 g Weizenmehl
Salz, Pfeffer
Muskatnuss, frisch gerieben
20 g Butter oder Margarine zum Braten
1 Eiklar zum Bestreichen
20 g Mandelblättchen zum Bestreuen
Für die Füllung
3 Bund Rucola (150 g)
400 g Schichtkäse oder Quark, 20 % Fett i. Tr.
4 Eigelb
Salz, Pfeffer
Muskatnuss, frisch gerieben

Garzeit: 30 Min., davon 20 Min. Kochzeit für die Kartoffeln
Nährwert: 683 kcal, 2869 kJ
29 g E, 35 g F, 60 g KH

Vorbereitung

1. Kartoffeln waschen und als Pellkartoffeln bissfest kochen, pellen und durch die Kartoffelpresse drücken.
2. Die heiße Masse mit allen übrigen Teigzutaten verkneten und ca. 15 Min. bei Zimmertemperatur ruhen lassen.
3. Mandelblättchen in einer Pfanne rösten.
4. Für die Füllung Rucola waschen und die dicken Stiele entfernen, grob hacken.

⚠ Anstelle des selbst herzustellenden Kartoffelteiges können fertiger Kartoffelkloßteig, der mit etwas weniger Wasser, jedoch zusätzlich mit 2 Eigelb und 40 g Butter oder Margarine angemischt wird, oder Blätterteig bzw. Knack- und Backteig verwendet werden. Rucola kann durch feine Porreeringe oder geraspelte Möhren ersetzt werden.

Kartoffeltaschen-Dip

1 Zwiebel, gepellt, gewürfelt
2 Knoblauchzehen, gepellt, gehackt
500 g rote Paprikaschoten, gewürfelt
2 EL Olivenöl
150 ml passierte Tomaten
Salz, Cayennepfeffer, Paprikapulver

Garzeit: 15 Min.
Nährwert: 50 kcal, 210 kJ
2 g E, 0 g F, 8 g KH

Zubereitung

1. Öl in einer Pfanne erhitzen.
2. Zwiebel und Knoblauch zugeben, andünsten.
3. Paprika darin glasig dünsten.
4. Passierte Tomaten untermischen und 10 Min. zugedeckt dünsten.
5. Soße mit dem Mixer pürieren und abschmecken.

🍽 Zu den Kartoffeltaschen sollte ein frischer Salat serviert werden, vgl. S. 92.

✳✳✳✳ Die Kartoffeltaschen lassen sich gut tiefgefrieren.

Zubereitung Kartoffeltaschen

1. Für die Füllung Schichtkäse mit Eigelb verrühren, Rucola untermischen, würzen.

2. Teig auf bemehlter Fläche dünn ausrollen. Kreise von 10 cm Ø ausstechen.

3. Ränder mit verquirltem Eiklar bestreichen. Auf eine Hälfte des Kartoffelplätzchens je 1 EL Füllung geben.

4. Die andere Hälfte darüber schlagen und fest andrücken.

5. Kartoffeltaschen portionsweise in reichlich Salzwasser 6–8 Min. kochen, gut abtropfen lassen.

6. 20 g Butter oder Margarine in einer Pfanne zerlassen, die Taschen darin goldgelb braten. Spritzgefahr!

Gnocchi mit Gorgonzolasoße

1 kg Kartoffeln, mehlig kochend
220–250 g Mehl
Salz
evtl. 50 g geriebener Parmesan
Für die Soße
1 Zwiebel
1 Knoblauchzehe
5 Stiele Salbei
200 g Gorgonzola
2–3 EL Olivenöl
350 g Sahne
Salz, Pfeffer

Garzeit: 25 Min., davon 20 Min. Kochzeit für die Kartoffeln
Nährwert: 934 kcal, 3923 kJ
24 g E, 54 g F, 86 g KH

Vorbereitung
1. Kartoffeln als Pellkartoffeln 20 Min. kochen, vgl. S. 134, pellen.
2. Für die Soße Zwiebel und Knoblauchzehe pellen und beides fein hacken.
3. Salbei waschen und die Blätter trocknen.
4. Gorgonzola in kleine Stücke schneiden.

Die Gnocchi lassen sich mit einem frischen Salat ergänzen.
Der hohe Fettgehalt der Speise sollte im Laufe des Tages bei der Zusammenstellung der anderen Gerichte ausgeglichen werden. Der Fettgehalt kann verringert werden, indem die Hälfte der Sahne durch Milch ersetzt wird.

Statt Gnocchi selbst herzustellen, können fertige Gnocchi verwendet werden.

Zubereitung Gnocchi mit Gorgonzolasoße

1. Kartoffeln nach dem Pellen sofort durch eine Kartoffelpresse drücken.

2. Kartoffelpüree leicht salzen und abkühlen lassen, Mehl darunter kneten, bis der Teig nicht mehr klebt.

3. Aus dem Kartoffelteig fingerdicke Rollen formen.

4. Rollen in Stücke schneiden und mit dem Gabelrücken etwas eindrücken, 15 Min. ruhen lassen.

5. Für die Soße Öl in einem Topf erwärmen und Salbeiblätter darin knusprig braten, herausnehmen.

6. Zwiebel und Knoblauch im Salbeiöl glasig dünsten, Gorgonzolawürfel hineingeben.

7. Sahne unter Rühren langsam dazugießen, bis der Gorgonzola geschmolzen ist, salzen, pfeffern.

8. Gnocchi in kochendem Salzwasser 5 Min. sieden, bis sie an die Oberfläche kommen, herausnehmen.

9. Gnocchi mit der Soße zusammen anrichten, mit Salbeiblättern garnieren.

Thüringer Kartoffelklöße

1 Paket Kartoffelkloßmischung, halb und halb
1 Brötchen oder 2 Scheiben Weißbrot
1 EL Öl
Flüssigkeit nach Packungsangabe
1½ l Salzwasser zum Garziehen

Garzeit: 15 Min.
Nährwert: 596 kcal, 2503 kJ
9 g E, 7 g F, 43 g KH

Zubereitung
1. Kartoffelteig nach Anweisung zubereiten.
2. Brötchen oder Weißbrot in kleine Würfel schneiden und im Öl anrösten.

Für Klöße gibt es ein umfangreiches Angebot an Fertigprodukten:
- als Pulver mit Wasser anzumischen,
- als tiefgefrorene Klöße, die noch gegart werden müssen, oder
- als Trockenprodukt im Kochbeutel

Kartoffelklöße, halb und halb

1 Paket Kartoffelkloßmischung
Flüssigkeit nach Packungsangabe
1 Bund Petersilie
1½ l Salzwasser zum Garziehen

Garzeit: 15 Min.
Nährwert: 124 kcal, 509 kJ
7 g E, 3 g F, 48 g KH

Vorbereitung
1. Petersilie waschen und hacken.

Zubereitung
1. Kartoffelteig nach Anweisung zubereiten, dabei die gehackte Petersilie unterarbeiten.
2. Klöße formen und garen.

Kartoffelklöße der verschiedenen Geschmacksrichtungen sind abwechslungsreiche Beilagen. Besonders gut schmecken sie zu Sauerkraut, Rotkohl und Sauerbraten.
Kartoffelklöße können ergänzt mit einem frischen Salat und z. B. Bologneser Soße, vgl. S. 74, als Hauptgericht serviert werden.
In Scheiben geschnitten lassen sich Reste von Kartoffelklößen in der Pfanne aufbacken.

**** Die Klöße sind tiefgefriergeeignet und können deshalb gut auf Vorrat zubereitet werden.

Kartoffelklöße, bayerisch

1,5 kg Kartoffeln, mehlig kochend
1 Ei
knapp ⅛ l heiße Milch
100 g Semmelmehl
Salz, Pfeffer
2 Scheiben Weißbrot (ca. 40 g)
20 g Schweineschmalz

Garzeit: 35 Min., davon 20 Min. Kochzeit für die Kartoffeln
Nährwert: 460 kcal, 1932 kJ
80 g KH, 8 g F, 14 g E

Vorbereitung
1. 500 g Kartoffeln als Pellkartoffeln kochen.
2. 1 kg Kartoffeln waschen und schälen.
3. Weißbrot in Würfel schneiden und im heißen Schmalz anrösten.

Zubereitung
1. 1 kg Kartoffeln reiben und gut ausdrücken, Pellkartoffeln pellen, durch eine Presse geben, zufügen.
2. Ei, Milch, Semmelmehl und Gewürze untermischen.
3. Hände bemehlen, Klöße formen, jeweils in die Mitte zwei Weißbrotwürfel geben, vgl. Phasenfoto 3.
4. Klöße gar ziehen lassen, vgl. Phasenfotos 4 und 5.

Zubereitung Thüringer Kartoffelklöße

3. Klöße formen, dabei jeweils in die Kloßmitte zwei Brotwürfel geben.

4. Klöße vorsichtig in siedendes Salzwasser gleiten lassen, 15 Min. gar ziehen lassen.

5. Klöße mit einer Schaumkelle herausnehmen.

KARTOFFELN/KLÖSSE

Semmelknödel

500 g trockene Brötchen
100 g geräucherter, durchwachsener Speck
~~1~~ Zwiebel 2
1 Bd. Schnittlauch
Salz, Pfeffer
~~2~~ Eier 3-4
ca. 4 l Wasser
~~3/8~~ l Milch 500 ml

Garzeit: 20 Min.
Nährwert: 594 kcal, 2495 kJ
75 g KH, 22 g F, 18 g E

Vorbereitung
1. Brötchen und Speck würfeln.
2. Zwiebel pellen und würfeln.
3. Schnittlauch waschen und in Röllchen schneiden.
4. 4 l Wasser in einen großen Topf geben und leicht salzen.
5. Milch erwärmen. Mit der Zubereitung etwa 40 Min. vor dem Essen beginnen.

Grünkernknödel

250 g Grünkern (grob geschrotet)
1/2 l Wasser
2 Lorbeerblätter
1 Gemüsebrühwürfel
1 TL Selleriesalz
2 Eier
1 TL Senf
Pfeffer
1 TL Paprikapulver
4 TL gerebelter Majoran
2 Knoblauchzehen, gepresst
1 EL Sojasoße
Zum Servieren
Geriebener Käse und zerlassene Butter

Garzeit: 25 Min., davon 15 Min. Quellzeit für den Grünkern
Nährwert: 317 kcal, 1331 kJ
44 g KH, 9 g F, 11 g E

Zubereitung
1. Grünkernschrot mit Wasser, Lorbeerblättern, Brühwürfel und Selleriesalz aufkochen, 15 Min. quellen lassen.
2. Unter die ausgekühlte Masse alle anderen Zutaten rühren.
3. Knödel formen.
4. Knödel in kochendes Salzwasser geben und 10 Min. gar ziehen lassen.
5. Knödel gut abgetropft auf einer Platte anrichten, mit geriebenem Käse und zerlassener Butter servieren.

> Aus der Knödelmasse zuerst einen Probeknödel formen und ins heiße Wasser geben. Wenn er auseinander fällt: etwas Mehl oder Semmelmehl zum Festigen unter die Knödelmasse mischen.

 Besonders beliebt sind Semmelknödel zu gedünsteten Pilzen sowie zu Fleischgerichten mit reichlich Soße.
Kleine Grünkernknödel eignen sich auch als Suppeneinlage.

Zubereitung Semmelknödel

1. Brotwürfel 5 Min. in 3/8 l lauwarmer Milch einweichen.

2. Speck ausbraten, Zwiebelwürfel zugeben und glasig werden lassen.

3. Abtropfen lassen (durch zu viel Fett können die Knödel zerfallen).

4. Eier, Schnittlauch, Speck und Zwiebelwürfel zur Knödelmasse geben.

5. Miteinander verkneten und würzen, pfirsichgroße Knödel formen.

6. In heißem, nicht kochendem Wasser 15–20 Min. gar ziehen lassen.

REIS/GETREIDE

Quellreis

250 g Langkornreis
oder Kochbeutelreis
½ l Wasser
½ TL Salz

Garzeit: 20 Min.
Nährwert: 270 kcal, 1132 kJ
5 g E, 6 g F, 47 g KH

Quellreis ist die einfachste Form, Reis als Beilage zuzubereiten. Er schmeckt sehr neutral und muss entweder eine kräftige Beilage erhalten oder mit anderen Zutaten vermischt werden. Butterreis ist weniger klebrig als Quellreis, weil die Stärke des Reiskorns außen kalt abgespült wird, sodass er nicht weitergaren kann. Das Schwenken in Butter gibt dem Reis einen feinen Geschmack.

Butterreis

250 g Langkornreis
1 l Wasser
1 TL Salz
40 g Butter

Garzeit: 20 Min.
Nährwert: 295 kcal, 1234 kJ
4 g E, 9 g F, 49 g KH

Unter den Reis können verschiedene Zutaten gemischt werden:

Porreescheiben (ca. 100 g), in Butter gedünstet, unterheben.

Kräuter (1 Bund), frisch gehackt, untermischen.

Geräucherten Speck (ca. 80 g) fein würfeln, anbraten, zu dem Reis geben.

Erbsen (ca. 150 g) mit dem gekochten Reis vermengen.

Pilaw

300 g Langkornreis
100 g Lauch
1 Knoblauchzehe, zerdrückt
1 Zwiebel, fein gewürfelt
30 g Butter oder Margarine
¾ l Brühe
Salz

Garzeit: 25 Min.
Nährwert: 394 kcal, 1656 kJ
8 g E, 8 g F, 72 g KH

Vorbereitung
1. Lauch putzen, waschen, vgl. S. 44, und in Ringe schneiden.

Zubereitung
1. Reis waschen, auf ein Sieb geben und abtropfen lassen.
2. Knoblauch, Zwiebel und Lauch in 10 g Butter/Margarine andünsten.
3. Reis zugeben, in ca. 2 Min. glasig werden lassen.
4. Mit Brühe auffüllen, mit Salz zum Kochen bringen.
5. Deckel auflegen, Reis ca. 15 Min. quellen lassen.
6. Restliche Butter zugeben, mit dem Reis vermischen.

Zubereitung Quellreis

1. Reis, Salz, Wasser zum Kochen bringen, 5 Min. kochen lassen.

2. Reis im geschlossenen Topf ohne Energiezufuhr ca. 10–15 Min. quellen lassen.

3. Reis umrühren und servieren.

Zubereitung Butterreis

1. Salzwasser zum Kochen bringen, Reis zugeben, umrühren, ca. 20 Min. köcheln lassen.

2. Reis auf einen Durchschlag geben und mit kaltem Wasser abspülen, Reis abtropfen lassen.

3. Butter in einem Topf zerlassen, den Reis darin schwenken und erhitzen.

REIS/GETREIDE

Risotto

400 g Risottoreis
oder Rundkornreis
2 Zwiebeln
1 Knoblauchzehe
80 g Parmesan
50 g Butter oder Margarine
oder 5 EL Olivenöl
1 l Brühe
ca. ½ TL Salz

Garzeit: 25 Min.
Nährwert: 596 kcal, 2503 kJ
15 g E, 25 g F, 86 g KH

Vorbereitung
1. Zwiebeln und Knoblauch pellen und fein würfeln.
2. Parmesan hobeln.

Risotto lässt sich beliebig variieren und mit angedünstetem Gemüse zum **Pilzrisotto, Spargelrisotto** oder **Kräuterrisotto** ergänzen. Dafür vom Grundrezept ausgehen und 200–250 g vorbereitetes oder tiefgefrorenes Gemüse zugeben.
Für ein **Risotto mit Frühlingsgemüse** werden 250 g grüne Spargelstücke, 4 Möhren, in Stücken, und 100 g Zuckerschoten zugegeben.
Für ein **Risotto mit Tomaten** und Oliven werden 500 g abgezogene, gewürfelte Tomaten, 2 gewürfelte Zwiebeln, 2 in Scheiben geschnittene Knoblauchzehen und 50 g halbierte, entsteinte Oliven zum Risotto-Rezept gegeben.
Das Gemüse wird vor der Zugabe kurz blanchiert.

Risotto mit Zitrone

400 g Risottoreis
200 g Möhren
2 Stangen Staudensellerie
50 g Ingwerwurzel
3 Zitronen oder Limetten
1 Bund Petersilie
2 EL Olivenöl
1 l Brühe
1 TL schwarze Senfkörner
2 EL Kokosraspel
¼ TL Kurkuma
2 Nelken

Garzeit: 25 Min.
Nährwert: 602 kcal, 2527 kJ
15 g E, 15 g F, 101 g KH

Vorbereitung
1. Möhren schälen, waschen und grob raspeln.
2. Staudensellerie putzen, waschen, und in feinste Ringe schneiden, vgl. S. 44.
3. Ingwerwurzel schälen und fein raspeln, vgl. S. 44.
4. 2 Zitronen oder Limetten auspressen.
5. 1 Zitrone oder Limette filetieren, vgl. S. 46.
6. Petersilie waschen und hacken.

Der Risotto mit Zitrone kann dem eigenen Geschmack angepasst werden, indem z. B. Nelken und/oder Ingwer ersatzlos gestrichen werden.

Zubereitung
1.–2. Vgl. Phasenfotos für den Risotto, jedoch die Zwiebeln und den Knoblauch weglassen und stattdessen die Senfkörner, die Kokosraspel, das Kurkuma und die Nelken hinzufügen, Brühe angießen.
3. Kurz vor Ende der Garzeit das Gemüse zugeben, umrühren und 5 Min. mitgaren lassen.
4. Zitronen- oder Limettensaft und Ingwer vorsichtig unterziehen und abschmecken.
5. Mit Petersilie und der filetierten Limette oder Zitrone servieren.

Für Risotto wird ein spezieller Reis verwendet. Geeignet ist nur der italienische Rundkornreis, der auf der Oberfläche einen Stärkefilm besitzt. Dieser Stärkefilm macht den Risotto sämig.
Zu den geeignetsten und besten Sorten zählen:
- Arborio
- Vialone nano
- Carnaroli

Risotto ist sowohl ein Hauptgericht als auch eine sättigende Beilage für einen frischen Salat und ggf. ein Stück kurz gebratenes Fleisch oder ein Fischfilet. Zu dem Risotto mit Zitrone passt besonders gut Geflügelfleisch.

Zubereitung Risotto

1. 2 EL Öl oder 30 g Butter oder Margarine im Topf zerlassen, Zwiebeln, Knoblauch und Reis 4 Min. andünsten.

2. Ca. ⅛ l der Brühe mit Salz zugießen und immer nachgießen, wenn die Flüssigkeit aufgenommen wurde.

3. Nach 15–20 Min. Quellzeit das restliche Fett und den Parmesan zugeben, abschmecken.

REIS/GETREIDE

Pikante Reispfanne

250 g Reis, z. B. Naturreis, parboiled Reis
1/2 l Gemüsebrühe
2 Zwiebeln
50 g eingelegte getrocknete Tomaten
150 g mittelalter Gouda
50 g ganze geschälte Mandeln
50 g Rucola
2 EL Öl
Salz, Pfeffer

Garzeit: 30 Min., davon 15–20 Min. Kochzeit für den Reis
Nährwert: 480 kcal, 2020 kJ, 8 g E, 13 g F, 52 g KH

Vorbereitung
1. Zwiebeln pellen und würfeln.
2. Tomaten abtropfen lassen und würfeln.
3. Käse würfeln.
4. Mandeln grob hacken.
5. Rucola waschen, dicke Stiele entfernen und in Stücke zupfen.

Kräftig gewürzte, getrocknete Tomaten werden besonders gern zur Geschmacksverstärkung verwendet. Der intensive Geschmack entsteht dadurch, dass die sonnengereiften Tomaten zum Teil an der Sonne getrocknet werden. Es gibt sie getrocknet und außerdem in Öl und Gewürzen eingelegt. Letztere sind weicher und lassen sich leichter verarbeiten. Man kann die Tomaten solo als Antipasti (Vorspeise) essen oder in Salate oder Soßen für Nudeln schneiden.

Zu der pikanten Reispfanne passt ein frischer Blattsalat. Reste der Reispfanne können vermischt mit einer Vinaigrette, vgl. S. 112, oder einer mit Joghurt verlängerten Mayonnaise als Salat gegessen werden.

Die Reispfanne ist gut für leichte Vollkost geeignet.

Kantonreis

200 g Basmatireis
Salz, Pfeffer
2 EL Öl
6 Frühlingszwiebeln, in Ringen
2 Knoblauchzehen, gehackt
120 g Bambus- oder Sojasprossen
150 g Erbsen, tiefgefroren
4 EL helle Sojasoße

Garzeit: 30 Min., davon 15–20 Min. Kochzeit für den Reis
Nährwert: 296 kcal, 1243 kJ, 9 g E, 8 g F, 47 g KH

Zubereitung
1. Reis in Salzwasser gar kochen, vgl. S. 148.
2. Öl in einer Pfanne erhitzen.
3. Frühlingszwiebeln und Knoblauch darin anbraten.
4. Sprossen und Erbsen hinzufügen, 5 Min. garen.
5. Reis unterheben.
6. Mit Sojasoße vermischen und abschmecken.

Zubereitung Pikante Reispfanne

1. Reis in der Brühe je nach Sorte 15–20 Min. gar kochen, in einem Sieb abgießen.

2. Öl in einer Pfanne erhitzen, Zwiebeln darin kurz anbraten.

3. Reis zu den Zwiebeln geben und leicht anbraten, salzen und pfeffern.

4. Tomaten und Käse unterheben.

5. Rucola dazugeben, kurz erwärmen.

6. Mit Mandeln bestreut servieren.

REIS / GETREIDE

Reis mit Ratatouille

250 g Langkornreis
1/2 TL Salz
1/2 l Wasser
1 kleine Aubergine (200 g)
1 Zucchino (150 g)
je 1 gelbe und rote Paprikaschote (je 100 g)
2 Zwiebeln
1 kleine Fenchelknolle (200 g)
2 Knoblauchzehen
4 EL Olivenöl
1 EL getrocknete Kräuter der Provence
Salz, Pfeffer
375 g passierte Tomaten
1/8 l trockener Weißwein oder Brühe

Garzeit: 50 Min., davon 35 Min. Kochzeit für den Reis
Garzeit: 431 kcal, 1812 kJ
8 g E, 16 g F, 58 g KH

Vorbereitung
1. Reis abspülen.
2. Aubergine waschen und in 1/4-Scheiben schneiden.
3. Zucchino waschen, die Enden abschneiden und dann in Stifte schneiden, vgl. S. 43.
4. Paprika waschen, putzen, vgl. S. 42, und in schmale Stifte schneiden.
5. Zwiebeln pellen und würfeln.
6. Fenchel waschen und in kleine Stücke schneiden.
7. Knoblauchzehen pellen.

🍽 Zu dem Reis mit Ratatouille passen am besten Lammkoteletts, vgl. S. 177. Das Gericht kann aber auch ohne Fleischbeilage als vegetarisches Hauptgericht serviert werden.

⚠ Als Besonderheit kann dieses Gericht mit „rotem Reis" aus der Camargue (Frankreich) zubereitet werden.

🧴 Der Handel bietet tiefgefrorenes Gemüse in der Zusammensetzung einer Ratatouille an, sodass die vorbereitenden Arbeiten für das Gemüse entfallen können.

Reispfanne mit Entenbrust

2 Entenbrüste je 200 g
Salz, Pfeffer
1 Lauchstange, in Ringen
2 Möhren, gestiftelt
1 kl. Dose Ananas in Stücken
2 EL Olivenöl
1 EL geriebener Ingwer
400 g gekochter Langkornreis (heiß)
100 ml Hühnerbrühe
evtl. 3 EL Sherry oder Sojasoße

Garzeit: 20 Min.
Garzeit: 484 kcal, 2033 kJ
22 g E, 22 g F, 43 g KH

Zubereitung
1. Entenbrüste salzen und pfeffern.
2. Öl erhitzen und die Entenbrüste von beiden Seiten je 5 Min. braten.
3. Entenbrüste für 10 Min. in den Backofen bei 180 °C schieben.
4. Gemüse, Ingwer und abgetropfte Ananas unter den Reis mischen und mit Hühnerbrühe und evtl. Sherry oder Sojasoße abschmecken.
5. Entenbrust in dünne Scheiben schneiden, unter den Reis mischen.

Zubereitung Reis mit Ratatouille

1. Reis in Salzwasser ca. 35 Min. kochen.

2. 2 EL Öl in einem Topf erhitzen.

3. Zwiebeln und Auberginen darin bei mittlerer Hitze anbraten.

4. 2 EL Öl zufügen und die Knoblauchzehen dazupressen.

5. Zucchini-, Paprikastifte und Fenchel zufügen, kurz mitbraten, Kräuter, Salz und Pfeffer zugeben.

6. Tomaten, Wein oder Brühe angießen, abschmecken und zusammen mit dem Reis servieren.

Hähnchenreispfanne

200 g Langkornreis
1/2 l Wasser
Salz, Pfeffer
100 g durchwachsener Speck
500 g Champignons
2 rote Paprikaschoten
500 g Hähnchenbrustfilet
2 EL Öl
100 ml Gemüsebrühe
1 TL Butter
1 TL Currypulver

Garzeit: 30 Min., davon
15–20 Min. Kochzeit für den Reis
Nährwert: 510 kcal, 2141 kJ
41 g E, 19 g F, 44 g KH

Vorbereitung
1. Speck klein würfeln.
2. Champignons abreiben, putzen und in Scheiben schneiden.
3. Paprikaschoten waschen, vorbereiten und in Streifen schneiden.
4. Fleisch waschen, mit Küchenpapier trocknen, in mundgerechte Stücke schneiden.

Fried Rice

300 g Langkornreis
3/4 l Wasser
Salz, Pfeffer
400 g mageres Rind- oder Schweinefleisch, in Streifen
125 g Frühlingszwiebeln
2 EL Öl
3 Eier
Für die Marinade
2 Knoblauchzehen
4 EL Sojasoße
2 EL Öl

Garzeit: 40 Min., davon
15–20 Min. Kochzeit für den Reis
Nährwert: 579 kcal, 2433 kJ
44 g E, 23 g F, 61 g KH

Vorbereitung
1. Aus den angegebenen Zutaten eine Marinade mischen und das Fleisch darin 1 Stunde ziehen lassen.
2. Frühlingszwiebeln in Ringe schneiden, vgl. S. 44.

Zubereitung
1. Reis in Salzwasser gar kochen, vgl. S. 148.
2. Öl in einer Pfanne erhitzen.
3. Das marinierte, abgetropfte Fleisch zugeben und kräftig anbraten.
4. Gekochten Reis zugeben.
5. Frühlingszwiebeln untermischen und den Rest der Marinade zugeben, 5 Min. dünsten.
6. Eier unterrühren und ca. 2 Min. stocken lassen, abschmecken.

Statt des frischen Gemüses kann für die Hähnchenreispfanne auch tiefgefrorenes Gemüse verwendet werden.

Die Reispfanne ist ein leichtes Mittagessen. Reste können mit einem Dressing vermischt als Salat serviert werden.

Der Speck kann in der Reispfanne durch zwei zusätzliche Esslöffel Öl ersetzt werden.

Zubereitung Hähnchenreispfanne

1. Reis in Salzwasser gar kochen, in einem Sieb abtropfen lassen.

2. Öl in einer Pfanne erhitzen, Fleisch zusammen mit dem Speck knusprig braten, pfeffern.

3. Gemüsebrühe angießen.

4. Paprika zugeben und 5 Min. mitdünsten, Champignons zugeben.

5. Butter in einem Topf schmelzen, Curry anrösten und den Reis dazugeben.

6. Curryreis zu der Fleisch-Gemüse-Mischung geben und vermischen.

REIS/GETREIDE

Grünkern

300 g Grünkern
1/2 l Wasser
1/2 TL Salz

Garzeit: 40 Min.
Nährwert: 263 kcal, 1103 kJ
9 g E, 2 g F, 52 g KH

Zubereitung
Vgl. Phasenfotos.

Gerste

200 g Gerste
1/2 l Wasser
1/2 TL Salz

Garzeit: 50 Min.
Nährwert: 170 kcal, 715 kJ,
6 g E, 1 g F, 36 g KH

Zubereitung
Vgl. Phasenfotos.

Indonesische Gerste

1 Grundrezept Gerste, gekocht
250 g Brokkoli
1 TL Kräutersalz
1 EL Öl
4 Tomaten, ca. 300 g
1 Knoblauchzehe
30 g Mandelsplitter
20 g Butter
1/8 l Gemüsebrühe
ca. 2 TL Curry
80 g geriebener Käse

Garzeit: 25 Min.
Nährwert: 393 kcal, 1650 kJ
14 g E, 19 g F, 42 g KH

Vorbereitung
1. Brokkoli vorbereiten, vgl. S. 43.
2. Tomaten waschen, Stielansatz entfernen und vierteln.
3. Knoblauch pellen, durchpressen.
4. Mandelsplitter in Butter anrösten.

Zubereitung
1. Brokkoli mit Kräutersalz in ca. 1/4 l Wasser weich dünsten, in Röschen teilen.

Grünkernbratlinge

1/2 Grundrezept gekochter Grünkern
1 Zwiebel
1 Bund glatte Petersilie
80 g Käse, z. B. Emmentaler
1 EL Mehl
3 EL feine Haferflocken
75 g gemahlene Haselnusskerne
1 TL Salz
2 Eier
4 EL Öl

Garzeit: 12 Min.
Nährwert: 406 kcal, 1704 kJ
13 g E, 37 g F, 18 g KH

Vorbereitung
1. Zwiebel pellen und fein würfeln.
2. Petersilie waschen und hacken.
3. Käse reiben.

Zubereitung
1. Zwiebel, Mehl, Haferflocken, Haselnüsse, Petersilie, Salz, Käse und Eier unter den Grünkern mischen.
2. Flache Bratlinge formen und im heißen Öl von beiden Seiten ca. 10–12 Min. braten.

Zubereitung Getreide

1. Wasser mit Salz zum Kochen bringen.

2. Getreide hineinstreuen und aufkochen.

3. 10 Min. kochen, dann je nach Sorte ausquellen lassen.

Zubereitung Indonesische Gerste

2. Öl erhitzen, Brokkoliröschen, Tomatenviertel, Knoblauch dazugeben, mit der Gemüsebrühe auffüllen.

3. Curry und geriebenen Käse zufügen, ca. 5 Min. garen.

4. Alles mit der Gerste vermischen, abschmecken und mit Mandelsplittern anrichten.

Polentaspinatschnitten

400 g Blattspinat, tiefgefroren
2 Knoblauchzehen
140 g Gorgonzola
Salz, Pfeffer
Fett für das Backblech
Für die Polenta
200 g Polenta
0,8 l Wasser
1 EL Butter
4 Eigelb

Vorbereitung
1. Spinat kurz andünsten.
2. Knoblauchzehen pellen und fein würfeln.
3. Gorgonzola in 16 Stücke schneiden.

⚠ Polenta kann in allen Rezepten durch groben Weizengrieß ersetzt werden und umgekehrt.
Für **Polentakäseschnitten** können die Rauten statt mit der Käse-Spinat-Mischung mit Parmesan und Butterflöckchen belegt und überbacken werden.
Eine andere Variante sind die **Polentasalbeischnitten**. Hierfür die Polentarauten in eine Form legen, 3 EL Olivenöl und 2 EL Butter erhitzen, 5 gehackte Salbeiblätter und eine gehackte Knoblauchzehe darin anbraten und über die Polenta geben.
Bei 200 °C 15 Min. überbacken und als Abendessen servieren.

Garzeit: 30 Min., davon 20 Min. Quellzeit für die Polenta
Nährwert: 355 kcal, 1490 kJ
16 g E, 17 g F, 34 g KH

🧴 Polenta wird auch als Polenta-Fix angeboten, bei der die Quellzeit um 2/3 verkürzt ist.

🍽 Polentaschnitten ohne Spinat sind als Beilage für einen frischen Salat oder als Beilage für Geschnetzeltes und Gulasch geeignet. Sie können auch kalt als Vorspeise gegessen werden.

Gefüllte Polentaschnitten

2 Polentarezepte, vgl. links
200 g Gouda, in Scheiben
1 EL Mehl
1 Ei
2–3 EL Paniermehl
20 g Butter oder Margarine

Garzeit: 35 Min., davon 20 Min. Quellzeit für die Polenta
Nährwert: 362 kcal, 1519 kJ
18 g E, 19 g F, 30 g KH

Zubereitung
1. Polentamasse verstreichen, vgl. Phasenfoto 3.
2. Die verstrichene und abgekühlte Polentamasse in 16 gleich große Stücke schneiden.
3. Jeweils ein Polentastück mit Käse belegen und ein zweites Stück Polenta darauf legen.
4. Die Schnitten in Mehl, Ei und Paniermehl panieren.
5. In einer Pfanne Butter oder Margarine erhitzen und die Schnitten knusprig braten.

Zubereitung Polentaspinatschnitten

1. Wasser mit etwas Salz und Butter zum Kochen bringen, Polenta einrieseln lassen und 5 Min. kochen.

2. Ca. 20 Min. ausquellen lassen, Eigelbe nach und nach unterrühren.

3. Die Polentamasse in eine mit Klarsichtfolie ausgelegte Form (oder auf 1/2 Backblech) streichen.

4. Spinat mit dem Knoblauch, der Hälfte Gorgonzola, Salz und Pfeffer verrühren.

5. Polenta stürzen, in Rauten schneiden und auf das Backblech legen.

6. Spinat und den restlichen Gorgonzola darauf verteilen, 5 Min. grillen.

REIS/GETREIDE

Couscous mit Zucchini

150 g Instant-Couscous (Weizengrütze)
1 TL getrocknete Minze
150 ml Gemüsebrühe
2 EL Zitronensaft
3–4 EL Pinienkerne
600 g Zucchini
400 g Tomaten
1/2 Bund Thymian
2 EL Olivenöl
Salz, frisch gemahlener Pfeffer
Für den Avocado-Joghurt
1 Zwiebel
1 reife Avocado (ca. 200 g)
1 Zitrone
200 g Magerjoghurt
2–3 EL Mineralwasser
Salz, Cayennepfeffer oder Tabasco

Garzeit: 10 Min.
Nährwert: 311 kcal, 1307 kJ
9 g E, 12 g F, 40 g KH

Vorbereitung
1. Couscous und Minze in eine Schüssel geben und mit der Brühe und 1 EL Zitronensaft begießen.
2. Ausquellen lassen.
3. Pinienkerne in einer Pfanne rösten.
4. Zucchini waschen und die Enden abschneiden, in Scheiben schneiden.
5. Tomaten waschen, häuten, vgl. S. 42, und in dicke Scheiben schneiden.
6. Thymian waschen, Blätter abzupfen.
7. Für den Joghurt Zwiebel pellen und fein würfeln.
8. Avocado halbieren und entkernen.
9. Fruchtfleisch aus den Hälften mit einem Löffel herauslösen.
10. Zitrone auspressen.

Wenn keine getrocknete Minze vorhanden ist, kann ein Beutel Pfefferminztee aufgeschnitten und die Minze verwendet werden.

Der Couscous kann warm oder kalt als Salat gegessen werden.

Couscous wird aus Weizengrieß hergestellt. Anstelle von Couscous ist es auch möglich Bulgur (etwas gröbere Weizengrütze) zu verwenden.
Wenn kein Instant-Couscous, sondern normaler Couscous genommen wird, muss dieser mit etwas mehr Gemüsebrühe ca. 20 Min. kochen und ausquellen.

Zubereitung Couscous mit Zucchini und Avocado-Joghurt

1. Olivenöl in einer Pfanne erhitzen.

2. Zucchini im Öl 5 Min. goldbraun braten, mit Thymianblättchen bestreuen, salzen und pfeffern.

3. Zucchini, Tomaten, Pinienkerne, Couscous mischen, mit Salz, Pfeffer und 1 EL Zitronensaft abschmecken.

4. Avocadofleisch mit einer Gabel zerdrücken oder einen Stabmixer verwenden, Zitronensaft zufügen.

5. Joghurt, Mineralwasser und Zwiebel unterrühren.

6. Mit Salz und Cayennepfeffer bzw. Tabasco abschmecken und den Joghurt zu dem Couscous reichen.

TEIGWAREN

Kochen von Nudeln

300 g Nudeln, z. B. Spaghetti
1½ l Wasser
1½–2 TL Salz

Garzeit: 8–10 Min.
Nährwert: 312 kcal, 1310 kJ
10 g E, 7 g F, 45 g KH

❗ Nudeln werden immer in Salzwasser gekocht. Auf 1 l Wasser wird 1 TL Salz gegeben. Die Menge des Wassers beträgt mindestens das Fünffache des Nudelgewichts. Damit die Nudeln nicht zusammenkleben, kann etwas Öl ins Kochwasser gegeben oder unter die fertigen Nudeln gemischt werden.

🍽 Nudeln in allen Angebotsvarianten schmecken pur als Beilage zu Gulasch oder mit verschiedenen Soßen, z. B. Gorgonzolasoße, vgl. S. 73, Hackfleischsoße, vgl. S. 74, Tomatensoße, vgl. S. 75, oder Pesto, vgl. S. 160.

Spätzle, hausgemacht

500 g Mehl
5 Eier
1 TL Salz
200 ml warmes Wasser

Garzeit: 5 Min.
Nährwert: 525 kcal, 2206 kJ
20 g E, 8 g F, 91 g KH

Zubereitung
1. Mehl, Eier, Salz und Wasser in eine Schüssel füllen.
2. Mit dem Knethaken des Handrührgerätes zu einem glatten geschmeidigen Teig verkneten.
3. Teig durch ein Spätzlesieb in kochendes Salzwasser pressen.
4. Spätzle kochen, bis sie an die Wasseroberfläche steigen.
5. Mit einer Schaumkelle die Spätzle herausnehmen.

⚠ Spätzle können auch mit warmem Sauerkraut vermischt als Krautspätzle serviert werden.

Käsespätzle, pikant

400 g Spätzle, Trockenprodukt oder Kühlprodukt
200 g Käse, z. B. Emmentaler
3 Zwiebeln (150 g)
50 g Butter

Garzeit: 8–10 Min.
Nährwert: 818 kcal, 3436 kJ
28 g E, 30 g F, 94 g KH

Vorbereitung
1. Käse reiben.
2. Zwiebeln pellen, halbieren und in Scheiben schneiden.

Zubereitung
1. Salzwasser zum Kochen bringen und die Spätzle nach Anweisung kochen, abgießen.
2. Butter zerlassen und Zwiebeln darin glasig dünsten.
3. Spätzle in einer Schüssel mit dem Käse vermischen.
4. Zwiebeln darüber verteilen und servieren.

Zubereitung Spaghetti (Vollkornspaghetti)

1. Spaghetti in 1½ l kochendes Salzwasser geben.

2. Umrühren, damit sie nicht zusammenkleben, ca. 8–10 Min. kochen.

3. Garprobe machen. Die Nudel muss bissfest sein.

4. Spaghetti in ein Sieb oder einen Durchschlag schütten.

5. Abgetropft in eine Schüssel geben.

6. Mit einer Spaghettizange oder 2 Löffeln oder Löffel und Gabel oder Salatbesteck servieren.

Pasta mit Champignons

500 g Pasta, z. B. Spaghetti
250 g Champignons
1/2 Bund Basilikum
100 g junger Gouda
2 EL Öl
Salz, Pfeffer
200 g Sahne

Garzeit: 20 Min.
Nährwert: 740 kcal, 3108 kJ
20 g E, 29 g F, 63 g KH

Vorbereitung
1. Champignons putzen und in Scheiben schneiden.
2. Basilikum waschen und die Blättchen in feine Streifen schneiden.
3. Gouda reiben.

Zubereitung
1. Spaghetti kochen, vgl. S. 156.

Zu den Spaghettigerichten passt jeweils ein gemischter Blattsalat.
Reste von Spaghetti können mit etwas Olivenöl in einer Pfanne aufgebraten werden. Darüber 2 mit Milch verquirlte Eier gießen und stocken lassen.
Übrig gebliebene Nudeln eignen sich auch als Basis für einen Nudelsalat, z. B. mit gewürfeltem, gekochtem Schinken, Erbsen und Mayonnaise.

Spaghetti alla napolitana

400 g Spaghetti oder andere Pasta
800 g Tomaten
3 Frühlingszwiebeln
2 Knoblauchzehen
1/2 Bund Basilikum
40 g Parmesan
2 EL Olivenöl
2 EL Tomatenmark
2 EL Aceto balsamico
oder 2 TL Essig und 3 TL Wasser
ca. 200 ml Gemüsebrühe
Salz, Pfeffer
1 Prise Zucker

Garzeit: 25 Min.
Nährwert: 506 kcal, 2125 kJ
18 g E, 13 g F, 80 g KH

Vorbereitung
1. Tomaten häuten, entkernen, vgl. S. 42, und klein schneiden.
2. Frühlingszwiebeln putzen und in Ringe schneiden, vgl. S. 44.
3. Knoblauch pellen und hacken.
4. Basilikum waschen und die Blättchen in feine Streifen schneiden, einige zum Garnieren zurücklassen.
5. Käse reiben.

Zubereitung
1. Spaghetti bissfest kochen, vgl. S. 156.
2. Öl in einem Topf erhitzen, Frühlingszwiebeln und Knoblauch kurz darin andünsten.
3. Tomaten hinzufügen und Tomatenmark unterrühren.
4. Mit Aceto balsamico oder Essig ablöschen und die Brühe zugießen.
5. Mit Salz, Pfeffer und Zucker würzen.
6. Tomatensoße ca. 10 Min. sämig kochen.
7. Basilikumstreifen unter die Tomatensoße rühren und zusammen mit dem geriebenen Käse und den Spaghetti servieren.

Nudeln (Pasta) gibt es in vielen verschiedenen Formen und Zusammensetzungen. Grundbestandteil ist jeweils Hartweizengrieß, der mit Wasser zu einem Teig geknetet wird. Dem Teig können Eier zugefügt werden und er kann z. B. mit Spinatsaft, Rote-Bete-Saft oder Tintenfischtinte eingefärbt werden.

Aceto balsamico, auch Balsamessig genannt, ist eine besondere Essigart, die nur 4–5 % Säure enthält, normaler Essig hat bis zu 8 % Säure. Wenn kein Aceto balsamico vorrätig ist, kann auch Essig genommen werden. Da Essig eine viel stärkere Säure enthält, muss er 2:3 mit Wasser verdünnt werden, d. h. z. B. 2 TL Essig + 3 TL Wasser.

Statt der selbst hergestellten Tomatensoße kann eine fertige Soße verwendet werden und statt der frischen Tomaten Tomatenpüree aus dem Tetrapack.

Zubereitung Pasta mit Champignons

1. Öl erhitzen, Champignons 3 Min. anbraten, salzen und pfeffern, aus der Pfanne nehmen.

2. Sahne aufkochen, Käse hineinstreuen, rühren, bis er geschmolzen ist, Champignons und Basilikum zugeben, abschmecken.

3. Mit der Pasta servieren.

TEIGWAREN

Lasagne (lasagne al forno)

200 g Lasagneblätter
1 Zwiebel
2 Knoblauchzehen
1 Möhre (80 g)
3 Staudenselleriestangen (200 g)
150 g Mozzarella
80 g Parmesan im Stück
3 EL Olivenöl
250 g gemischtes Hack
2 EL Tomatenmark
1 Dose geschälte Tomaten
(Füllmenge 800 g)
Salz, Pfeffer
1 Paket Béchamelsoße (250g)
Fett für die Form

Garzeit: 50 Min.
Nährwert: 840 kcal, 3528 kJ
40 g E, 49 g F, 56 g KH

Vorbereitung
1. Zwiebel und Knoblauch pellen und würfeln.
2. Möhre schälen, waschen und in feine Würfel schneiden.
3. Staudensellerie waschen und putzen, vgl. S. 44, würfeln.

4. Mozzarella in dünne Scheiben schneiden.
5. Parmesan reiben.
6. Ofenfeste Form einfetten.

Zur Lasagne passt ein frischer Salat.

Lasagne lässt sich als vegetarisches Gericht ohne das Hackfleisch herstellen. Bei Bedarf kann zwischen die Schichten noch 150 g Mozzarella (entspricht einer Käsekugel) in Scheiben gelegt werden.

Béchamelsoße gibt es als Trockenprodukt, das mit Wasser oder Milch angerührt wird, oder als Fertigprodukt im Tetrapack.

Lasagne zählt zu den Lieblingsgerichten von Kindern.

 Gegarte und ungegarte Lasagne und Cannelloni lassen sich gut tiefgefrieren.

Grüne Nudeln mit Lachs

350 g grüne Tagliatelle
500 g Lachsfilet ohne Haut
4 Schalotten
1 Bund Thymian
5 EL Olivenöl
300 g Sahne
Salz, Pfeffer

Garzeit: 30 Min.
Nährwert: 873 kcal, 3667 kJ
36 g E, 51 g F, 64 g KH

Vorbereitung
1. Nudeln garen, abtropfen lassen.
2. Lachs waschen, trockentupfen und in Würfel schneiden.
3. Schalotten pellen und würfeln.
4. Thymian waschen und trockentupfen, Blättchen abzupfen.

Zubereitung
1. Schalotten in 3 EL Öl andünsten.
2. Sahne angießen, Thymian zugeben, aufkochen lassen, abschmecken.
3. Lachs in 2 EL Öl braten, in die Soße geben.

Zubereitung Lasagne

1. Olivenöl in einer Pfanne erhitzen, Zwiebel, Knoblauch und Hackfleisch darin anbraten.

2. Möhre und Staudensellerie hinzufügen, mitgaren, Tomatenmark und Tomaten unterrühren, würzen.

3. 2–3 EL Béchamelsoße in die Auflaufform geben, mit Lasagneblättern auslegen.

4. Hacksoße, Béchamelsoße und Nudelblätter abwechselnd in die Form schichten.

5. Mozzarellascheiben auf die letzte Nudelplatte mit Béchamelsoße legen, mit Parmesan bestreuen.

6. 40 Min. im Backofen bei 180 °C backen, servieren.

TEIGWAREN

Cannelloni

12 Cannelloni (ca. 250 g, ohne Vorkochen)
400 g Putenbrustfleisch
1 Zwiebel
1/2 TL frischer Thymian oder 1/4 TL getrockneter Thymian
4 EL Apfelsaft
1/2 l Hühnerbrühe
Salz, Pfeffer
500 g Hüttenkäse
60 g frisch geriebener Parmesan
250 g Spinat, tiefgefroren
geriebene Muskatnuss
Fett für die Form
Für die Soße
30 g Butter
40 g Mehl
1/2 l fettarme Milch
Salz, Pfeffer

Garzeit: 35 Min.
Nährwert: 565 kcal, 2373 kJ
45 g E, 21 g F, 62 g KH

Anstelle der selbst hergestellten Soße kann auch ein Fertigprodukt verwendet werden.

Vorbereitung
1. Putenbrust in kleine Würfel schneiden.
2. Zwiebel pellen und würfeln.
3. Aus Thymian, Zwiebelwürfeln und Apfelsaft eine Marinade rühren und das Putenfleisch damit mischen.
4. Ofenfeste Form einfetten.

Zu den Cannelloni passt ein frischer Salat.
Die Cannelloni können auch im voraus gefüllt und 24 Std. im Kühlschrank aufbewahrt werden, bevor man die Soße und den frisch geriebenen Parmesan dazugibt und das Gericht im Backofen fertig gart.

Cannelloni können auch mit einer Hacksoße gefüllt werden. Vegetarische Cannelloni werden mit gewürfelten Tomaten statt mit Putenbrustfleisch hergestellt.

Überbackene Tortellini

500 g frische Tortellini
1 kl. Zwiebel, gehackt
1 Knoblauchzehe, gehackt
Salz, Pfeffer
1 EL Olivenöl
50 ml Weißwein
100 g Sahne-Gorgonzola
125 ml Milch
1/2 EL Mehl
Fett für die Gratinform

Garzeit: 15 Min.
Nährwert: 298 kcal, 1252 kJ
10 g E, 10 g F, 35 g KH

Zubereitung
1. Tortellini in Salzwasser 3 Min. gar ziehen lassen, abgießen und in eine gefettete Form geben.
2. Zwiebel und Knoblauch im Öl glasig dünsten, mit Weißwein ablöschen und aufkochen lassen.
3. Gorgonzola-Stücke zufügen.
4. Milch und Mehl verrühren und in die kochende Käsesoße rühren, abschmecken.
5. Soße über die Tortellini geben.
6. Bei 200 °C 12 Minuten backen.

Zubereitung Cannelloni

1. Das marinierte Putenfleisch 4 Min. in der Hühnerbrühe gar ziehen lassen.

2. Garflüssigkeit abgießen und aufheben, Putenfleisch im Mixer pürieren, salzen und pfeffern.

3. Hüttenkäse, 4 EL Parmesan und den Spinat in den Mixer geben, pürieren und mit Muskat abschmecken.

4. Helle Soße herstellen, vgl. S. 72, mit der Garflüssigkeit und Milch auffüllen.

5. Cannelloni mit der Putenmasse füllen und in die Auflaufform legen, Soße darüber gießen.

6. Parmesan überstreuen, dann Cannelloni 30 Min. im Backofen bei 200 °C backen.

TEIGWAREN

Linguine mit Pesto (linguine al pesto)

400 g Linguine
2–3 Bund Basilikum (50 g)
2 Knoblauchzehen
50 g Parmesan
30 g Pinienkerne
Salz, Pfeffer, frisch gemahlen
8 EL Olivenöl

Garzeit: 10 Min.
Nährwert: 650 kcal, 2730 kJ
20 g E, 29 g F, 75 g KH

Vorbereitung
1. Basilikum waschen und die Blätter abzupfen, einige zum Garnieren beiseite legen, die restlichen grob klein schneiden.
2. Knoblauchzehen pellen und grob hacken.
3. Parmesan reiben, etwas Käse zum Garnieren beiseite stellen.

Die Linguine mit Pesto eignen sich als Zwischengericht oder ergänzt mit einem Salat als vegetarisches Hauptgericht.

Anstelle von Linguine können auch Spaghetti verwendet werden.

Typisches Pesto stammt aus Ligurien und/oder Genua (Italien).
Pesto kann auch aus anderen aromareichen Kräutern hergestellt werden:
- Bärlauch (Bärlauchpesto),
- Rucola (Rucolapesto).

Aus Kostengründen können die Pinienkerne durch gemahlene Mandeln oder Cashewkerne und der Parmesan (Parmigiano Reggiano) durch Grana Padana ersetzt werden. Pesto eignet sich auch als Brotaufstrich, vgl. Bruschetta S. 78.

Zubereitung Linguine mit Pesto

1. Linguine in kochendem Salzwasser ca. 6 Min. bissfest kochen.

2. Pinienkerne in einer beschichteten Pfanne kurz anrösten.

3. Pinienkerne, Knoblauch und Basilikum in einen elektrischen Mixer geben.

4. Etwas Olivenöl dazugeben und alles fein pürieren.

5. Den Käse hinzufügen und nochmals kurz pürieren.

6. Das restliche Olivenöl nach und nach hineingießen, Pesto mit Salz und Pfeffer abschmecken.

7. Linguine in ein Sieb gießen, dabei 2–3 EL Kochwasser zurücklassen, abtropfen lassen.

8. Linguine wieder in den Topf zurückgeben.

9. Linguine mit dem Pesto mischen und mit Basilikum und Käse garniert servieren.

TEIGWAREN

Nudelmuffins

200 g Hörnchennudeln
150 g Erbsen, tiefgefroren
150 g kleine Champignons
2 Frühlingszwiebeln
1 Knoblauchzehe
100 g gekochter Schinken
½ Bund Basilikum
2 Eier
200 g Sahne
150 g Dickmilch oder Joghurt
1 EL Öl
Salz, Pfeffer
100 g geriebener Emmentaler
Für die Muffinformen
20 g Fett
ca. 2 EL Semmelmehl

Garzeit: 45 Min.
Nährwert: 549 kcal, 2306 kJ
28 g E, 35 g F, 26 g KH

! In Form von Nudelmuffins essen auch Kinder gerne Gemüse.

Vorbereitung
1. Champignons putzen und in feine Scheiben schneiden, vgl. S. 45.
2. Frühlingszwiebeln putzen und in Ringe schneiden, vgl. S. 44.
3. Knoblauch pellen.
4. Schinken würfeln.
5. Basilikum waschen und in feine Streifen schneiden.
6. Eier, Sahne und Dickmilch verquirlen.
7. Muffinformen einfetten und mit Semmelmehl ausstreuen.

Die Muffins können zusätzlich mit einer Tomatensoße, vgl. S. 75, serviert werden. Als Ergänzung passt ein frischer Salat.

Die Muffins lassen sich auch mit anderem Gemüse, z. B. roten oder gelben Paprikaschoten zubereiten.
Anstelle der Hörnchennudeln können Bandnudeln oder Spaghetti verwendet werden.

Nudelnester

250 g lange Spaghetti
2 Eier
100 g Sahne
Salz, Pfeffer
Muskatnuss, gerieben
Fett für die Formen

Garzeit: 20 Min.
Nährwert: 405 kcal, 1701 kJ
17 g E, 25 g F, 23 g KH

Zubereitung
1. Spaghetti bissfest kochen, vgl. S. 156, abgießen.
2. Spaghetti kreisförmig in kleine runde, gefettete Formen (z. B. Muffinformen) legen.
3. Eier und Sahne verquirlen, salzen und pfeffern. Muskatnuss zugeben.
4. Eiersahne über die Spaghetti geben und im Ofen bei 150 °C stocken lassen.
5. Die Nester vorsichtig stürzen, umdrehen und auf eine Platte setzen.
6. Mit vegetarischem Ragout oder Geschnetzeltem füllen und servieren.

Zubereitung Nudelmuffins

1. Nudeln bissfest kochen, 3 Min. vor Ende der Garzeit die Erbsen zugeben.

2. Nudeln und Erbsen abgießen und abtropfen lassen.

3. Öl erhitzen, Champignons und Frühlingszwiebeln kurz anbraten, Knoblauch dazupressen.

4. Basilikum, Schinken, Nudeln mit Erbsen und Zwiebel-Pilz-Mischung vermengen, salzen und pfeffern.

5. Nudelmischung in die Muffinformen verteilen. Mit der Eiersahne begießen und mit Käse bestreuen.

6. Im vorgeheizten Ofen bei 200 °C ca. 30 Min. backen, herausnehmen und servieren.

Braten von Steaks

1. In einer Pfanne 2 EL Öl oder Butterschmalz auf hoher Stufe erhitzen.

2. Steaks darin bei großer Hitze 2 Min. von jeder Seite anbraten.

3. Bei mittlerer Hitze – je nach gewünschter Garstufe – bis zu 8 Min. weiterbraten, dann würzen.

Fleisch kochen (z. B. Tafelspitz)

1. In einem Topf 2 l Wasser und 1 TL Salz aufkochen, Fleisch hineinlegen, Gewürze zugeben und Hitze herunterschalten.

2. Nach dem Aufkochen den Schaum abschöpfen, nach ½ Std. Suppengemüse zugeben.

3. Garprobe machen, eine Gabel muss ohne Widerstand ins Fleisch gleiten, Fleisch herausnehmen.

Fleisch im Backofen garen

1. Öl oder Butterschmalz in einer feuerfesten Form bei großer Hitze heiß werden lassen.

2. Mit Salz und Pfeffer eingeriebenes Fleisch darin rundherum ca. 4 Min. kräftig anbraten.

3. Brühe o. Ä. angießen und bei 200 °C in den Backofen stellen. Je nach Größe (pro 1 cm Fleisch 10 Min.) garen lassen.

4. Fleisch aus dem Ofen nehmen und für mindestens 10 Min. in Alufolie einpacken.

5. Fleisch in Scheiben schneiden.

6. Für die Soße Sahne in den Bratensatz geben und aufkochen oder mit Mehl binden, mit Salz und Pfeffer würzen.

Schmoren auf dem Herd

1. Das Fleisch im Topf anbraten, bis zur Hälfte mit Flüssigkeit anfüllen, den Topf verschließen.

2. Braten ca. 30 Min. schmoren, den Braten wenden, weitere 60 Min. schmoren.

3. Braten herausnehmen, etwas ruhen lassen und quer zur Faser in Scheiben schneiden.

Schmoren im Backofen

1. An das angebratene Fleisch etwas Flüssigkeit angießen. Braten im Backofen schmoren lassen.

2. Den Braten zwischendurch mit Flüssigkeit begießen, gar schmoren.

3. Braten herausnehmen, etwas ruhen lassen und quer zur Faser in Scheiben schneiden.

Soßenzubereitung

1. Flüssigkeit ohne Deckel aufkochen lassen, weitere 4 Min. stark einkochen.

2. Alles durch ein Sieb geben. Gemüse durch das Sieb in die Flüssigkeit streichen.

3. Bratensoße mit angerührter Speisestärke binden, vgl. S. 50, würzen.

Grillen von Fleisch

1. Grill einschalten und vorheizen, Fleisch einölen oder marinieren.

2. Fleisch auf einen Rost legen, unter den Grill schieben, unterhalb des Rostes eine Auffangschale schieben.

3. Gegrilltes Fleisch salzen und servieren.

FLEISCH

Frikadellen

Für 8 Frikadellen
400 g Hackfleisch vom Rind und/oder Schwein
2 Zwiebeln, gehackt
1 Ei
1 Brötchen
1 Bund Petersilie, gehackt
Salz, Pfeffer, Paprika
4 EL Öl

Garzeit: 10 Min.
Nährwert: 423 kcal, 1775 kJ
31 g E, 29 g F, 9 g KH

🍽 Frikadellen können kalt oder warm gegessen werden. Man kann sie auf vielfältige Weisen garnieren und formen, vgl. S. 165.

❗ Hackfleischteig lässt sich wie folgt gut portionieren und formen: in der Schüssel in gleiche Tortenstücke teilen, eine Rolle formen und in Scheiben schneiden, mit dem Eisportionierer formen.

Mozzarellafrikadellen

Für 12 Frikadellen
600 g gemischtes Hackfleisch
2 kleine Zucchini
3 Tomaten
1 Zwiebel
½ Bund Thymian
oder 1 TL getrockneter Thymian
2–3 EL Pinienkerne
oder Mandelstifte
250 g Mozzarella
1 Ei
½ TL Paprika, edelsüß
Salz, Pfeffer
2 EL Olivenöl

Garzeit: 25 Min.
Nährwert: 651 kcal, 2733 kJ
58 E, 44 g F, 5 g KH

Vorbereitung
1. Zucchini und Tomaten waschen und putzen, in ½ cm dicke Scheiben schneiden.
2. Zwiebel pellen und würfeln.
3. Thymian waschen und trocknen, Blättchen abzupfen.
4. Pinienkerne oder Mandelstifte in einer Pfanne anrösten.
5. Mozzarella in Scheiben schneiden.

Zubereitung
1. Aus Hack, Zwiebel, Ei, Paprikapulver, Thymian, Salz und Pfeffer einen Hackteig kneten.
2. Aus der Masse 12 Frikadellen formen.
3. Olivenöl in einer Pfanne erhitzen, die Frikadellen darin rundum 5–6 Min. braten.
4. Frikadellen in eine feuerfeste Form setzen.
5. Tomaten- und Zucchinischeiben dachziegelartig in den Zwischenräumen verteilen, salzen und pfeffern.
6. Mozzarellascheiben auf dem Gemüse und den Frikadellen verteilen.
7. Bei 225 °C 10–15 Min. im Backofen überbacken.
8. Pinienkerne oder Mandelstifte vor dem Servieren darüberstreuen.

Zubereitung Frikadellen

1. Brötchen in ½ l lauwarmem Wasser einweichen.

2. Hackfleisch und Zwiebeln in eine Rührschüssel geben. Das Ei aufschlagen und zufügen.

3. Das Brötchen mit der Hand ausdrücken und zum Hack geben. Gehackte Petersilie einstreuen, würzen.

4. Alle Zutaten mit den Knethaken oder mit der sauberen Hand verkneten.

5. Hände mit Wasser anfeuchten, aus dem Teig Frikadellen formen.

6. Fett erhitzen, Frikadellen in die Pfanne legen, von beiden Seiten je 4 Min. braten.

FLEISCH

Hackteig – dreimal anders

Nordisch

1 Grundrezept Hackteig, vgl. S.164
2 EL gehackte rote Bete
2 EL gewürfelte Möhren
2 EL Lauchringe
1 EL Kapern
1 TL gehackte Sardellen
1 EL Crème fraîche
2 EL gehackte Petersilie

Garzeit: 10 Min.
Nährwert: 402 kcal, 1688 kJ
26 g E, 26 g F, 12 g KH

Südamerikanisch

1 Grundrezept Hackteig, vgl. S.164
1 abgezogene, gewürfelte Tomate
2 EL Mais
1 EL gehackte Oliven
1 Peperoni
½ Apfel (gewürfelt)
1 Knoblauchzehe
1-2 EL Rosinen
2 EL gehackte Mandeln

Garzeit: 10 Min.
Nährwert: 439 kcal, 1842 kJ
26 g E, 28 g F, 16 g KH

Indisch

1 Grundrezept Hackteig, vgl. S.164
1 Scheibe fein geschnittene Ananas
2 Aprikosen (klein geschnitten)
1 gehackte Chilischote
1 EL Paprikapulver, edelsüß
1 EL Currypulver
1 Msp. Kümmel
1 TL grüner Pfeffer
geriebener Muskat

Garzeit: 10 Min.
Nährwert: 413 kcal, 1737 kJ
25 g E, 25 g F, 18 g KH

Hackfleischteig-Variationen

Nordische Mischung

Südamerikanische Mischung

Indische Mischung

Frikadellen, garniert

Orangenfilets und Rucola- oder Estragonblatt.

Rote und grüne Paprikaschoten in Streifen geschnitten.

Mit einem Spiegelei – besonders schön ist ein Wachtelspiegelei – mit Paprika bestreut.

Hack in verschiedenen Formen

Aus Hackteig Röllchen formen und braten.

Hackfleischteig zu kleinen Kugeln formen und einzeln oder aufgespießt garen.

Hackfleischteig in eine Reisrandform füllen, bei 220 °C 40 Min. im Ofen backen, stürzen.

FLEISCH

Hawaii-Burger

Für 8 Burger
1 Grundrezept Hackteig, vgl. S. 164
8 Ananasscheiben aus der Dose
Butterschmalz zum Braten
200 g Schnellkochreis
1 Päckchen Béchamelsoße (250 g)
mildes Currypulver
200 g tiefgefrorene Erbsen
8 Scheiben milder Butterkäse

Garzeit: 20 Min.
Nährwert: 696 kcal, 2925 kJ
55 g E, 25 g F, 60 g KH

Vorbereitung
1. Hackteig herstellen, vgl. S. 164.
2. Ananas auf einem Sieb abtropfen lassen, Saft auffangen.

Zubereitung
1. Hackteig zu 8 Frikadellen formen.
2. Frikadellen braten, vgl. S. 164.
3. Reis und Béchamelsoße nach Packungsanweisung herstellen, Soße mit Currypulver und Ananassaft abschmecken.
4. Erbsen 2 Min. mit etwas Wasser kochen, abgießen und zu der Currysoße geben.
5. Frikadellen auf ein Backblech legen, auf jede Frikadelle 1 Ananasscheibe und 1 Käsescheibe legen.
6. Unter dem Grill kurz überbacken.
7. Mit Reis und der Currysoße servieren.

Hawai-Burger

Minihackbällchen

Für 24 Hackbällchen
1 Grundrezept Hackteig, vgl. S. 164
200 g Kirschtomaten
1 rote Paprikaschote (200 g)
50 g Erdnussflips, zerbröselt
Butterschmalz zum Braten
250 g Hörnchennudeln
Für die Soße:
2 EL Mayonnaise
150 g Joghurt
100 ml Instant-Gemüsebrühe
1–2 EL Weißweinessig
Salz, Pfeffer
1 EL gehackte Petersilie

Garzeit: 15 Min.
Nährwert: 605 kcal, 2541 kJ
26 g E, 24 g F, 48 g KH

Vorbereitung
1. Hackteig herstellen, vgl. S. 164.
2. Kirschtomaten waschen, vierteln.
3. Paprikaschote waschen, entkernen und würfeln.

Zubereitung
1. Paprikawürfel und zerbröselte Erdnussflips unter den Hackteig arbeiten.
2. 24 kleine Hackbällchen formen.
3. Butterschmalz erhitzen, die Bällchen darin rundum 4–5 Min. braten.
4. Nudeln in Salzwasser kochen, vgl. S. 156, erkalten lassen.
5. Aus Mayonnaise, Joghurt, Brühe, Essig, Salz, Pfeffer und Petersilie eine Soße rühren.
6. Nudeln mit der Soße und den Tomaten vermischen.

Currybällchen

700 g Lammhackfleisch
1 Kopf Radicchio oder Frisée
1 rote oder normale Zwiebel
4 EL Balsamicoessig
10 EL Olivenöl
100 g braune Linsen
Salz, Pfeffer
1 Bund Basilikum
1 Bund Frühlingszwiebeln
1 rote Chilischote
1/4 Ananas
1 Mango oder Papaya
1 Banane
1–2 TL Currypulver

Garzeit: 10 Min.
Nährwert: 610 kcal, 2560 kJ
47g E, 32g F, 5g KH

Vorbereitung
1. Salat waschen, putzen und in mundgerechte Stücke teilen.
2. Zwiebel pellen und würfeln.
3. Aus Essig, 6 EL Öl und der Zwiebel eine Vinaigrette herstellen, vgl. S. 112.
4. Linsen waschen und ca. 25 Min. kochen, mit der Vinaigrette marinieren, salzen und pfeffern.
5. Basilikum waschen und die Blätter in Streifen schneiden.
6. Frühlingszwiebeln und Chilischote putzen, waschen und in Ringe schneiden, vgl. S. 42.
7. Ananas, Mango oder Papaya schälen und in Würfel schneiden.
8. Banane schälen und in Scheiben schneiden.

Zubereitung
1. Hackfleisch mit Salz, Pfeffer und Curry zu einem Hackteig verkneten.
2. 16 Fleischbällchen formen.
3. 4 EL Olivenöl in einer Pfanne erhitzen, die Bällchen darin rundum 5–6 Min. braten.
4. Bananenscheiben, Ananas- und Mango- oder Papayawürfel in den letzten 2 Min. mitbraten.
5. Salat mit Basilikum und den Linsen mischen, auf Tellern anrichten.
6. Currybällchen mit den Früchten auf den Linsen anrichten.

Königsberger Klopse

400 g gemischtes Hackfleisch
100 g Weißbrot
1 Zwiebel in Würfeln
2 Sardellenfilets, gehackt
1 Bund Petersilie, gehackt
2 Eier
20 ml süße Sahne
Salz, Pfeffer nach Geschmack
Brühe:
1 l Wasser
1 TL Salz
2 Nelken
1 Zwiebel
1 Lorbeerblatt
Soße:
30 g Margarine
4 EL Mehl
Brühe von den Klopsen
2 EL Zitronensaft
20 g Kapern
50 ml saure Sahne

Garzeit: 25 Min.
Nährwert: 527 kcal, 2215 kJ
33 g E, 39 g F, 10 g KH

Hackfleischtorte

1 Grundrezept Hackteig, vgl. S. 164
1 Zucchino (200 g)
je 1 rote und gelbe Paprikaschote
100 g junger Gouda
evtl. Kapern und frische Thymianblättchen

Garzeit: 45 Min.
Nährwert: 507 kcal, 2131 kJ
40 g E, 35 g F, 7 g KH

Vorbereitung
1. Zucchino waschen, putzen und in Scheiben schneiden.
2. Paprikaschoten waschen, putzen und in Streifen schneiden, vgl. S. 42.
3. Käse raspeln.

Zubereitung
1. Hackteig herstellen, vgl. S. 164, in eine Auflaufform füllen und glatt streichen.
2. Bei 200 °C 30 Min. garen.
3. Zucchinischeiben und Paprikastreifen ansprechend auf dem vorgegarten Hackfleisch verteilen.
4. Mit dem Käse bestreuen.
5. Bei 200 °C weitere 10 Min. garen.
6. Im ausgeschalteten Herd 5 Min. nachgaren lassen.
7. Mit Kapern und Thymianblättchen bestreut servieren.

🍽️ Zu den Königsberger Klopsen passen Salzkartoffeln und ein Rote-Bete-Salat oder Reis und eine Möhrenrohkost.

⚠️ Die Klopse können auch in anderen Soßen, z. B. Tomaten- oder Currysoße, serviert werden. Die Sardellen lassen sich ersatzlos streichen.
In die Hackfleischtorte passen ebenso Blattspinat und Schafskäse oder Kartoffelscheiben und Frühlingszwiebelringe

Zubereitung Königsberger Klopse

1. Aus den Zutaten einen Hackteig herstellen und daraus 8 Klopse formen.

2. Klopse in der Brühe 20 Min. gar ziehen lassen.

3. Margarine erhitzen. Mehl zufügen und gut durchschwitzen lassen.

4. Durchgesiebte Brühe von den Klopsen unter ständigem Rühren hinzufügen, Kapern hineingeben.

5. Soße abschmecken und mit saurer Sahne verfeinern.

6. Klopse in der Soße erwärmen und servieren.

FLEISCH

Ungarisches Gulasch

Für 6 Portionen
750 g Rindergulasch
2 Tomaten (ca. 150 g)
6 Zwiebeln (300 g)
300 g Kartoffeln
2 Paprikaschoten (ca. 400 g)
1 Knoblauchzehe
4 EL Öl
2 EL Edelsüßpaprika
2 EL Mehl
1/2 l Wasser
evtl. 1/2 TL Kümmel
abgeriebene Schale von einer unbehandelten Zitrone
Salz, Pfeffer

Garzeit: 90 Min.
Garzeit im Dampfdrucktopf: 40 Min.
Nährwert: 429 kcal, 1802 kJ
27 g E, 27 g F, 17 g KH

Vorbereitung
1. Gulasch evtl. waschen und trockentupfen.
2. Tomaten häuten, vierteln und entkernen, vgl. S. 42.
3. Zwiebeln pellen und vierteln.
4. Kartoffeln schälen, waschen, feucht abdecken, damit sie nicht grau werden, erst kurz vor der Verwendung würfeln.
5. Paprikaschoten waschen, putzen, in Streifen schneiden, vgl. S. 42.
6. Knoblauchzehe pellen und fein würfeln.

🍽 Zu dem Gulasch passen ein grüner Blattsalat und Nudeln. Es kann aber auch mit Rotkohl und Salzkartoffeln serviert werden.

Zubereitung Ungarisches Gulasch

1. Öl in einen Topf gießen, erhitzen.

2. Fleisch portionsweise hineinschütten, unter Wenden scharf anbraten.

3. So lange braten, bis sich ein Bratensatz gebildet hat.

4. Zwiebel- und Tomatenviertel zugeben und kurz mitbraten.

5. Edelsüßpaprika und Mehl darüberstäuben, leicht salzen.

6. 1/2 l Wasser aufgießen, Bratensatz ablösen und alles aufkochen.

7. Kartoffelwürfel und Paprikastreifen zugeben.

8. Zugedeckt ca. 1 Std. köcheln lassen.

9. Mit Zitrone, Salz und Pfeffer würzen, evtl. Kümmel zugeben, etwa 30. Min. weiterköcheln lassen.

FLEISCH

Gulasch mit Kartoffeln

Für 6 Portionen
750 g Rindergulasch
600 g Kartoffeln
400 g Champignons
250 g Zwiebeln
1/2 Bund Schnittlauch
30 g Butterschmalz oder Kokosfett
Salz, Pfeffer
5 g getrocknete, eingeweichte Steinpilze
600 ml Rindfleischbrühe
1/2 TL getrockneter Majoran oder Oregano
2–3 EL Soßenbinder
Bauernbrot als Beilage

Garzeit: 60 Min.
Nährwert: 398 kcal, 1673 kJ
29 g E, 22 g F, 20 g KH

Vorbereitung
1. Gulasch evtl. waschen und trockentupfen.
2. Kartoffeln waschen, schälen und längs vierteln.
3. Champignons putzen und vierteln.
4. Zwiebeln pellen und in Scheiben schneiden.
5. Schnittlauch waschen und in Röllchen schneiden.

Zubereitung
1. Butterschmalz in einem Topf zerlassen.
2.–4. Vgl. S. 168 Phasenfoto 2–4 (ohne Tomaten) für Ungarisches Gulasch.
5. Mit Salz und Pfeffer würzen.
6. Mit den eingeweichten Pilzen und der Rindfleischbrühe ablöschen und 20 Min. schmoren lassen.
7. Kartoffeln und Majoran oder Oregano zum Fleisch geben, weitere 20 Min. schmoren lassen.
8. Champignons zugeben, 5 Min. weiterschmoren lassen.
9. Mit Soßenbinder binden.
10. Mit Salz und Pfeffer nochmals kräftig abschmecken.
11. Mit Schnittlauch bestreut servieren.

Gulasch mit Chinakohl

Für 6 Portionen
750 g Putengulasch
1 rote Paprikaschote (200 g)
300 g Chinakohl (1/2 Kopf)
1 kl. Dose Ananas (Abtropfgewicht 340 g)
20 g Butterschmalz oder 2 EL Öl
Salz, Pfeffer
6 EL Tomatenketchup
4 EL Sojasoße
1/2 l Wasser
20 g Butter oder Margarine
3–4 EL Soßenbinder
etwas Chilisoße (Tabasco)
Reis als Beilage

Garzeit: 60 Min.
Nährwert: 305 kcal, 1282 kJ
46 g E, 14 g F, 33 g KH

Vorbereitung
1. Gulasch evtl. waschen und trockentupfen.
2. Paprika waschen, putzen und in Streifen schneiden, vgl. S. 42.
3. Chinakohl waschen und in Streifen schneiden.
4. Ananas auf einem Sieb abtropfen lassen, Saft auffangen.

Zubereitung
1. Butterschmalz in einem Topf zerlassen.
2. Fleisch portionsweise hineingeben und von allen Seiten kräftig anbraten.
3. Mit Salz und Pfeffer würzen.
4. Ketchup mit Sojasoße und Wasser verrühren und dazugießen, 40 Min. schmoren lassen.
5. Paprika zufügen.
6. Chinakohl in Butter oder Margarine in einem Topf anbraten und danach zum Gulasch geben.
7. Ananasstücke zufügen, alles gut verrühren.
8. Mit Soßenbinder binden.
9. Nochmals aufkochen lassen.
10. Mit Salz, Tabasco und Ananassaft süß-sauer abschmecken.

Gulasch mit Sauerkraut

Für 6 Portionen
750 g Schweinegulasch
100 g getrocknete Aprikosen
1/8 l Apfelsaft oder Wasser
2 Zwiebeln
300 g Sauerkraut, klein geschnitten
30 g Butter- oder Schweineschmalz
Salz, Pfeffer
Paprikapulver
1/4 l Brühe oder Wasser
1 Prise Zucker
1/8 l saure Sahne

Garzeit: 60 Min.
Nährwert: 385 kcal, 1617 kJ
27 g E, 36 g F, 19 g KH

Vorbereitung
1. Gulasch evtl. waschen und trockentupfen.
2. Aprikosen in Streifen schneiden und im Apfelsaft oder Wasser einweichen.
3. Zwiebeln pellen und würfeln.
4. Sauerkraut klein schneiden.

Zubereitung
1. Butterschmalz in einem Topf zerlassen.
2. Fleisch portionsweise mit den Zwiebeln hineingeben und von allen Seiten kräftig anbraten.
3. Mit Salz, Pfeffer und Paprika würzen.
4. Sauerkraut und Brühe zugeben und alles 20 Min. schmoren lassen.
5. Aprikosen mit dem Einweichwasser zugeben, weitere 20 Min. schmoren lassen.
6. Mit Salz, Pfeffer, Paprika und 1 Prise Zucker nochmals abschmecken.
7. Mit saurer Sahne servieren.

⚠ Statt des Sauerkrauts können auch 400 g rotschalige, klein geschnittene Äpfel (z. B. Ingrid Marie) verwendet werden.

Wiener Schnitzel

4 Kalbsschnitzel à ca. 125 g
Salz, Pfeffer
4 EL Mehl
2 Eier
100 g Semmelbrösel
40 g Butterschmalz
oder Erdnussfett
1 unbehandelte Zitrone, in Scheiben geschnitten

Garzeit: 8 Min.
Nährwert: 384 kcal, 1613 kJ
33 g E, 14 g F, 25 g KH

🍽 Das echte Wiener Schnitzel wird mit einer Sardelle auf der Zitrone garniert.

Kotelett

4 Koteletts à ca. 150 g
Salz, Pfeffer
4 EL Mehl
2 Eier
100 g Semmelbrösel
80 g Butterschmalz
oder Erdnussfett

Garzeit: 10 Min.
Nährwert: 555 kcal, 2331 kJ
33 g E, 30 g F, 25 g KH

Vor- und Zubereitung
1. Vgl. Vor- und Zubereitung Wiener Schnitzel Phasenfotos 1–5.
2. Koteletts von jeder Seite etwa 5 Min. goldbraun braten.

Filetsteak

4 Filetsteaks à ca. 150 g
3 EL Öl
20 g Butterschmalz
Pfeffer, Salz

Garzeit: 8 Min.
Nährwert: 325 kcal, 1364 kJ
28 g E, 24 g F, 0 g KH

Vor- und Zubereitung
1. Steaks mit Küchenpapier trockentupfen und pfeffern.
2. Öl und Butterschmalz erhitzen.
3. Steaks im heißen Fett von jeder Seite ca. 4 Min. braten, salzen (Garzeit vgl. S. 171).

Vor- und Zubereitung Wiener Schnitzel

1. Kalbsschnitzel sanft mit einem Messer flach drücken und würzen.

2. Schnitzel in Mehl wenden, abschütteln.

3. Mit jeder Seite durch die verquirlten Eier ziehen.

4. In Semmelbröseln wenden, Brösel dabei leicht fest klopfen.

5. Fett in eine Pfanne geben und schmelzen.

6. Je zwei Schnitzel im heißen Fett etwa 2 Min. von der einen Seite goldbraun braten.

7. Schnitzel wenden und weitere 2 Min. von der anderen Seite braten.

8. Herausheben und auf Küchenpapier legen, Fett sorgfältig abtupfen.

9. Vor dem Servieren mit Zitronenscheiben oder „wienerisch" mit Kapern belegen.

Steaks mit Kräuterkartoffeln

4 Rumpsteaks à 180 g
8 Kartoffeln à 50 g
4 Lorbeerblätter, möglichst frisch
½ Bund Thymian
4 Stiele Salbei
½ Bund Basilikum
500 g Tomaten
2 Frühlingszwiebeln
1 Knoblauchzehe
2 EL Aceto Balsamico
3 EL Olivenöl
Salz, Pfeffer
1 Prise Zucker
4 EL Öl

Garzeit: 50 Min.
Nährwert: 690 kcal, 2898 kJ
62 g E, 40 g F, 22 g KH

⚠ Statt der teuren Rumpsteaks können auch Rinderhüftsteaks oder Schweinerückensteaks verwendet werden.

Vorbereitung
1. Fleisch trockentupfen.
2. Kartoffeln unter fließendem Wasser gründlich abbürsten.
3. Kräuter waschen, trocknen und die Blätter abzupfen.
4. Tomaten waschen, halbieren, entkernen und würfeln.
5. Frühlingszwiebeln putzen, waschen und in Ringe schneiden, vgl. S. 44.
6. Knoblauch pellen.
7. Tomatenwürfel mit den Frühlingszwiebeln, dem Basilikum, Aceto Balsamico und Olivenöl mischen, Knoblauch dazupressen, mit Salz, Pfeffer und Zucker abschmecken.

🍽 Statt der Kräuterkartoffeln kann als Beilage Kräuterpolenta serviert werden. Zubereitung von Polenta, vgl. S. 154. Unter die fertige Polenta Kräuter mischen.

❗ Steaks haben je nachdem, wie weit durchgegart sie sein sollen, unterschiedliche Garzeiten:

1. Blutig: braune Kruste, innen rosa und im Kern roh.
Garzeit pro Seite 2 Minuten

2. Rosa oder medium: braune Kruste, innen rosa.
Garzeit pro Seite 3 bis 4 Minuten

3. Durch oder well-done: braune Kruste und durchgebraten.
Garzeit 5 Minuten pro Seite.

Zubereitung Steaks mit Kräuterkartoffeln

1. Kartoffeln tief in feine Scheiben schneiden, aber **nicht** durchschneiden.

2. Lorbeerblätter zerschneiden und mit dem Thymian und Salbei in die Einschnitte stecken.

3. Kartoffeln mit 2 EL Öl beträufeln, in einer feuerfesten Form bei 200 °C für 35 Min. in den Ofen schieben.

4. 2 EL Öl in einer Pfanne erhitzen, Rumpsteaks bei großer Hitze 2 Min. von beiden Seiten anbraten.

5. Bei mittlerer Hitze weiterbraten (Garstufen, vgl. oben).

6. Zusammen mit den Kräuterkartoffeln und den Tomatenwürfeln servieren.

Schweinebraten

1 kg Schweinenuss
750 g fest kochende Kartoffeln
700 g Möhren
3 Zwiebeln
1 EL Senf
3 EL Öl
1 EL Tomatenmark
1 l Gemüsebrühe
½ EL Kräuter der Provence
20 g Butterschmalz
Salz, Pfeffer
20 g Butter
Zucker

Garzeit: 20 Min. Pellkartoffeln, 120 Min. Schweinebraten
Nährwert: 645 kcal, 2709 kJ 62 g E, 25 g F, 40 g KH

Vorbereitung

1. Fleisch evtl. waschen und trockentupfen, mit Senf bestreichen.
2. Kartoffeln und Möhren waschen, Möhren schälen.
3. Kartoffeln als Pellkartoffeln kochen, vgl. S. 134.
4. 3 Möhren in Würfel, Rest in Stifte schneiden, Möhrenstifte 4 Min. in kochendem Wasser bissfest garen.
5. Zwiebeln pellen, eine in Streifen, die anderen in Würfel schneiden.

⚠️ Der Schweinebraten kann im Backofen oder aus Zeitgründen im Dampfdrucktopf hergestellt werden (Garzeit: 60 Min.).

Für einen **Schweinebraten aus dem Ofen** 750 g Schweinenacken salzen, mit Kümmel einreiben und in einem Bräter zusammen mit 200 g tiefgefrorenem Suppengemüse bei 180 °C 90 Min. garen. Nach 30 Min. 1/8 l Brühe zugießen. Kurz vor Garzeitende mehrmals mit Bier bestreichen, um eine schöne Kruste zu erhalten.

Zubereitung Schweinebraten

1. In einem Topf Öl erhitzen, das Fleisch darin bei großer Hitze von allen Seiten 3 Min. anbraten.

2. Zwiebel- und Möhrenwürfel kurz mitbraten, dann die Hitze verringern.

3. Tomatenmark, Brühe, Kräuter zufügen, zugedeckt 2 Std. schmoren lassen.

4. Pellkartoffeln pellen, in Scheiben schneiden und in heißem Butterschmalz knusprig braten.

5. Zwiebelstreifen zufügen und kurz mitbraten, Bratkartoffeln salzen und pfeffern.

6. Butter in einem Topf zerlassen und die Möhrenstifte darin mit Zucker glasieren, salzen und pfeffern.

7. Fleisch aus dem Topf nehmen und in Alufolie gewickelt warm halten.

8. Gemüse und Soße durch ein Sieb in einen Topf gießen, aufkochen und nochmals abschmecken.

9. Zusammen mit dem Fleisch, Kartoffeln und den Möhren servieren.

FLEISCH

Schweinefilet in Sahnesoße

600 g Schweinefilet
6 Frühlingszwiebeln (150 g)
2 EL Öl
200 g Sahne
150 ml Gemüsebrühe
50 g Crème fraîche
1 TL Dijon-Senf
Salz, Pfeffer

Garzeit: 15 Min.
Nährwert: 458 kcal, 1926 kJ
34 g E, 34 g F, 4 g KH

Vorbereitung
1. Schweinefilet evtl. waschen und mit Küchenpapier trockentupfen. Das Fleisch in 2–3 cm dicke Scheiben schneiden.
2. Frühlingszwiebeln putzen, waschen und in feine Ringe schneiden, vgl. S. 44. Ein paar grüne Ringe zur Dekoration beiseite stellen.

⚠ Zusätzlich können für die Soße geputzte Champignons mit den Frühlingszwiebeln angedünstet werden.

✱✱✱✱ Das Schweinefilet in Sahnesoße hält sich 2 Tage im Kühlschrank frisch und lässt sich auch einfrieren.

Überbackenes Filet

600 g Schweinefilet oder Putenbrustfilet
400 g Champignons
1 Tüte Zwiebelsuppe
2 Becher Kräuter-Crème fraîche
250 g Sahne

Garzeit: 30 Min.
Nährwert: 615 kcal, 2583 kJ
38 g E, 50 g F, 4 g KH

Vorbereitung
1. Schweinefilet evtl. waschen und mit Küchenpapier trockentupfen. Das Fleisch in 2–3 cm dicke Streifen schneiden.
2. Champignons vorbereiten, vgl. S. 45, und vierteln, kleinere halbieren.

Zubereitung
1. Filetstreifen in eine ofenfeste Form legen.
2. Champignons darüber geben.
3. Zwiebelsuppen-Pulver über die Champignons streuen.
4. Crème fraîche mit der Sahne verrühren und über die Zwiebelsuppe gießen.
5. Bei 200 °C ca. 30 Min. überbacken.

🍽 Zu dem Schweinefilet passen am besten Rösti, vgl. S. 140. Als Beilage eignen sich sowohl zum überbackenen Fleisch als auch zu den Schweinesteaks frischer grüner Salat und Weißbrot.

Schweinesteak alla Saltimbocca

600 g Schweinefilet
8 Salbeiblätter
8 Scheiben Schinken (Parma)
2 EL Olivenöl
80 g Butter
6 EL Instant-Gemüsebrühe
je 6 EL Orangen- und Zitronensaft
Zucker
Salz, Pfeffer
Holzspieße zum Feststecken

Garzeit: 10 Min.
Nährwert: 460 kcal, 1934 kJ
37 g E, 33 g F, 3 g KH

Vorbereitung
1. Schweinefilet evtl. waschen und mit Küchenpapier trockentupfen und in 8 Medaillons schneiden.
2. Salbeiblätter waschen und trockentupfen.
3. Je 1 Medaillon mit 1 Scheibe Schinken und 1 Salbeiblatt belegen, mit einem Holzstäbchen feststecken.

Zubereitung
1. Öl in einer Pfanne erhitzen.
2. Steaks auf der Schinkenseite anbraten, wenden und 4–5 Min. bei mittlerer Hitze weiterbraten.
3. Die Butter in einem Topf aufschäumen lassen.
4. Brühe und Säfte zugeben und 2–3 Min. einköcheln lassen.
5. Mit Zucker, Salz und Pfeffer abschmecken.
6. Steaks mit der Soße servieren.

Zubereitung Schweinefilet in Sahnesoße

1. Öl in einer Pfanne erhitzen. Schweinefilet darin bei großer Hitze anbraten und herausnehmen.

2. Frühlingszwiebeln hineingeben und kurz andünsten, Sahne, Brühe, Crème fraîche und Senf zufügen.

3. Fleisch in der Soße 5 Min. köcheln lassen, salzen und pfeffern.

FLEISCH

Rinderrouladen

600 g Rinderrouladen
(4 Scheiben à 150 g)
2 EL Senf
2 Gewürzgurken (ca. 125 g)
1 Zwiebel
1 Tomate (ca. 80 g)
1 Möhre (ca. 100 g)
60 g geräucherter durchwachsener Speck in Scheiben
2 EL Öl
3/4 l Wasser
2 EL Speisestärke
Salz, Pfeffer
Küchengarn oder Rouladenklammern oder Zahnstocher

Garzeit: 100 Min.
Garzeit im Dampfdrucktopf: 40 Min.
Nährwert: 391 kcal, 1642 kJ
22 g E, 23 g F, 9 g KH

Vorbereitung

1. Gewürzgurken in Stifte, Zwiebel pellen und in Ringe schneiden, Tomaten waschen und vierteln, Möhren ebenfalls schälen, waschen und würfeln.
2. Küchengarn (4 x 80 cm) abschneiden oder Rouladenklammern bzw. Zahnstocher bereitlegen.

Rouladen mit Schinken

Je Roulade
1 Scheibe gekochter Schinken
1 EL Frischkäse
2 Champignons, in Scheiben
einige Lauchringe
Salz, Pfeffer
Thymian

Rouladen mit Sauerkraut

Je Roulade
2 EL Sauerkraut
1/4 Paprikaschote in Streifen
Salz, Pfeffer
Petersilie

Zubereitung Rinderrouladen

1. Rouladen leicht salzen und mit Senf bestreichen.

2. Speckscheiben, Gurkenstifte und Zwiebelringe darauf verteilen.

3. Vorsichtig aufrollen und mit Küchengarn zusammenbinden bzw. zusammenklammern.

4. Rouladen im heißen Öl von allen Seiten kräftig anbraten.

5. Tomaten- und Möhrenstücke zugeben und kurz mitbraten.

6. Wasser aufgießen, salzen, pfeffern, mit Deckel ca. 1½ Std. schmoren, herausheben, warm stellen.

7. Schmorflüssigkeit in einen anderen Topf sieben.

8. Gemüsereste mit einem Löffel durch das Sieb streichen, Soße aufkochen.

9. Soße mit etwas in Wasser angerührter Speisestärke binden und abschmecken.

Kalbsleber mit Quitten

4 Scheiben Kalbsleber à 150 g
4 Quitten
200 g Schalotten
20 g Butterschmalz
70 g Zucker
4 EL Balsamicoessig
1 EL Sojasoße
Salz, Pfeffer

Garzeit: 45 Min.
Nährwert: 485 kcal, 2037 kJ
32 g E, 16 g F, 49 g KH

Vorbereitung
1. Kalbsleber abspülen, trockentupfen und evtl. vorhandene Adern entfernen.
2. Quitten abreiben, vierteln und das Kerngehäuse entfernen, in 3 mm dicke Scheiben schneiden.
3. Schalotten pellen.

Die Kalbsleber kann gegen Geflügelleber ausgetauscht werden. Anstatt der Quitten können auch Äpfel oder Ananas verwendet werden.

Leber mit Apfelspalten

4 Scheiben Leber á 125 g
4 EL Mehl
50 g Margarine
3 Äpfel (450 g)
2 EL Zitronensaft
Salz, Pfeffer

Garzeit: 10 Min.
Nährwert: 366 kcal, 1537 kJ
8 g E, 13 g F, 52 g KH

Vorbereitung
1. Leber abspülen, mit Küchenpapier trockentupfen.
2. Mehl auf einen Teller schütten.
3. Teller vorwärmen, damit die gebratene Leber später heiß bleibt.
4. Äpfel waschen, schälen, vierteln, in Spalten schneiden, mit Zitronensaft beträufeln, damit sie nicht zu braun werden.

Statt der Apfelspalten kann auch fertiges Apfelmus zur Leber serviert werden.

Zubereitung
1. Leberscheiben in Mehl wenden, Mehl leicht abschütteln.
2. Bemehlte Leber in das heiße Fett legen, von jeder Seite ca. 2 Min. braten.
3. Herausheben und auf den vorgewärmten Teller legen.
4. Apfelspalten im Bratfett ca. 5 Min. dünsten.
5. Leber salzen, pfeffern und die Apfelspalten darauflegen.

Zu der Leber mit Apfelspalten passt am besten Kartoffelpüree, vgl. S. 136.
Zu der Kalbsleber passen Polentaschnitten, vgl. S. 154 (ohne Spinat), oder Reis.

Zubereitung Kalbsleber mit Quitten

1. 1 TL Butterschmalz in einer Pfanne erhitzen, Schalotten darin hellgelb dünsten.

2. 1 EL Zucker überstreuen, Balsamicoessig und Sojasoße zufügen und Schalotten 20 Min. weich dünsten.

3. 1 TL Butterschmalz und restlichen Zucker in einer Pfanne erhitzen, Quitten zugeben und 10 Min. bräunen.

4. Quitten warm stellen und restliches Butterschmalz in der Pfanne erhitzen.

5. Kalbsleber darin von jeder Seite ca. 3 Min. braten, mit Salz und Pfeffer würzen.

6. Leber mit den karamellisierten Quitten und den Balsamicoschalotten servieren.

Kalbsröllchen mit Linsen

4 Kalbsschnitzel à 150 g
2–3 Selleriestangen
2 Tomaten
1 Bund Basilikum
70 g Parmesan
1 Knoblauchzehe
1 Zwiebel
5 EL Öl
Salz, Pfeffer
850 ml Gemüsebrühe
100 g Sahne
1 EL Tomatenmark
1 EL Essig
160 g rote Linsen
Holzspieße zum Zustecken

Garzeit: 35 Min.
Nährwert: 619 kcal, 2600 kJ
50 g E, 36 g F, 26 g KH

Vorbereitung
1. Sellerie putzen und waschen, in Würfel schneiden, vgl. S. 44.
2. Tomaten waschen, vierteln, entkernen und würfeln.
3. Basilikum waschen, trockentupfen und Blätter abzupfen.
4. Parmesan hobeln.
5. Knoblauchzehe und Zwiebel pellen und würfeln.

 Rote Linsen brauchen nicht eingeweicht zu werden und haben eine kürzere Garzeit als braune Linsen.

Zu den Kalbsröllchen passt ein frischer Salat.

Anstelle von roten Linsen können auch kleine braune bzw. grüne Linsen (Puylinsen) genommen werden.
Statt Kalbsschnitzel lassen sich Schweineschnitzel verwenden.

Zubereitung Kalbsröllchen mit Linsen

1. Basilikum, Parmesan und Knoblauch mit 2 EL Öl pürieren.

2. Kalbsschnitzel plattieren, salzen und pfeffern und mit der Kräuter-Käse-Masse bestreichen, aufrollen.

3. 2 EL Öl in einer Pfanne erhitzen, Kalbsröllchen etwa 3 Min. rundherum anbraten.

4. 250 ml Gemüsebrühe zugießen und 10 Min. schmoren lassen, bis die Flüssigkeit fast eingekocht ist.

5. Röllchen aus der Pfanne nehmen, warm halten, Sahne in den Bratensatz gießen, salzen und pfeffern.

6. Kalbsröllchen in Scheiben schneiden und in dem Sahnebratensatz warm stellen.

7. 1 EL Öl erhitzen, Zwiebelwürfel andünsten, Tomatenmark, Essig und 600 ml Gemüsebrühe zugeben.

8. Linsen zufügen und 20 Min. kochen, Selleriewürfel 8 Min. vor Ende der Garzeit hineingeben, mitgaren.

9. Tomatenwürfel unterrühren, salzen und pfeffern, zusammen mit den Kalbfleischröllchen servieren.

FLEISCH

Lammstielkoteletts

12 Lammstielkoteletts à 70 g
2 Knoblauchzehen
2 Stiele Thymian
1 EL Olivenöl
1 EL Zitronensaft

Garzeit: 12–15 Min.
Nährwert: 429 kcal, 1801 kJ
36 g E, 27 g F, 9 g KH

Vorbereitung
1. Knoblauchzehen pellen.
2. Thymian waschen und Blättchen abstreifen.

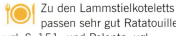 Zu den Lammstielkoteletts passen sehr gut Ratatouille, vgl. S. 151, und Polenta, vgl. S. 154.
Wenn die Lammstielkoteletts durchgebraten sein sollen, müssen sie 15 Min. gegrillt werden.
Reste können kalt als Vorspeise zusammen mit Baguette serviert werden.

Das Gurken-Lammcurry kann zum Gurken-Schweinecurry oder Rindercurry sowie zu einem Fischcurry durch Austausch der Lammschulter mit Schweineschulter, Rinderbug oder Fischfilet abgewandelt werden.

Lamm mit Gemüsechips

8 Lammkoteletts
oder 4 Scheiben von der Lammkeule
300 g Kartoffeln
200 g Möhren
100 g Zucchini
4 EL Olivenöl
Salz, Pfeffer
1 EL Sojaöl

Garzeit: 20 Min.
Nährwert: 484 kcal, 2033 kJ
30 g E, 34 g F, 14 g KH

Vorbereitung
1. Kartoffeln schälen und waschen, schräg in Scheiben schneiden.
2. Möhren schälen und waschen, schräg in Scheiben schneiden.
3. Zucchini waschen und putzen, schräg in Scheiben schneiden.
4. Aus 2 EL Öl und der Sojasoße eine Marinade mischen.

Zubereitung
1. Ca. 1/2 l Salzwasser zum Kochen bringen, Kartoffeln 5 Min. darin garen.
2. Möhren mit den Kartoffeln 2 Min. garen, Kartoffeln und Möhren abgießen und zurück in den Topf geben.
4. Zucchinischeiben zufügen.
5. 2 EL Öl untermischen und kräftig mit Salz und Pfeffer würzen.
6. Lammfleisch auf ein Backblech legen, vgl. Phasenfoto 2, und mit der Marinade beträufeln.
7. Das Gemüse um das Lammfleisch verteilen und im Backofen unter dem Grill ca. 15 Min. garen.

Gurken-Lammcurry

500 g Lammschulter, in Streifen
1 Salatgurke
125 g Zuckerschoten
1 Zwiebel
1 Stück Ingwer
30 g Butterschmalz
2 EL Curry
400 ml Lammfond
oder Fleischbrühe
150 g Sahnejoghurt
Salz, Pfeffer

Garzeit: 40 Min.
Nährwert: 463 kcal, 1947 kJ
33 g E, 34 g F, 7 g KH

Vorbereitung
1. Gurke waschen, schälen und in Stücke schneiden.
2. Zuckerschoten waschen.
3. Zwiebel pellen und würfeln.
4. Ingwer schälen und reiben.

Zubereitung
1. Butterschmalz in einer Pfanne zerlassen.
2. Zwiebel und Ingwer anbraten.
3. Curry zugeben, 3 Min. braten.
4. Fleisch zugeben, 10 Min. braten.
5. Fond zugießen und 30 Min. schmoren lassen.
6. Gurke und Zuckerschoten zufügen.
7. Joghurt zugießen und nicht mehr kochen lassen, salzen und pfeffern.

Zubereitung Lammstielkoteletts

1. 1 EL Olivenöl, Zitronensaft und Thymianblättchen verrühren, 2 Knoblauchzehen dazupressen.

2. Lammstielkoteletts auf einem Blech mit der Marinade beträufeln.

3. Lammstielkoteletts unter dem Grill auf jeder Seite 5–6 Minuten grillen.

Gefülltes Hähnchen

1 küchenfertiges Hähnchen
4 EL Olivenöl
4 Knoblauchzehen, gepellt
2 TL Paprika, edelsüß
1 Brötchen
1 Zucchino, 150 g Tomaten
1 Eigelb
2 EL geriebener Parmesan
je 1/2 TL Thymian, Rosmarin und Basilikum
Salz, Pfeffer
1/2 l Hühnerbrühe
1 EL Tomatenmark
3 EL Soßenbinder
3 EL Sahne oder Crème fraîche
Holzspieße zum Zustecken

Garzeit: 70 Min.
Nährwert: 366 kcal, 1537 kJ
8 g E, 13 g F, 52 g KH

Vorbereitung

1. Hähnchen waschen und trockentupfen.
2. Für die Füllung 2 EL Öl in eine Schüssel geben, die Knoblauchzehen hineinpressen und Paprikapulver zugeben.
3. Brötchen klein schneiden und in der Hälfte des Knoblauchöls anrösten.
4. Zucchino und Tomaten waschen, würfeln und dazugeben.
5. Eigelb, Parmesan und Kräuter unter die Füllung rühren, salzen und pfeffern.

 Zu dem gefüllten Hähnchen passen Reis und ein Blattsalat.

 Als Füllung sind auch andere Kombinationen möglich: z. B. Weißbrot mit geblätterten Champignons oder gegarte Kichererbsen mit Rosinen oder Backobst.

Zubereitung Gefülltes Hähnchen

1. Hähnchen salzen, pfeffern und füllen.

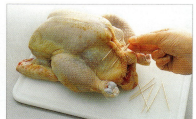

2. Mit Holzspießchen zustecken, mit Knoblauchöl einpinseln.

3. 2 EL Öl in einem Bratentopf auf einer Herdplatte erhitzen.

4. Hähnchen von allen Seiten anbraten.

5. Bei 220 °C ca. 50 Min. im Backofen braten, ab und zu mit dem Bratensaft beträufeln.

6. Hähnchen aus dem Bratentopf nehmen und warm stellen. Bratensaft mit der Brühe löschen.

7. Tomatenmark zufügen.

8. Durch ein Sieb gießen, die Soße etwas einkochen lassen.

9. Mit Soßenbinder binden, mit Sahne oder Crème fraîche verfeinern, nochmals abschmecken.

Schmorhuhn

2 Hähnchen (à 1kg)
8 Salbeiblätter
je 4 Thymian- und Majoranstiele
1 Rosmarinzweig
3 Zwiebeln
2 Knoblauchzehen
je 1 rote und gelbe Paprikaschote
80 g schwarze Oliven
3 EL Öl
Salz, Pfeffer
300 ml Weißwein
300 ml Gemüsebrühe
4 EL Tomatenmark

Garzeit: 55 Min.
Nährwert: 765 kcal, 3213 kJ
75 g E, 40 g F, 12 g KH

Vorbereitung
1. Hähnchen innen und außen waschen, in Portionsteile zerteilen: 2 Bruststücke, nochmals halbiert, 2 Ober- und 2 Unterkeulen.
2. Kräuter waschen.
3. Zwiebeln pellen und in Spalten schneiden.
4. Knoblauchzehen pellen und halbieren.
5. Paprikaschoten waschen und putzen, vgl. S. 42, der Länge nach in Stücke schneiden.
6. Oliven abtropfen lassen, ggf. entkernen.

Um sich die Arbeit mit dem Zerlegen des Hähnchens zu sparen, können Hähnchenteile wie Brüste und Keulen sowie Flügel verwendet werden.
Statt frischer Paprikaschoten sind auch tiefgefrorene geeignet, die bereits in Stücke geschnitten sind.

Das Schmorhuhn schmeckt sehr pikant. Es kann sehr gut zu einer „Mittelmeer-Speisefolge" gereicht werden.
Als Ergänzung passen Pommes frites, Reis oder Polenta.

Das Schmorhuhn kann auch mit Rotwein und Pilzen zubereitet werden. Dafür das Hähnchen wie beschrieben zubereiten, aber statt Weißwein 300 ml Rotwein zugeben.
10 Min. vor Ende der Garzeit 250 g geputzte Champignons sowie 200 g gepellte, geviertelte Schalotten statt Paprika, Oliven und Kräuter zugeben.

Das Schmorhuhn ist aufgrund des Weißweins für Kinder und Alkoholkranke nicht geeignet.

Zubereitung Schmorhuhn

1. Je 1 Salbeiblatt unter die Geflügelhaut schieben, mit Öl einpinseln, salzen und pfeffern.

2. 1 EL Öl in einem Bräter erhitzen, die Hähnchenteile hineinlegen, bei 200 °C in den Backofen schieben.

3. Bräter nach 15 Min. aus dem Ofen nehmen, Zwiebeln und Knoblauch zugeben.

4. Weißwein, Gemüsebrühe und Tomatenmark verrühren und zu den Hähnchenteilen gießen, 15 Min. braten.

5. Paprika, Oliven und ein paar der Kräuter in den Bräter geben und weitere 25 Min. im Backofen braten.

6. Mit den restlichen Kräutern garniert servieren.

Knoblauchhähnchen

4 Hähnchenkeulen
3 Knoblauchzehen
12–14 Kartoffeln (800 g)
1 Zitrone, unbehandelt
1 Bund Thymian
2 Zwiebeln
7 EL Öl
Salz, Pfeffer
2 TL scharfer Senf

Garzeit: 50 Min.
Nährwert: 716 kcal, 3007 kJ
42 g E, 43 g F, 37 g KH

Zum Knoblauchhähnchen passen Baguette und ein Tomatensalat. Das Gericht schmeckt noch intensiver, wenn das Fleisch einige Zeit in der Marinade ziehen kann.
Zum Hähnchen kann auch ein Dip aus 3–4 EL Crème fraîche, einer gewaschenen und in Ringe geschnittenen Frühlingszwiebel sowie Salz und Pfeffer gereicht werden.

Vorbereitung

1. Hähnchenkeulen waschen und mit Küchenpapier trockentupfen, im Gelenk mit einem scharfen Messer in Ober- und Unterkeule teilen.
2. 2 Knoblauchzehen pellen und in feine Scheiben schneiden, 1 Knoblauchzehe pellen und pressen.
3. Hähnchenhaut etwas anheben und Knoblauchscheiben unterschieben.
4. Kartoffeln der Länge nach vierteln.
5. Zitrone heiß waschen, halbieren und eine Hälfte in Scheiben schneiden, die andere auspressen.
6. Thymian waschen und die Blättchen abzupfen.
7. Zwiebeln pellen und in Scheiben schneiden.

Statt Knoblauch können für das Kräuterhähnchen frische Kräuter oder 1 Päckchen tiefgefrorene Kräuter verwendet werden. Anstelle der Hähnchenkeulen lassen sich Hähnchenbrüste verwenden.

Exotische Geflügelpfanne

400 g Hähnchenfleisch, gegart
200 g Frühlingszwiebeln
150 g Möhren
80 ml Sojasoße
200 ml Wasser
1 EL Öl, 1 TL Tomatenmark
Zucker, Salz, Pfeffer, Kurkuma

Garzeit: 10 Min.
Nährwert: 129 kcal, 544 kJ
17 g E, 6 g F, 3 g KH

Vorbereitung

1. Fleisch in mundgerechte Stücke schneiden.
2. Frühlingszwiebeln putzen, waschen, in Ringe schneiden, vgl. S. 44.
3. Möhren schälen, waschen und in Stifte schneiden.

Zubereitung

1. Sojasoße, Wasser und Öl in einer Pfanne aufkochen.
2. Tomatenmark, Zucker, Zwiebeln und Möhren zugeben, 5 Min. köcheln lassen.
3. Fleisch zugeben und miterhitzen.
4. Mit den Gewürzen abschmecken.

Zubereitung Knoblauchhähnchen

1. Fleisch mit Öl einpinseln, salzen, pfeffern und auf ein Backblech legen, im Backofen 15 Min. braten.

2. Für die Marinade restliches Öl, Zitronensaft und Senf verrühren, Thymian zugeben, salzen, pfeffern.

3. Kartoffeln, Zwiebeln, Zitronenscheiben und gepressten Knoblauch mit der Marinade mischen.

4. Kartoffel-Zwiebel-Gemisch zum Knoblauchhähnchen auf das Backblech geben, 30 Min. braten.

5. Alles 3–5 Min. goldbraun grillen.

6. In einer flachen Form servieren.

GEFLÜGEL

Chicken Wings mit Chilisoße

1 kg Hähnchenflügel
Salz, Pfeffer
Für die Marinade
1 Orange
2 Frühlingszwiebeln
15 g Ingwer
3 EL rote Chilisoße (for chicken)
1 EL helle Sojasoße

Garzeit: 20 Min.
Nährwert: 560 kcal, 2352 kJ
70 g E, 28 g F, 5 g KH

Vorbereitung

1. Hähnchenflügel waschen und trockentupfen, am Gelenk in Ober- und Unterteil teilen.
2. Für die Marinade Orange halbieren und auspressen.
3. Frühlingszwiebeln putzen und waschen, vgl. S. 44, und fein hacken.
4. Ingwer schälen und fein hacken, vgl. S. 46.

Chicken Wings gibt es auch fertig mariniert im Tiefkühlregal oder in Fleischereien.

Chicken Wings mit Tomatendip

1 kg Hähnchenflügel
Salz, Pfeffer
Für die Marinade
1 TL Honig
1/2 TL Aceto Balsamico
1 EL Orangensaft
1 Knoblauchzehe, durchgepresst
Salz und Pfeffer
Für den Dip
3 Tomaten
2 Frühlingszwiebeln
2 EL Basilikumblätter
1/2 EL Aceto Balsamico
1 Knoblauchzehe, durchgepresst
Salz, Pfeffer

Garzeit: 20 Min.
Nährwert: 565 kcal, 2372 kJ
70 g E, 28 g F, 15 g KH

Vor- und Zubereitung

1. Hähnchenflügel waschen und trockentupfen, am Gelenk in Ober- und Unterteil teilen.
2. Für die Marinade alle Zutaten miteinander vermischen.
3. Für den Dip die Tomaten waschen, halbieren entkernen und fein würfeln.
4. Frühlingszwiebeln putzen, waschen und hacken.
5. Basilikum waschen und in Streifen schneiden.
6. Alle Zutaten miteinander vermischen, salzen und pfeffern.
7. Die Hähnchenflügel in einer großen Schüssel mit der Marinade vermischen und den Tomatendip dazu servieren.

Chicken Wings können auch als Fingerfood gereicht werden. Zu den Chicken Wings passen Fladenbrot, Ofenkartoffeln, vgl. S. 138, und ein frischer Salat.

Hähnchenflügel können vor dem Grillen mit Honig eingepinselt werden. Der süß-scharfe Geschmack ist sehr beliebt. Im Sommer lassen sich die Hähnchenflügel gut auf dem Grill zubereiten.

Zubereitung Chicken Wings mit Chilisoße

1. Hähnchenflügel salzen und pfeffern und auf einem Backblech verteilen, 20 Min. grillen.

2. Inzwischen Chilisoße mit Sojasoße und Orangensaft verrühren.

3. Mit Frühlingszwiebeln und Ingwer mischen.

4. Hähnchenflügel aus dem Ofen nehmen und in eine Schüssel geben.

5. 1–2 EL der hergestellten Chilisoße untermischen.

6. Chicken Wings auf einer Platte anrichten und die restliche Chilisoße dazu servieren.

GEFLÜGEL

Putengyros

500 g Putenbrustfilet
1/2 kleiner Weißkohl (700 g)
3 Tomaten
1 grüne Peperoni
80 ml Öl
4 EL Zitronensaft
je 1 EL getrockneter Thymian und Majoran
1 Knoblauchzehe
Salz, Pfeffer
4 EL Weißweinessig
1 TL Zucker
Fladenbrot
Für das Tsatsiki
1/2 Salatgurke (250 g)
1 TL Salz
2 Knoblauchzehen
250 g Sahnequark
200 g Sahnejoghurt
Pfeffer

Garzeit: 15 Min.
Nährwert: 575 kcal, 2415 kJ
38 g E, 37 g F, 21 g KH

Vorbereitung
1. Weißkohl vorbereiten, vgl. S. 43, und in feinste Streifen schneiden, 3 Min. blanchieren.
2. Tomaten häuten, vgl. S. 42, und würfeln.
3. Peperoni vorbereiten und in feinste Streifen schneiden, vgl. S. 42.
4. Für die Fleischmarinade 3 EL Öl, Zitronensaft, Thymian und Majoran in einer Schüssel vermischen.
5. Eine Knoblauchzehe pellen und dazupressen, mit Pfeffer würzen.
6. Für die Krautsalatmarinade Essig, 4 EL Öl, 1 TL Zucker, Salz und Pfeffer vermischen.
7. Für das Tsatsiki Gurke waschen, längs halbieren, entkernen und grob raspeln, mit 1 TL Salz vermischen und 30 Min. ziehen lassen.
8. Knoblauchzehen pellen.

Anstelle von selbst hergestelltem Tsatsiki kann auch ein Fertigprodukt verwendet werden. Gleiches gilt für den Krautsalat. Für die Fleischmarinade gibt es Trockenprodukte, die nur mit Wasser vermischt zu werden brauchen.

Grüne Peperoni sind etwas milder als rote. Generell gilt: Je kleiner die Schoten, desto schärfer sind sie.
Putenbrustfilet ist der feinste Teil der Pute und daher auch teurer als z. B. Keulen. Diese können aber auch für Gyros verwendet werden. Dafür muss das Fleisch vom Knochen gelöst und in Streifen geschnitten werden.

Zum Putengyros passt Fladenbrot oder Reis. Tsatsiki kann auch als Vorspeise serviert werden.

Gyros wird im Original mit Schweinefleisch zubereitet. Putenbrustfleisch ist jedoch fettärmer. Wer Schweinefleisch verwenden möchte, sollte dünne Schweineschnitzel nehmen.

Zubereitung Putengyros

1. Putenbrust in schmale Streifen schneiden und mit der Marinade mischen, 2 Std. ziehen lassen.

2. Fleischstreifen abtropfen lassen und portionsweise in heißem Öl ca. 3 Min. braten.

3. Krautsalatmarinade mit dem noch warmen Kohl vermischen.

4. Peperoni und Tomaten unterheben, abschmecken.

5. Gurkenraspel mit ihrer Flüssigkeit, Quark und Joghurt vermischen, Knoblauch dazupressen, unterrühren.

6. Tsatsiki mit Salz und Pfeffer abschmecken, zusammen mit Gyros, Krautsalat und Brot servieren.

GEFLÜGEL

Putenleber in Mangold

8 Stück Putenleber
1 Staude Mangold (800 g)
1 Zwiebel
1 Bund Frühlingszwiebeln
100 g roher Schinken
50 g Parmesan
125 g Crème double
2 EL Speisestärke
5 EL Gemüsebrühe
1 EL Zitronensaft
Salz, Pfeffer, Muskat
20 g Butter oder Margarine für die Form

Garzeit: 15 Min. in der Mikrowelle, 30 Min. im Backofen
Nährwert: 432 kcal, 1814 kJ
37 g E, 26 g F, 10 g KH

Vorbereitung
1. Putenleber waschen und trockentupfen.
2. Vom Mangold den Strunk abschneiden, 8 Blätter lösen, waschen, den Blattstrunk herausschneiden und aufheben.
3. Mangoldblätter tropfnass 5 Min. blanchieren, vgl. S. 53, oder in der Mikrowelle bei 600 Watt 3 Min. garen.
4. Mangoldstiele würfeln.
5. Restliche Mangoldblätter hacken.
6. Zwiebel pellen und würfeln.
7. Frühlingszwiebeln putzen, waschen und in Ringe schneiden, vgl. S. 44.
8. Schinken würfeln.
9. Parmesan reiben.
10. Eine Form einfetten und die Mangoldstiele und Zwiebelwürfel 10 Min. bei 180 °C im Backofen garen oder in der Mikrowelle bei 600 Watt 4 Min.
11. Crème double mit der Speisestärke, der Gemüsebrühe und dem Zitronensaft verrühren.
12. Für die Füllung Schinken, Frühlingszwiebeln und Parmesan in einer Schüssel mischen.

⚠️ Statt Mangold kann auch Wirsingkohl oder Chinakohl verwendet werden.
Die Mangoldpäckchen können auch in der Mikrowelle bei 600 Watt in 8 Min. gegart werden.

🍽️ Zur Putenbrust mit Kartoffelhaube gehört ein frischer Blattsalat.

❗ Die Kartoffeln für die „Putenbrust mit Kartoffelhaube" können in 5 Min. bei 600 Watt in der Mikrowelle gegart werden. Zu den Kartoffeln dann 5 EL Wasser zugeben.

Putenbrust mit Kartoffelhaube

500 g Putenbrust
400 g Salzkartoffeln
3 rote Zwiebeln
2 Bund glatte Petersilie
50 g Gouda
30 g Butter oder Margarine
2 EL Crème double
Salz, Pfeffer
Zitronensaft

Garzeit: 40 Min., davon 20 Min. Kochzeit für die Kartoffeln
Nährwert: 324 kcal, 1360 kJ
37 g E, 11 g F, 17 g KH

Vorbereitung
1. Putenbrust in kleine Scheiben schneiden.
2. Zwiebeln pellen und würfeln.
3. Petersilie waschen und hacken.
4. Käse raspeln.

Zubereitung
1. 10 g Butter erhitzen, die Hälfte der Zwiebeln zugeben und anbraten.
2. Putenbrust auf den Zwiebeln verteilen, pfeffern und 10 Min. garen.
3. Kartoffeln stampfen und mit der Petersilie mischen.
4. Restliche Zwiebelwürfel und Butter, Crème double und Käse zur Masse geben und gut verrühren, mit Salz, Pfeffer und Zitronensaft würzen.
5. Putenbrust in eine Auflaufform geben, Kartoffelmasse darauf verteilen.
6. Unter dem Grill 5 Min. überbacken.
7. Kurz stehen lassen und dann servieren.

Zubereitung Putenleber in Mangold

1. Schinken-Käse-Zwiebel-Masse auf die 8 Mangoldblätter verteilen, je eine Putenleber darauf legen, salzen und pfeffern.

2. Unteres Blatteil überschlagen, dann Seitenteile überklappen, aufrollen, zu den Mangoldstielen und Zwiebeln geben.

3. Die Soße (vgl. Vorbereitung 11.) zugeben, die gehackten Blätter unterrühren, würzen bei 180 °C 20 Min. backen.

Braten von Fischfilets oder ganzen Fischen

1. Fischfilet oder ganzen Fisch im Mehl-Salz-Gemisch wenden.

2. Fisch oder Filets in das heiße Fett legen und 3–5 Min. braten.

3. Fische oder Filets vorsichtig wenden und weitere 3–5 Min. braten.

Fisch pochieren (gar ziehen)

1. Zitronensaft und 1/2 TL Salz, evtl. Suppengemüse in 1 l kochendes Wasser geben.

2. Topf vom Herd nehmen und Fisch hineingeben.

3. 10–15 Min. ziehen lassen, Fisch herausnehmen und mit Soße anrichten.

Fisch im Gemüsebett dünsten (z. B. Kabeljau)

1. 300 g Gemüsestreifen in eine feuerfeste Form oder in die Fettpfanne vom Backofen legen.

2. 1/4 l Wasser zugießen.

3. 20 g Butter in Flöckchen draufsetzen.

4. Fisch auf das Gemüsebett legen und würzen.

5. Den Fisch im Backofen bei 200 °C ca. 20 Min. dünsten.

6. Fisch auf einer Platte servieren, das Gemüse rundherum anrichten.

FISCH

Backfisch

4 Fischfilets à 150 g (Seelachs, Lengfisch, Rotbarsch, Seeaal)
4 EL Zitronensaft
50 g Mehl
Für den Ausbackteig
2 Eier
150 g Mehl
1 EL Öl
175 ml helles Bier
oder ersatzweise Mineralwasser
Salz, Pfeffer

Garzeit: 4 Min. je Portion
Nährwert: 826 kcal, 3470 kJ
40 g E, 16 g F, 30 g KH

Vorbereitung
1. Fischfilets vorbereiten nach der 3-S-Methode, vgl. S. 53.
2. Für den Ausbackteig Eier trennen.
3. Eiklar mit 1 Prise Salz zu Eischnee schlagen.

Fischburger mit Dip

4 Stücke Seelachsfilet à 150 g
4 Baguettebrötchen
3–4 EL Mehl
1 Ei
100 g Semmelmehl
8 gewaschene Salatblätter
4 dünne Scheiben Schnittkäse (Scheibletten)
2 Tomaten in Scheiben
Für den Dip
125 g Vollmilchjoghurt
3–4 EL Crème fraîche
3–4 EL Tomatenketchup
Salz, Pfeffer

Garzeit: 5 Min.
Nährwert: 570 kcal, 2393 kJ,
45 g E, 20 g F, 56 g KH

Vorbereitung
1. Fischfilet vorbereiten nach der 3-S-Methode, vgl. S. 53.
2. Fischfilet panieren, vgl. S. 53.
3. Brötchen halbieren.
4. Für den Dip Joghurt, Crème fraîche und Ketchup verrühren, mit Salz und Pfeffer würzen.

Für die Herstellung von Backfisch gibt es auch fertige Ausbackteigmischungen, die nur noch mit Wasser angerührt zu werden brauchen.

Zu dem Backfisch passen ein Kartoffel-Gurken-Salat, vgl. S. 108, und Remoulade, vgl. S. 77.

Statt eines selbst hergestellten Joghurtdips kann auch ein fertiges Dressing verwendet werden.

Backfisch und Fischburger sind eine besonders beliebte Form, Kindern Fisch schmackhaft zu machen.

Zubereitung Backfisch

1. Eigelbe, Mehl, Öl, Bier, Pfeffer zum Teig rühren, Eischnee unterheben.

2. Fritteuse auf 150 °C erhitzen, Fischfilets in Mehl wenden.

3. Fischfilets durch den Teig ziehen und im heißen Fett 3–4 Min. goldbraun backen.

Zubereitung Fischburger mit Dip

1. Panierten Fisch von jeder Seite 2–3 Min. goldbraun braten.

2. Untere Brötchenhälften mit Joghurtdip bestreichen, Salat und Käse auflegen.

3. Heißen Fisch daraufsetzen, Tomatenscheiben auflegen und die obere Brötchenhälfte überklappen.

Fisch in Tomatensoße (chinesisch)

400 g Fischfilet (Seelachs, Lengfisch, Rotbarsch, Seeaal)
100 g Palmenherzen
oder 150 g Möhren
je 1 rote und gelbe Paprikaschote (300 g)
3 Frühlingszwiebeln
3 Knoblauchzehen
2½ TL Speisestärke
80 ml passierte Tomaten
1 EL brauner Zucker (ersatzweise weißer)
2 EL Apfelessig
2 EL helle Sojasoße
Öl zum Braten
Salz, Pfeffer

Garzeit: 15 Min.
Nährwert: 242 kcal, 1017 kJ
21 g E, 11 g F, 13 g KH

Vorbereitung
1. Fischfilet abspülen, trocknen und in Streifen (2,5 x 4 cm) schneiden.
2. Palmenherzen in einem Sieb kalt abspülen, abtropfen lassen und in Scheiben schneiden oder
3. Möhren schälen, waschen und in Scheiben schneiden, 4 Min. blanchieren, vgl. S. 53.
4. Paprika waschen und putzen, vgl. S. 42, und in Rauten schneiden.
5. Frühlingszwiebeln putzen und waschen, vgl. S. 44, und das Weiße in ca. 3 cm lange Stücke schneiden. Das restliche Grün in Ringe schneiden.
6. Knoblauch pellen und hacken.
7. 2 TL Speisestärke mit 2 EL Wasser verrühren, salzen.
8. Fischstücke unter die Speisestärkemischung geben und beiseite stellen.

⚠ Statt des Fischfilets können auch kleine ganze Fische, z. B. Sardinen, oder geschälte Garnelen verwendet werden.
Das Gericht ist auch als Resteverwertung für Fischfiletreste geeignet. Dazu werden die Fischfiletreste nicht noch einmal gebraten, sondern nur in der Gemüsetomatensoße erwärmt.

🛒 Palmenherzen gibt es nicht frisch, sondern nur in Konserven. Sie sind am ehesten mit Schwarzwurzeln zu vergleichen, die jedoch nur wenige Wochen im Jahr angeboten werden.

🍽 Zum Servieren den Fisch mit den grünen Zwiebelringen bestreuen.
Dazu passt am besten Reis.

Zubereitung Fisch in Tomatensoße

1. Passierte Tomaten, Zucker und Essig mit 4 EL Wasser verrühren.

2. ½ TL Speisestärke und Sojasoße unterrühren.

3. Fischstücke aus der Speisestärkemischung nehmen und im erhitzten Öl goldbraun braten.

4. Fisch herausnehmen und auf Küchenpapier abtropfen lassen, Öl bis auf ca. 1 EL ausgießen.

5. Gemüse und Knoblauch mit der Tomatensoße unter Rühren 4 Min. dünsten.

6. Mit Salz und Pfeffer abschmecken, Fischstücke zufügen und mit Petersilie bestreut servieren.

Pannfisch mit Senfsoße

600 g gemischtes Fischfilet, z. B. Seelachs, Rotbarsch, Lachs, Zander, Lengfisch
1 kg fest kochende Kartoffeln
3 EL Zitronensaft
150 g Butter
3 Eier
1/8 l Fischfond
3 EL körniger Senf
1 TL Essig
150 g Joghurt
Salz, Pfeffer
1 Prise Zucker
40 g Fett (Öl)
20 g Butterschmalz

Garzeit: 50 Min., davon 20 Min. Kochzeit für die Pellkartoffeln
Nährwert: 897 kcal, 3690 kJ
44 g E, 63 g F, 38 g KH

Zum Pannfisch passt hervorragend ein frischer Salat.

Pannfisch kann gut aus Fischfiletresten hergestellt werden.

Vorbereitung
1. Fischfilet in 3–4 cm große Stücke schneiden, evtl. Gräten entfernen, mit Zitronensaft beträufeln und stehen lassen.
2. Kartoffeln waschen und als Pellkartoffeln bissfest kochen, pellen und in 1/2 cm dicke Scheiben schneiden.
3. Butter würfeln und kalt stellen.

Anstelle der selbst zubereiteten Soße kann entweder eine Fertigsoße im Tetrapack oder eine aus der Tüte herzustellende Soße genommen werden.
Für Bratkartoffeln können auch tiefgekühlte oder vakuumverpackte Kartoffelscheiben verwendet werden.
Um den Fettgehalt zu verringern, kann die Senfsoße aus einer hellen Grundsoße, die mit Senf abgeschmeckt wird, hergestellt werden, vgl. S. 72.

Heilbuttkoteletts auf Gemüse

4 Heilbuttkoteletts à 150 g
2 Möhren
1 Lauchstange
Fett für die Auflaufform
Für die Marinade
1 TL Dijon-Senf
1/2 TL Salz, Pfeffer
6 EL Öl
1 Knoblauchzehe, gepresst
1 Bund Petersilie, gehackt
1/2 Bund Thymian, gehackt

Garzeit: 15 Min.
Nährwert: 421 kcal, 1770 kJ
33 g E, 38 g F, 3 g KH

Vorbereitung
1. Möhren und Lauchstange waschen und putzen, in 5 cm lange Streifen schneiden, bissfest blanchieren.
2. Zutaten für die Marinade verrühren, dabei das Öl langsam einrühren.
3. Fisch darin ziehen lassen.

Zubereitung
1. Gemüse in der gefetteten Auflaufform verteilen, Fischkoteletts und Marinade darauf geben.
2. Im Ofen ca. 12 Min. grillen.

Zubereitung Pannfisch mit Senfsoße

1. Eier, Fischfond, Senf und Essig verrühren und im Topf bis kurz vor dem Kochen aufschlagen.

2. Butter und Joghurt unterziehen, mit Salz, Pfeffer und 1 Prise Zucker abschmecken, warm stellen.

3. Öl erhitzen, Kartoffelscheiben knusprig braten, salzen und pfeffern, warm stellen, Pfanne auswischen.

4. Butterschmalz in der Pfanne erhitzen, Fischfiletstücke von jeder Seite 3–4 Min. braten.

5. Bratkartoffeln auf 4 Teller verteilen.

6. Fischfilet daneben legen und mit Soße übergießen.

FISCH

Fischfilet auf Tomatenreis

600 g Fischfilet (Waller, Catfisch)
1 Zwiebel
2 Knoblauchzehen
1 unbehandelte Zitrone
1 EL Olivenöl
300 g Schnellkochreis
100 ml Gemüsebrühe
100 ml Weißwein (ersatzweise Gemüsebrühe)
1 Dose Pizzatomaten (Füllmenge 400 g)
2 EL Kräuter der Provence
Salz, Pfeffer
50 g Butter

Garzeit: 30 Min.
Nährwert: 574 kcal, 2409 kJ
33 g E, 19 g F, 63 g KH

Vorbereitung
1. Zwiebel pellen und würfeln.
2. Knoblauch pellen, eine Zehe ganz fein hacken und eine Zehe in Scheiben schneiden.
3. Zitrone heiß abwaschen und trocknen, Schale in dünnen Streifen abziehen, Saft auspressen.

Fischfilet auf Spinatreis

600 g Fischfilet
1 Zwiebel
2 Knoblauchzehen
1 EL Olivenöl
300 g Schnellkochreis
100 ml Gemüsebrühe
100 ml Weißwein (ersatzweise Gemüsebrühe)
1 Paket tiefgefrorenen Spinat (200–300 g Blatt- oder Rahmspinat)
4 EL Sahne
Salz, Pfeffer
Saft von 1 Zitrone
Für den Dip
100 g Crème fraîche
1 EL Zitronensaft
Salz, Pfeffer

Garzeit 30 Min.
Nährwert: 581 kcal, 2440 kJ
40 g E, 18 g F, 61 g KH

Vorbereitung
1. + 2. Vgl. Vorbereitung für das Fischfilet auf Tomatenreis.

Zubereitung
1.+ 2. Vgl. Phasenfotos für das Fischfilet auf Tomatenreis.
3. Spinat unter den Reis rühren und 4 Min. köcheln lassen.
4. Sahne unterrühren, salzen und pfeffern.
5. Fischfilet auf dem Reis verteilen, mit dem Zitronensaft beträufeln und zugedeckt im Backofen bei 200 °C 15 Min. garen lassen.
6. Für den Dip Crème fraîche mit Zitronensaft, Salz und Pfeffer verrühren und zu dem Fischfilet auf Spinatreis reichen.

 Zu den Fischfilet-Rezepten passt ein frischer Salat.

Das Säuern des Fischfleisches ist notwendig, um das Fischfleisch etwas fester werden zu lassen (Eiweißdenaturierung).

Das Gericht lässt sich auch mit Kabeljau- oder Knurrhahnfilet zubereiten.

Zubereitung Fischfilet auf Tomatenreis

1. Öl in einem Bräter erhitzen, Zwiebel und gehackten Knoblauch darin glasig dünsten.

2. Reis hinzufügen, unter Rühren anschwitzen, mit Gemüsebrühe und ggf. Weißwein ablöschen, aufkochen.

3. Tomaten, Kräuter der Provence, Salz und Pfeffer zufügen.

4. Fisch auf dem Tomatenreis verteilen, mit dem Zitronensaft beträufeln, zugedeckt bei 200 °C 15 Min. garen.

5. Butter in einem Topf aufschäumen lassen, Zitronenstreifen und Knoblauchscheiben kurz braten.

6. Fisch und Tomatenreis auf Tellern anrichten und mit der Zitronenbutter beträufeln.

Fischröllchen (mit Olivenpaste oder Pesto)

6 doppelte Schollenfilets
Salz, Pfeffer
1 Zitrone, unbehandelt
250 g Reisnudeln
oder andere Nudeln
1½ TL Tapenade (Olivenpaste) oder Pesto
5 EL Olivenöl
1 Knoblauchzehe, halbiert
125 ml Weißwein
30 g Parmesan, frisch gerieben
1 Paket gemischte Kräuter, tiefgefroren
100 ml Gemüsebrühe
3 EL Crème fraîche
evtl. Minzeblättchen zum Garnieren

Garzeit: 15 Min.
Nährwert: 524 kcal, 2202 kJ
27 g E, 23 g F, 47 g KH

Vorbereitung
1. Schollenfilets waschen, trockentupfen und längs halbieren.
2. Filets pfeffern.
3. Zitrone heiß abwaschen und in Scheiben schneiden.

Reisnudeln werden wie Weizenmehlnudeln verwendet. Sie haben jedoch einen milderen Geschmack.
Tapenade gibt es fertig zu kaufen oder sie kann aus schwarzen Oliven, die püriert werden, Öl und Salz selbst hergestellt werden.

Anstelle von Schollenfilets können auch Rot- oder Atlantikzungenfilets verwendet werden.

Zubereitung Fischröllchen mit Olivenpaste

1. Reisnudeln im kochenden Wasser nach Packungsvorschrift kochen.

2. Schollenfilets dünn mit Tapenade bestreichen und von der dicken Seite aus aufrollen.

3. 2 EL Öl erhitzen und die Knoblauchhälften kurz anbraten, Zehen aus der Pfanne nehmen.

4. Röllchen mit der Nahtstelle nach unten im Knoblauchöl 2 Min. anbraten, wenden, 3 Min. weiterbraten.

5. Röllchen mit Weißwein ablöschen.

6. Reisnudeln in ein Sieb gießen und abtropfen lassen, mit Parmesan mischen.

7. Nudeln wieder in den Topf geben, Kräuter und 3 EL Olivenöl unterrühren.

8. Brühe und Crème fraîche in die Soße rühren, 2 Min. einköcheln lassen, mit Salz und Pfeffer abschmecken.

9. Reisnudeln mit den Schollenröllchen und Zitronenscheiben anrichten.

Kabeljauragout

400 g Kabeljaufilet
300 g grüne, tiefgefrorene Bohnen
2 EL Zitronensaft
200 ml Gemüsebrühe
2 EL Sojasoße
1 TL Curry
Salz, Pfeffer
2–3 Stiele Basilikum
150 g Sprossen, frisch
oder aus dem Glas

Garzeit: 5 Min.
Nährwert: 361 kcal, 1517 kJ
36 g E, 14 g F, 36 g KH

⚠ Das Ragout bekommt einen asiatischen Geschmack, wenn 120 ml ungesüßte Kokosmilch statt 100 ml Gemüsebrühe zugefügt werden. Für etwas mehr Schärfe 1 Chilischote vorbereiten, vgl. S. 42, in feinste Ringe schneiden und auf das Ragout streuen.

Vorbereitung

1. Fischfilets abwaschen und trockentupfen, 1 cm groß würfeln, mit Zitronensaft beträufeln.
2. Bohnen nach Packungsanweisung garen.
3. Gemüsebrühe mit Sojasoße und Curry verrühren, mit Salz und Pfeffer abschmecken.
4. Basilikum waschen, trocknen und die Blätter in Streifen schneiden.
5. Frische Sprossen waschen und abtropfen lassen.

🍽 Zum Kabeljauragout passt am besten gekochter Basmatireis oder Langkornreis.

❗ Dieses Gericht ist sehr leicht und ohne Chili für Schonkost geeignet. Außerdem ist es für Diabetiker verwendbar (3 BE).

Seelachs-Kartoffelpfanne

600 g Seelachsfilet, mit Zitronensaft beträufelt und in Streifen geschnitten
600 g Kartoffeln, vorwiegend fest kochend, in 3–4 cm Streifen geschnitten (wie Pommes frites)
2 rote Paprikaschoten (600 g), in dünne Streifen geschnitten
6 EL Öl
200 ml Gemüsebrühe
Salz, Pfeffer
1 TL Paprikapulver, edelsüß
Für den Dip
1 Bund Dill
1 Becher Schmand
2 EL Zitronensaft
Salz, Pfeffer

Garzeit: 30 Min.
Nährwert: 638 kcal, 2681 KJ
38 g E, 40 g F, 32 g KH

Vorbereitung

1. Für den Dip Dill waschen und klein schneiden, mit Schmand und Zitronensaft verrühren, salzen und pfeffern.

Zubereitung Kabeljauragout

1. Sprossen, Bohnen und Currysoße in einen Topf geben.

2. Fischwürfel in der heißen Currymischung 4 Min. gar ziehen lassen.

3. Mit dem Reis zusammen anrichten und mit Basilikum bestreuen.

Zubereitung Seelachs-Kartoffelpfanne

1. Kartoffeln und Paprika in 3 EL Öl anbraten, Brühe angießen, 15–20 Min. dünsten.

2. Fischstücke in 3 EL Öl anbraten, salzen, pfeffern und zum Gemüse geben, mit Paprika abschmecken.

3. Fisch-Kartoffelpfanne auf eine Platte geben und den Dillschmand obenauf verteilen.

Fisch-Gemüsepfanne

600 g Rotbarschfilet
4 Möhren (200 g)
2 kleine Fenchelknollen (500 g)
4 Frühlingszwiebeln (120 g)
1 Knoblauchzehe
4 Tomaten (250 g)
2 EL Öl
300 ml Gemüsebrühe
60 g Crème fraîche
Salz, Pfeffer
2 EL Zitronensaft

Garzeit: 15 Min.
Nährwert: 567 kcal, 2380 kJ
44 g E, 36 g F, 15 g KH

🍽 Zu der Fischpfanne passen Kartoffeln, Reis oder Baguette sowie ein frischer Salat.

⚠ Die Fischpfanne lässt sich so verändern, dass sie zu einem festlichen Essen wird. Dafür 4 EL Mandelblättchen in der Pfanne anrösten und die Soße mit einem Schuss Pernod (Anisschnaps) abschmecken.

Vorbereitung
1. Rotbarschfilet waschen und mit Küchenpapier trockentupfen, in nicht zu kleine Stücke schneiden.
2. Möhren schälen, waschen und schräg in dünne Scheiben schneiden.
3. Fenchel putzen und waschen.
4. Frühlingszwiebeln putzen und waschen, vgl. S. 44, in Ringe schneiden. Etwas Zwiebelgrün zur Dekoration beiseite legen.
5. Knoblauch pellen.
6. Tomaten häuten und entkernen, vgl. S. 42, in breite Spalten schneiden.

🍽 Den Rotbarsch zusammen mit Rucola und Kapern mit Reis oder Brot servieren.

Rotbarsch mit Rucola und Kapern

600 g Rotbarschfilet
2 EL Zitronensaft
1 Bund Rucola (50 g)
50 g Butter
2 Knoblauchzehen, gehackt
20 g Kapern
2 EL Fischfond
Salz, Pfeffer

Garzeit: 10 Min.
Nährwert: 391 kcal, 1642 kJ
36 g E, 25 g F, 5 g KH

Vor- und Zubereitung
1. Rotbarschfilet waschen und mit Küchenpapier trockentupfen, in nicht zu kleine Stücke schneiden, mit 1 EL Zitronensaft beträufeln.
2. Rucola waschen, putzen, trockenschütteln und grob hacken.
3. Butter in einer Pfanne zerlassen, Rucola, Knoblauchzehen und Kapern kurz darin garen.
4. Fischfond und 1 EL Zitronensaft zugeben, salzen und pfeffern.
5. Fischstücke salzen und pfeffern, auf den Rucola legen und auf jeder Seite 3 Min. garen.

Zubereitung Fisch-Gemüsepfanne

1. Fenchel längs halbieren, den Strunk entfernen, in dünne Spalten schneiden.

2. Öl in einer Pfanne erhitzen, Möhren, Fenchel und Frühlingszwiebeln anbraten, Knoblauch dazupressen.

3. Brühe angießen und Crème fraîche unterrühren.

4. Alles offen 3–4 Min. köcheln lassen, mit Salz und Pfeffer würzen.

5. Fischstücke auf das Gemüse geben, mit Zitronensaft beträufeln und 5 Min. garen.

6. Kurz vor Garzeitende die Tomaten zugeben, mit dem Grün der Frühlingszwiebeln bestreut servieren.

FISCH

Lachsschnitten im Sauerkrautmantel

600 g Lachsfilet (ohne Haut)
50 g Mehl
1 große Dose Sauerkraut
(Füllmenge 810 g)
250 g fest kochende Kartoffeln
1 Ei
1 Eigelb
Salz, Pfeffer
3 EL Öl
Für die Meerrettichsahne
100 g Sahne
2 TL geriebener Meerrettich
oder 100 g fertige Meerrettichsahne

Garzeit: 15 Min.
Nährwert: 562 kcal, 2361 kJ
37 g E, 38 g F, 19 g KH

Vorbereitung
1. Lachsfilet abspülen und trockentupfen, in 8 Stücke schneiden, mehlen.
2. Sauerkraut in ein Sieb geben und abspülen, gut abtropfen lassen.
3. Das Kraut mit einer Schere grob zerschneiden, in einem Küchentuch ausdrücken und in eine Schüssel geben.
4. Kartoffeln waschen, schälen und grob reiben, in einem Küchentuch ausdrücken und zum Sauerkraut geben.
5. Ei und Eigelb zufügen, verrühren und kräftig salzen und pfeffern.
6. Für die Meerrettichsahne die Sahne steif schlagen, den Meerrettich unterziehen, dann zu dem Fisch servieren.

Kartoffeln im Lachsmantel

300 g Räucherlachs
30 kleine gepellte Kartoffeln
200 g Gemüsezwiebeln, in Ringen
150 ml Gemüsebrühe
Salz, Pfeffer
2 Knoblauchzehen, gewürfelt
5 EL Olivenöl

Garzeit: 30 Min.
Nährwert: 225 kcal, 943 kJ
13 g E, 12 g F, 17 g KH

Zubereitung
1. Räucherlachs in Streifen schneiden und je einen Streifen um eine Kartoffel wickeln.
2. Gemüsezwiebeln in eine ofenfeste Form geben.
3. Gemüsebrühe zugießen.
4. Kartoffeln draufsetzen und kräftig mit Salz und Pfeffer würzen.
5. Knoblauch mit dem Olivenöl verrühren, über die Kartoffeln träufeln.
6. Bei 190 °C ca. 30 Min. überbacken.

🍽 Zu den Lachsschnitten passt Feldsalat mit Rote Bete und Vinaigrette.
Zu dem Lachssteak mit Zwiebelmus passt ein Gurken-Blattsalat mit Joghurtsoße.

⚠ Statt der Lachssteaks kann auch Lachsfilet oder das etwas preisgünstigere Waller- oder Steinbeißerfilet verwendet werden.

Lachssteak mit Zwiebelmus

4 Lachssteaks à 160 g
1 Bund Thymian
3 EL Zitronensaft
6 EL Olivenöl
500 g weiße Zwiebeln
20 g Butter
200 ml trockener Weißwein
oder Apfelsaft
Salz, Pfeffer
gemahlene Muskatnuss
3 Eigelb

Garzeit: 40 Min.
Nährwert: 609 kcal, 2557 kJ
40 g E, 44 g F, 7 g KH

Vorbereitung
1. Lachssteaks abspülen und trockentupfen.
2. Thymian waschen, trocknen und die Blättchen abstreifen.
3. Die Hälfte des Thymians mit Zitronensaft sowie 3 EL Öl verrühren und die Lachssteaks damit marinieren.
4. Zwiebeln pellen und fein würfeln.

Zubereitung
1. Butter erhitzen und die Zwiebeln darin glasig dünsten, mit Wein oder Apfelsaft ablöschen und 15 Min. einkochen lassen.
2. Salzen, pfeffern und mit Muskatnuss abschmecken, vom Herd nehmen.
3. Die Eigelbe unterrühren, den Rest des Thymians zugeben.
4. Vgl. Phasenfoto 2 und 3. Vor dem Backen im Ofen den Fisch mit dem Zwiebelmus bestreichen.

Zubereitung Lachsschnitten im Sauerkrautmantel

1. Sauerkrautmischung in 8 Portionen teilen und die Fischstücke damit umhüllen.

2. 3 EL Öl in einer Pfanne erhitzen und die Fischstücke bei mittlerer Hitze auf beiden Seiten je 2 Min. anbraten.

3. Fischstücke auf ein gefettetes Backblech legen und im Backofen bei 200 °C 10 Min. backen.

FISCH

Lachsragout in Sahnesoße

800 g Lachsfilet ohne Haut
1 unbehandelte Zitrone
150 ml Sahne
100 g Schalotten oder Zwiebeln
2 EL Butter
1/4 l trockener Weißwein
oder Fischbrühe
1/4 l Fischbrühe
450 g Crème double
Salz, Cayennepfeffer

Garzeit: 15 Min.
Nährwert: 920 kcal, 3865 kJ
41 g E, 77 g F, 5 g KH

Vorbereitung
1. Lachsfilet entgräten (kontrollieren!).
2. Lachsfilet in kleine Stücke schneiden.
3. Zitrone heiß abwaschen und trockenreiben, die Schale in dünnen Streifen abziehen, Saft auspressen.
4. Lachsfilet mit Zitronensaft säuern.
5. Sahne steif schlagen.
6. Schalotten oder Zwiebeln pellen und fein würfeln.

Lachsragout in Zitronen-Schnittlauch-Soße

800 g Lachsfilet ohne Haut
2 unbehandelte Zitronen
2 Bund Schnittlauch
150 ml Sahne
100 g Schalotten oder Zwiebeln
2 EL Butter
1/4 l trockener Weißwein
oder Fischbrühe
1/4 l Fischbrühe
450 g Crème double
Salz, Cayennepfeffer

Garzeit: 15 Min.
Nährwert: 926 kcal, 3889 kJ
41 g E, 77 g F, 5 g KH

Vorbereitung
1. Lachsfilet entgräten (kontrollieren!).
2. Lachsfilet in kleine Stücke schneiden.
3. Zitrone heiß abwaschen und trockenreiben, die Schale in dünnen Streifen abziehen, Saft auspressen.
4. Lachsfilet mit dem Saft von einer Zitrone säuern.
5. Schnittlauch waschen und in Röllchen schneiden.
6. Sahne steif schlagen.
7. Schalotten oder Zwiebeln pellen und fein würfeln.

Zu den Lachsragoutrezepten passen am besten (bunte) Bandnudeln und ein frischer Blattsalat.

Anstelle des Schnittlauchs in der Zitronen-Schnittlauch-Soße kann auch Sauerampfer in Streifen geschnitten verwendet werden.
Der hohe Fettgehalt der Sahnesoße kann reduziert werden, indem man anstelle von Crème double Sahne nimmt. Außerdem sollte bei den anderen Mahlzeiten am selben Tag auf besonders fettarme Speisen geachtet werden.

Zubereitung Lachsragout in Sahnesoße oder Zitronen-Schnittlauch-Soße

1. Butter in einem Topf zerlassen, Schalotten oder Zwiebeln darin andünsten.

2. Mit Weißwein oder Fischbrühe auffüllen und auf 1/3 einkochen lassen.

3. Crème double (und Zitronensaft) dazugeben, 3 Min. sämig einkochen, salzen und pfeffern.

4. Zitronenschale dazugeben.

5. Lachsfiletstücke einlegen und 5 Min. ziehen lassen.

6. Sahne (und Schnittlauch) zugeben und sofort servieren.

FISCH

Schellfisch mit Senfsoße

600 g Fischfilet
oder 1 ausgenommener Schellfisch
3 Möhren
¼ Knollensellerie
1 Stange Lauch
30 g Butter
2 EL Mehl
¼ l Gemüsebrühe
¼ l Milch
1–2 EL Senf, mittelscharf
Salz, Pfeffer
Muskatnuss, gemahlen
10 g Butter für die Form

Garzeit: 25 Min.
Nährwert: 589 kcal, 2472 kJ
39 g E, 44 g F, 13 g KH

 Senfsoße gibt es auch als Fertigprodukt.

Vorbereitung
1. Fisch vorbereiten, vgl. S. 53.
2. Möhren und Sellerie schälen und waschen, in feine Stifte schneiden.
3. Lauch putzen und waschen, vgl. S. 44, und in feine Ringe schneiden.
4. Möhren, Lauch und Sellerie 2 Min. blanchieren, vgl. S. 53.
5. Auflaufform mit Butter fetten.

Zu dem Schellfisch passen am besten Pellkartoffeln, die mit Dill vermischt werden. Das Gericht kann als festlicher Fischgang serviert werden.

Statt Schellfisch kann auch Kabeljau verwendet werden. Die Soße lässt sich durch Zugabe von Sahne anstelle der Milch veredeln. Aus optischen Gründen sollte grober Senf verwendet werden.

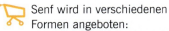 Senf wird in verschiedenen Formen angeboten:
- **Dijon-Senf** ist nach der französischen Stadt Dijon benannt. Es ist ein feiner, scharfer Senf, der aus fein oder grob vermahlenen Senfkörnern hergestellt werden kann.
- **Süßer Senf** ist vor allem in Bayern und Franken beliebt und wird aus grob vermahlenen Körnern und Zucker hergestellt.
- **Kräutersenf** ist ein normaler feiner Senf, der mit frischen Kräutern versetzt wurde. Eine dieser Senf-Mischformen ist z. B. Estragonsenf.
- **Mittelscharfer Senf** ist die beliebteste Sorte in Deutschland.
- **Rotisseursenf** ist ein grober Senf, der sehr hitzebeständig ist.

Senf lässt sich aus Senfmehl, Wasser und Essig selbst herstellen.

Zubereitung Schellfisch mit Senfsoße

1. Fisch in die gefettete Auflaufform legen.

2. Gemüse auf dem Fisch verteilen.

3. Form mit Alufolie bedecken und bei 200 °C 20 Min. im Backofen dünsten.

4. 30 g Butter zerlassen und Mehl darin anrösten, mit Brühe ablöschen, Milch dazugießen.

5. Soße mit Senf, Salz, Pfeffer und Muskatnuss abschmecken.

6. Fisch zusammen mit Dillkartoffeln anrichten.

FISCH

Forelle (Makrele) in Aluminiumfolie

4 küchenfertige Forellen
oder Makrelen
4 Tomaten (250 g)
1 Bund Frühlingszwiebeln
je 1 Bund Petersilie, Basilikum und
Estragon
Saft von 1 Zitrone
Salz, Pfeffer
ca. 40 g Butter

Garzeit: 30 Min.
Nährwert: 646 kcal, 646 kJ
100 g E, 24 g F, 8 g KH

Vorbereitung
1. Tomaten häuten, entkernen und vierteln, vgl. S. 42.
2. Frühlingszwiebeln putzen und waschen, vgl. S. 44, in Ringe schneiden.
3. Kräuter waschen und hacken.

🍽 Zu dem Fisch passen Salzkartoffeln mit Dill sowie ein frischer Blattsalat, vgl. S. 92.

⚠ Zusätzliche Würze bekommen die Fische, wenn die Alufolie mit Knoblauchbutter bestrichen wurde.

Die Forellen können auch mit 200 g Blattspinat (tiefgefroren) und Würzbutter gefüllt werden. Die Würzbutter wird aus 4 EL Kräuterbutter, 3 EL Mandelblättchen und 3 EL Zitronensaft hergestellt. Der Spinat wird vor der Verarbeitung kurz aufgekocht. Anschließend lässt man ihn abtropfen. Die Vor- und Zubereitung der Forellen erfolgt sonst wie bei den Forellen in Aluminiumfolie.

Zubereitung Forelle (Makrele) in Aluminiumfolie

1. Die ausgenommenen Forellen von innen am Rückgrat mit einem Messer aufritzen.

2. Die Bauchhöhle gründlich unter fließendem Wasser ausspülen.

3. Forellen trockentupfen, innen mit Zitronensaft beträufeln, innen und außen salzen und pfeffern.

4. Alufolie in 4 große Quadrate schneiden und die blanken Seiten mit ca. 20 g Butter bestreichen.

5. Tomatenviertel und Frühlingszwiebeln in die Bauchhöhle füllen.

6. Die gehackten Kräuter und 20 g Butter in Flöckchen über die Forellen geben.

7. Alufolie jeweils über den Fischen zusammenfalten, die Seiten fest zusammenrollen.

8. Die Enden nach oben klappen und die Forellen auf dem Rost im Backofen bei 200 °C 30 Min. garen.

9. Die Forellen in der Folie servieren.

FISCH

Seelachsfrikadellen

400 g Seelachsfilet
2 Zwiebeln
1/2 Bund Petersilie
1 Knoblauchzehe
1 Ei
3 EL Mehl
1 TL Salz
Pfeffer
2 EL Weißwein
3–4 EL Olivenöl

Garzeit: 10 Min.
Nährwert: 233 kcal, 978 kJ
21 g E, 14 g F, 6 g KH

Vorbereitung
1. Seelachsfilet waschen und trockentupfen.
2. Zwiebeln pellen und fein würfeln.
3. Petersilie waschen und hacken.
4. Knoblauch pellen und hacken.

Die Seelachsfrikadellen sind mit Kartoffelsalat ergänzt eine Hauptmahlzeit.
Aus dem Seelachsfischteig können ebenso wie bei der Rezeptur für Lachsfrikadellen kleine Frikadellen als Fingerfood geformt werden.

Statt Seelachs kann jedes andere Fischfilet verwendet werden. Es eignen sich ebenfalls Reste verschiedener roher Fische.

Lachsfrikadellen

400 g Lachsfilet
1 Schalotte
1 Bund Dill
2 Scheiben Toastbrot
1 Ei
Salz, Pfeffer
Butterschmalz zum Braten

Garzeit: 10 Min.
Nährwert: 283 kcal, 1190 kJ
21 g E, 19 g F, 7 g KH

Vorbereitung
1. Lachsfilet waschen und trockentupfen.
2. Schalotte pellen und fein würfeln.
3. Dill waschen und die kleinen Zweige abzupfen und hacken, dabei einige Zweige zurücklassen.

Zubereitung
1. Lachsfilet, Schalotte und Toastbrot durch einen Fleischwolf drehen.
2. Fischmasse mit Ei und Dill vermengen und mit Salz und Pfeffer abschmecken.
3. Sehr kleine Frikadellen formen.
4. Butterschmalz in einer Pfanne erhitzen, die Lachsfrikadellen von beiden Seiten ca. 3 Min. braten. Auf Küchenpapier abtropfen lassen.
5. Lachsfrikadellen jeweils mit einem kleinen Dillzweig dekorieren und anrichten.

Lachsfrikadellen eignen sich hervorragend als Fingerfood bei Empfängen und Festen.
Sie können auch auf einer ausgestochenen Toastbrotscheibe serviert werden.

Lachsfrikadellen können natürlich auch in der selben Größe geformt werden wie die Seelachsfrikadellen und als Hauptmahlzeit mit Kartoffel-Gurken-Salat serviert werden.

**** Beide Frikadellenarten lassen sich gut tiefgefrieren und bei Bedarf langsam auftauen bzw. in der Mikrowelle oder in der Pfanne erhitzen.

Fischfrikadellen können von allen Personengruppen gegessen werden. Sie sind fettärmer, wenn sie in einer beschichteten Pfanne gebraten werden.

Zubereitung Seelachsfrikadellen

1. Seelachsfilet durch einen Fleischwolf drehen, mit den Zwiebeln, Petersilie und Knoblauch mischen.

2. Zu der Fischmasse Ei, Mehl, Salz, Pfeffer und Weißwein geben, alles mischen, zu Frikadellen formen.

3. Öl in einer Pfanne erhitzen. Frikadellen von beiden Seiten je 5 Min. knusprig braten.

FISCH

Matjes mit Dörrobst

4 Matjesdoppelfilets
150 g Dörrobst (Backobst)
20 g Butter
1/4 l Kalbsfond oder Gemüsebrühe
Salz, Pfeffer

Garzeit: 10 Min.
Nährwert: 487 kcal, 2045 kJ
23 g E, 34 g F, 25 g KH

Vorbereitung
1. Dörrobst 1 Stunde in kaltem Wasser einweichen, dann abgießen und würfeln.
2. Butter würfeln und kalt stellen.

Ergänzt mit einem frischen Salat und Kartoffelpüree, vgl. S. 136, der mit 3 EL Meerrettich abgeschmeckt wird, ist der Matjes mit Dörrobst ein besonderes Hauptgericht zur Matjeszeit.

Statt Kartoffelpüree selbst herzustellen, kann ein Fertigprodukt verwendet werden, unter das zum Schluss der Meerrettich gerührt wird.

Matjes ist ein fetter Fisch, der in 100 g 285 kcal/1190 kJ enthält. Er ist natriumreich und sollte deshalb von Bluthochdruckkranken nur eingeschränkt gegessen werden.

Matjes in Apfelhonigmarinade

6 Matjesfilets
1 Möhre
2 Stangen Staudensellerie
200 ml Apfelsaft
200 ml Wasser
5 EL Apfelessig oder Obstessig
4 TL Honig
1 Gewürznelke
1 Lorbeerblatt, frisch
1 TL Senfkörner

Garzeit: 10 Min.
Nährwert: 542 kcal, 2275 kJ
31 g E, 40 g F, 18 g KH

Vorbereitung
1. Möhre schälen und waschen, klein schneiden.
2. Staudensellerie putzen und waschen, vgl. S. 44, und in Ringe schneiden.

Zubereitung
1. Aus Apfelsaft, Wasser, Essig, Möhre, Staudensellerie, Honig und Gewürzen einen Sud so lange kochen, bis ca. 1/3 der Menge verdampft ist, erkalten lassen.
2. Matjesfilets in mundgerechte Stücke schneiden.
3. Matjesstücke über Nacht im Sud ziehen lassen, dann servieren.

Zum Matjes in Apfelhonigmarinade passt Schwarzbrot, zu den Matjes Hausfrauenart Salzkartoffeln und ein frischer Salat.

Matjes nach Hausfrauenart

4 Matjesdoppelfilets
300 g Joghurt
1/8 l Sahne
3–4 EL Gurkenlake
300 g Äpfel
150 g Zwiebeln
200 g Gewürzgurken
Salz, Pfeffer

Nährwert: 480 kcal, 2014 kJ
25 g E, 36 g F, 15 g KH

Vorbereitung
1. Äpfel waschen, vierteln, Kerngehäuse entfernen und in dünne Scheiben schneiden.
2. Zwiebeln pellen und in dünne Ringe schneiden.
3. Gewürzgurken würfeln.

Zubereitung
1. Alle Zutaten bis auf die Matjes verrühren und abschmecken.
2. Matjesfilets in mundgerechte Stücke schneiden und in die Soße geben.

Matjes (Matjeshering) ist ein junger, noch nicht laichreifer Hering. Er wird von Mitte Mai bis Anfang Juni vor allem vor Schottland und Irland gefangen und dann möglichst noch am Fangtag leicht gesalzen. Deutsche und holländische Matjes sind meistens seegesalzen.
Der besondere Geschmack entsteht durch Enzyme, die in einem Rest des Heringsmagens weiterwirken.

Zubereitung Matjes mit Dörrobst

1. Gewürfeltes Dörrobst mit Kalbsfond oder Gemüsebrühe übergießen und auf 1/3 einkochen.

2. Butterwürfel nach und nach in die Soße einrühren, mit Salz und Pfeffer abschmecken.

3. Matjesfilets auf Meerrettichkartoffelpüree anrichten, Soße rundherum gießen.

Eier kochen

1. Das Ei mit einem Eier-Pieker oder einer Nadel auf der stumpfen Seite einstechen.

2. Das Ei in das kochende Wasser legen und je nach gewünschter Härte kochen oder Eierkocher einschalten.

3. Das Ei in kaltem Wasser abschrecken.

Eier pochieren

1. Salzwasser und 1 EL Essig zum Kochen bringen, 1 frisches Ei in einer Tasse aufschlagen.

2. Kochendes Wasser kräftig umrühren, in das drehende Wasser das Ei gleiten lassen.

3. Mit einer Schaumkelle das Ei herausnehmen.

Zubereitung Rührei

1. Eier mit einem Schneebesen verschlagen, mit Salz und Pfeffer würzen.

2. Butter oder Margarine in einer Pfanne zerlassen, Eimasse hineingeben.

3. Eimasse etwas stocken lassen und mit einem Löffel leicht hin und her schieben.

Eiklar zu Eischnee schlagen

1. Eier trennen, vgl. S. 48. Eiklar in eine fettfreie, hohe Schüssel geben.

2. 1 Prise Salz oder 1 TL Zucker oder 1 Spritzer Zitronensaft oder Essig zufügen.

3. Eiklar auf höchster Stufe schnittfest schlagen.

Eier in Senfsoße

8 Eier
40 g Butter oder Margarine
1/2 l Milch
40 g Mehl
2–3 EL Senf
glatte Petersilie zum Garnieren

Garzeit: 15 Min.
Nährwert: 345 kcal, 1449 kJ
19 g E, 24 g F, 14 g KH

Vorbereitung
1. Eier 10 Min. hart kochen, abschrecken und abpellen.
2. Eier halbieren.
3. Petersilie waschen und Blättchen abzupfen.

🍽 Zu den Eiern mit Senfsoße als Beilage Salzkartoffeln, vgl. S. 134, servieren.
Eierstich ist eine gute Suppeneinlage, z. B. für Hühnerbrühe. Eierstich lässt sich beliebig ausstechen, z. B. zu Ostern in Ei- oder Hasenform, zum Valentinstag oder zum Geburtstag in Herzform.

Schinken-Eier-Toast

1/8 l Gemüsebrühe
1 Schalotte oder Zwiebel
5 weiße Pfefferkörner
1 Lorbeerblatt
3 Eigelb
100 g gut gekühlte Butter
Salz, Pfeffer
4 Eier
4 Scheiben Toastbrot
4 Scheiben gekochter Schinken ohne Fettrand

Garzeit: 15 Min.
Nährwert: 486 kcal, 2043 kJ
25 g E, 37 g F, 16 g KH

Vorbereitung
1. Schalotte oder Zwiebel pellen und würfeln.
2. Gemüsebrühe mit den Schalotten- oder Zwiebelwürfeln, den Pfefferkörnern und dem Lorbeerblatt einkochen lassen.

Zubereitung
1. Eigelbe in einem Wasserbadtopf verquirlen, Würzflüssigkeit dazugeben und dick schaumig aufschlagen.
2. Butterflöckchen unterschlagen.
3. Mit Salz und Pfeffer abschmecken.
4. Eier pochieren, vgl. S. 198.
5. Toastscheiben toasten und danach mit je 1 Scheibe Schinken und 1 Ei belegen.
6. Auf Tellern anrichten und mit der Soße übergießen.
7. Unter dem Grill 4 Min. überbacken.

Eierstich

2 Eier, groß
1/8 l Milch
Salz nach Geschmack
Fett zum Ausfetten der Form

Garzeit: 60 Min.
Nährwert: 62 kcal, 259 kJ
4 g E, 4 g F, 2 g KH

Vorbereitung
1. Glattwandige Form ausfetten.

Zubereitung
1. Die Eier und die Milch miteinander verquirlen, mit Salz würzen.
2. Eiermilch in eine glattwandige und eingefettete Form gießen.
3. Form gut mit Aluminiumfolie verschließen, Ränder festdrücken.
4. Die Form in einen Topf, der mit heißem Wasser gefüllt ist, stellen, vgl. S. 55.
5. Bei geringer Hitze ca. 1 Std. stocken lassen, herausnehmen und stürzen.
6. Eierstich erst in fingerdicke Scheiben, dann in Rauten schneiden.

❗ Die Eierstichform sollte unten mit einem Rand versehen werden, damit der Boden des Topfes nicht berührt wird. Aus einem Aluminiumstreifen kann auch ein Ring geformt werden, der auf den Topfboden gelegt wird.
Die Eierstichform muss mindestens zur Hälfte in heißem Wasser stehen. Wenn das Wasser kocht, wird der Eierstich zu grobporig.

Zubereitung Eier in Senfsoße

1. Grundsoße zubereiten, vgl. Phasenfotos 1–6 S. 72, Senf zugeben.

2. Eierhälften auf einem Teller anrichten.

3. Soße über die Eier gießen, mit Petersilie garnieren.

Pfannkuchen

150 g Mehl
3 Eier
1 Prise Salz
3/8 l Milch
Zum Backen
80 g Margarine oder Butter

Garzeit: 6 Min. je Pfannkuchen
Nährwert: 405 kcal, 1701 kJ
13 g E, 25 g F, 32 g KH

Mit Apfelkompott, Früchten oder Zimtzucker servieren. Füllungen für Pfannkuchen vgl. S. 202 (Crêpes).

Es kann Mehl der Typen 550 oder 1050 oder Vollkornmehl verwendet werden. 1/8 l Milch kann durch Mineralwasser ersetzt werden, dadurch wird der Pfannkuchen lockerer. Er lässt sich auch als Suppeneinlage verwenden, vgl. S. 60.

Pfannkuchen werden lockerer, wenn das Eiklar als Eischnee untergehoben wird.

Zubereitung Pfannkuchen

Früchtepfannkuchen

1 Grundrezept Pfannkuchen
Zusätzlich:
500 g Heidelbeeren
oder 500 g entsteinte Sauerkirschen
oder 500 g entsteinte, geviertelte Pflaumen
oder in Spalten geschnittene Äpfel

Garzeit: 6 Min. je Pfannkuchen
Nährwert 513 kcal, 2155 kJ
14 g E, 25 g F, 56 g KH

Zubereitung
1. Pfannkuchen wie Phasenfotos 1–4 herstellen.
2. 1/4 des Obstes auf den Teig verteilen.
3. Pfannkuchen mit Hilfe eines Topfdeckels, der so groß ist wie die Pfanne, wenden; dazu den Deckel auf den Pfannkuchen legen, leicht andrücken, Pfanne und Deckel drehen und den Pfannkuchen vom Deckel wieder in die Pfanne gleiten lassen.
4. Zweite Seite goldbraun backen. Vor dem Servieren mit Zucker bestreuen.

Kaiserschmarrn

80 g Mehl
1/8 l Milch
2 Eigelb
1 TL Zucker
3 EL Rosinen
2 Eiklar
Zum Backen
2 EL Butter oder Margarine

Garzeit: 10 Min.
Nährwert 225 kcal, 944 kJ
5 g E, 18 g F, 9 g KH

Zubereitung
1. Mehl, Milch, Eigelb, Zucker und Rosinen zu einem Teig verrühren.
2. Das Eiklar steif schlagen und unter den Teig heben.
3. 1 EL Butter auf mittlerer Stufe erhitzen. Teig hineingießen
4. Von beiden Seiten goldbraun backen.
5. In der Pfanne mit zwei Gabeln in mundgerechte Stücke reißen.
6. 1 EL Butter hinzufügen und nochmals ca. 3 Min. backen lassen.
7. Mit Puderzucker bestäuben.

1. Mehl, Eier und eine Prise Salz in die Schüssel geben.

2. Milch unter Rühren hinzugeben. Den Teig 30 Min. ruhen lassen, damit das Mehl ausquillt.

3. Fett in einer Pfanne auf mittlerer Stufe erhitzen.

4. Beim Eingießen des Teiges die Pfanne drehen, Boden gleichmäßig bedecken.

5. Pfannkuchen goldbraun backen, mit einem Bratenwender wenden.

6. Pfannkuchen von der anderen Seite goldbraun backen.

EIER

Palatschinken mit Powidl

12 Crêpes, vgl. S. 202
Für die Füllung
500 g Pflaumenmus
2–3 EL Zwetschgenwasser
100 g flüssige Butter
50 g Puderzucker

Garzeit: 15 Min.
Nährwert 518 kcal, 2176 kJ
7 g E, 24 g F, 63 g KH

Zubereitung
1. Pflaumenmus und Zwetschgenwasser verrühren, auf die Crêpes verteilen.
2. Die Crêpes aufrollen, nebeneinander in eine gebutterte, feuerfeste Form legen.
3. Mit der flüssigen Butter bestreichen.
4. Die Form in den auf 225 °C vorgeheizten Backofen stellen.
5. Die Palatschinken ca. 10 Min. darin backen lassen.
6. Mit Puderzucker bestäuben.

Powidl ist der österreichische sowie tschechische Ausdruck für Pflaumenmus.

Das Zwetschgenwasser kann bei der Herstellung auch weggelassen werden. Es ist eine besondere Variante für festliches Essen.

Pfannkuchen auf indische Art

1 Grundrezept Pfannkuchenteig, vgl. S. 200
2 TL Curry
4 EL Butter oder Margarine
Für die Füllung
400 g gegartes Hähnchenfleisch
30 g Butter
2 TL Curry
1 große Banane
je 50 g entsteinte Kaiserkirschen, entsteinte Reineclauden, Mandarinenspalten, Ananasstückchen, aus der Dose
etwas Zitronensaft
4 EL Mandelblätter

Garzeit: 30 Min.
Nährwert 719 kcal, 3021 kJ
45 g E, 26 g F, 76 g KH

Vorbereitung
1. Pfannkuchenteig mit Curry herstellen und backen, vgl. S. 200.
2. Hähnchenfleisch in Stücke schneiden.
3. Mandelblätter rösten.
4. Banane schälen, in Scheiben schneiden, mit dem Zitronensaft beträufeln.

Zubereitung
1. Butter schmelzen, Hähnchenfleisch darin anbraten, mit 1 TL Curry bestäuben.
2. Obst zum Fleisch geben, durchschwitzen lassen.
3. Mit 1 TL Curry würzen.
4. Eierkuchen mit der Fleisch-Obst-Mischung füllen.
5. Mit den Mandeln bestreuen.

Pfannkuchenröllchen

1 Grundrezept Pfannkuchenteig, vgl. S. 200
6–8 in Öl eingelegte Tomaten
1–2 Knoblauchzehen
400 g Doppelrahmfrischkäse
abgeriebene Zitronenschale
Salz, Pfeffer
Basilikumblätter zum Garnieren

Garzeit: 6 Min. je Pfannkuchen
Nährwert: 364 kcal, 1530 kJ
8 g E, 13 g F, 52 g KH

Vorbereitung
1. Pfannkuchen backen, vgl. S. 200.
2. Tomaten sehr fein würfeln.
3. Knoblauch pellen und fein hacken.
4. Basilikumblätter waschen.

Zubereitung
1. Tomaten, Knoblauch, Frischkäse, Zitronenschale, Salz und Pfeffer vermischen, abschmecken.
2. 1/4 der Käsemasse auf einen Pfannkuchen streichen.
3. Pfannkuchen aufrollen, mit Klarsichtfolie umhüllen, kalt stellen.
4. Pfannkuchenröllchen aus der Folie wickeln, mit einem scharfen Messer in 3 cm breite Scheiben schneiden und mit Basilikumblättern anrichten.

Zu den Pfannkuchenröllchen passt ein frischer Salat. Sie können gut als Snack oder auf einem Büfett serviert werden.

Als Füllung kann auch ein fertiger Kräuterfrischkäse verwendet werden.

Palatschinken mit Powidl

Pfannkuchen auf indische Art

Pfannkuchenröllchen

Crêpes aus Frankreich

80 g Mehl
oder 70 g Vollkornmehl
2 Eier
1/4 l Milch
1 TL Zucker
1 Prise Salz
Zum Backen:
80 g Margarine oder Butter

Garzeit: 3 Min. je Crêpe
Nährwert 303 kcal, 1272 kJ
8 g E, 20 g F, 18 g KH

Zubereitung

1. Vgl. Zubereitung Pfannkuchen, S. 200. Es wird nur pro Crêpe weniger Teig in die Pfanne gegeben.

! Das A und O beim Crêpes-Backen ist das Schwenken der Pfanne – nur so kann sich der Teig gleichmäßig hauchdünn verteilen.

Süße Crêpes

Früchtecrêpes
Crêpes mit Früchtekompott und Vanilleeis füllen. Mit Krokant bestreuen, vgl. S. 224.

Bananencrêpes
Crêpes mit in Butter gebratenen Bananenscheiben füllen. Kokosraspeln darüberstreuen.

Zitronencrêpes
Crêpes mit Zitronensaft beträufeln, mit gehackten Pistazien bestreuen und mit Zitronenscheiben garnieren.

Apfelcrêpes
Crêpes mit in Butter gebratenen Apfelschnitzen und Sultaninen füllen. Mit Calvados beträufeln und mit gehobelten Mandeln bestreuen.

Schokocrêpes
Crêpes mit einer Schokosoße servieren. Dafür 50 g Zartbitterschokolade im heißen Wasserbad schmelzen und 3 EL Crème double unterrühren.

Pikante Crêpes

Grundrezept Crêpes, ohne Zucker.

Thunfischcrêpes
Crêpes mit zerpflücktem Thunfisch füllen, mit Zwiebelringen und Dill garnieren.

Gemüsecrêpes
Crêpes mit Frühlingsgemüse füllen und mit Brunnenkresse garnieren.

Hackfleischcrêpes
Crêpes mit gebratenem Hackfleisch, Paprikawürfeln und Zwiebeln füllen, mit Paprika und Petersilie garnieren.

Hühnerfrikasseecrêpes
Crêpes mit Hühnerfrikassee füllen, mit Zitronenspalten und Kerbel garnieren.

Spinatcrêpes
Crêpes mit Spinat und Schafskäse füllen.

Spargelcrêpes
Crêpes mit gegartem Spargel füllen und in eine Auflaufform geben, mit Tomatenscheiben belegen. Käse überstreuen und im Ofen überbacken.

Süße Crêpes / pikante Crêpes

Omeletts

12 Eier
1/4 TL Salz
Zum Backen:
40 g Butter

Garzeit: 5 Min. je Omelett
Nährwert 281 kcal, 1182 kJ
17 g E, 23 g F, 1 g KH

🍽 Omeletts sofort nach der Zubereitung servieren. Süße Omeletts können als Dessert, salzige als Hauptgericht mit einem frischen Salat als Beilage gereicht werden.

❗ Omeletts werden besonders locker und voluminös, wenn das Eigelb mit dem Salz verschlagen wird und das Eiklar als Schnee untergehoben wird.

⚠ Für süße Omeletts können die gleichen süßen Füllungen verwendet werden wie für Crêpes, vgl. S. 202.

Süße Omeletts

Konfitürenomelett
Konfitüre – vorzugsweise Himbeer- oder Erdbeerkonfitüre – auf das Omelett streichen, zusammenklappen.

Apfelmusomelett
Apfelmus auf das Omelett geben, zusammenklappen, mit Apfelspalten, die in Zitrone mariniert wurden, servieren.

Pikante Omeletts

Käseomelett
Omelett mit geriebenem Emmentaler füllen und mit etwas geriebenem Emmentaler garnieren.

Kräuteromelett
Gehackte Petersilie, Salbei und Basilikum unter die Eier rühren, auf dem Teller mit ganzen Kräuterblättern garnieren.

Spargelomelett
Spargel blanchieren, in Butter schwenken, mit Salz und Pfeffer würzen und vor dem Einschlagen auf das Omelett geben, mit gehacktem Kerbel garnieren.

Krabbenomelett
Krabben in Butter schwenken, auf das Omelett geben, einschlagen und mit Dillspitzen garnieren.

Spanische Omeletts

12 Eier
1/4 TL Salz
40 g Butter zum Backen
2 Frühlingszwiebeln, in Ringen
1/2 gelbe Paprikaschote, in Streifen
1 Knoblauchzehe, gepellt
2 EL Olivenöl
250 g Tomatenpüree
50 ml Gemüsebrühe
Salz, Pfeffer, Tabasco
4 EL geriebener Käse

Garzeit: 30 Min.
Nährwert 458 kcal, 1923 kJ
27 g E, 37 g F, 4 g KH

Zubereitung
1. Öl erhitzen und das Gemüse 3 Min. darin dünsten.
2. Knoblauchzehe dazupressen.
3. Mit Tomatenpüree und Gemüsebrühe aufgießen, 5 Min. einkochen, abschmecken.
4. Omeletts zubereiten, vgl. Phasenfotos 1–5, eine Hälfte mit Käse bestreuen, zusammenklappen.
5. Omeletts mit dem Gemüse anrichten.

Zubereitung Omeletts

1. Eier in einer Schüssel aufschlagen, salzen.

2. Butter in der Pfanne erhitzen, Eimasse für ein Omelett hineingeben.

3. Masse leicht verschieben, damit sich frisches und gestocktes Ei vermischen.

4. Wenn sich eine feste Eischicht gebildet hat, das Omelett vorsichtig umschlagen.

5. Pfanne schräg halten, Omelett zum Rand gleiten lassen und auf den Teller stürzen.

6. Omelett garnieren.

Orangensoufflé

175 ml Milch
40 g Butter
4 EL Mehl
3 Eier
40 ml Orangenlikör
oder 1 TL Orangenaroma
Schale einer ungespritzten Orange
1 EL Puderzucker
Fett für die Form

Garzeit: 30 Min.
Nährwert 272 kcal, 1141 kJ
7 g E, 14 g F, 28 g KH

Zubereitung
1. Milch in einem Topf zum Kochen bringen, Butter und Mehl vermengen und in die heiße Milch rühren.
2. Alles noch einmal aufkochen.
3. Eier trennen.
4. Eigelbe nach und nach unterrühren.
5. Orangenlikör und die geriebene Orangenschale zugeben.
6. Eiklar mit Puderzucker zu Schnee schlagen.
7. Eischnee vorsichtig unter die Eigelbmasse heben.
8. Alles in die gefettete Auflaufform geben und in den auf 180 °C vorgeheizten Backofen stellen.
9. Ca. 30 Min. backen, mit Puderzucker bestäuben und sofort servieren.

Polentasoufflé

500 ml Gemüsebrühe
150 g Polenta (Maisgrieß)
1 durchgepresste Knoblauchzehe
Salz, Pfeffer
3 Eier
300 g kleine Champignons
1/2 Bund glatte Petersilie
1/2 Bund Dill
2 EL geriebener Käse (25 g)
30 g Butter
1 TL Zitronenschale
1 EL Zitronensaft
Fett für die Form

Garzeit: 30 Min.
Nährwert: 301 kcal, 1263 kJ
7 g E, 18 g F, 29 g KH

Vorbereitung
1. Gemüsebrühe aufkochen und die Polenta einrühren, ohne Hitzezufuhr 20 Min. ausquellen lassen.
2. Mit Knoblauch, Salz und Pfeffer würzen.
3. 2 Eier trennen, Eiweiß mit 1 Prise Salz steif schlagen.
4. Champignons putzen, vgl. S. 45.
5. Petersilie und Dill waschen und hacken.
6. Omelettförmchen oder eine Auflaufform ausfetten.

Zubereitung
1. 1 Ei und 2 Eigelb unter die Polentamasse ziehen.
2. Eischnee und geriebenen Käse unter die Masse ziehen.
3. Masse in die Förmchen oder Form füllen, in einen Bräter mit wenig kochendem Wasser stellen, im vorgeheizten Ofen bei 200 °C 20–25 Min. backen.
4. Butter in einer Pfanne zerlassen und die Champignons darin braten, bis alle Flüssigkeit verdampft ist.
5. Petersilie, Dill, Zitronenschale und Zitronensaft zugeben.
6. Mit Salz und Pfeffer würzen.
7. Soufflé aus den Förmchen stürzen und mit den Champignons servieren.

Das Polentasoufflé kann auch mit tiefgefrorenen Rahmpilzen serviert werden.

Soufflés müssen sofort serviert werden, weil sie sonst zusammenfallen.
Das Polentasoufflé ist nach dem Backen aufgrund der stärkehaltigen Polenta etwas stabiler. Es kann ergänzt mit einem frischen Salat als Hauptgericht oder Abendessen serviert werden.
Das Orangensoufflé ist ein Dessert.

Das Polentasoufflé kann anstelle von Maisgrieß mit Hartweizengrieß zubereitet werden.
Die Champignons können durch andere Pilze, z. B. Austernpilze, Steinpilze oder Kräuterseitlinge, ersetzt werden.

Für Soufflés müssen absolut frische Eier verwendet werden.
Polenta gibt es in unterschiedlichen Angebotsformen:
- fertig zubereitet in Folie aus dem Kühlregal in Supermärkten,
- als Instant-Produkt zum problemlosen Einrieselnlassen mit verkürzter Quellzeit.

Es werden auch zahlreiche Polentamischungen angeboten, die mit getrockneten Pilzen oder Kräutern vermischt sind.

Orangensoufflé

Polentasoufflé

Tortilla

800 g Kartoffeln, vorwiegend
fest kochend
2–3 Knoblauchzehen
7 EL Olivenöl
Salz, Pfeffer
8 Eier

Garzeit: 25 Min.
Nährwert 486 kcal, 2040 kJ
32 g E, 18 g F, 32 g KH

Vorbereitung
1. Kartoffeln schälen, waschen und in dünne Scheiben schneiden.
2. Knoblauchzehen schälen und fein hacken.
3. 3 EL Öl erhitzen.
4. Kartoffelscheiben darin anbraten, mit Knoblauch, Salz und Pfeffer bestreuen.
5. Ca. 10 Min. bei geschlossenem Deckel dünsten, dabei zwischendurch die Pfanne schütteln.
6. Deckel abnehmen, die Kartoffelscheiben goldbraun braten und herausnehmen.

Tortillafüllungen

Tortilla mit Zucchini
Die Zucchini in Scheiben schneiden und mit 1 gehackten Zwiebel und 1 gehackten Knoblauchzehe anbraten, mit Thymian würzen.

Tortilla mit Frühlingsgemüse
Junges Frühlingsgemüse nach Wahl (Möhren, Spargel, Erbsen) in Öl andünsten, mit gehackter Petersilie bestreuen.

Tortilla mit Thunfisch
Kartoffelscheiben und 2 in Scheiben geschnittene Zwiebeln vorbraten, 100 g Erbsen (TK) hinzugeben und zum Schluss 200 g Thunfischstücke aus der Dose darübergeben.

Tortilla mit Spinat
Kartoffelscheiben mit 1 gehackten Zwiebel und 1 gehackten Knoblauchzehe anbraten, nach 10 Min. ca. 200 g geputzten jungen Spinat dazugeben.

Für Tortilla können auch vakuumverpackte, in Scheiben geschnittene Kartoffeln verwendet werden.

Tortilla muss frisch serviert werden. Ergänzt wird sie durch einen Blattsalat. Kalt, in Würfel geschnitten, kann sie als Snack oder auf einem Büfett serviert werden.

Statt der Kartoffeln können andere Gemüsesorten zugegeben werden. Das verwendete Gemüse (600–800 g) muss immer bissfest vorgegart sein, bevor es mit den Eiern vermischt wird.

Tortilla wird in recht viel Öl gebraten. Damit sie nicht so fettig ist, kann sie nach dem Braten kurz auf ein Haushaltspapier gelegt werden.

Zubereitung Tortilla

1. Eier in einer Schüssel schaumig schlagen.

2. 2 EL Öl in der Pfanne erhitzen und Kartoffeln anbraten, Eier darüber gießen, 4–5 Min. stocken lassen.

3. Auf den Pfannendeckel gleiten lassen, 2 EL Öl in die Pfanne geben, Tortilla hineingeben, bräunen lassen.

Tortilla mit Zucchini

Tortilla mit Frühlingsgemüse

Tortilla mit Thunfisch

EINTÖPFE UND AUFLÄUFE

Chili con Carne

2 Zwiebeln
2 Knoblauchzehen
200 g Möhren
2 Staudenselleriestangen (150 g)
2 rote Chilischoten
1 Bund Petersilie
2 EL Olivenöl
400 g Rinderhackfleisch
Salz, Pfeffer
5 EL Tomatenmark
600 ml Gemüsebrühe
1 Dose Kidney-Bohnen (250 g)

Garzeit: 20 Min.
Nährwert: 378 kcal, 1588 kJ
30 g E, 22 g F, 15 g KH

Als Beilage passt ein kräftiges Bauernbrot. Das Chili kann auch mit saurer Sahne oder Schmand serviert werden, indem auf jeden Suppenteller 1 EL Schmand gegeben wird.

Vorbereitung
1. Zwiebeln und Knoblauch pellen, Zwiebeln würfeln.
2. Möhren schälen, waschen und in Stifte schneiden.
3. Selleriestangen putzen und waschen, in Ringe schneiden, vgl. S. 44.
4. Chilischoten putzen, waschen und klein schneiden, vgl. S. 42.
5. Petersilie waschen und hacken.

Chili lässt sich auch ohne Hackfleisch als Chili sin Carne herstellen. Zusätzlich kann dann eine Dose Maiskörner zugegeben werden.
Wenn von dem Chili etwas übrig bleibt, kann es mit passierten Tomaten aufgekocht und als Soße zu Nudeln serviert werden. Darüber kann noch geriebener Käse gestreut werden.

Baked Potato mit Chili und Dip

4 große Folienkartoffeln, vgl. S. 135
1 Rezept Chili con Carne, vgl. linke Spalte, allerdings nur mit 450 ml Gemüsebrühe zubereitet, damit es dickflüssiger wird
Für den Dip
150 g saure Sahne
1 durchgepresste Knoblauchzehe
Salz, Pfeffer

Zubereitung
1. Kartoffeln aufschneiden und etwas Chili con Carne hineingeben.
2. Zutaten für den Dip verrühren. Dip über die Kartoffeln geben und servieren.

Garzeit: 60 Min. für die Baked Potato
Nährwert: 559 kcal, 2347 kJ
35 g E, 26 g F, 45 g KH

Zubereitung Chili con Carne

1. Öl in einem Topf erhitzen, Zwiebeln und Chilischoten zugeben.

2. Hackfleisch zugeben und unter Rühren kräftig 5 Min. anbraten.

3. Gemüse zugeben und mit Salz und Pfeffer würzen.

4. Knoblauch dazupressen und Tomatenmark zugeben, umrühren.

5. Gemüsebrühe zufügen und alles vermischen, ca. 10 Min. garen lassen.

6. Abgetropfte Bohnen zugeben, erwärmen, nochmals abschmecken und mit der gehackten Petersilie servieren.

Gemüseeintopf mit Käseklößchen

1 Ei
50 g geriebener Parmesan
20 g Butter
25 g Semmelmehl
Salz
700 ml Gemüsebrühe, instant
250 g dicke Bohnen, frisch oder tiefgefroren
400 g Erbsen, frisch oder tiefgefroren
250 g Lauch, frisch oder tiefgefroren
150 g Möhren, frisch oder tiefgefroren
1 Zwiebel
2 Tomaten
10 g Öl
80 g gewürfelter, durchwachsener Speck

Garzeit: 25 Min.
Nährwert: 429 kcal, 1801 kJ
26 g E, 20 g F, 35 g KH

Die Rezeptvariation mit tiefgefrorenem Gemüse ist ein blitzschnelles Rezept, weil kaum Vorbereitungsarbeiten anfallen. Anstelle der Käseklößchen können auch fertige Hack- oder Mehlklößchen verwendet werden.

Soll der Eintopf als vegetarisches Gericht zubereitet werden, ist der Speck zu streichen.

Vorbereitung
1. Ei mit Parmesan, Butter, Semmelmehl und Salz verkneten, Klößchen daraus formen.
2. 500 ml Brühe erhitzen, Klößchen darin 10 Min. gar ziehen lassen.
3. Frische Bohnen und Erbsen aus der Schale palen, Bohnen und Erbsen blanchieren, vgl. S. 53. Tiefgefrorene Bohnen und Erbsen auftauen lassen.
4. Lauch putzen und waschen, vgl. S. 44, tiefgefrorenen Lauch auftauen lassen.
5. Möhren schälen, waschen, tiefgefrorene Möhren auftauen lassen.
6. Lauch und Möhren in Scheiben bzw. Ringe schneiden.
7. Zwiebel pellen und würfeln.
8. Tomaten waschen und achteln.

Zu dem Eintopf passt Ciabatta oder Baguette oder Bauernbrot. Alle Brotscheiben sollten geröstet und bei Bedarf mit einer Knoblauchzehe und/oder etwas Olivenöl eingestrichen werden.

Palbohnen sind normale Bohnen, die geerntet werden, wenn sie den Zustand der „Milchreife" haben, d. h., sie sind noch nicht fest, sondern zart und weich. Palbohnen kauft man entweder in der Hülse und palt (Auslösen aus der Schale) sie selbst oder kauft sie schon ausgelöst. Für 250 g Palbohnen werden 1 kg Bohnenhülsen benötigt. Wie alle Bohnen dürfen sie nicht roh gegessen werden.

Palbohneneintopf

80 g Frühstücksspeck
6 Zwiebeln
4 Knoblauchzehen
4 Tomaten
1 Bund glatte Petersilie
60 ml Olivenöl
500 g Palbohnenkerne
1,5 l Geflügelbrühe
Salz, Pfeffer

Garzeit: 35 Min.
Nährwert: 590 kcal, 2477 kJ
35 g E, 24 g F, 58 g KH

Vorbereitung
1. Frühstücksspeck in Streifen schneiden.
2. Zwiebeln pellen und sechsteln.
3. Knoblauch pellen.
4. Tomaten waschen und abziehen, vgl. S. 42.
5. Petersilie waschen und grob hacken.

Zubereitung
1. Öl erhitzen und Frühstücksspeck und Zwiebeln darin andünsten.
2. Knoblauch und Bohnen zugeben.
3. Mit der Brühe aufgießen.
4. Alles bei milder Hitze 30–35 Min. kochen lassen.
5. 5 Minuten vor Ende der Garzeit die Tomaten und Petersilie zugeben.
6. Mit Salz und Pfeffer abschmecken.

Zum Palbohneneintopf passen Weißbrot oder Bauernbrot.

Zubereitung Gemüseeintopf mit Käseklößchen

1. Öl erhitzen, Speck zugeben und Zwiebelwürfel andünsten.

2. Alles andere Gemüse (außer den Tomaten) zugeben, 200 ml Brühe angießen und garen.

3. Nach 10 Min. Tomatenachtel und die Käseklößchen zugeben, 4 Min. ziehen lassen, servieren.

EINTÖPFE UND AUFLÄUFE

Linseneintopf

500 g Linsen (braune oder grüne)
100 g durchwachsener Speck
2 Zwiebeln (100 g)
3 Möhren (200 g)
¼ Sellerieknolle (200 g)
700 g Kartoffeln, fest kochend
1 Bund glatte Petersilie
Salz, Pfeffer
1 l Gemüsebrühe
4 kleine geräucherte Kochmettwürste (500 g)

Garzeit: 80 Min., im Dampfdrucktopf 20 Min.
Nährwert: 1231 kcal, 5172 kJ
54 g E, 67 g F, 102 g KH

Vorbereitung
1. Speck in Scheiben schneiden.
2. Zwiebeln pellen und fein würfeln.
3. Möhren, Sellerie, Kartoffeln schälen und waschen.
4. Möhren in Stifte schneiden. Sellerie und Kartoffeln würfeln.
5. Petersilie waschen und hacken.

 Als Dessert passt besonders gut eine Quark- oder Joghurtspeise, vgl. S. 220, weil sich die Eiweiße von Hülsenfrüchten und Milchprodukten hervorragend ergänzen (hohe biologische Wertigkeit).

Der Eintopf kann ebenso mit Erbsen hergestellt werden. Anstelle der Kochmettwürste können Kasseler oder geräucherter bzw. gepökelter Schweinenacken verwendet werden.

Zubereitung Linseneintopf

1. Linsen waschen.

2. Zum Abtropfen in ein Sieb geben.

3. Speckscheiben im Topf ausbraten.

4. Zwiebelwürfel zugeben, mit dem Speck goldbraun braten, Speck herausnehmen.

5. Möhren und Kartoffeln zugeben und andünsten, salzen und pfeffern.

6. Selleriewürfel zugeben und andünsten.

7. Linsen hinzufügen, Gemüsebrühe zugießen und alles zum Kochen bringen.

8. Nach 30 Min. Kochmettwürste hineingeben und weitere 30 Min. kochen lassen.

9. Mit Salz und Pfeffer abschmecken, Petersilie überstreuen.

Fischeintopf

600 g Fischfilet (von Süßwasserfischen wie Karpfen, Schleie, Aal, Zander), in Stücken
2 Möhren (200 g)
100 g Knollensellerie
2 Petersilienwurzeln (100 g)
1 Zwiebel
2 EL gerieb. Weißbrot (Semmelmehl)
200 ml Sahne
2 Eigelb
2 EL Zitronensaft
50 g Butter
1/2 l Fischfond
1/4 l Weißwein, trocken
1 Lorbeerblatt
Salz, Pfeffer
1/2 Bund glatte Petersilie, gehackt

Garzeit: 25 Min.
Nährwert: 579 kcal, 2432 kJ
42 g E, 36 g F, 7 g KH

Vorbereitung
1. Möhren, Sellerie und Petersilienwurzeln schälen, waschen, würfeln.
2. Zwiebel pellen und fein würfeln.
3. Weißbrot mit Sahne, Eigelben und Zitronensaft verquirlen.

Gurken-Tomaten-Eintopf

1 kg Schmorgurken
500 g Kartoffeln
1 kg Fleischtomaten
250 g Schinkenspeck
1 Bund Dill
1 Bund Petersilie
1 TL Oregano, getrocknet
10 g Butter
20 g Tomatenmark
2 TL Zucker
Salz, Pfeffer
gekörnte Brühe

Garzeit: 20 Min.
Nährwert: 332 kcal, 1394 kJ
20 g E, 6 g F, 36 g KH

Vorbereitung
1. Schmorgurken schälen, halbieren, entkernen und in Scheiben schneiden.
2. Kartoffeln schälen, waschen und in dünne Scheiben schneiden.
3. Fleischtomaten abziehen, vgl. S. 42, und würfeln.
4. Schinkenspeck würfeln.
5. Dill waschen und in kleine Stücke zupfen.
6. Petersilie waschen und hacken.

Zubereitung
1. Butter in einem Topf erhitzen.
2. Schinkenspeck und Kartoffeln darin andünsten.
3. Gurken und Oregano zugeben und 15 Min. garen.
4. Ab und zu 1/4 l Wasser zugießen.
5. Tomaten, Tomatenmark, Dill, Zucker, Salz und Pfeffer zufügen.
6. Mit gekörnter Brühe abschmecken.
7. Gehackte Petersilie überstreuen.

🛒 Anstelle des Fischfilets können auch ganze Fische gekauft werden. Diese müssen dann filetiert werden. Aus den Köpfen und Gräten kann ein Fischfond gekocht werden.

🍽 Zu dem Fischeintopf passen geröstetes Weißbrot und ein frischer Salat.

⚠ Der Fischeintopf kann auch mit Filets von Seefischen, z. B. Seelachs, Rotbarsch, Kabeljau, hergestellt werden.

Zubereitung Fischeintopf

1. Butter zerlassen.

2. Das Gemüse nach und nach in der Butter andünsten.

3. Fischfond und Weißwein zugießen.

4. Lorbeerblatt und Fischfilet in die Brühe geben und alles 15 Min. köcheln lassen. Lorbeerblatt entfernen.

5. Sahne-Brot-Gemisch unter Rühren in die Suppe geben, mit Salz und Pfeffer abschmecken.

6. Eintopf auf Teller verteilen und mit der Petersilie bestreut servieren.

EINTÖPFE UND AUFLÄUFE

Spinatauflauf mit Fisch

300 g Blattspinat, tiefgefroren
4 geräucherte Fischfilets ohne Haut und Gräten (Makrele, Forelle)
500 g Salzkartoffeln
2 Eigelb
Salz, Pfeffer
1 Prise Muskatnuss
20 g Butter
1 Zwiebel
1 Knoblauchzehe
100 g Sahne
50 g geriebener Emmentaler
Fett für die Form

Garzeit: 25 Min.
Nährwert: 493 kcal, 2072 kJ
45 g E, 25 g F, 20 g KH

Vorbereitung
1. Zwiebel pellen und würfeln.
2. Knoblauchzehe pellen und würfeln.
3. Auflaufform einfetten.

Zubereitung
1. Kartoffeln zerstampfen und mit Eigelben, Salz, Pfeffer und Muskat verrühren.
2. 20 g Butter in einem Topf zerlassen, Zwiebeln und Knoblauch darin andünsten.
3. Spinat und Sahne zugeben.
4. Mit Salz, Pfeffer, Muskat würzen und 10 Min. dünsten.

 Statt Spinat kann Brokkoli für den Auflauf verwendet werden.

Italienischer Blumenkohlauflauf

1 Kopf Blumenkohl (1,5 kg)
200 g Mortadella
30 g Kapern
50 g Pinienkerne
50 g frischer Parmesan
2 Scheiben Vollkorntoastbrot
250 g Mascarpone
3 Eier
Salz, Pfeffer, Oregano
1–2 TL Zitronensaft
Fett für die Form

Garzeit: 35 Min.
Nährwert: 567 kcal, 2380 kJ
40 g E, 39 g F, 15 g KH

Vorbereitung
1. Blumenkohl putzen, waschen und in gleichmäßige Röschen zerteilen.
2. Blumenkohl in Salzwasser 5 Min. blanchieren, vgl. S. 53.
3. Mortadella würfeln.
4. Die Hälfte der Kapern fein hacken.
5. Pinienkerne reiben.
6. Parmesan reiben.
7. Toastbrot entrinden und zerkrümeln.
8. Auflaufform einfetten.

Zubereitung
1. Mascarpone mit 1 Ei und 2 Eigelb sowie Salz, Pfeffer, Oregano, gehackten Kapern und Zitronensaft verrühren.
2. Eiklar zu Eischnee schlagen, Pinienkerne, Parmesan und Brotbrösel unterziehen, mit Salz abschmecken.
3. In eine Auflaufform etwas Mascarponesoße gießen.
4. Blumenkohl, Mortadella, Oregano darauf verteilen.
5. Restliche Kapern überstreuen.
6. Die Oberfläche mit Eischnee bedecken.
7. Auflauf bei 200 °C etwa 35 Min. goldbraun backen.

Beide Aufläufe sind Hauptgerichte, die eventuell durch einen frischen Blattsalat, vgl. S. 92, ergänzt werden können.

Für den Blumenkohlauflauf kann anstelle der Mortadella auch gekochter Schinken verwendet werden.
Für eine vegetarische Variante die Mortadella weglassen.
Die teuren Pinienkerne können durch Haselnusskerne ersetzt werden.

Im allgemeinen Sprachgebrauch werden die Bezeichnungen **Gratin** und **Auflauf** gleich verwendet und sind austauschbar.
Technologisch ist ein Gratin eine überkrustete (gratinierte) Speise aus (vor)gegarten Zutaten.
Ein Auflauf (Soufflé) ist mit einer Eischneeschicht überzogen, die beim Backen „aufläuft", d. h. höher wird. Deshalb sollte ein Soufflé schnell gegessen werden.

Zubereitung Spinatauflauf mit Fisch

5. Kartoffelbrei in der Form gleichmäßig verteilen.

6. Nacheinander Fischfilet und Spinat darauf verteilen.

7. Käse überstreuen und den Auflauf bei 225 °C 15 Min. überbacken.

EINTÖPFE UND AUFLÄUFE

Auberginenauflauf
Moussaka aus Griechenland

1 kg Auberginen
500 g Tomaten
5 Zwiebeln
2 Knoblauchzehen
½ Zitrone, unbehandelt
Salz, Pfeffer, Thymian
6 EL Mehl
⅛ l Öl
500 g Lammhack
oder gemischtes Hack
4 Eigelb
1 Becher süße Sahne
Fett für die Form

Garzeit: 60 Min.
Nährwert: 683 kcal, 2871 kJ
35 g E, 43 g F, 33 g KH

Vorbereitung
1. Auberginen waschen und die Enden abschneiden.
2. Tomaten waschen, abziehen, vgl. S. 42, und würfeln.
3. Zwiebeln pellen und würfeln.
4. Knoblauchzehen pellen und durchpressen.
5. Zitrone heiß abwaschen, Zitronenschale abreiben.
6. Auflaufform einfetten.

⚠ Der Auflauf kann auch mit Zucchini zubereitet werden, darf dann aber nicht als Moussaka bezeichnet werden.

❗ Angebratene Auberginenscheiben (vgl. Phasenfotos 1–3) eignen sich vorzüglich als Vorspeise. Sie können zusätzlich mit Zitronensaft beträufelt werden.

Zubereitung Auberginenauflauf

1. Auberginen längs in Scheiben schneiden, mit Küchenpapier trockentupfen.

2. Salzen und in Mehl wenden.

3. Öl erhitzen und die Auberginenscheiben darin von beiden Seiten anbraten, herausnehmen.

4. Zwiebeln, Knoblauch und Hack im selben Öl wie die Auberginen anbraten.

5. Hack mit Salz, Pfeffer und Thymian würzen.

6. Tomaten zufügen und mit abgeriebener Zitronenschale würzen.

7. Zutaten abwechselnd in eine Auflaufform schichten, als obere Schicht Auberginen legen.

8. Eigelbe und Sahne im Wasserbad 5 Min. cremig schlagen, über den Auflauf gießen.

9. 45 Min. bei 200 °C backen.

EINTÖPFE UND AUFLÄUFE

Kartoffel-Gemüseauflauf

2 Schalotten oder Zwiebeln
200 g mittelalter Gouda
1 Blumenkohl (ca. 750 g)
1 große Stange Lauch
1,2 kg Kartoffeln (vorwiegend fest kochend)
½ Bund glatte Petersilie
100 g geräucherter Speck
3 Eier
15 g Butter oder Margarine
150 g Crème fraîche
150 ml Milch
2 EL mittelscharfer Senf
Salz, Pfeffer
Fett für die Form

Garzeit: 55 Min.
Nährwert: 775 kcal, 3257 kJ
48 g E, 40 g F, 52 g KH

Vorbereitung
1. Schalotten oder Zwiebeln pellen und fein würfeln.
2. Käse reiben.
3. Blumenkohl putzen, waschen, in Röschen teilen und 2–3 Minuten blanchieren.
4. Lauch waschen und putzen, vgl. S. 44, in Ringe schneiden.
5. Kartoffeln schälen und waschen, in ca. ½ cm dicke Scheiben schneiden.
6. Petersilie waschen und grob hacken.
7. Speck in Streifen schneiden.
8. Eier trennen und das Eiklar mit einer Prise Salz zu Schnee schlagen.
9. Auflaufform einfetten.

Der Auflauf kann zusammen mit einem Blattsalat, vgl. S. 92 serviert werden.

Für einen vegetarischen Auflauf den Speck weglassen.

 Der Handel bietet verschiedene Zwiebelsorten an:

Schalotten sind die edelsten Zwiebeln und am feinsten im Geschmack.

Rote Zwiebeln sind mittelscharf und vor allem für mediterrane Speisen und Salate geeignet, sie sind recht teuer.

Weiße Zwiebeln sind am mildesten, sie sind teurer als Speisezwiebeln.

Die normale **Speisezwiebel** ist am preisgünstigsten und vielseitig zu verwenden.

Zubereitung Kartoffel-Gemüseauflauf

1. Kartoffeln und Lauch in die Auflaufform schichten, Blumenkohlröschen dazwischensetzen.

2. Butter in einem Topf erhitzen, Schalotten darin andünsten, Crème fraîche, Milch und Senf einrühren.

3. Die Flüssigkeit mit 3 Eigelben zu einer Senfsoße legieren, vgl. S. 50, salzen und pfeffern.

4. Soße über das Gemüse gießen, Eischnee darauf verteilen, mit Käse bestreuen, bei 200 °C 45 Min. backen.

5. Speck in einer Pfanne kross ausbraten und auf Küchenpapier abtropfen lassen.

6. Speck zusammen mit der Petersilie auf dem Auflauf verteilen und den Auflauf servieren.

EINTÖPFE UND AUFLÄUFE

Kasseler-Krautgratin

800 g Kartoffeln
1 Dose Sauerkraut (850 g Füllmenge)
80 g Gouda
1 Bund Schnittlauch
40 g Butterschmalz
1 EL Paprikapulver, edelsüß
1 TL Paprikapulver, rosenscharf
1–2 TL Kümmel
Salz, Pfeffer
Zucker
200 ml Sahne
4 Scheiben Kasseler à 120 g
Fett für die Form

Garzeit: 50 Min.
Nährwert: 652 kcal, 2739 kJ
46 g E, 39 g F, 30 g KH

Vorbereitung
1. Kartoffeln schälen, waschen und in Scheiben schneiden, in Salzwasser 8–10 Min. kochen, abgießen und auskühlen lassen.
2. Sauerkraut ausdrücken.
3. Käse grob raspeln.
4. Schnittlauch waschen und in Röllchen schneiden.
5. Gratinform einfetten.

⚠ Das Sauerkraut kann statt mit Paprikapulver auch klassisch mit Wacholderbeeren und Lorbeer gewürzt werden.

Reisauflauf (-gratin) mit Gurke

375 g Reis
750 ml Salzwasser
1½ Salatgurken
Salz
1 Stück frischer Ingwer
1 Bund Dill
3 EL Öl
1½ TL Fenchelsamen
1½ TL Korianderkörner
3 Chilischoten, getrocknet
6 EL Mangochutney
200 g Joghurt
300 g saure Sahne
Salatblätter zum Garnieren
Fett für die Form

Garzeit: 60 Min.
Nährwert: 443 kcal, 1859 kJ
11 g E, 8 g F, 79 g KH

Vorbereitung
1. Reis mit dem Salzwasser aufkochen und 20 Min. garen lassen.
2. Salatgurken schälen, ½ Gurke in Scheiben schneiden, den Rest längs vierteln, Kerne entfernen und in ca. 1 cm dicke Stäbchen schneiden. Mit 1½ TL Salz vermischen und in einem Sieb 20 Min. Wasser ziehen lassen.
3. Ingwer schälen und reiben.
4. Dill waschen und grob hacken.
5. Salatblätter waschen und putzen.
6. Auflaufform einfetten.

Zubereitung
1. Öl erhitzen, Fenchel sowie Koriander und Chilischoten darin 1 Min. anbraten, Schoten herausnehmen.
2. Reis, Ingwer, Dill und Mangochutney zu den Gurkenstäbchen geben.
3. Mit Joghurt und saurer Sahne vermischen.
4. Mit Salz würzen.
5. Masse in eine Auflaufform füllen, 40 Min. bei 180 °C garen, danach weitere 15 Min. bei 200 °C überbacken, bis der Auflauf/das Gratin eine knusprige Kruste hat.
6. Mit Salatblättern und Gurkenscheiben garnieren, servieren.

🍽 Das Kasseler-Krautgratin ist ein typisch deutsches Gericht, das am besten in den Herbst und Winter passt.
Der Reisauflauf ist ein sehr leichter Auflauf für heiße Sommertage.

🛒 Sauerkraut kann in verschiedenen Formen eingekauft werden:
- als Konserve in der Dose,
- in Folie verpackt aus dem Kühlregal oder
- frisch in Reformhäusern, auf Märkten und in manchen gut sortierten Supermärkten.

Sauerkraut ist Weißkohl, der durch milchsaure Gärung den typisch säuerlichen Geschmack erhalten hat.

Zubereitung Kasseler-Krautgratin

1. Butterschmalz erhitzen, Kraut anbraten, alle Gewürze zugeben, Sahne angießen und dicklich einkochen.

2. Kasseler mit den Kartoffelscheiben und dem Kraut abwechselnd dachziegelartig in eine Form schichten.

3. Mit Käse bestreuen und bei 200 °C 30 Min. backen, mit Schnittlauchröllchen bestreut servieren.

EINTÖPFE UND AUFLÄUFE

Makkaroniauflauf (-gratin), pikant

350 g Makkaroni oder andere
Nudeln
1 Zwiebel
1 großer Zucchino (250 g)
200 g Edelschimmelkäse
2 Eier
2 Bund glatte Petersilie
70 g Butter oder Margarine
30 g Mehl
400 ml Milch
Salz, Pfeffer
20 g Paniermehl
Fett für die Form

Garzeit: 30 Min.
Nährwert: 945 kcal, 3970 kJ
36 g E, 53 g F, 79 g KH

❗ Der Makkaroniauflauf ist aufgrund des Edelschimmelkäses, der einen kräftigen Geschmack hat, für Kinder nur bedingt geeignet.

Vorbereitung
1. Makkaroni oder andere Nudeln in reichlich Salzwasser bissfest garen.
2. Zwiebel pellen und würfeln.
3. Zucchino waschen und die Enden abschneiden, in Streifen schneiden.
4. Käse in kleine Stücke schneiden.
5. Eier verquirlen.
6. Petersilie waschen und hacken.
7. Auflaufform einfetten.

 Statt der selbst hergestellten Käsesoße kann auch eine fertige Soße zum Überbacken verwendet werden.

 Beide Aufläufe sollten mit einem Rohkostsalat ergänzt werden.

⚠ Die Zucchini können durch Paprikaschoten ersetzt werden.

Nudelauflauf, mild

350 g Nudeln, z. B. Makkaroni,
Penne rigate
1 Zwiebel, gewürfelt
250 g Erbsen, tiefgefroren
200 g milder Käse, z. B. Gouda,
Edamer
150 g gekochter Schinken
oder Fleischwurst
2 Eier
2 Bund glatte Petersilie
70 g Butter oder Margarine
30 g Mehl
400 ml Milch
Salz, Pfeffer
Paniermehl
Fett für die Form

Garzeit: 50 Min.
Nährwert: 871 kcal, 3659 kJ
45 g E, 39 g F, 82 g KH

Vorbereitung
1. Makkaroni oder andere Nudeln in reichlich Salzwasser bissfest garen.
2. Drei Viertel des Käses in kleine Stücke schneiden, den Rest reiben.
3. Schinken/Fleischwurst würfeln.
4. Eier verquirlen.
5. Petersilie waschen und hacken.
6. Auflaufform einfetten.

Zubereitung Makkaroniauflauf und Nudelauflauf

1. 50 g Butter oder Margarine in einem Topf erhitzen, Zwiebel darin andünsten.

2. Mehl unterrühren und kurz anschwitzen, nach und nach die Milch mit einem Schneebesen unterrühren.

3. Drei Viertel des Käses unter Rühren in der Soße auflösen, Topf vom Herd nehmen, Eier einrühren.

4. Nudeln, Zucchinistreifen bzw. Erbsen und Schinken sowie Petersilie in der Auflaufform verteilen.

5. Käsesoße salzen, pfeffern und darüber gießen.

6. Restlichen Käse, Paniermehl und 20 g Butter auf den Nudeln verteilen, 30 Min. bei 200 °C backen.

Grünkern-Spinatgratin

1 Packung tiefgefrorener Blattspinat (300 g)
1 Zwiebel
4 Tomaten (300 g)
250 g pikanter Käse (Bergkäse)
4 Eier
250 ml Milch
geriebene Muskatnuss
2 EL Öl
125 g Grünkern, geschrotet
300 ml Gemüsebrühe
Salz, Pfeffer
2 TL getrockneter Thymian
30 g Crème fraîche
20 g Fett für die Form

Garzeit: 40 Min.
Nährwert: 620 kcal, 2606 kJ
35 g E, 39 g F, 31 g KH

Vorbereitung
1. Spinat auftauen lassen, grob hacken.
2. Zwiebel pellen und würfeln.
3. Tomaten waschen und in Scheiben schneiden.
4. Käse reiben.
5. Aus Eiern, Milch und Muskatnuss eine Eiermilch mixen.
6. Auflaufform einfetten.

 Zu dem Grünkern-Spinat-Gratin passt ein frischer Blattsalat, vgl. S. 92.

Es gibt auch vorgegarten Grünkern, der ebenfalls geeignet ist.
Statt der Eiermilch kann eine fertige Auflaufsoße über das Gratin gegossen werden.

Salz gibt es in unterschiedlichen Angebotsformen. Die gängigste Sorte ist das Siedesalz. Auf den Packungen steht: Tafel-, Speise- oder Markensalz. Für die Herstellung werden unterirdische Salzstöcke geflutet.

Die Sole, die dabei entsteht, wird gereinigt und eingedampft. Dieses Salz enthält mindestens 97 % Natriumchlorid. Zugesetzt werden meistens Rieselhilfen und Trennmittel, damit das Salz nicht feucht und klumpig wird. Das Salz gibt es auch mit Zusätzen wie
- Jod (für die Schilddrüsenfunktion),
- Folsäure (für die Herztätigkeit),
- Fluorid (gegen Karies).

Besondere Salze sind das Steinsalz, das von Bergleuten abgebaut wird, und das Meersalz, das aus dem Mittelmeer oder Atlantik stammt. Das teuerste Salz ist das „Fleur de sel" aus der Bretagne, das ca. 13,– € pro kg kostet.

Zubereitung Grünkern-Spinatgratin

1. Grünkern und Zwiebel in dem Öl kurz anrösten, Brühe angießen, 20 Min. quellen lassen.

2. Grünkern mit Salz, Pfeffer und Thymian abschmecken, Eiermilch mit Crème fraîche verquirlen, salzen.

3. Die Hälfte des Käses unter den Grünkern mischen, salzen und pfeffern, in die Form füllen.

4. Etwas Eiermilch übergießen, Spinat darauf verteilen, mit Salz, Pfeffer und Muskat würzen.

5. Tomatenscheiben dachziegelartig darauf verteilen, restliche Eiermilch darüber gießen.

6. Restlichen Käse überstreuen und den Auflauf bei 200 °C 40 Min. goldbraun backen.

DESSERTS

Flammeri

½ l Milch
40 g Puddingpulver
(Vanille, Mandel oder Schokolade)
1 Prise Salz
2 EL Zucker
Zitronenmelisse oder Früchte zum Garnieren

Garzeit: 10 Min.
Nährwert: 127 kcal, 533 kJ
4 g E, 4 g F, 20 g KH

Flammeri mit Eischnee

vgl. Grundrezept
zusätzlich 2 Eier

Garzeit: 10 Min.
Nährwert: 150 kcal, 618 kJ
7 g E, 5 g F, 20 g KH

Vorbereitung
1. Eier trennen.
2. Eiklar zu Eischnee schlagen.

Zubereitung
1. Vgl. Zubereitung Flammeri, Phasenfotos 1–4.
2. Flammeri mit Eigelb legieren, vgl. S. 50.
3. Eischnee unterziehen.

Flammeris können gut mit Püree verschiedener Früchte oder mit Kompott zusammen serviert werden. Die übliche Bezeichnung „Pudding" ist technologisch zwar falsch, sie kann aber trotzdem verwendet werden. Pudding ist eigentlich eine in einer besonderen Form im Wasserbad gegarte Speise.

Unter den fast kalten Flammeri kann auch steif geschlagene Sahne gehoben werden. Der Flammeri lässt sich dann aber nicht mehr stürzen.

Zubereitung Flammeri

1. Formen kalt ausspülen.

2. Etwas Milch mit dem Puddingpulver anrühren.

3. Restliche Milch mit Salz und Zucker zum Kochen bringen.

4. Angerührtes Puddingpulver in die Milch rühren, aufkochen lassen.

5. Flammeri in die Förmchen füllen.

6. Flammeri 2 bis 3 Stunden kalt stellen.

Stürzen von Flammeri

1. Dessertteller auf das Förmchen legen.

2. Teller und Förmchen zusammen mit Schwung umdrehen.

3. Förmchen vorsichtig abheben, Flammeri garnieren, z. B. mit Zitronenmelisse oder Früchten.

DESSERTS

Wolken und Sterne

3 Karambolen (Sternfrucht)
1 Vanillestange
50 g Puderzucker
2 Eiklar
50 g feiner Zucker
½ l Milch

Garzeit: 6 Min.
Nährwert: 356 kcal, 1493 kJ
12 g E, 9 g F, 56 g KH

Karambolen werden hauptsächlich von Dezember bis März angeboten.

Vorbereitung
1. Karambolen heiß abwaschen und in sehr dünne Scheiben schneiden.
2. Vanillestange längs aufschlitzen, dabei halbieren.
3. Das Mark einer halben Stange auskratzen.

Dieses Dessert ist besonders für einen Kindergeburtstag oder für einen Themenabend, z.B. zum Thema „Sterne", geeignet bzw. für Weihnachten.

Die Wolken können auch als Schneeklößchen zu Fruchtpüree serviert werden.

Mascarponecreme

150 g Mascarpone
100 g Sahne
2 EL Zucker
200 g Himbeeren, frisch oder tiefgefroren
etwas abgeriebene Limettenschale

Nährwert: 180 kcal, 757 kJ
5 g E, 13 g F, 10 g KH

Zubereitung
1. Mascarpone mit der steif geschlagenen Sahne und dem Zucker verrühren.
2. Die geputzten, gewaschenen Himbeeren auf der Creme verteilen.
3. Mit Limettenschale garnieren.

Zubereitung Wolken und Sterne

1. Karambolenscheiben auf eine Platte legen, mit Puderzucker bestäuben.

2. Eiklar steif schlagen, dabei Zucker einrieseln lassen und das Mark ½ Vanillestange zugeben.

3. Mit einem Spritzbeutel Wolken auf nasses Pergamentpapier spritzen.

4. Milch und ½ Vanillestange zum Kochen bringen.

5. Topf von der Kochstelle nehmen, Schneewolken auf die Milch setzen.

6. Einen Deckel auf den Topf setzen, 5–6 Min. gar ziehen lassen, dabei nicht öffnen.

7. Wolken mit einer Schaumkelle aus der Milch nehmen.

8. Zum Abtropfen auf Küchenpapier setzen.

9. Wolken auf die Sternfruchtscheiben setzen.

DESSERTS

Crêpetorte mit Äpfeln

500 ml Milch
160 g Mehl
20 g Zucker
1 Prise Salz
4 Eier
Butter zum Backen
Für die Füllung
1,2 kg Äpfel
4 EL Zitronensaft
80 g Butter
100 g Zucker
2 EL Öl
4 EL flüssiger Honig
oder Ahornsirup

Garzeit: 5 Min. je Crêpe
Nährwert: 839 kcal, 3524 kJ
13 g E, 40 g F, 104 g KH

Vorbereitung
1. Milch lauwarm erhitzen.
2. Für die Füllung Äpfel waschen, schälen und in 1/2 cm dicke Scheiben schneiden, sofort mit Zitronensaft beträufeln.

Schokoladencrespelle

50 g Zartbitterkuvertüre
50 g Mandelblättchen
1 EL Zucker
2 Eier
300 ml Milch
3 EL Puderzucker
1 Prise Salz
150 g Mehl
Butterschmalz zum Braten
1 Glas Kompott
Für die Füllung
250 g Mascarpone
75 ml Milch
3 TL Zucker

Garzeit: 5 Min. je Crêpe
Nährwert: 719 kcal, 3020 kJ
18 g E, 29 g F, 75 g KH

Vorbereitung
1. Kuvertüre fein hacken und im Wasserbad schmelzen.
2. Mandelblättchen in einer Pfanne goldgelb rösten, mit Zucker bestreuen und kurz karamellisieren lassen.
3. Für die Füllung Mascarpone mit Milch und Zucker verrühren.

Zubereitung
1. Eier, Milch, 2 TL Puderzucker und Salz verquirlen.
2. Langsam unter das Mehl rühren, den Teig 30 Min. ruhen lassen.
3. Etwas Teig unter die Kuvertüre rühren und diese Mischung dann unter den restlichen Teig rühren.
4. Pro Crêpe etwas Butterschmalz in einer Pfanne erhitzen und 8–10 Crêpes backen.
5. Jeden Crêpe mit 1 EL Mascarponecreme bestreichen und aufrollen.
6. Rollen mit Puderzucker bestäuben und mit den gerösteten Mandelblättchen bestreuen.
7. Mit Kompott, z. B. Pflaumen oder Kirschen, zusammen servieren.

> Für die Crêpetorte sollten besonders aromareiche Äpfel verwendet werden.
> Mascarpone ist ein italienischer Frischkäse. Er kann durch Quark, Crème fraîche und Doppelrahmfrischkäse in gleichen Teilen ersetzt werden.

Zubereitung Crêpetorte mit Äpfeln

1. Mehl, 20 g Zucker, Salz mit der Milch und den Eiern verrühren, beiseite stellen.

2. 80 g Butter erhitzen, 100 g Zucker in 1 EL Wasser auflösen und in der Butter bräunen.

3. Äpfel zugeben und mit dem Karamell überziehen, in der Pfanne auskühlen lassen.

4. Eine beschichtete Pfanne mit geöltem Küchenpapier ausreiben und erhitzen, 8 Crêpes in Butter backen.

5. Crêpes und Äpfel zu einem Turm schichten, der oben mit 1 Crêpe abschließt, leicht andrücken.

6. Den oberen Crêpe mit Honig bzw. Ahornsirup beträufeln und warm oder kalt servieren.

DESSERTS

Creme, kaltgerührt

60 g Zucker
4 Blatt Gelatine, weiß
2 Eier
1 Prise Salz
1/8 l Sahne
Geschmackszutaten wie
100 ml Saft von Zitrusfrüchten und Schale einer Zitrone oder Orange
oder
100 ml Mokka

Nährwert 218 kcal, 914 kJ
4 g E, 14 g F, 14 g KH

Vorbereitung
1. Gelatine einweichen und auflösen, vgl. S. 49.
2. Geschmackszutaten vorbereiten, z. B. Zitronen oder Orangen auspressen.
3. Sahne steif schlagen.
4. Eier trennen.
5. Eiklar mit Salz zu Schnee schlagen.

Stachelbeercreme

300 g grüne Stachelbeeren
2 Eier
1 Prise Salz
150 g Zucker
1 Zimtstange
4 EL Wasser
1 Päckchen Vanillezucker
6 Blatt weiße Gelatine
1/4 l Sahne

Nährwert 406 kcal, 1704 kJ
5 g E, 22 g F, 46 g KH

Vorbereitung
1. Stachelbeeren waschen und putzen.
2. Eier trennen.
3. Eiklar mit Salz zu Schnee schlagen.
4. Gelatine einweichen und auflösen, vgl. S. 49.
5. Sahne steif schlagen.

Zubereitung
1. Stachelbeeren mit 100 g Zucker, Zimtstange und Wasser ca. 20 Min. weich kochen, Zimtstange entfernen, pürieren.
2. Aufgelöste Gelatine in das Stachelbeerpüree rühren, vgl. S. 49.
3. Eigelbe mit 50 g Zucker und dem Vanillezucker schaumig rühren.
4. Stachelbeerpüree unter die Eigelbcreme ziehen.
5. Masse halbfest werden lassen.
6. Eischnee unterheben.
7. 2/3 der Sahne unterziehen und in Portionsschälchen oder in eine Dessertschüssel füllen.
8. Mit Sahnetuffs garnieren.

⚠ Statt Stachelbeeren kann jede andere Obstsorte gekocht oder auch roh verwendet werden.

Zubereitung Creme, kaltgerührt

1. Eigelbe und Zucker schaumig schlagen.

2. Geschmackszutaten zufügen.

3. Aufgelöste Gelatine schnell unter die Eimasse schlagen, vgl. S. 49, kalt stellen.

4. Wenn die Creme halbfest ist, Eischnee unterheben.

5. 2/3 der Schlagsahne unterheben, Creme in Schälchen füllen.

6. Mit der restlichen Schlagsahne garnieren.

DESSERTS

Quarkcreme mit Erdbeeren

250 g Erdbeeren
100 g Zucker
je 3 Blatt rote und weiße Gelatine
1/8 l Sahne
2 Eigelb
2 EL Zitronensaft
250 g Speisequark mit Sahne
gehackte Pistazien
oder Zitronenmelisse zum Garnieren

Nährwert: 633 kcal, 2660 kJ
22 g E, 31 g F, 64 g KH

Vorbereitung
1. Erdbeeren vorsichtig waschen, abtropfen lassen und die Blattrosetten entfernen.
2. Erdbeeren bis auf 4 Stück pürieren und mit ca. 25 g Zucker süßen.
3. Rote und weiße Gelatine getrennt einweichen, vgl. S. 49.
4. Sahne steif schlagen.
5. Zitronenmelisse waschen und trockentupfen.

Quarkcreme mit Mango

2 reife Mangos
4 Blatt weiße Gelatine
2 Eier
1 Prise Salz
1/8 l Sahne
50 g Zucker
2 Päckchen Vanillezucker
Schale von 1/2 unbehandelten Zitrone
250 g Speisequark mit Sahne
Zitronenmelisse zum Garnieren

Nährwert: 621 kcal, 2608 kJ
22 g E, 30 g F, 65 g KH

Vorbereitung
1. Mangos schälen und das Fruchtfleisch von 1 1/2 Mangos vom Kern schneiden, vgl. S. 47, und pürieren. 1/2 Mango in Spalten schneiden.
2. Gelatine einweichen, vgl. S. 49.
3. Eier trennen.
4. Eiklar mit Salz zu Schnee schlagen.
5. Sahne steif schlagen.
6. Zitronenmelisse waschen und trockentupfen.

Zubereitung
1. Eigelbe, Zucker, Vanillezucker und Zitronenschale schaumig rühren.
2. Mangopüree und Quark untermischen.
3. Gelatine auflösen und unterziehen, vgl. S. 49.
4. Eischnee unterheben.
5. Sahne unterheben.
6. In Schälchen oder Gläser füllen.
7. Mit Mangospalten und Zitronenmelisse garnieren.

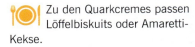 Zu den Quarkcremes passen Löffelbiskuits oder Amaretti-Kekse.

Die Quarkcremes können auch ohne Eier hergestellt werden, dafür wird 1/4 l statt 1/8 l geschlagene Sahne untergehoben.
Für die Quarkcremes lassen sich auch andere Früchte als die angegebenen verwenden.

Zubereitung Quarkcreme mit Erdbeeren

1. Eigelbe, restlichen Zucker und Zitronensaft schaumig rühren, Quark dazurühren.

2. Gelatine getrennt auflösen, rote unter das Erdbeerpüree, weiße unter die Quarkmasse ziehen, vgl. S. 49.

3. Sahne unter die gelierende Quarkmasse heben.

4. Gelierendes Erdbeerpüree löffelweise leicht unter die Quarkmasse ziehen.

5. Marmorieren und in Gläser oder Schälchen füllen.

6. Mit den Erdbeeren und gehackten Pistazien oder Zitronenmelisseblatt garnieren.

DESSERTS

Panna cotta mit Himbeerpüree

200 g Himbeeren, frisch oder tiefgefroren
1 Vanilleschote
3 Blatt weiße Gelatine
500 g Sahne
50 g Zucker
Zitronenmelisse zum Garnieren

Garzeit: 10 Min.
Nährwert: 450 kcal, 1888 kJ
6 g E, 40 g F, 16 g KH

Vorbereitung
1. Himbeeren waschen, tiefgefrorene auftauen lassen, pürieren und mit 2 TL Zucker abschmecken.
2. Vanilleschote längs aufschlitzen und das Mark herausschaben.
3. Gelatine einweichen und ausdrücken, vgl. S. 49.
4. Zitronenmelisse waschen und trockentupfen.

⚠ Statt Himbeeren können auch Erdbeeren oder Pfirsiche püriert werden.

Bayerische Creme

200 g Sahne
1 Vanilleschote
3 Blatt Gelatine
oder ½ Päckchen gemahlene Gelatine
¼ l Milch
1 Eigelb
30 g Zucker
Zitronenmelisse zum Garnieren

Garzeit: 5 Min.
Nährwert: 317 kcal, 1330 kJ
6 g E, 22 g F, 23 g KH

Vorbereitung
1. Sahne steif schlagen.
2. Vanilleschote längs aufschlitzen und das Mark herausschaben.
3. Gelatine einweichen, vgl. S. 49.
4. Zitronenmelisse waschen und trockentupfen.

❗ Aufgrund der Salmonellengefahr ungekochte Cremes mit Eiern unbedingt kühl stellen und höchstens einen Tag aufbewahren.

Zubereitung
1. Milch mit Vanilleschote und Vanillemark aufkochen.
2. Eigelb und Zucker zu einer hellen Creme aufschlagen.
3. Vanilleschote aus der Milch nehmen und die Milch langsam zu der Eigelbmasse rühren.
4. Gelatine ausdrücken und unter die heiße Creme rühren, vgl. S. 49, ca. 50 Min. kalt stellen.
5. Wenn die Eiermilch zu gelieren beginnt, mit einem Schneebesen glatt rühren.
6. Sahne nach und nach unterheben.
7. Creme in Förmchen füllen, kalt stellen.
8. Creme stürzen, vgl. Phasenfotos Panna cotta 4 und 5.
9. Mit Zitronenmelisse garniert servieren.

🍽 Zur Bayerischen Creme passt gut ein Fruchtpüree aus Erdbeeren, gemischten Waldbeeren oder Himbeeren.

Zubereitung Panna cotta mit Himbeerpüree

1. Sahne mit dem restlichen Zucker, Vanillemark und der Schote ca. 8 Min. köcheln lassen.

2. Vanilleschote entfernen, Gelatineblätter in die heiße Sahne geben und unter Rühren auflösen.

3. Vanillesahne in kalt ausgespülte Formen gießen und kalt stellen.

4. Sahnecreme mit einem Messer vom Rand lösen.

5. Förmchen kurz in heißes Wasser tauchen und die Creme auf Teller stürzen.

6. Mit Himbeerpüree und Zitronenmelisseblättchen anrichten.

DESSERTS

Kiwi-Orangengrütze

4 reife Kiwis (300 g)
3 Orangen (500 g)
20 g Speisestärke
200 g Dickmilch
1 Päckchen Vanillezucker
2 EL Puderzucker
Schale und Saft von 1 unbehandelten Zitrone
1/8 l Apfelsaft
60 g Zucker

Garzeit: 10 Min.
Nährwert: 310 kcal, 1302 kJ
8 g E, 8 g F, 47 g KH

Vorbereitung
1. Kiwis schälen, längs vierteln und quer in Scheiben schneiden.
2. Orangen filetieren, vgl. S. 46, Saft auffangen und die Speisestärke damit anrühren.
3. Dickmilch mit Vanillezucker, Puderzucker und Zitronenschale verrühren.

🍽 Zur Kiwi-Orangengrütze und zur Roten Grütze passen Milch, Vanillesoße oder flüssige Sahne, aber auch geschlagene Sahne oder Vanilleeis.
Der Obstsalat kann vor dem Servieren mit Pinienkernen, gehackten Mandeln oder Nüssen bestreut werden.

Rote Grütze

400 g gemischte Beerenfrüchte (Himbeeren, Johannisbeeren, Erdbeeren, Brombeeren)
1/8 l Orangensaft oder Wasser
30 g Speisestärke
oder Vanillepuddingpulver
ca. 60 g Zucker

Garzeit: 10 Min.
Nährwert: 437 kcal, 1837 kJ
3 g E, 1 g F, 103 g KH

Vorbereitung
1. Obst waschen, putzen und abtropfen lassen.

Zubereitung
1. Obst mit Orangensaft oder Wasser aufkochen (4 EL zurücklassen).
2. 4 EL Orangensaft oder Wasser mit der Speisestärke oder dem Vanillepuddingpulver anrühren.
3. In die kochende Obstmasse geben, einmal aufkochen lassen.
4. Zucker zugeben und abschmecken.
5. In Portionsschälchen oder in eine Servierschale füllen.

🍽 Soll die rote Grütze für ein Picknick verwendet werden, sollte sie portionsweise in gut verschließbare Gläser gefüllt werden, bevor sie fest wird.

Obstsalat

2 Orangen
2 Bananen
2 Äpfel mit roter Schale
200 g grüne Weintrauben
Saft von 1 Zitrone
ca. 30 g Zucker

Nährwert: 167 kcal, 702 kJ
2 g E, 1 g F, 38 g KH

Vorbereitung
1. Orangen zum Filetieren schälen.
2. Bananen schälen
3. Äpfel und Weintrauben waschen.

Zubereitung
1. Zitronensaft mit Zucker verrühren.
2. Orangen in die Schüssel mit dem Zitronensaft filetieren, vgl. S. 46.
3. Bananen in Scheiben schneiden und sofort mit dem Zitronensaft und den Orangen mischen.
4. Äpfel entkernen, vierteln und in dünne Scheiben schneiden, dann sofort mit den Bananen und Orangen mischen.
5. Weintrauben evtl. halbieren, entkernen und unter den Obstsalat mischen.
6. Vor dem Servieren mit Zucker abschmecken.

⚠ Für Obstsalat können beliebig andere Früchte verwendet werden.
Die Grütze kann anstelle von Orangen auch mit Pfirsichen oder Nektarinen – je nach Jahreszeit – hergestellt werden.

Zubereitung Kiwi-Orangengrütze

1. Zitronensaft und Apfelsaft zum Kochen bringen, angerührte Speisestärke hineingeben.

2. Einmal aufkochen lassen, dann die Obststücke hineingeben, zuckern und abkühlen lassen.

3. Mit der Dickmilch zusammen servieren.

DESSERTS

Fruchtpüree

500 g Früchte wie Erdbeeren, Brombeeren, Himbeeren, Heidelbeeren, Preiselbeeren, rote und schwarze Johannisbeeren, Mangos, Kiwis oder Aprikosen
etwas Puderzucker oder Süßstoff

Nährwert: 62 kcal, 261 kJ
1 g E, 1 g F, 26 g KH

Vorbereitung
1. Früchte waschen, verlesen und bei Bedarf schälen.

🍴 Fruchtpürees lassen sich vielfältig als Dessertsoße verwenden, z. B. zum Flammeri, zur Sahnecreme, zu Panna Cotta und zur Bayerischen Creme. Sie passen auch zu den Wolken und Sternen, vgl. S. 217.

Fruchtgelee

1/2 l Fruchtsaft
6 Blatt Gelatine
oder 1 Tüte gemahlene Gelatine
1 Päckchen Vanillezucker
Zitronenschale, abgerieben
Zucker nach Geschmack

Nährwert: 79 kcal, 330 kJ
1 g E, 0 g F, 18 g KH

Vorbereitung
1. Gemahlene Gelatine in 6 EL kaltem Fruchtsaft, Blattgelatine in Wasser einweichen, vgl. S. 49.

🍴 Fruchtgelees eignen sich gut als leichtes Dessert nach einem energiereichen Hauptgericht.

Zitrusfruchtgelee

2 Grapefruits (à 350 g)
oder 200 ml Grapefruitsaft
1 Blutorange (200 g)
oder 70 ml Orangensaft
1/4 l Orangensaft
6 Blatt weiße Gelatine
60 g Zucker
125 g Sahne

Nährwert: 216 kcal, 907 kJ
8 g E, 10 g F, 22 g KH

Vorbereitung
1. Grapefruits und Orange auspressen.
2. Gelatine in Wasser einweichen, vgl. S. 49.
3. Sahne steif schlagen.

Zubereitung
1. Saft mit Zucker abschmecken.
2. Gelatine auflösen und mit dem Fruchtsaft mischen, vgl. S. 49.
3. Gelee in eine kalt ausgespülte Form füllen.
4. Erstarren lassen.
5. Gelee stürzen und mit Sahne verzieren.

Zubereitung Fruchtpüree

1. Früchte klein schneiden.

2. Mit dem Pürierstab portionsweise pürieren.

3. Fruchtmus durch ein Haarsieb streichen, mit Puderzucker oder Süßstoff abschmecken.

Zubereitung Fruchtgelee

1. Fruchtsaft mit Zucker, Vanillezucker und Zitronenschale mischen, erwärmen.

2. Gelatine auflösen und mit dem Fruchtsaft mischen.

3. Fruchtgelee zum Erstarren in Portionsgläser oder in eine Schüssel füllen.

DESSERTS

Quarkklößchen mit Aprikosen

300 g Aprikosen, frisch
oder aus der Dose (240 g Füllmenge)
250 g Magerquark
1 Ei
1 Prise Salz
20 g Zucker
2 TL Vanillezucker
6 TL Semmelmehl
Saft und Schale von einer Zitrone
2 EL Mehl
20 g Butter

Garzeit: 10 Min.
Nährwert: 231 kcal, 970 kJ
12 g E, 7 g F, 28 g KH

Vorbereitung
1. Aprikosen waschen, entsteinen, in Spalten schneiden.
2. Ei trennen.
3. Eiklar mit Salz steif schlagen.

⚠ Der Quark kann durch Mascarpone und der Zitronensaft durch 3 EL Amaretto ersetzt werden. Statt Aprikosen passen z. B. auch Zwetschgen zu den Klößchen.

Grießklößchen

¼ l Milch
30 g Butter
1 Prise Salz
1 EL Zucker
100 g Grieß
2 Eier

Garzeit: 15 Min.
Nährwert: 268 kcal, 1127 kJ
10 g E, 13 g F, 27 g KH

Zubereitung
1. Milch mit Butter, Salz und Zucker aufkochen.
2. Grieß reinrieseln lassen, unter Rühren zu einem dicken Kloß kochen (ca. 5 Min.).
3. Eier unterrühren.
4. Mit 2 angefeuchteten Teelöffeln Klöße abstechen und in Salzwasser ca. 10 Min. gar ziehen lassen.

🍽 Die Grießklößchen eignen sich zu Fruchtsuppen, z. B. Fliederbeersuppe.

Kompott

500 g Früchte, z. B. Äpfel, Birnen, Sauerkirschen, Brombeeren, Pfirsiche
1 Vanille- oder Zimtstange
¼ l Wasser
ca. 60 g Zucker

Garzeit: 5 Min.
Nährwert: 174 kcal, 732 kJ
1 g E, 0 g F, 40 g KH

Vorbereitung
1. Früchte waschen, ggf. schälen oder häuten, Kerngehäuse und weiche Stellen bzw. Kerne entfernen.
2. Früchte ggf. klein schneiden.

Zubereitung
1. Früchte mit dem Gewürz und dem Wasser in einen Topf geben.
2. Zuckern je nach Fruchtsüße.
3. 2–3 Min. kochen.
4. Erkalten lassen und servieren.

🍽 Kompott kann pur oder mit Bayerischer Creme, vgl. S. 221, Eis, Sahne, Crème fraîche oder Joghurt serviert werden.

Zubereitung Quarkklößchen mit Aprikosen

1. Eigelb mit Zucker und Vanillezucker verrühren.

2. Quark, 3 TL Semmelmehl, Zitronenschale und Mehl unter die Eigelbmasse rühren.

3. Eischnee unterheben.

4. Mit 2 Teelöffeln Klöße abstechen, Klöße 6–8 Min. in leicht gesalzenem Wasser gar ziehen lassen, abtropfen.

5. Aprikosen mit Zitronensaft beträufeln.

6. Butter erhitzen, 3 TL Semmelmehl darin rösten, Klöße damit bestreuen und mit Aprikosen servieren.

DESSERTS

Kirschkaltschale mit Quarkklößchen

1 kg Sauerkirschen
3/4 l Kirschsaft
50 g Speisestärke
3/4 l Wasser
Saft von 1 unbehandelten Zitrone
1 Zimtstange
1 Nelke
100 g Zucker
Für die Klößchen
1 Ei
Salz
1/8 l Milch
25 g Butter
75 g Zucker
1 Vanillezucker
Schale von 1 unbehandelten Zitrone
80 g Weizengrieß
200 g Magerquark

Garzeit: 25 Min.
Nährwert: 618 kcal, 2594 kJ
13 g E, 9 g F, 119 g KH

Für Kaltschalen können sehr reife Früchte verwendet werden.

Vorbereitung
1. Kirschen waschen, entstielen und entkernen.
2. 8 EL Kirschsaft mit der Speisestärke glatt rühren.
3. Für die Klößchen das Ei trennen und das Eiklar mit Salz zu Schnee schlagen.
4. Salzwasser zum Kochen bringen.

Statt frischer Kirschen können auch Kirschen aus Gläsern oder tiefgefrorene Kirschen verwendet werden.

Erfrischend kühl bleiben Kaltschalen, wenn man das Serviergeschirr für 1 Std. in den Tiefgefrierschrank stellt.

Anstelle der Quarkklößchen können auch die Grießklößchen, vgl. S. 224 oder süße Croûtons – in Butter geröstete Weißbrotwürfel in Puderzucker und Zimt gewälzt – gereicht werden.

Pfirsich-Kokos-Kaltschale

1,5 kg Pfirsiche
2 Nektarinen
2 EL Kokosraspel
Schale von 1 unbehandelten Zitrone
je 3/4 l Pfirsich- und Ananassaft
1 Dose Kokosnusscreme
evtl. etwas Zucker

Nährwert: 230 kcal, 967 kJ
4 g E, 3 g F, 46 g KH

Vorbereitung
1. Pfirsiche und Nektarinen waschen, Pfirsiche blanchieren und die Haut abziehen, würfeln.
2. Nektarinen entkernen, in Spalten schneiden, einige beiseite stellen.
3. Kokosraspel rösten.

Zubereitung
1. Fruchtfleisch pürieren.
2. Fruchtpüree, Zitronenschale, Pfirsich- und Ananassaft sowie die Kokosnusscreme verrühren, evtl. mit Zucker abschmecken.
3. Kaltschale in Teller füllen, mit Nektarinenspalten und Kokosraspeln garniert servieren.

Zubereitung Kirschkaltschale mit Quarkklößchen

1. Saft, Wasser, Kirschen, Zitronensaft, Gewürze und Zucker aufkochen.

2. 3 Min. kochen lassen, Gewürze entfernen, dann mit Speisestärke binden, kalt stellen.

3. Milch, Butter, Zucker Vanillezucker, Zitronenschale aufkochen, Grieß zugeben und zu einem Kloß kochen.

4. Quark und Eigelb unter die Masse rühren, Eischnee unterziehen.

5. Aus dem Teig mit 2 Teelöffeln Klößchen abstechen und im Salzwasser 10 Min. gar ziehen, abtropfen lassen.

6. Klößchen zusammen mit der Kaltschale anrichten.

DESSERTS

Schokoladenmousse marmoriert

75 g weiße Schokolade
2 EL Öl
75 g Zartbitterschokolade
300 g Sahne
Schale von 1/2 unbehandelten Zitrone
Schale von 1/2 unbehandelten Orange
Früchte zum Garnieren

Garzeit: 10 Min.
Nährwert: 500 kcal, 2100 kJ
6 g E, 40 g F, 27 g KH

Vorbereitung
1. Weiße Schokolade in Stücke brechen und mit 1 EL Öl in eine kleine Schüssel geben, im Wasserbad bei max. 50 °C schmelzen lassen.
2. Zartbitterschokolade in Stücke brechen und mit 1 EL Öl in eine kleine Schüssel geben, im Wasserbad schmelzen lassen.
3. Sahne steif schlagen.

Mokkamousse

150 g Mokkaschokolade
2 cl Kaffeelikör
250 g Sahne
Früchte zum Garnieren

Garzeit: 10 Min.
Nährwert: 393 kcal, 1651 kJ
5 g E, 30 g F, 23 g KH

Vor- und Zubereitung
1. Vgl. Vorbereitung 1. und 3. der Schokoladenmousse (statt Öl den Kaffeelikör verwenden) und die Phasenfotos 4. und 6.

⚠️ Die jeweils benötigte Schokolade kann auch in der Mikrowelle geschmolzen werden: ca. 2 Min. bei 600 Watt.

🍽️ Wenn man keine Nocken abstechen und die Mousse sofort servieren möchte, kann die Mousse nach der Zubereitung sofort in Portionsschälchen gefüllt werden.

Mousse au Chocolat

150 g Kuvertüre, dunkel
1/4 l Sahne
3 Eier

Garzeit: 10 Min.
Nährwert: 816 kcal, 3425 kJ
12 g E, 65 g F, 46 g KH

Vorbereitung
1. Kuvertüre hacken, im Wasserbad schmelzen lassen.
2. Sahne steif schlagen.
3. Eigelb und Eiklar trennen.
4. Eiklar zu Eischnee schlagen.

Zubereitung
1. Eigelbe cremig aufschlagen.
2. Aufgelöste Kuvertüre unter die Eischaummasse rühren, kalt stellen.
3. Schlagsahne und Eischnee unter die Masse heben, in Schälchen füllen, kalt stellen.

🍽️ Mousse au Chocolat muss aufgrund der Salmonellengefahr gut gekühlt und am selben Tag verzehrt werden.

Zubereitung Schokoladenmousse marmoriert

1. Unter die Hälfte der Sahne die Zitronenschale rühren.

2. Abgekühlte, flüssige weiße Schokolade auf die Sahne geben, unterheben, in eine Schüssel füllen.

3. Unter die andere Hälfte der Sahne die Orangenschale rühren.

4. Abgekühlte, aber noch flüssige dunkle Schokolade auf die Sahne geben und vorsichtig unterheben.

5. Dunkle Mousse auf der weißen Mousse verteilen und mit einer Gabel vorsichtig durch beide Schichten ziehen.

6. 2 Std. kalt stellen, mit einem Löffel Nocken abstechen und mit frischen Früchten garniert servieren.

DESSERTS

Tiramisu

250 g Mascarpone
50 g Zucker
5 EL Milch
Schale von 1 unbehandelten Zitrone
125 g Sahne
Espressopulver für 1 Tasse
oder 1 EL Instantkaffee
150 g Löffelbiskuits
1 EL Kakaopulver
Minzeblättchen zum Garnieren

Nährwert: 417 kcal, 1751 kJ
12 g E, 23 g F, 41 g KH

Vorbereitung
1. Mascarpone und Zucker in einer Schüssel gut verrühren.
2. Milch nach und nach unterrühren.
3. Zitronenschale zugeben.
4. Sahne steif schlagen und unter die Creme heben.
5. 50 ml Espresso oder Instantkaffee zubereiten.

! Tiramisu mit Espresso ist für Kinder nicht geeignet.

Erdbeertiramisu

300 g Erdbeeren oder Himbeeren
250 g Mascarpone
50 g Zucker
5 EL Milch
1 TL Zitronenschale
125 g Sahne
150 g Löffelbiskuits
5 EL Orangensaft

Nährwert: 447 kcal, 1877 kJ
13 g E, 23 g F, 47 g KH

Vorbereitung
1. Erdbeeren oder Himbeeren waschen, putzen und evtl. klein schneiden.
2. Mascarpone, Zucker, Milch und Zitronenschale verrühren.
3. Sahne steif schlagen und unter die Mascarponecreme ziehen.

Zubereitung
1. Löffelbiskuits mit Orangensaft beträufeln, vgl. Phasenfoto 1.
2. Die Mascarponecreme und die Früchte einschichten, vgl. Phasenfotos.
3. Zuletzt mit Früchten abdecken.

Gebackene Pfirsiche

2 reife Pfirsiche
8 Amaretti
2 EL Marsala
2 TL Butter

Garzeit: 5 Min.
Nährwert: 193 kcal, 810 kJ
2 g E, 13 g F, 16 g KH

Vorbereitung
1. Die Pfirsiche kreuzweise einritzen, überbrühen, häuten, halbieren, den Stein entfernen.

Zubereitung
1. Pfirsiche mit der Öffnung nach oben in eine feuerfeste Form setzen.
2. Amaretti grob zerbröseln und über die Pfirsiche streuen.
3. Marsala darüber träufeln.
4. Butter in Flöckchen darauf setzen.
5. Im Backofen bei 200 °C 5 Min. garen.

🍽 Tiramisu (ital.: „zieh mich hoch") ist ein typisch italienisches Dessert. Es kann auch als Gebäckersatz zum Nachmittagskaffee serviert werden.

Zubereitung Tiramisu

1. Die Hälfte der Löffelbiskuits mit der Hälfte des Espressos gut beträufeln.

2. Eine rechteckige Form mit den Löffelbiskuits auslegen.

3. Die Hälfte der Mascarponecreme auf den Löffelbiskuits verteilen.

4. Zweite Schicht Löffelbiskuits auflegen, mit Espresso beträufeln. Mit Mascarponecreme abdecken.

5. 2 Std. kalt stellen. Vor dem Servieren mit Kakaopulver bestäuben.

6. Mit Minzeblättchen garnieren.

DESSERTS

Milchreis

1 l Milch
2 EL Zucker
250 g Rundkornreis
1 Prise Salz
1 Zimtstange

Garzeit: 30 Min.
Nährwert: 392 kcal, 1647 kJ
11 g E, 8 g F, 66 g KH

🛒 Süße Reismischungen gibt es in vielen Varianten im Handel zu kaufen. Die fertigen Produkte bestehen aus geschältem Reis und haben meist einen hohen Zuckerzusatz.
Der Preis liegt um ein Vielfaches höher als bei selbst hergestelltem Reis.

🍽 Zu den Reisgerichten passen Apfelmus, Kirsch- oder Zwetschgenkompott.
Der Milchreis und der Sahnereis können mit einer salzigen Suppe oder einem Salat vorweg als Hauptgericht oder nach einem leichten Hauptgericht als Dessert serviert werden.

⚠ Die Zimtstange lässt sich durch das Abgeriebene einer Zitrone ersetzen.

Sahnereis mit Zimtbutter

250 g Rundkornreis (Naturreis)
3/4 l Milch
1 Prise Salz
2 EL Honig
100 g Sahne
Für die Honig-Zimt-Butter
50 g Butter
1 TL Zimt
2 EL Honig

Garzeit: 30 Min.
Nährwert: 520 kcal, 2184 kJ
10 g E, 26 g F, 58 g KH

Vorbereitung
1. Sahne steif schlagen.

Zubereitung
1. Reis mit Milch, Salz und Honig kochen und ausquellen lassen, vgl. Phasenfotos 1–3 für Milchreis.
2. Butter zerlassen, Zimt und Honig unterrühren.
3. Unter den ausgequollenen und abgekühlten Reis die Sahne ziehen.
4. Reis in eine Schüssel füllen und mit der Honig-Zimt-Butter übergießen.

❗ Die Reisgerichte mögen insbesondere Kinder gerne.

Reis Trauttmannsdorf

1/2 Grundrezept Milchreis, vgl. linke Spalte
200 g Sahne
4 Blatt weiße Gelatine
250 g Kirschen

Garzeit: 30 Min.
Nährwert: 436 kcal, 1829 kJ
10 g E, 22 g F, 80 g KH

Vorbereitung
1. Gelatine einweichen, vgl. S. 49.
2. Sahne steif schlagen.
3. Schälchen oder große Schale mit kaltem Wasser ausspülen.

Zubereitung
1. Milchreis zubereiten, vgl. Phasenfotos 1–3.
2. Eingeweichte Gelatine leicht ausdrücken, auflösen, vgl. S. 49.
3. Reis abkühlen lassen, kurz bevor der Reis fest wird, die Sahne unterziehen.
4. Einige Kirschen zum Garnieren zurücklegen, restliche Kirschen und Gelatine unter den Reis rühren.
5. Schälchen oder Schale mit dem Reis füllen, Reis ganz fest werden lassen.
6. Reis auf einen Teller stürzen und mit Kirschen garnieren.

Zubereitung Milchreis

1. Milch und Zucker aufkochen.

2. Reis, Salz und Zimtstange zufügen, ca. 3 Min. unter ständigem Rühren köcheln lassen.

3. Bei niedriger Hitze ca. 30 Min. ausquellen lassen, Zimtstange entfernen.

DESSERTS

Weinschaumsoße

2 Eigelb
2 EL Zucker
1 Spritzer Zitronensaft
1/8 l Weißwein
Früchte nach Belieben
Zitronenmelisse zum Garnieren

Garzeit: 10 Min.
Nährwert: 80 kcal, 338 kJ
1 g E, 3 g F, 8 g KH

Mohn-Back ist eine Mohnfertigmischung mit gemahlenem Mohn. Außerdem enthält sie Zucker und Geschmacksstoffe.

Joghurtvanillesoße

1/8 l Milch
3 Päckchen echter Vanillezucker
2 Eigelb
50 g Mohn-Back
2 Becher Sahnejoghurt
Zucker
Zitronenmelisse zum Garnieren

Garzeit: 5 Min.
Nährwert: 236 kcal, 990 kJ
8 g E, 14 g F, 20 g KH

Vorbereitung
1. Zitronenmelisse waschen.

Die Joghurtvanillesoße passt zu Hefeklößen, Buchteln oder frischen Beeren.

Zabaione ist eine besondere Form der Weinschaumsoße und wird anstelle von Weißwein mit Marsala – einem Süßwein – hergestellt.
Sabayon ist ein Weinschaum, bei dem außer Eigelb noch 1 Ei zusätzlich mit aufgeschlagen wird, Zubereitung vgl. Phasenfotos.
Mit einer Prise Muskat abgeschmeckt, passt Sabayon besonders gut zu Erdbeeren.

Zubereitung Weinschaumsoße und Sabayon

1. Eigelbe (ggf. noch 1 Ei für Sabayon) und Zucker in einer Schüssel im Wasserbad schaumig rühren.

2. Zitronensaft und Weißwein langsam hineinrühren.

3. Soße mit dem Schneebesen bis zu einer Temperatur von 70 °C zu einer schaumigen Creme schlagen.

4. Soße aus dem Wasserbad nehmen und (ggf. in Eiswasser) kaltschlagen, abschmecken.

5. Soße gleichmäßig über die Früchte verteilen, unter dem Grill 3–4 Min. gratinieren.

6. Mit gewaschener Zitronenmelisse garniert servieren.

Zubereitung Joghurtvanillesoße

1. Milch und Vanillezucker aufkochen, mit den Eigelben legieren, vgl. S. 50.

2. Soße mit dem Handrührgerät schaumig schlagen, bis sie kalt ist, Mohn-Back unterrühren.

3. Joghurt unter die Soße rühren, mit Zucker abschmecken und mit Zitronenmelisse garnieren.

GEBÄCK

Rührkuchen

250 g Butter oder Margarine
200 g Zucker
4 Eier
400 g Mehl
1 Tüte Backpulver
1 Prise Salz
125 ml Milch
1 Zitrone, unbehandelt
Fett und Semmelmehl für die Kastenform

Backzeit: 50–70 Min.
Nährwert/Stück bei 15 Stück:
308 kcal, 1294 kJ
5 g E, 15 g F, 35 g KH

Vorbereitung
1. Mehl, Backpulver und Salz vermischen.
2. Zitrone heiß abwaschen, trocknen und die Schale abreiben.
3. Backform ausfetten und mit Semmelbröseln ausstreuen.

⚠ 200 g Mehl können für eine feinere Rührmasse (Sandmasse) durch 200 g Speisestärke ersetzt werden.
Als Geschmackszutaten eignen sich für eine Rührmasse zusätzlich:
- 100–150 g Rosinen
- 100 g Rosinen und 50 g Zitronat
- 150 g Schokoladenplätzchen

Marmorkuchen

1 Rezept Rührkuchen, ausgenommen Zitronenschale
zusätzlich
50 g Kakao
20 g Zucker
30 ml Milch

Zubereitung
1.–3. Vgl. Phasenfotos Rührkuchen.
4. Masse halbieren, unter eine Hälfte Kakao, zusätzlichen Zucker und Milch rühren.
5. Helle und dunkle Masse abwechselnd in die Form füllen, mit der Gabel vermischen.
6.–9. Vgl. Phasenfotos Rührkuchen.

Zubereitung Rührkuchen

1. Butter, Zucker und Eier in eine Rührschüssel geben.

2. Mit dem Handrührgerät schaumig schlagen, bis der Zucker gelöst ist.

3. Mehl-Backpulver-Salz-Gemisch auf die Masse geben, Milch unter Rühren hinzufügen.

4. Geschmackszutaten (Zitrone) kurz unterrühren.

5. Masse in die Form geben, etwa 1/3 der Form muss frei bleiben, Form in den Ofen schieben.

6. Bei 190 °C ca. 50 Min. backen, Garprobe machen.

7. Fertig gegarten Kuchen herausnehmen und ca. 10 Min. ruhen lassen.

8. Kuchen auf einen Kuchenrost stürzen.

9. Frühestens nach ca. 60 Min. anschneiden.

GEBÄCK

Apfelkuchen

125 g Butter oder Margarine, zimmerwarm
100 g Zucker
2 Eier
200 g Mehl, Type 405, Type 550 oder Type 1050
1 Prise Salz
2 TL Backpulver
1 kg säuerliche Äpfel
50 g Puderzucker
Fett und Grieß für die Form
Nach Bedarf
Aprikosenkonfitüre zum Aprikotieren
Puderzucker zum Bestäuben

Backzeit: 60 Min.
Nährwert/Stück bei 16 Stück:
140 kcal, 588 kJ
2 g E, 7 g F, 15 g KH

Vorbereitung
1. Springform einfetten und mit Grieß ausstreuen.
2. Äpfel vorbereiten, vgl. Phasenfotos 1.–2.

Zubereitung
1. Butter oder Margarine, Zucker und Eier mit dem Handrührgerät schaumig rühren.
2. Mehl, Salz und Backpulver unterrühren.
3. Teig in die Form füllen und gleichmäßig verstreichen.
4. Mit den Apfelhälften belegen, vgl. Phasenfoto 3.
5. Bei 190 °C ca. 60 Min. backen.
6. Auskühlen lassen.
7. Nach Bedarf aprikotieren und mit Puderzucker bestäuben.

Zubereitung Apfelkuchen

1. Äpfel schälen, mit dem Apfelausstecher entkernen und halbieren.

Joghurtkuchen

200 g Vollmilchjoghurt
240 g Zucker
240 g Vollkornmehl
150 ml Sonnenblumenöl
3 Eier
1 Tüte Backpulver
1 Tüte Vanillezucker
1 Prise Salz
1 Zitrone, unbehandelt
Fett und Mehl für die Form

Backzeit: 60 Min.
Nährwert/Stück bei 15 Stück:
269 kcal, 1129 kJ
4 g E, 12 g F, 35 g KH

Vorbereitung
1. Zitrone heiß abwaschen, trocknen und die Schale abreiben.
2. Kastenform einfetten, bemehlen.

Zubereitung
1. Joghurt in eine Schüssel geben, mit Zucker, Mehl und Öl verrühren.
2. Eier, Backpulver, Vanillezucker, Salz, Zitronenschale zugeben.
3. Mit den Schneebesen eines Handrührgerätes alles auf höchster Stufe ca. 4 Min. verrühren.
4. Teig in die Form füllen, glatt streichen.
5. Bei 175 °C ca. 60 Min. backen.

Zum Aprikotieren Aprikosenkonfitüre mit etwas heißem Wasser glatt rühren, auf das ofenheiße Gebäck streichen.

Das Rezept des Apfelkuchens lässt sich gut mit 750 g entsteinten Sauerkirschen, Aprikosen oder Pfirsichen variieren.

2. Apfelhälften in Zitronenwasser legen, Hälften mit einem Messer einritzen.

Zitronenkuchen

200 g Butter oder Margarine
180 g Zucker
5 Eier
150 g Speisestärke
200 g Mehl
2 TL Backpulver
1 Prise Salz
1 Zitrone, unbehandelt
Fett und Semmelmehl für die Form
Für den Guss
3 Zitronen
200 g Puderzucker

Backzeit: 40 Min.
Nährwert/Stück bei 20 Stück:
316 kcal, 1329 kJ
3 g E, 10 g F, 52 g KH

Vorbereitung
1. Zitrone heiß abwaschen, trocknen und die Schale abreiben.
2. Für den Guss die abgeriebene Zitrone und die drei anderen Zitronen auspressen.
3. Puderzucker mit dem Zitronensaft verrühren.
4. Backblech einfetten und mit Semmelmehl ausstreuen.

Zubereitung
1. Teig wie den Rührkuchen, vgl. S. 230, herstellen.
2. Bei 175 °C ca. 40 Min. backen.
3. Mit einem Holzstäbchen die Kuchenplatte gleichmäßig einstechen.
4. Puderzucker-Zitronensaftgemisch in die Löcher tröpfeln lassen.
5. Den Kuchen etwas stehen lassen und dann in Stücke schneiden.

3. Apfelhälften auf dem Teig verteilen, einige Hälften evtl. vierteln.

Käsekuchen mit Mürbeteigboden

250 g Weizenmehl Type 1050 oder 405
60 g Zucker
1 Prise Salz
1 Zitrone, unbehandelt
1 Ei
125 g Butter oder Margarine

Für die Käsemasse
500 g Magerquark
150 g Zucker
1 Päckchen Vanillezucker
1 Päckchen Zitronenschale
1 EL Mehl
1 EL Speisestärke
6 Eigelb
6 Eiklar – zu Schnee geschlagen
50 g Zucker für den Eischnee
50 g Butter, flüssig

Die Käsemasse kann durch Zugabe von 100 g Rosinen verändert werden. Die Zuckermenge wird dann auf 100 g reduziert. Unter die Käsemasse können auch 300 g Apfelstücke oder 300 g Kirschen gemischt werden.

Nährwert/Stück bei 12 Stück:
347 kcal, 1456 kJ
12 g E, 16 g F, 37 g KH

Backzeit: 60 Min.

Vorbereitung
1. Zitrone heiß abwaschen, trocknen, Schale abreiben.

Zubereitung Käsetorte mit Mürbeteigboden

1. Mehl, Zucker, Salz, Zitronenschale und das Ei in eine Schüssel geben.

2. Butter oder Margarine in Stücke schneiden und auf dem Mehl verteilen.

3. Alle Zutaten mit den Knethaken eines Handrührgerätes gründlich durchkneten.

4. Die so entstandenen Streusel schnell – am besten mit der Hand – zu einem glatten Teig verkneten.

5. Teig flach formen, in Folie schlagen, 30 Min. kalt stellen, danach mit wenig Mehl bestäuben, ausrollen.

6. Springformboden mit Teig auslegen und 15 Min. blind backen, vgl. S. 52.

7. Quark, Zucker, Vanillezucker, Zitronenschale, Mehl, Speisestärke und Eigelbe verrühren.

8. Eischnee zusammen mit der flüssigen Butter unterheben, Masse auf den vorgebackenen Boden füllen.

9. Bei 180 °C backen, nach 20 Min. mit einem Messer den Rand lösen, weitere 20 Min. backen.

Aprikosen-Reiskuchen

1 Grundrezept Mürbeteig, vgl. S. 232
Für den Belag
1/2 l Milch
50 g Zucker
Saft und Schale von 1 Zitrone
125 g Rundkornreis
1 kg Aprikosen
20 g Butter
500 g Sahnequark
4 Eier
1 Tüte Vanillesoßenpulver
4 EL Aprikosenkonfitüre

Backzeit: 30 Min.,
40 Min. Quellzeit für den Reis
Nährwert/Stück bei 12 Stück:
280 kcal, 1176 kJ
7 g E, 14 g F, 30 g KH

Vorbereitung
1. Mürbeteig kneten, vgl. S. 232, kalt stellen.
2. In Milch, 2 EL Zucker und Zitronenschale den Reis kochen.
3. Aprikosen waschen, entkernen, halbieren, mit Zitronensaft beträufeln.
4. Butter schmelzen
5. Fettpfanne mit Backpapier auslegen.

Zubereitung
1. Mürbeteig dünn ausrollen und Fettpfanne damit auslegen, dabei den Rand hochdrücken.
2. Milchreis mit Quark, Eiern, Soßenpulver und dem restlichen Zucker verrühren.
3.–5. Vgl. Phasenfotos.

Gedeckter Apfelkuchen

400 g Weizenmehl
100 g gemahlene Mandeln
150 g Zucker
1 Prise Salz
2 Eigelb
250 g Butter oder Margarine
Fett für die Springform
Für die Füllung
1 kg säuerliche Äpfel (Boskop)
Zitronenwasser
50 g Zucker
2 Tüten Vanillezucker
1/4 TL Zimt, gemahlen
1 Tüte (Rum-)Rosinen
50 g Mandelblättchen
Für den Guss
100 g Puderzucker
4–5 EL Zitronensaft
25 g geröstete Mandelblättchen

Backzeit: 70 Min.
Nährwert/Stück bei 12 Stück:
573 kcal, 2405 kJ,
7 g E, 31 g F, 64 g KH

Vorbereitung
1. Für die Füllung die Äpfel waschen, schälen, entkernen und würfeln, dann in Zitronenwasser aufbewahren.
2. Springform einfetten.

Zubereitung
1. Zutaten für den Mürbeteig mit den Knethaken des Handrührgerätes verkneten, kalt stellen.
2. 1/3 vom Teig abnehmen, kalt stellen.
3. Restlichen Teig zwischen bemehlter Folie (Folienbeutel) etwas größer als eine Springform ausrollen.
4. Folie abziehen und ausgerollten Teig umgedreht in die Springform legen.
5. Teig am Rand ca. 4 cm hochdrücken, Teigboden mehrmals einstechen.
6. Restlichen Teig wie oben beschrieben in Springformgröße ausrollen, kalt stellen.
7. Apfelwürfel, Zucker, Vanillezucker, Zimt und Rosinen mit den Mandelblättchen in einer Schüssel mischen.
8. Füllung auf den Teig geben.
9. Mit der vorbereiteten Teigplatte abdecken, Folie abziehen.
10. Teigoberfläche einige Male mit einer Gabel einstechen und bei 180 °C ca. 70 Min. backen.
11. Puderzucker mit Zitronensaft verrühren.
12. Kuchen mit Guss überziehen.
13. Mandelblättchen überstreuen.
14. Kuchen ausgekühlt servieren.

🍽 Zum Apfelkuchen passt geschlagene Sahne oder Vanillesoße.
Der Aprikosen-Reiskuchen kann sowohl als Dessert als auch als Gebäck zum Nachmittagskaffee gegessen werden.

⚠ Die Aprikosen im Reiskuchen lassen sich z. B. durch Kirschen, Nektarinen oder Pfirsiche ersetzen.

Zubereitung Aprikosen-Reiskuchen

3. Reismasse auf den Mürbeteig streichen, Aprikosenhälften gleichmäßig darauf verteilen.

4. Aprikosenhälften mit der Butter einpinseln, Kuchen bei 175 °C ca. 30 Min. backen.

5. Konfitüre mit etwas Wasser erwärmen und den Kuchen damit einstreichen.

GEBÄCK

Prasselkuchen

450 g TK-Blätterteig
600 g Heidelbeeren
300 g Butter oder Margarine
300 g Mehl
150 g Zucker
1 Prise Salz
150 g Puderzucker
1 EL Zitronensaft

Backzeit: 15 Min.
Nährwert/Stück bei 20 Stück:
327 kcal, 1376 kJ
3 g E, 23 g F, 27 g KH

Vorbereitung
1. Blätterteigscheiben nebeneinander legen und auftauen lassen.
2. Heidelbeeren verlesen, waschen und abtropfen lassen.
3. Butter oder Margarine warm stellen und weich werden lassen.

⚠️ Der Prasselkuchen lässt sich mit vielen verschiedenen Obstsorten herstellen, z. B. Sauerkirschen, Stachelbeeren, Äpfeln oder mit Pflaumenmus oder Apfelmus. Unter das Obst kann eine Schicht Vanilleflammeri gestrichen werden.

Birne im Schlafrock

300 g Blätterteig (8 Scheiben)
2 reife Birnen (Williams Christ)
2 EL Zitronensaft
50 g Walnüsse
50 g Marzipanrohmasse
2 EL Puderzucker

Backzeit: 25 Min.
Nährwert/Stück bei 4 Stück:
548 kcal, 2300 kJ
6 g E, 10 g F, 54 g KH

Vorbereitung
1. Blätterteigscheiben nebeneinander legen und auftauen lassen.
2. Birnen waschen, schälen, halbieren und das Kerngehäuse entfernen.
3. Birnenhälften mit Zitronensaft einpinseln.
4. Walnüsse grob hacken.
5. Backblech mit Backpapier auslegen.

Zubereitung
1. Jeweils eine Birnenhälfte auf eine Blätterteigplatte legen.
2. Den Teig rundherum 2 cm größer als die Birnenhälfte ausschneiden.

3. Die 2. Teigplatte genauso ausschneiden, aber anschließend in Birnengröße ausschneiden, sodass ein 2 cm breiter Ring und ein Deckel in Birnengröße entstehen.
4. Den Ring auf die 1. Teigscheibe legen.
5. Marzipanrohmasse mit den Walnüssen verkneten und die Birnenhälften damit füllen.
6. Je eine Birnenhälfte in die Blätterteigschiffchen setzen, Deckel auflegen und etwas andrücken.
7. Bei 180 °C backen, nach 20 Min. dick mit Puderzucker bestäuben und unter den Grill schieben, bis der Zucker goldbraun karamellisiert.

🍽️ Beide Gebäcke schmecken warm am besten und eignen sich gut als Dessert.
Die Birnen sollten mit geschlagener Vanillesahne (Sahne und Vanillezucker) serviert werden.

Zubereitung Prasselkuchen

1. Butter oder Margarine mit Mehl, Zucker und Salz zu krümeligen Streuseln verkneten.

2. Backblech mit Backpapier auslegen.

3. Blätterteigscheiben überlappend darauf legen und an den Rändern umklappen.

4. Heidelbeeren darauf verteilen, Streusel gleichmäßig überstreuen, Kuchen bei 200 °C 15 Min. backen.

5. Puderzucker mit Zitronensaft verrühren und graffitiartig über den Kuchen träufeln.

6. Prasselkuchen mit etwas Puderzucker bestreuen und servieren.

GEBÄCK

Quark-Blätterteigstreifen

6 Platten Blätterteig (450 g)
500 g Aprikosen
2 Eier
3 Eigelb
1 Prise Salz
abgeriebene Schale einer Zitrone oder Limette
100 g Zucker
250 g Magerquark
250 g Doppelrahm-Frischkäse
1 EL Zitronen- oder Limettensaft
1 EL Mehl
100 g Aprikosenkonfitüre zum Aprikotieren

Backzeit: 20–25 Min.
Nährwert/Stück bei 20 Stück:
340 kcal, 1428 kJ
10 g E, 19 g F, 33 g KH

Vorbereitung
1. Blätterteigplatten nebeneinander legen und auftauen lassen.
2. Aprikosen waschen, entsteinen und in Spalten schneiden.
3. Das Backblech mit Wasser bepinseln.

Zubereitung
1. Eier, 2 Eigelb, Salz, Zitronenschale und Zucker cremig rühren.
2. Quark, Frischkäse, Zitronensaft und Mehl unterrühren.
3. 1 Eigelb mit 1 EL Wasser verquirlen.
4.–9. Vgl. Phasenfotos
10. Nach dem Backen die Kuchenstreifen mit erhitzter Aprikosenkonfitüre bestreichen (aprikotieren) und in 5 cm breite Stücke schneiden.

Die Blätterteigstreifen schmecken am besten ganz frisch. Man kann die fertig hergestellten Streifen auch ungebacken tiefgefrieren und dann bei Bedarf auftauen, backen und aprikotieren. Waffeln mit Eis, Sahne, Kompott oder Obst zusammen servieren.

Statt der Aprikosen kann jede andere Frucht verwendet werden.

Butterwaffeln

200 g weiche Butter
70 g Zucker
2 TL Vanillezucker
3 Eier
1 Prise Salz
100 g Mehl
100 g Speisestärke
1 TL Backpulver
200 g Sahne
evtl. Öl für das Waffeleisen
Zum Bestäuben
ca. 50 g Puderzucker

Backzeit: ca. 3 Min. je Backvorgang
Nährwert für die Gesamtmenge:
3189 kcal, 13394 kJ
36 g E, 244 g F, 215 g KH

Zubereitung
1. Alle Zutaten mit dem Handrührgerät verrühren.
2. Das Waffeleisen erhitzen, evtl. mit Öl bepinseln und die Waffeln darin nacheinander backen.
3. Vor dem Servieren mit Puderzucker bestreuen.

Zubereitung Quark-Blätterteigstreifen

4. Jeweils 3 Blätterteigplatten übereinander legen, auf einer bemehlten Fläche zu 36 x 30 cm ausrollen.

5. Die Teigplatten jeweils in 2 Streifen à 36 x 15 cm schneiden.

6. 2/3 der Creme längs auf 2 Streifen streichen, dabei rundherum 2 cm Rand frei lassen.

7. Aprikosen darauf verteilen, mit der restlichen Creme bedecken, Ränder mit Eigelbwasser bestreichen.

8. Restliche Teigstreifen quer zur schmalen Seite jeden cm so einschneiden, dass ein Rand bleibt.

9. Streifen über die Füllung legen und die Kanten andrücken, mit Eigelb bestreichen, bei 220 °C backen.

GEBÄCK

Pflaumenstrudel

600 g Pflaumen oder Zwetschgen
300 g Strudelteig, tiefgefroren
oder 300 g Blätterteig, tiefgefroren
3 EL Walnusskerne
1 Ei
4 EL Pflaumenmus (Fertigprodukt)
1 EL Zucker
1 EL Vanillezucker
½ TL gemahlener Zimt
3 EL Semmel(Panier-)mehl
2 EL Puderzucker zum Bestäuben
Für die Beilage
200 g Sahne
1 TL Zucker
1 Prise Zimt

Backzeit: 40 Min.
Nährwert/Stück bei 16 Stück:
170 kcal, 710 kJ
3 g E, 11 g F, 15 g KH

Vorbereitung
1. Pflaumen waschen, entsteinen und vierteln.
2. Strudelteig oder Blätterteig auftauen lassen.
3. Nüsse grob hacken.
4. Ei verquirlen.
5. Für die Beilage Sahne mit etwas Zucker und Zimt steif schlagen.
6. Backblech mit Backpapier auslegen.

Der Strudel kann sowohl als Dessert als auch als Gebäck zum Nachmittagskaffee gegessen werden.

Statt der Schlagsahne passt auch Vanillesoße zum Strudel. Sie kann aus einem ¾ l Milch, 1 Päckchen Vanillepuddingpulver und 3 EL Zucker hergestellt werden.

Apfelstrudel

600 g Äpfel
300 g Strudelteig, tiefgefroren,
oder 300 g Blätterteig
3 EL Haselnusskerne
1 Ei
50 g Rosinen oder Korinthen
1 EL Zucker
1 EL Vanillezucker
½ TL gemahlener Zimt
3 EL Semmel(Panier-)mehl
2 EL Puderzucker zum Bestäuben
Für die Beilage
200 g Sahne
1 TL Zucker
1 Prise Zimt

Backzeit: 40 Min.
Nährwert/Stück bei 16 Stück:
170 kcal, 710 kJ
3 g E, 11 g F, 15g KH

Vor- und Zubereitung
1. Äpfel waschen, schälen und in dünne Scheiben schneiden.
2. Vgl. 2.–6. Vorbereitung und 1.–6. Zubereitung Pflaumenstrudel.

Zubereitung Pflaumenstrudel

1. Pflaumen mit dem Pflaumenmus, Zucker, Vanillezucker und Zimt mischen.

2. Strudelteig ausbreiten, Nüsse und Semmelmehl gleichmäßig darauf verteilen.

3. Pflaumen gleichmäßig darauf geben, Teigplatten an den Seiten etwas überschlagen.

4. Den Teig vorsichtig einrollen und mit Ei bestreichen.

5. Mit der Nahtstelle auf das Backblech legen und bei 200 °C 35–40 Min. backen.

6. Abkühlen lassen und mit Puderzucker bestreuen, zusammen mit der Sahne servieren.

GEBÄCK

Windbeutel (Brandmasse)

¼ l Wasser
1 Prise Salz
60 g Butter oder Margarine
150 g Mehl, Type 550
4 Eier
Fett und Mehl für das Blech
Für die Füllung
½ l Sahne, geschlagen
Puderzucker zum Bestäuben

Backzeit: 15–25 Min., je nach Größe
Nährwert/Stück bei 20 Stück:
141 kcal, 591 kJ
3 g E, 10 g F, 7 g KH

Fertig gebackene Windbeutel lassen sich gut tiefgefrieren. Nach dem Auftauen die Windbeutel dann kurz bei 200 °C in den Backofen geben, damit sie wieder knusprig werden, und anschließend füllen.

Zusätzlich zur Sahnefüllung können frische oder konservierte Früchte in die Windbeutel gefüllt werden.
Anstelle von Schlagsahne eignet sich auch eine Vanille- oder Schokoladencreme als Füllung.
Die Brandmasse kann ebenfalls in Ringform gespritzt und dann gebacken und gefüllt werden.

In der Bäckerei und Konditorei werden Teige von Massen unterschieden. Teige bestehen im wesentlichen aus Mehl, Wasser, manchmal Eiern und wenig Fett. Massen sind fett- und eireich, deshalb heißt es in der Fachsprache Brandmasse und Rührmasse. Man kann aber auch von Rührteig und Brandteig sprechen.

Zubereitung Windbeutel

1. Wasser und Salz zum Kochen bringen, Butter zufügen, schmelzen lassen.

2. Mehl auf einmal in das Wasser schütten, so lange rühren, bis sich ein Klumpen bildet.

3. Den Teigkloß noch 2 Min. auf allen Seiten „abbrennen".

4. Teigkloß in eine Rührschüssel umfüllen, nach und nach die Eier einzeln unterrühren.

5. Stets erst das nächste Ei unterrühren, wenn das vorige ganz verrührt ist.

6. Brandmasse in einen Spritzbeutel füllen.

7. Den Teig in Form tennisballgroßer Rosetten auf das gefettete und bemehlte Blech spritzen.

8. Die Windbeutel im 200 °C heißen Ofen je nach Größe 15–25 Min. backen, heiß aufschneiden.

9. Auskühlen lassen, Sahne mit einem Spritzbeutel in die Windbeutel füllen, mit Puderzucker bestäuben.

Hefeblechkuchen

500 g Mehl,
am besten Type 550
20 g Zucker
¼ TL Salz
1 Ei
50 g Butter oder Margarine
1 Würfel Hefe (42 g)
¼ l warme Milch

Backzeit: 15 Min.
Nährwert/Stück bei 20 Stück:
184 kcal, 774 kJ
4 g E, 3 g F, 337 g KH

Vorbereitung
1. Hefe und Milch vermischen.

Butterkuchen

1 Grundrezept Hefeblechkuchen, vgl. links
Fett für das Backblech
Für den Belag
150 g Butter
70 g Zucker
50 g Mandelblättchen

Backzeit: 15 Min.
Nährwert/Stück bei 20 Stück:
201 kcal, 843 kJ
4 g E, 10 g F, 23 g KH

Vorbereitung
1. Butter in Flöckchen schneiden und kurz tiefgefrieren.
2. Backblech einfetten

Zubereitung
1. Vgl. Zubereitung 1.–6. Hefeblechkuchen.
2. Vgl. Phasenfotos 1.–3. Butterkuchen.

> Das Gehenlassen (Gären) des Teiges kann auch in der Mikrowelle bei ca. 190 Watt in zwei- bis dreimal für 5 Min. oder über Nacht im Kühlschrank (Blechgröße beachten!) erfolgen, sodass der Kuchen morgens zum Frühstücksbüfett frisch gebacken werden kann.

Zubereitung Hefeblechkuchen

1. Mehl mit Zucker und Salz mischen, eine Mulde für das Ei hineindrücken, Ei hineinfließen lassen.

2. Butter oder Margarine in Flöckchen auf den Rand setzen.

3. Milch mit Hefe hineingießen und alles mit dem Handrührgerät zu einem glatten Teig verkneten.

4. Mit feuchtem Tuch abdecken, bis zum doppelten Volumen gären lassen.

5. Teig nochmals mit der Hand durchkneten.

6. Teig je nach Verwendung formen oder ausrollen, 15 Min. gehen lassen.

Zubereitung Butterkuchen

1. Teig auf das gefettete Backblech geben, Löcher hineindrücken.

2. In die Löcher Butterflöckchen setzen.

3. Zucker und Mandelblättchen überstreuen, bei 220 °C backen.

Zwetschgenkuchen

1 Grundrezept Hefeblechkuchen,
vgl. S. 238
Fett für das Backblech
Für den Belag
2 kg Zwetschgen
2 EL gemahlene Haselnüsse
oder Paniermehl
ca. 100 g Zucker

Backzeit: 20 Min.
Nährwert/Stück bei 20 Stück:
198 kcal, 833 kJ
5 g E, 4 g F, 35 g KH

Vorbereitung
1. Hefeteig herstellen, vgl. Hefeblechkuchen, S. 238.
2. Zwetschgen waschen, entsteinen und bei Bedarf oben einschneiden.
3. Backblech einfetten.

Statt des selbst hergestellten Teiges kann 450 g tiefgekühlter Hefeteig verwendet werden.

Streuselkuchen

1 Grundrezept Hefeblechkuchen,
vgl. S. 238
Fett für das Backblech
Für die Streusel
300 g Mehl
150 g Zucker
150 g weiche Butter
½ TL Zitronenschale

Backzeit: 25 Min.
Nährwert/Stück bei 20 Stück:
262 kcal, 1099 KJ
5 g E, 9 g F, 38 g KH

Vorbereitung
1. Hefeteig herstellen, vgl. Hefeblechkuchen, S. 238.
2. Backblech einfetten.

Für einen **Zwetschgenkuchen mit Streuseln** wird der Teig zuerst mit 2 EL gemahlenen Haselnüssen oder Paniermehl bestreut, mit 2 kg vorbereiteten Zwetschgen belegt und dann mit den Streuseln bestreut. Die Zitronenschale in den Streuseln sollte durch Zimt ersetzt werden. Die Backzeit beträgt 30 Min.

Statt frischer Hefe kann auch Trockenhefe eingesetzt werden. Beim Einkauf unbedingt auf das Haltbarkeitsdatum achten. Die Verarbeitungsweise steht auf der Verpackung. 1 Päckchen Trockenhefe entspricht 1 Würfel frischer Hefe.
Trockenhefe lässt sich gut bevorraten.

Zubereitung Zwetschgenkuchen

1. Hefeteig dünn ausrollen und auf das gefettete Backblech legen.

2. Haselnüsse oder Paniermehl darauf streuen, Zwetschgen dachziegelartig auflegen.

3. Bei 180 °C ca. 20 Min. backen, 5 Min. vor Ende der Backzeit mit Zucker bestreuen.

Zubereitung Streuselkuchen

1. Hefeteig dünn ausrollen und auf das gefettete Backblech legen, mehrmals einstechen.

2. Aus Mehl, Zucker, Butter und Zitronenschale Streusel kneten, damit den Kuchen gleichmäßig bestreuen.

3. Bei 220 °C ca. 25 Min. backen.

GEBÄCK

Hefezopf

500 g Mehl, Type 550
20 g Zucker
1/4 TL Salz
1 Ei
50 g Butter oder Margarine
1 Würfel Hefe (42 g)
150 ml warme Milch
Fett für das Backblech
1 Eigelb zum Bestreichen

Backzeit: 35 Min.
Nährwert/Stück bei 20 Stück:
120 kcal, 506 kJ
4 g E, 4 g F, 42 g KH

Zubereitung
1. Hefeteig herstellen, vgl. Hefeblechkuchen, S. 238.
2. Den Teig in 3 gleich große Stücke teilen und zu einem Zopf flechten, vgl. Phasenfotos 1.–2.
3. Zopf auf ein gefettetes Backblech setzen und ca. 90 Min. gehen lassen.
4. Mit Eigelb die Oberfläche einpinseln, vgl. Phasenfoto 3.
5. Bei 180 °C ca. 35 Min. backen.

⚠️ Der einfache Hefezopf kann durch verschiedene Zutaten variiert werden:
- 100 g Rosinen
- 100 g getrocknete Früchte, z. B. Aprikosen oder Pflaumen
- 100 g Orangeat
- 100 g Zitronat und Zitronenschale

Hefezopf mit Nussfüllung

1 Grundrezept Hefezopf
Fett für das Backblech
1 Eigelb zum Bestreichen
Puderzucker zum Bestäuben
Für die Füllung
200 g gemahlene Haselnüsse
50 g gehackte Mandeln
100 g flüssiger Honig
50 g weiche Butter
8 EL Milch

Backzeit: 45 Min.
Nährwert für die Gesamtmenge:
4801 kcal, 20164 kJ
104 g E, 262 g F, 506 g KH

Zubereitung
1. Hefeteig herstellen, vgl. Hefeblechkuchen, S. 238.
2. Alle Zutaten für die Füllung miteinander vermischen.
3. Den Teig in 3 gleich große Stücke teilen und jeweils auf einer bemehlten Fläche zu 15 x 35 cm ausrollen.
4. Teigstücke mit jeweils 1/3 der Füllung bestreichen, dabei 1–2 cm Rand freilassen und von der Seite her vorsichtig aufrollen, dabei die Teigränder gut zudrücken, evtl. anfeuchten.
5. Die Teigstränge zum Zopf flechten, vgl. Phasenfotos 1–2.
6. Bei 180 °C auf einem gefetteten Backblech ca. 45 Min. backen.
7. Nach dem Backen mit Puderzucker bestäuben

Hefezopf mit Marzipanfüllung

1 Grundrezept Hefezopf
Fett für das Backblech
1 Eigelb zum Bestreichen
Puderzucker zum Bestäuben
Für die Füllung
200 g Marzipanrohmasse
200 g getrocknete, gehackte Aprikosen
1 Tüte Vanillezucker
100 ml Orangensaft
150 g geschälte gemahlene Mandeln
4 Tropfen Bittermandelöl oder 2 EL Mandellikör (Amaretto)

Backzeit: 45 Min
Nährwert für die Gesamtmenge:
4802 kcal, 20168 kJ
122 g E, 188 g F, 640 g KH

Zubereitung
1. Vgl. 1.–7. Zubereitung des Hefezopfes mit Nussfüllung.

🧈 Hefeteige werden auch als fertige tiefgefrorene Teige und als Trockenmischungen angeboten.

⚠️ Die Hefezöpfe schmecken frisch am besten.
Hefezöpfe sind ein typisches Gebäck für das Osterfrühstück.

✳✳✳✳ Hefezöpfe lassen sich gut tiefgefrieren.

Flechten eines Hefezopfes

1. Drei gleichmäßige Rollen formen und oben zusammendrücken.

2. Zopf flechten.

3. Nach der Gärzeit mit Eigelb bestreichen.

GEBÄCK

Käse-Obstschnitten

1 Grundrezept Hefeblechkuchen, vgl. S. 238.,
oder 450 g tiefgekühlter Hefeteig
Fett für das Backblech
Für den Belag
2 Eier
1 Prise Salz
1 kg Obst wie Kirschen, Zwetschgen, Johannisbeeren
250 g Doppelrahmfrischkäse
250 g Magerquark
100 g Zucker
1 Tüte Vanillezucker
2 Tüten roter Tortenguss
500 ml Kirschsaft
1–2 EL Puderzucker

Backzeit: 20 Min.
Nährwert/Stück bei 20 Stück:
330 kcal, 1390 kJ
10 g E, 11 g F, 44 g KH

Vorbereitung
1. Hefeteig zubereiten, vgl. S. 238, oder auftauen lassen.
2. Für den Belag Eier trennen.
3. Eiklar mit der Prise Salz zu Eischnee schlagen.
4. Früchte waschen und vorbereiten.
5. Backblech einfetten.

Zubereitung
1. Frischkäse, Quark, Zucker und Vanillezucker in einer Schüssel vermischen.
2. Eigelbe unterrühren.
3. Eischnee unterheben.
4. Hefeteig dünn ausrollen und auf das Blech legen, mehrmals einstechen.
5. Käsemasse aufstreichen und bei 200 °C 20 Min. backen.
6. Aus Tortenguss und Kirschsaft nach Packungsanweisung einen Guss anrühren.
7.–9. Vgl. Phasenfotos.

Hefeteig lässt sich auch selbst als Convenience-Erzeugnis herstellen. Dazu wird ein Grundrezept Hefeteig hergestellt und vor dem Gehen eingefroren. Aufgetaut lässt er sich wie frischer Hefeteig verarbeiten.

Der Quarkölteig eignet sich z. B. für mit Nussmasse oder Rosinen gefüllte Kränze, für Schnecken oder süß gefüllte Taschen. Außerdem kann er anstelle von Hefeteig für Plattenkuchen und Zöpfe verwendet werden.

Bei der Verwendung von Schattenmorellen aus dem Glas die Kirschen gründlich durchsehen, am besten fühlen, damit kein Kern mehr vorhanden ist. Natürliche und künstliche Zähne können schwer beschädigt werden, wenn auf einen Kirschkern gebissen wird.

Schnecken aus Quarkölteig

400 g Mehl
1 Tüte Backpulver
1 TL Zitronenschale
200 g trockener Quark
1/8 l Öl
80 g Milch
80 g Zucker
1 Tüte Vanillezucker
2 Prisen Salz
Fett für das Backblech
Für die Füllung
30 g Butter
50 g Zucker
100 g Rosinen
100 g Korinthen
je 60 g Zitronat und Orangeat

Backzeit: 15 Min.
Nährwert/Stück bei 20 Stück:
265 kcal, 1113 kJ
4 g E, 10 g F, 39 g KH

Vorbereitung
1. Mehl und Backpulver mischen.
2. Für die Füllung die Butter schmelzen.
3. Das Backblech einfetten.

Zubereitung
1. Den Teig herstellen, vgl. S. 253.
2. Gleichmäßig ca. 1 cm dick zum Rechteck ausrollen.
3. Den Teig mit Butter bestreichen.
4. Zucker, Rosinen, Korinthen, Zitronat und Orangeat vermischen und auf dem Teig verteilen.
5. Teig aufrollen und in ca. 1 cm breite Stücke schneiden.
6. Schnecken auf das Blech legen, ca. 15 Min. bei 180 °C backen.

Zubereitung Käse-Obstschnitten

7. Das Obst auf dem ausgekühlten Kuchen verteilen.

8. Kuchen mit Guss überziehen, Guss abkühlen lassen.

9. Den Kuchen mit Puderzucker bestreuen und in Stücke teilen.

GEBÄCK

Tortenboden aus Biskuit

6 Eier
4 EL warmes Wasser
150 g Zucker
75 g Mehl
75 g Speisestärke
1 Prise Salz
Fett für die Springform

Backzeit: 35 Min.
Nährwert/Stück bei 16 Stück:
105 kcal, 441 kJ
3 g E, 3 g F, 17 g KH

Biskuitvariationen

	Nussbiskuit	Wasserbiskuit	Schokobiskuit	Vollkornbiskuit
Eier	6	3–4	6	5
Zucker	150 g	150 g	150 g	125 g Honig
Mehl	150 g Type 405	150 g Type 405	150 g Type 405	150 g Vollkornmehl
Butter, flüssig	(100 g)	–	(100 g)	–
Salz	1 Prise	1 Prise	1 Prise	1 Prise
Backpulver	–	1 TL	–	1 TL
Nüsse, gehackt	100 g	–	–	–
Kuvertüre, aufgelöst	–	–	140 g	–
Wasser	–	3 EL	–	3 EL

Zubereitung Tortenboden aus Biskuit

1. Eigelbe in eine Schüssel geben, Wasser und 2/3 des Zuckers zufügen.

2. Eigelbe, Zucker und Wasser verrühren.

3. Schaumig schlagen.

4. Eiklar mit dem restlichen Drittel des Zuckers zu Eischnee schlagen.

5. Eischnee auf die Eigelbmasse geben.

6. Mehl und Speisestärke auf den Eischnee sieben.

7. Vorsichtig alles mischen, dabei behutsam unterheben.

8. Die Biskuitmasse in eine auf dem Boden gefettete Springform füllen und glattstreichen, backen.

9. Nach ca. 35 Min. bei 180 °C mit einem Holzstäbchen auf Gare prüfen.

Obsttorte

Grundrezept für Biskuit, vgl. S. 242
Für die Füllung
750 g Erdbeeren oder Himbeeren
2 Blatt Gelatine
1/2–3/4 l Sahne
2 Tüten Vanillezucker
3 EL Konfitüre
Für die Garnierung
gehackte Pistazien, Schokoladenraspel oder Krokant

Backzeit: 35 Min.
Nährwert/Stück bei 16 Stück:
248 kcal, 1041 kJ
5 g E, 15 g F, 23 g KH

Vorbereitung
1. Tortenboden zubereiten und backen, vgl. S. 242.
2. Für die Füllung das Obst waschen und vorbereiten.
3. Gelatine in Wasser einweichen.
4. Sahne mit Vanillezucker und der aufgelösten Gelatine steif schlagen.

Aprikosen-Nusstorte
1 Nussbiskuitboden, vgl. S. 242,
750 g Aprikosen aus der Dose.

Pfirsich-Nusstorte
1 Nussbiskuitboden, vgl. S. 242,
750 g Pfirsiche aus der Dose.

Schokoladen-Kirschtorte
1 Schokobiskuitboden, vgl. S. 242,
600 g mit Speisestärke angedickte Sauerkirschen aus dem Glas,
16 Kirschen zum Garnieren.

Zubereitung Obsttorte

1. Rand des Biskuitsbodens mit einem Messer lösen, Springformrand abnehmen.

2. Biskuit auf einen Kuchenrost stürzen, Formboden vorsichtig abnehmen.

3. Biskuit in drei gleich große Böden schneiden.

4. Den untersten Boden gleichmäßig mit Konfitüre bestreichen.

5. Den 2. Boden aufsetzen, mit Obst belegen und Sahne kuppelförmig aufstreichen.

6. Letzten Boden auflegen, dabei bis zur Mitte einschneiden und eine Kuppel formen.

7. Torte mit Sahne bestreichen, dabei die Sahne entweder wolkig oder glatt aufstreichen.

8a. Torte mit Obst verzieren und mit Pistazien, Schokolade oder Krokant bestreuen.

8b. Glatt gestrichene Torte mit Sahnetupfen, Schokoladenspänen und Früchten garnieren.

GEBÄCK

Aprikosenbiskuitrolle

4 Eier
150 g Zucker
4 EL warmes Wasser
75 g Mehl, Type 405
75 g Speisestärke
Weiche Butter zum Bestreichen
Zucker zum Bestreuen
Für die Füllung
450 g Aprikosenkonfitüre
3/8 l Sahne

Backzeit: 10–15 Min.
Nährwert/Stück bei 15 Stück:
248 kcal, 1040 kJ
3 g E, 10 g F, 35 g KH

⚠ Für Biskuitrollen können auch alle anderen Cremes verwendet werden.

Konfitürenbiskuitrolle

Biskuitmasse,
vgl. Aprikosenbiskuitrolle
Für die Füllung
300 g Konfitüre, z. B. Erbeer-Johannisbeerkonfitüre
oder 200 g frische, pürierte, gezuckerte Früchte

Backzeit: 20 Min.
Nährwert/Stück bei 15 Stück:
218 kcal, 916 kJ
3 g E, 7 g F, 35 g KH

Vor- und Zubereitung
1. Vgl. Aprikosenbiskuitrolle.

Vor- und Zubereitung der Aprikosenbiskuitrolle

1. Ein Backblech mit Back- oder Pergamentpapier auslegen, mit Butter bestreichen.

2. Die nach dem Grundrezept zubereitete Biskuitmasse darauf glattstreichen.

3. Im auf 180 °C vorgeheizten Ofen 10–15 Min. hellbraun backen.

4. Die heiße Platte auf ein mit Zucker bestreutes Küchentuch stürzen.

5. Die gesamte Papierfläche mit kaltem Wasser einpinseln, damit nichts am Gebäck kleben bleibt.

6. Das Backpapier vorsichtig abziehen.

7. Biskuitplatte sofort aufrollen: Küchentuch hochziehen, die Biskuitrolle auskühlen lassen.

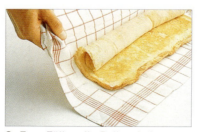

8. Zum Füllen die Rolle wieder ausbreiten, vorsichtig, damit sie dabei nicht zerbricht!

9. Biskuitplatte mit Konfitüre bestreichen, dick Sahne darüber verteilen, alles einrollen.

GEBÄCK

Muffins

Für 24 Stück
300 g Himbeeren, tiefgefroren
4 Eier
300 g Zucker
250 g Butter, zimmerwarm
500 ml Buttermilch
500 g Mehl
6 TL Backpulver
1/2 TL Salz
1 Päckchen Orangenback
100 g gehackte Mandeln
100 g Puderzucker
Kleine Herzen oder Perlen zum Garnieren

Backzeit: 20–30 Min.
Nährwert pro Stück:
275 kcal, 1155 KJ,
5 g E, 13 g F, 35 g KH

Vorbereitung
1. Himbeeren in einem Sieb auftauen lassen, den Saft auffangen.
2. Muffinform mit Papierförmchen auslegen.
3. Puderzucker mit Himbeersaft zu einem Guss verrühren.

Zubereitung
1. Eier mit dem Handrührgerät verschlagen.
2. Zucker, Butter und Buttermilch zufügen und kurz unterrühren.
3. Mehl, Backpulver, Salz, Orangenback und Mandeln kurz unterrühren.
4. Himbeeren mit einem Teigschaber unterziehen.
5. Teig in die Muffinformen füllen und bei 180 °C 20–30 Min. backen.
6. Mit dem Puderzuckerguss überziehen und mit kleinen Herzen oder Perlen garnieren

Erdbeer-Burger

Für 6 Stück
4 Eier
Salz
120 g Zucker
1 Päckchen Vanillezucker
100 g Mehl
1/2 TL Backpulver
400 g Erdbeeren
2 EL Zitronensaft
1 Päckchen Dessertsoßenpulver Vanille ohne Kochen
300 ml Sahne
2 TL Puderzucker

Backzeit: 12 Min.
Nährwert pro Stück:
408 kcal, 1713 KJ,
9 g E, 22 g F, 44 g KH

Vorbereitung
1. Eier trennen, Eiklar mit 1 Prise Salz steif schlagen, dabei 80 g Zucker einrieseln lassen.
2. Erdbeeren waschen und putzen, 200 g längs in Scheiben schneiden.
3. Sahne steif schlagen.
4. Blech mit Backtrennpapier auslegen.

Zubereitung
1. Unter den Eischnee die Eigelbe und den Vanillezucker ziehen.
2. Mehl und Backpulver darüber sieben und vorsichtig wie bei der Biskuitmasse unterheben.
3. Masse kreisförmig verteilen und bei 200 °C backen.
4. 200 g Erdbeeren, Zitronensaft und 20 g Zucker pürieren und mit dem Dessertpulver verrühren.
5. Erdbeerscheiben mit dem restlichen Zucker mischen.
6. Erdbeerpüree locker unter die Sahne ziehen, so dass diese marmoriert ist.
7. Biskuittaler vom Papier lösen.
8. Die Hälfte der Erdbeerscheiben auf 6 Taler verteilen, Erdbeersahne daraufgeben und die andere Hälfte der Erdbeerscheiben auf die Sahne geben (vgl. Foto 3).
9. Übrige Biskuittaler aufsetzen.
10. Mit Puderzucker bestreuen und servieren.

 Anstelle von Erdbeeren eignen sich auch Kirschen oder andere Beerenfrüchte. Wenn es kein frisches Obst gibt, können auch tiefgefrorene Früchte verwendet werden.

Die Biskuittaler können gut am Vortag hergestellt werden.

Fertig gebackene und glasierte Muffins in Papierförmchen.

Aufgespritzte Biskuittaler

Gefüllte, zusammengesetzte Erbeer-Burger.

GEBÄCK

Frischkäsetorte

150 g (Vollkorn-)Butterkekse
2 EL Kakaopulver
75 g Butter
Fett für die Springform
Für die Creme
300 g Himbeeren, frisch oder tiefgefroren, oder andere Früchte
225 g Himbeergelee
200 g Sahne
1 Zitrone, unbehandelt
75 g Puderzucker
400 g Doppelrahm-Frischkäse
2 Tüten roter Tortenguss

Nährwert/Stück bei 16 Stück:
265 kcal, 1113 kJ
5 g E, 18 g F, 22 g KH

Vorbereitung
1. Himbeeren und Himbeergelee einmal aufkochen und dann pürieren, 16 Himbeeren zur Garnitur zurücklassen.
2. Sahne steif schlagen.
3. Zitrone heiß abwaschen, trocknen, die Schale abreiben und den Saft auspressen.
4. Springform einfetten.

Limettentorte

50 g Butterkekse
100 g Löffelbiskuits
50 g Halbbitterkuvertüre
100 g Haselnusskrokant
150 g weiche Butter
1 Prise Salz
Fett für die Springform
Für die Creme
3 Blatt weiße Gelatine
250 g Quark, 20 % Fett i. Tr.
300 g Doppelrahm-Frischkäse
50 g Puderzucker
100 ml Limetten- oder Zitronensaft
250 g Sahne
Für den Guss
3 Blatt weiße Gelatine
200 ml Limettensaft
50 g Zucker

Nährwert/Stück bei 16 Stück:
259 kcal, 1087 kJ
22 g E, 16 g F, 20 g KH

 Das Fruchtpüree für die Frischkäsetorte lässt sich auch aus Konservenfrüchten bzw. fertiger Grütze herstellen.

Vorbereitung
1. Butterkekse und Löffelbiskuits zerbröseln.
2. Kuvertüre fein hacken.
3. Für die Creme und den Guss jeweils 3 Blatt Gelatine einweichen.
4. Sahne steif schlagen.
5. Springform einfetten.

Zubereitung
1. Einen Teig herstellen, vgl. Phasenfotos 1–3, kalt stellen.
2. Quark mit Frischkäse und Puderzucker verrühren.
3. Limettensaft erwärmen, Gelatine darin auflösen, Frischkäsecreme nach und nach damit verrühren.
4. Sahne unterheben, Creme auf den Boden streichen, kalt stellen.
5. Für den Guss den Limettensaft erwärmen, Gelatine und Zucker zugeben, kalt stellen.
6. Den Guss, wenn er geliert, auf der Quarkcreme verteilen.
7. Torte kalt stellen.

Frischkäsetorten eignen sich hervorragend als Dessert.

Zubereitung Frischkäsetorte

1. Kekse in einen Gefrierbeutel füllen und mit einer Kuchenrolle fein zerkleinern.

2. Brösel mit Kakao und Butter verkneten.

3. Teig auf dem Boden einer Springform/Tarteform mit feuchten Händen verteilen, kalt stellen.

4. Zitronensaft und -schale mit Puderzucker und dem Frischkäse verrühren, Sahne unterheben.

5. Tortenguss mit etwas Wasser glatt rühren und mit 3 EL Himbeerpüree mischen, einmal aufkochen.

6. Das restliche Himbeerpüree aufstreichen, dann die Frischkäse-Sahnemasse und den Himbeertortenguss, 2 Std. kalt stellen.

GEBÄCK

Mandelgebäck (Cantuccini)

200 g nicht abgezogene Mandeln
250 g Mehl
1 gestr. TL Backpulver
100 g Zucker
1 Tüte Vanillezucker
1 Prise Salz
2 Eier
100 g Butter
½ Fläschchen Bittermandelaroma
Fett für das Backblech

Backzeit: 20 Min.
Nährwert für die Gesamtmenge:
3748 kcal, 15714 kJ
84 g E, 283 g F, 320 g KH

Vorbereitung
1. Backblech einfetten.

🍽 Cantuccini und Biscotti passen besonders gut als kleine Gebäckbeilage zu einer Tasse Kaffee, Latte macchiato oder Espresso.

Erdnuss-Ingwer-Gebäck (Biscotti)

4 Eiklar
1 Prise Salz
125 g Zucker
½ Vanilleschote
125 g Erdnüsse, ungesalzen
2 Stück kandierter Ingwer
½ TL Ingwerpulver
3 Tropfen Bittermandelaroma
175 g Mehl

Backzeit: 100 Min.
Nährwert für die Gesamtmenge:
1870 kcal, 7854 kJ
60 g E, 63 g F, 261 g KH

Vorbereitung
1. Eiklar mit der Prise Salz und dem Zucker zu Eischnee schlagen.
2. Vanilleschote längs aufschlitzen und das Mark herausschaben.
3. Erdnüsse grob hacken.
4. Eine rechteckige Backform (30 x 22 cm) mit Backpapier auslegen.

Zubereitung
1. Ingwer mit einer Knoblauchpresse in den Eischnee drücken.
2. Ingwerpulver, Vanillemark und Mandelaroma unterrühren.
3. Mehl und Nüsse untermischen.
4. Die Masse gleichmäßig in der Backform verstreichen.
5. Bei 150 °C 30 Min. backen.
6. Teig auf ein Kuchengitter stürzen und abkühlen lassen.
7. Teigplatte halbieren und in 1 cm breite Streifen schneiden.
8. Streifen auf einen Gitterrost legen und bei 70 °C 1 Std. im Backofen trocknen lassen.

⚠ Für die Cantuccini können statt der Mandeln Erdnüsse und Ingwer verwendet werden und für die Biscotti statt der Erdnüsse z. B. Mandeln und Zitronat.

🍽 Biscotti halten sich in einer Dose vier Wochen lang. Sollten sie weich werden, können sie noch einmal im Backofen nachgetrocknet werden.

Zubereitung Mandelgebäck

1. Alle Teigzutaten gut verkneten.

2. Rollen à 17 cm Länge formen, dabei die obere Seite zur Mitte hin etwas schräg andrücken.

3. Stangen auf einem gefetteten Backblech bei 180 °C 15 Min. backen, etwas abkühlen lassen.

4. Stangen mit einem scharfen Messer in ca. 1 cm dicke Scheiben schneiden.

5. Nochmals einzeln auf das Backblech legen und 3–4 Min. backen, bis sie kross sind.

6. Gebäck in einer Dose verpacken.

GEBÄCK

Florentiner

300 g Mehl
100 g Zucker
1 Ei
200 g Butter
Fett für das Backblech
Für den Belag
100 g Zucker
2 EL Butter
1/8 l Sahne
100 g gestiftelte Mandeln
2 EL gehackte Belegkirschen

Backzeit: 15 Min.
Nährwert für die Gesamtmenge:
4402 kcal, 18488 kJ
59 g E, 267 g F, 442 g KH

Zubereitung
1. Mürbeteig zubereiten, vgl. S. 232.
2. Den Teig dünn (2 mm) ausrollen, auf einem gefetteten Backblech ausbreiten, mit einer Gabel einstechen.
3. Für den Belag den Zucker in einem Topf langsam bräunen, vom Herd nehmen, Butter und Sahne unterrühren.
4. Mandeln und Kirschen zufügen.
5. Auf dem Mürbeteigboden verteilen.
6. Bei 200 °C ca. 15 Min. backen.
7. Noch warm in Stücke schneiden.

Vanillekipferln

250 g Mehl
200 g gemahlene Mandeln
100 g Zucker
30 g Vanillezucker
2 Eigelb
200 g Butter
Fett für das Backblech
Zum Wenden
Mark einer Vanilleschote
oder 1 Tütchen echter Vanillezucker
3 EL Puderzucker

Backzeit: 10 Min.
Nährwert für die Gesamtmenge:
4362 kcal, 18320 kJ
72 g E, 296 g F, 356 g KH

Zubereitung
1. Mürbeteig zubereiten, vgl. S. 232.
2. Rollen von etwa 4 cm Durchmesser formen, davon knapp 1,5 cm schmale Scheiben schneiden.
3. Aus den Scheiben kleine Kipferln (Hörnchen) formen, auf einem gefetteten Backblech im 220 °C heißen Ofen 10 Min. sehr blass backen.
4. Das Vanillemark mit Puderzucker mischen, auf einen Teller geben.
5. Die Kipferln noch lauwarm im Vanillezucker wälzen.

Süße Brezeln

1 Grundrezept Mürbeteig, vgl. S. 232
Fett für das Backblech
Für den Belag
1 Eigelb
100 g Hagelzucker
100 g Schokoladenglasur

Backzeit: 10 Min.
Nährwert für die Gesamtmenge:
3038 kcal, 12760 kJ
37 g E, 149 g F, 378 g KH

Zubereitung
1. Mürbeteig zubereiten, vgl. S. 232.
2. Den Teig dünn (2 mm) ausrollen und Brezeln ausstechen.
3. Die Hälfte davon mit Eigelb bepinseln und mit Hagelzucker bestreuen.
4. Beide Sorten auf einem gefetteten Backblech im 220 °C heißen Ofen 10 Min. backen.
5. Die ungezuckerten Brezeln mit aufgelöster Schokoladenglasur bestreichen.

Rosa Herzen

1 Grundrezept Mürbeteig, vgl. S. 232
Fett für das Backblech
Für die Glasur
250 g Puderzucker
60 ml Kirsch- oder Rote-Bete-Saft

Backzeit: 10 Min.
Nährwert für die Gesamtmenge:
3692 kcal, 15137 kJ
35 g E, 170 g F, 502 g KH

Zubereitung
1. Mürbeteig zubereiten, vgl. S. 232.
2. Den Teig dünn (2 mm) ausrollen. Herzen beliebiger, auch unterschiedlicher Größe, ausstechen.
3. Die Herzen auf einem gefetteten Backblech im 220 °C heißen Ofen etwa 10 Min. backen.
4. Für die Glasur den Saft (keine Angst, der Rote-Bete-Saft schmeckt nicht vor!) auf 3 bis 4 EL einkochen, damit die Farbe kräftiger wird.
5. Puderzucker damit anrühren, die Herzen bestreichen.

Florentiner

Vanillekipferln

Süße Brezeln

Rosa Herzen

GEBÄCK

Wolkenkekse

250 g Mehl
1 TL Backpulver
1/4 TL Salz
2 EL Butter
200 g Zucker
1 Ei
50 g feste Kokoscreme, ungesüßt (ersatzweise Butter)
1–2 TL Zitronensaft
100 ml Buttermilch
50 g Kokosflocken
Für den Guss
200 g Puderzucker
Zitronensaft zum Glattrühren
Kokosflocken

Backzeit: 12 Min.
Nährwert für die Gesamtmenge:
3529 kcal, 14821 kJ
41 g E, 110 g F, 587 g KH

Vorbereitung
1. Mehl mit Backpulver und Salz mischen.
2. Das Backblech mit Backpapier auslegen.

Zubereitung
1. Butter, Zucker, Ei, Kokoscreme und Zitronensaft schaumig aufschlagen.
2. Abwechselnd die Mehlmischung und Buttermilch zugeben.
3. Zum Schluss die Kokosflocken unterheben.
4.–6. Vgl. Phasenfotos.

 Die Wolkenkekse halten sich 2–3 Wochen frisch.

Streuselsterne

250 g Mehl
75 g Puderzucker
1 Prise Salz
1 Ei
125 g Butter oder Margarine
Für den Belag
100 g Pflaumenmus
1 EL Puderzucker
Für die Streusel
75 g weiche Butter oder Margarine
100 g Mehl
50 g gemahlene Haselnüsse
1/2 TL Zimt
50 g Zucker

Backzeit: 10–12 Min.
Nährwert für die Gesamtmenge:
3766 kcal, 15817 kJ
49 g E, 207 g F, 428 g KH

Zubereitung
1. Aus den Teigzutaten einen Mürbeteig herstellen, vgl. S. 232.
2. Mürbeteig auf bemehlter Fläche oder zwischen Klarsichtfolie dünn ausrollen und platzsparend Sterne ausstechen.
3. Für die Streusel alle Zutaten mit dem Knethaken, zuletzt mit den Händen zu Streuseln verarbeiten, kalt stellen.
4. Sterne auf ein mit Backpapier ausgelegtes Backblech legen.
5. Auf jeden Stern etwas Pflaumenmus geben.
6. Streusel auf den Sternen verteilen und gut andrücken.
7. Sterne bei 200 °C 10–12 Min. backen.
8. Auf einem Gitter abkühlen lassen.
9. Mit Puderzucker bestäuben.

Orangensterne

250 g Mehl
1 Msp. Backpulver
100 g Zucker
1 Eigelb
50 g Orangeat, sehr fein gewürfelt
120 g Butter
1 Tüte Orangenschale
2–3 EL Milch
Zum Bestreichen
1 Eigelb
1 EL Milch
Für die Baisermasse
2 Eiklar
50 g Zucker
75 g Puderzucker
15 g Speisestärke

Backzeit: 10 Min.
Nährwert für die Gesamtmenge:
3358 kcal, 14104 kJ
46 g E, 147 g F, 460 g KH

Zubereitung
1. Alle Zutaten bis auf die Milch schnell zu einem Teig verkneten.
2. Auf bemehlter Fläche dünn ausrollen, Sterne ausstechen.
3. Sterne auf ein mit Backtrennpapier ausgelegtes Blech legen.
4. Eigelb mit Milch verrühren und die Sterne damit bestreichen.
5. Für die Baisermasse die beiden Eiklar zu Schnee schlagen, dabei Zucker einrieseln lassen.
6. Puderzucker mit Speisestärke vorsichtig unter den Eischnee heben.
7. Eischnee in einen Spritzbeutel füllen und einen Tuff in die Mitte der Sterne spritzen.
8. Bei 150 °C ca. 10 Min. backen.

Zubereitung Wolkenkekse

4. Von dem Teig mit Hilfe eines Teelöffels 3 kleine Kleckse wolkenförmig aneinander setzen.

5. Plätzchen bei 175 °C ca. 12 Min. backen, auskühlen lassen.

6. Puderzucker mit Zitronensaft verrühren, auf die Plätzchen streichen und mit Kokosflocken bestreuen.

GEBÄCK

Lebkuchenteig

350 g Honig
100 g Zucker
100 g Butter
1 Ei
abgeriebene Schale einer
ungespritzten Zitrone
1 EL Kakaopulver
je ½ TL Zimt, Nelken, Kardamom,
Muskat, Piment, Koriander, Ingwer
je ½ TL Pottasche
und Hirschhornsalz
1 EL Wasser
500 g Mehl, Type 1050
Fett und Mehl für das Backblech

Backzeit: 20 Min.
Nährwert für die Gesamtmenge:
3975 kcal, 16695 kJ
65 g E, 98 g F, 699 g KH

Zubereitung

1. Honig, Zucker und Butter auf mittlere Hitze unter stetem Rühren erwärmen, bis sich der Zucker aufgelöst hat, abkühlen lassen.
2. Ei, Zitronenschale, Kakao und sämtliche Gewürze zufügen. Pottasche und Hirschhornsalz im Wasser auflösen, mit dem Mehl unter die Honigmasse geben, verkneten.
3. Den Teig, in Folie gepackt, einen Tag bei Zimmertemperatur ruhen lassen.
4. Den Teig erneut durchkneten, auf der bemehlten Arbeitsfläche 1 bis 2 mm dick ausrollen.
5. Rechtecke oder Formen nach Belieben ausstechen, auf ein gefettetes und bemehltes Blech legen. Bei 180 °C ca. 20 Min. backen.
6. Noch warm vom Blech nehmen und auf Kuchengittern auskühlen lassen.

🛒 Aus Geschmacksgründen sollte immer Butter statt Margarine verwendet werden.

🍽 Die Lebkuchengebäcke halten sich 4–5 Wochen in einer Dose. Damit die Puderzuckerverzierung nicht beschädigt wird, müssen die Figuren vorsichtig verpackt werden.

Lebkuchenfiguren

1 Grundrezept Lebkuchenteig
oder 1 Lebkuchenfertigmischung
1 Eiklar
200 g Puderzucker
nach Belieben Lebensmittelfarbe,
Zuckerstreusel oder Dekorzucker

Backzeit: 20 Min.
Nährwert für die Gesamtmenge:
4796 kcal, 20143 kJ
67 g E, 98 g F, 899 g KH

Vorbereitung

1. Lebkuchenteig wie links beschrieben oder Fertiglebkuchenteig nach Anweisung herstellen, 1 bis 2 mm dick ausrollen.
2. Backblech mit Backpapier auslegen.

Zubereitung

1. Verschiedene Motive (Sterne, Monde, Herzen, Tiere, Weihnachtsmänner, Tannen u. a.) möglichst platzsparend ausstechen.
2. Auf ein mit Backpapier ausgelegtes Blech legen und bei 180 °C 20 Min. backen.
3. Auskühlen lassen.
4. Eiklar steif schlagen, Puderzucker unterrühren, bei Bedarf Lebensmittelfarbe unterrühren. Falls der Guss zu flüssig ist, noch etwas Puderzucker zugeben.
5. Puderzuckerguss in eine kleine Folientüte geben, untere Spitze sehr knapp abschneiden.
6. Folientüte wie einen Spritzbeutel halten und die Figuren verzieren.
7. Mit Zuckerstreuseln bestreuen.

❗ Die Lebkuchenfiguren schmecken insbesondere Kindern und sie sind gut mit Kindern herzustellen.

❗ Walnüsse immer vorher probieren, ob sie frisch sind. Ein ranziger Nusskern kann den gesamten Teig verderben.

Walnusstatzen

200 g Butter oder Margarine
100 g Puderzucker
1 Prise Salz
2 Eigelb
1 Ei
200 g Mehl
50 g Speisestärke
1 TL Backpulver
4 EL Sahne
100 g Walnüsse, gemahlen
Für die Füllung
100 g Marzipanrohmasse
5 EL Sahne
3 EL Haselnussmus oder Nugatcreme
Für den Guss
100 g Nuss-Kuchenglasur

Backzeit: 10–12 Min.
Nährwert für die Gesamtmenge:
5102 kcal, 21428 kJ
66 g E, 341 g F, 445 g KH

Zubereitung

1. Butter oder Margarine, Puderzucker und die Prise Salz mit den Schneebesen eines Handrührgerätes weißcremig aufschlagen.
2. Eigelbe und Ei nacheinander gut unterrühren.
3. Mehl, Speisestärke und Backpulver mischen und abwechselnd mit der Sahne und den Walnüssen unterrühren.
4. Teig in den Spritzbeutel füllen und auf ein mit Backpapier ausgelegtes Blech ca. 3 cm große Tatzen spritzen.
5. Bei 200 °C ca. 10–12 Min. backen, auskühlen lassen.
6. Marzipan mit 5 EL Sahne und dem Nussmus oder der Nugatcreme zu einer glatten Creme rühren.
7. Die Hälfte der Tatzen mit etwas Creme bestreichen und die übrigen Tatzen mit der flachen Seite darauf setzen.
8. Kuchenglasur nach Anweisung erwärmen und die Doppeltatzen jeweils zur Hälfte hineintauchen.
9. Tatzen auf ausgebreiteter Folie trocknen lassen.

SALZIGES GEBÄCK

Bagels

500 g Mehl
1/2 TL Zucker
1 TL Salz
1 Würfel Hefe (42 g)
oder 2 TL Trockenhefe
340 ml warmes Wasser
Mehl zum Arbeiten

Backzeit: 20–25 Min.
Nährwert/Stück bei 8 Stück:
228 kcal, 958 kJ
8 g E, 0 g F, 46 g KH

Vorbereitung
1. Hefeteig herstellen, vgl. Hefeblechkuchen, S. 238.
2. Backblech mit Backpapier auslegen.

 Bagels sind ein fett- und energiearmes Gebäck. Sie schmecken am besten frisch aus dem Ofen. Bagels können z. B. mit Wurst, Käse, Salat und Fisch belegt werden.

Vierkornbagels

200 g Mehl
75 g Vollkornmehl
50 g Dinkelvollkornmehl
je 50 g Hafer- und Sojaflocken
1/2 EL Zucker
1 1/2 TL Salz
1 Würfel Hefe (42 g)
oder 1 1/2 Päckchen Trockenhefe
300 ml warmes Wasser

Zum Bestreuen
Sonnenblumen- bzw. Kürbiskerne, Haferflocken, Sesam, Mohn oder Leinsamen

Backzeit: 20–25 Min.
Nährwert/Stück bei 8 Stück:
160 kcal, 672 kJ
7 g E, 1 g F, 30 g KH

Zubereitung
1. Vgl. Vor- und Zubereitung Bagels.

❗ Bagels stammen ursprünglich aus Israel, wo sie als Geschenk für gebärende Frauen gedacht waren. Jetzt sind sie ein typisches amerikanisches Gebäck, das es in vielen Angebotsformen gibt.

Champignonbagels

4 fertige Bagels, vgl. Grundrezept
500 g Champignons, in Scheiben
3 Frühlingszwiebeln, in Ringen
3 Zweige frischer Thymian, gehackt
oder 1 EL getrockneter Thymian
3 EL Öl
Salz, Pfeffer
8 Scheiben Emmentaler oder Gouda

Backzeit: 5 Min.
Nährwert/Stück bei 4 Stück:
532 kcal, 2234 kJ
30 g E, 23 g F, 48 g KH

Zubereitung
1. Öl in einer Pfanne erhitzen.
2. Champignons und Frühlingszwiebeln darin andünsten.
3. Mit Thymian, Salz und Pfeffer abschmecken.
4. Bagels quer aufschneiden.
5. Auf den Hälften die Champignons verteilen.
6. Jede Hälfte mit 1 Käsescheibe belegen und kurz bei 250 °C überbacken, bis der Käse geschmolzen ist.

Zubereitung Bagels

1. Aus dem Hefeteig 8 Kugeln formen, 5 Min. ruhen lassen.

2a. Die Kugeln zu ca. 25 cm langen Strängen rollen und die Enden fest miteinander verbinden.

2b. Oder mit bemehltem Finger in die Kugeln ein Loch stechen und durch Kreisbewegungen erweitern.

3. Die Bagels in immer sprudelnd kochendem Wasser 30 Sek. ziehen lassen, dann abtropfen lassen.

4. Die Bagels auf ein mit Backpapier ausgelegtes Backblech legen, nach Belieben bestreuen oder natur belassen.

5. Bagels 20–25 Min. bei 225 °C backen.

SALZIGES GEBÄCK

Partybrötchen

250 g Weizenmehl
250 g Vollkornmehl
1 Prise Zucker
1 TL Salz
1 Ei
50 g weiches Butterschmalz
1 Würfel Hefe (42 g)
¼ l Buttermilch
Mohn, Sesam, Leinsamen, Haferflocken und grobes Salz zum Bestreuen
Mehl für das Backblech

Backzeit: 20 Min.
Nährwert/Stück bei 20 Stück:
165 kcal, 693 kJ
4 g E, 8 g F, 19 g KH

Zubereitung
1. Alle Zutaten zu einem Hefeteig verarbeiten, vgl. Hefeblechkuchen, S. 238.
2.–4. Vgl. Phasenfotos.

Olivenbrot

500 g Mehl, Type 405
1 Prise Zucker
1 TL Salz
1 Würfel Hefe (42 g)
300 ml lauwarmes Wasser
100 g schwarze Olivenringe
100 g in Öl eingelegte getrocknete Tomaten
2 Zweige Rosmarin
oder 1 TL getrockneter Rosmarin
getrocknete Kräuter nach Belieben zum Bestreuen

Backzeit: 30 Min.
Nährwert für die Gesamtmenge:
2069 kcal, 8689 kJ
67 g E, 33 g F, 372 g KH

Zubereitung
1. Oliven abtropfen lassen.
2. Tomaten abtropfen lassen, 2 EL Öl auffangen, Tomaten in kleine Stücke schneiden.
3. Rosmarin waschen, trocknen und Nadeln abstreifen.
4. Mehl, Zucker, Salz, Hefe, Wasser, aufgefangenes Tomatenöl, Oliven, Tomaten und Rosmarin zu einem Hefeteig verarbeiten, vgl. Hefeblechkuchen, S. 238.
5.–7. Vgl. Phasenfotos.

Statt des selbst hergestellten Brotteiges kann auch eine Brotfertigmischung verwendet werden.
Brotfertigmischungen lassen sich variieren durch die Zugabe von
- Kräutern,
- Zwiebelwürfeln,
- geraspelten Möhren.

Für ein Speck-Apfelbrot werden anstelle der eingelegten Tomaten und Oliven 100 g Speckwürfel und 1 gewürfelter Apfel in das Brot geknetet. Der Rosmarin sollte dann durch Majoran ersetzt werden.

Zubereitung Partybrötchen

2. Den Teig in 20 gleiche Portionen teilen.

3. Brötchen formen und auf ein mit Mehl bestäubtes Backblech setzen, weitere 10 Min. gehen lassen.

4. Brötchen sternförmig einschneiden, mit Wasser bestreichen, bestreuen, bei 200 °C 20 Min. backen.

Zubereitung Olivenbrot

5. Aus dem Teig zwei Stangen à 30 cm Länge formen, 20 Min. gehen lassen.

6. Die Stangen mit Wasser bepinseln und nach Belieben mit getrockneten Kräutern bestreuen.

7. Brote auf einem mit Mehl bestäubten Backblech bei 200 °C 30 Min. backen.

SALZIGES GEBÄCK

Quarkölteig, salzig

200 g trockener Quark
1/8 l Öl
80 g Milch
2 Prisen Salz
400 g Mehl
1 Tüte Backpulver

Backzeit: 20 Min.
Nährwert für die Gesamtmenge:
2652 kcal, 11138 kJ
69 g E, 131 g F, 296 g KH

Vorbereitung
1. Mehl und Backpulver mischen.

🍽 Die Teigtaschen sollten frisch und warm gegessen werden. Sie können als Zwischenmahlzeit oder ergänzt mit einem Blattsalat als Hauptmahlzeit serviert werden.

Teigtaschen mit Hackfüllung

1 Rezept Quarkölteig, salzig
1 Rezept Hackteigmischung, vgl. S. 165

Backzeit: 20 Min.
Nährwert/Stück bei 20 Stück:
206 kcal, 866 kJ
8 g E, 12 g F, 16 g KH

Zubereitung
1. Taschen wie nebenstehend beschrieben füllen und backen.

Teigtaschen mit Speckfüllung

1 Rezept Quarkölteig, salzig
Für die Füllung
250 g durchwachsener Bauchspeck, fein gewürfelt
oder 250 g Würfelschinken
300 g Frühlingszwiebeln
Salz, Pfeffer
1 Ei

Garzeit: 10 Min.
Backzeit: 20 Min.
Nährwert/Stück bei 20 Stück:
181 kcal, 760 kJ
6 g E, 10 g F, 15 g KH

Vorbereitung
1. Frühlingszwiebeln putzen, waschen, in Ringe schneiden, vgl. S. 44.
2. Speck oder Schinken in einer Pfanne ausbraten, Frühlingszwiebeln zugeben.
3. Mit Salz und Pfeffer abschmecken.
4. Ei trennen. Eigelb mit 2 EL Wasser verrühren.
5. Backblech mit Papier auslegen.

Zubereitung
1. Teig auf einer bemehlten Fläche dünn ausrollen.
2. Quadrate von 10 x 10 cm Kantenlänge oder Kreise von 8 cm Durchmesser ausschneiden.
3. Auf jedes Stück 2 EL Füllung auf die eine Hälfte des Teigstücks geben.
4. Freie Teigfläche mit Eiklar bepinseln; Teighälfte überklappen, Ränder fest andrücken.
5. Teigtasche mit Eigelb bestreichen.
6. Auf dem Backblech bei 200 °C ca. 20 Min. backen.

Teigtaschen mit Champignonfüllung

1 Rezept Quarkölteig, salzig
Für die Füllung
300 g Champignons
3 Zwiebeln
3 Toast- oder Weißbrotscheiben
3 EL Olivenöl
Salz, Pfeffer

Garzeit: 10 Min.
Backzeit: 20 Min.
Nährwert/Stück bei 20 Stück:
113 kcal, 475 kJ
4 g E, 3 g F, 17 g KH

Vorbereitung
1. Champignons putzen, säubern und in Scheiben schneiden, vgl. S. 45.
2. Zwiebeln pellen und würfeln.
3. Weißbrot zerkrümeln.

Zubereitung
1. Öl erhitzen.
2. Pilze darin anbraten.
3. Zwiebeln zufügen.
4. Mit den Weißbrotkrümeln mischen.
5. Füllung mit Salz und Pfeffer abschmecken.
6. Taschen wie nebenstehend beschrieben füllen und backen.

Zubereitung Quarkölteig

1. Quark, Öl, Milch und Salz (bei süßem Teig: Zucker, Zitronenschale) verkneten.

2. Mehl und Backpulver zugeben.

3. Alles zu einem geschmeidigen Teig verkneten und den Teig je nach Rezept weiterverarbeiten.

SALZIGES GEBÄCK

Quicheteig

**für 1 Quicheform
von 26 cm Durchmesser**
200 g Mehl
¼ TL Salz
100 g Butter oder Margarine
3–4 EL kaltes Wasser

Nährwert für die Gesamtmenge:
1414 kcal, 5938 kJ
20 g E, 85 g F, 142 g KH

Zubereitung
1. Mehl und Salz in eine Schüssel geben.
2. Fett in Flocken und das Wasser zugeben, alles zuerst mit den Knethaken eines Handrührgerätes, dann mit den Händen zu einem Teig kneten.
3. Teig in Folie wickeln und 30 Min. kalt stellen.
4.–6. Vgl. Phasenfotos.

🍽 Quiche schmecken am besten warm. Ergänzt mit einem frischen Salat sind sie eine Hauptmahlzeit.

✱✱✱✱ Quiches lassen sich gebacken, angebacken und ungebacken gut tiefgefrieren. Man kann auch den Teig allein tiefgefrieren und dann bei Bedarf belegen und backen.

Zwiebelquiche

1 Grundrezept Quicheteig, vgl. links
Fett und Mehl für die Form
Für den Belag
700 g Gemüsezwiebeln
40 g Fett
Salz, Pfeffer
3 Eier
100 ml Sahne
etwas geriebene Muskatnuss
150 g geriebener Käse

Garzeit: 15 Min.
Backzeit: 45 Min.
Nährwert/Stück bei 12 Stück:
756 kcal, 3175 kJ
24 g E, 53 g F, 45 g KH

Vorbereitung
1. Quicheteig herstellen, vgl. links.
2. Zwiebeln pellen und in Scheiben schneiden.
3. Fett in einem Topf zerlassen und Zwiebeln darin 15 Min. dünsten.
4. Salzen und pfeffern.
5. Eier mit der Sahne und Muskatnuss verquirlen.
6. Quicheform einfetten, bemehlen.

Zubereitung
1. Quicheform mit Teig auslegen und vorbacken, vgl. Phasenfotos 4, 5.
2. Zwiebeln auf dem Teig verteilen.
3. Eier-Sahne darauf geben und mit Käse bestreuen.
4. Bei 180 °C 30 Min. backen.

⚠ Anstelle der Zwiebeln eignen sich auch Paprikaschoten, Zucchini oder Lauch und anstelle des Quicheteiges Blätterteig. Unter die Zwiebeln können zusätzlich 150 g Würfelschinken gemischt werden.

Sauerkrautquiche

1 Grundrezept Quicheteig, vgl. links
Fett und Mehl für die Form
Für den Belag
150 g Frühstücksspeck, gewürfelt
120 g Zwiebeln, in Scheiben
1 Dose Sauerkraut
(Füllmenge 810 g)
200 ml Apfelsaft
1 EL Zucker
2 TL Oregano
Salz, Pfeffer
1 Paket Pizzatomaten
250 g Mozzarella, in Scheiben

Garzeit: 15 Min.
Backzeit: 45 Min.
Nährwert/Stück bei 12 Stück:
706 kcal, 2965 kJ
26 g E, 45 g F, 10 g KH

Vorbereitung
1. Quicheteig herstellen.
2. Speck in einer Pfanne knusprig braten, herausnehmen.
3. Zwiebeln im Baconfett anbraten.
4. Sauerkraut, Apfelsaft, Zucker und Oregano zugeben und 10 Min. bei mittlerer Hitze köcheln lassen.
5. Speck unterheben.
6. Mit Salz und Pfeffer abschmecken.
7. Quicheform einfetten und bemehlen.

Zubereitung
1. Quicheform mit Teig auslegen und vorbacken, vgl. Phasenfotos 1–2.
2. Tomaten auf dem Teig verteilen.
3. Sauerkraut darüber verteilen und mit Mozzarella belegen.
4. Bei 225 °C 30 Min. backen.

Zubereitung Quiches

4. Quicheteig ausrollen und in die Form geben, dabei den Rand etwas hochziehen, andrücken.

5. Teig mit einer Gabel mehrmals einstechen und bei 200 °C 15 Min. vorbacken.

6. Jeweilige Füllung darauf verteilen, Käse darüber geben und bei 180 °C 30 Min. backen.

SALZIGES GEBÄCK

Gemüsekuchen

300 g Blätterteig, tiefgefroren
Fett für die Springform
Hülsenfrüchte zum Blindbacken
Für den Belag
1 kleiner Blumenkohl, in Röschen
250 g Brokkoli, in Röschen
250 g Möhren, gewürfelt
250 g gek. Schinken, gewürfelt
250 g Kirschtomaten
300 g Crème fraîche
3 Eier
Salz, Pfeffer
Muskat, gemahlen

Garzeit: 12 Min.
Backzeit: 35 Min.
Nährwert/Stück bei 12 Stück:
775 kcal, 3255 kJ
32 g E, 57 g F, 34 g KH

Vorbereitung
1. Blätterteigplatten nebeneinander legen und auftauen lassen.
2. Das Gemüse nacheinander jeweils 4 Min. in Salzwasser blanchieren.
3. Kirschtomaten überbrühen und häuten, vgl. S. 42.
4. Eine Springform einfetten.

Zubereitung
1. Blätterteigplatten übereinander legen und ausrollen.
2. Die Springform mit dem Teig auskleiden.
3. Mit Backpapier und Hülsenfrüchten belegen und 10 Min. blindbacken, vgl. S. 52. Aus dem Ofen nehmen und die Hülsenfrüchte entfernen.
4.–6. Vgl. Phasenfotos.

Zwiebelapfelkuchen

1/8 Grundrezept Hefeteig, vgl. Hefeblechkuchen, S. 238
20 g Fett für das Blech
Für den Belag
1,5 kg Gemüsezwiebeln
1 kg säuerliche Äpfel
200 g Frühstücksspeck
300 g Dickmilch
2 Eier
Thymian, getrocknet
Salz, Pfeffer
3 EL Öl
30 g Sonnenblumenkerne

Garzeit: 10 Min.
Backzeit: 30 Min.
Nährwert/Stück bei 12 Stück:
433 kcal, 1818 kJ
12 g E, 21 g F, 48 g KH

Vorbereitung
1. Zwiebeln pellen und in Scheiben schneiden.
2. Äpfel waschen, schälen und in Spalten schneiden; in Salzwasser legen, damit sie nicht braun werden.
3. Speck würfeln.
4. Dickmilch mit den Eiern, Thymian, Salz und Pfeffer verschlagen.
5. Backblech einfetten.

Zubereitung
1. Hefeteig zubereiten, vgl. S. 238.
2. Hefeteig auf dem Backblech ausrollen und gehen lassen.
3. Zwiebeln in Öl andünsten, Apfelspalten untermischen.
4. Zwiebelmischung auf den Teig geben, Speckwürfel darüberstreuen.
5. Sonnenblumenkerne darüberstreuen.
6. Eiermilch übergießen.
7. In den Backofen schieben und bei 170 °C ca. 25–30 Min. backen, warm servieren.

 Die Gemüsesorten lassen sich je nach Jahreszeit variieren.

Beide Kuchen sollten noch warm gegessen werden. Als Hauptmahlzeit können sie mit einem frischen Salat ergänzt werden.

Der Zwiebelkuchen ist für Menschen mit Magenproblemen aufgrund der Blähstoffe belastend.

★★★★ Die Kuchen lassen sich gut im Ganzen oder als einzelne Stücke tiefgefrieren.

Zubereitung Gemüsekuchen

4. Gemüse, Schinken und Tomaten auf dem Teig verteilen.

5. Crème fraîche und Eier gut verrühren, mit Salz, Pfeffer und Muskat würzen.

6. Die Eiersahne über das Gemüse gießen und bei 200 °C 35 Min. backen.

SALZIGES GEBÄCK

Pizza Margherita

1 Grundrezept Pizzateig
Öl für die Pizzaformen
Für die Tomatensoße
800 g Tomaten
2 Knoblauchzehen, gehackt
½ Bund Basilikum
3 EL Olivenöl
1 TL Thymian, getrocknet
Salz, Pfeffer
Für den Belag
375 g Mozzarella oder anderer Käse

Garzeit: 10 Min.
Backzeit: 15 Min.
Nährwert/Stück bei 4 Stück:
1061 kcal, 4456 kJ
36 g E, 58 g F, 98 g KH

Vorbereitung
1. Pizzateig herstellen, vgl. rechts.
2. Tomaten waschen, häuten und klein schneiden, vgl. S. 42.
3. Basilikum waschen und trocknen, einige Blätter beiseite legen, den Rest in Streifen schneiden.
4. Für den Belag Mozzarella abtropfen lassen und in Scheiben schneiden.
5. Pizzaformen einfetten.

Pizzateig

500 g Mehl, Type 550
1 Prise Zucker
1 TL Salz
1 Würfel Hefe (42 g)
250 ml lauwarmes Wasser
ca. 7 EL Olivenöl
Mehl zum Ausrollen

Nährwert für die Gesamtmenge:
3105 kcal, 13041 kJ
80 g E, 136 g F, 386 g KH

Zubereitung
1. Alle Zutaten zu einem Hefeteig verarbeiten, vgl. Hefeblechkuchen, S. 238.
2. Teig in 4 Teile teilen.
3. Weiterverarbeitung je nach Rezeptangabe.

Für Menschen, die auf fettreduzierte Ernährung achten müssen oder wollen, kann der Energiegehalt gesenkt werden, indem für den Teig 4 EL Olivenöl durch Wasser ersetzt werden und die Tomatensoße nicht mit Olivenöl beträufelt wird.

Statt eines selbst hergestellten Teiges kann für Pizzen ein Fertigteig oder eine Fertigmischung verwendet werden. Der selbst hergestellte Tomatenbelag lässt sich durch eine fertige Tomaten-Kräuter- oder Tomaten-Champignonmischung ersetzen.

Pizza schmeckt am besten frisch aus dem Ofen. Sie lässt sich aber auch gut vorbereiten und noch nicht ganz fertig gebacken tiefgefrieren. Zum Servieren sollte sie dann für 5 Min. bei 250 °C im Backofen fertig gebacken werden.

Für eine **Pizza Tonno** die Pizza mit 150 g schwarzen Oliven ohne Kern, 2 Dosen Thunfisch (zerpflückt) und 375 g Mozzarella oder anderem Käse belegen.
Für eine **Pizza Funghi** die Pizza mit 400 g blättrig geschnittenen Champignons und 375 g Mozzarella oder anderem Käse belegen.

Zubereitung Pizza Margherita

1. 1 EL Öl erhitzen, Tomaten, Knoblauch, Thymian, Salz und Pfeffer zugeben und andünsten.

2. Tomaten etwa 5 Min. einkochen lassen, Basilikum zugeben.

3. Hefeteigviertel jeweils auf einer bemehlten Fläche ausrollen.

4. Pizzaformen mit Hefeteig auslegen, dabei einen etwas dickeren Rand formen.

5. Soße und Mozzarella darauf verteilen, mit 2 EL Olivenöl beträufeln, bei 250 °C 15 Min. backen.

6. Die Pizza mit Basilikum garniert servieren.

SALZIGES GEBÄCK

Zucchinitaschen

1 Pizzateig (ca. 230 g, fertig ausgerollt)
Für die Füllung
150 g Zucchini
2 Knoblauchzehen
2 EL gemischte Salatkräuter, tiefgefroren
100 g Kräuter-Doppelrahmfrischkäse
1 Ei
Salz, Pfeffer
Chiliflocken und Kresse zum Garnieren

Backzeit: 20 Min.
Nährwert/Stück bei 4 Stück:
290 kcal, 1218 kJ
10 g E, 13 g F, 33 g KH

Die Verwendung von fertig ausgerolltem Pizzateig aus dem Kühlregal ist am zeitsparendsten, aber auch am teuersten. Es kann auch eine Backmischung, die nur noch mit Wasser vermischt zu werden braucht, verwendet werden.

Vorbereitung
1. Zucchini waschen, putzen, längs halbieren und in Scheiben schneiden, einige Scheiben für die Garnitur beiseite stellen.
2. Knoblauch pellen.
3. Kräutermischung unter den Frischkäse rühren.
4. Den Knoblauch dazupressen.
5. Ei verquirlen und die Hälfte unter den Frischkäse rühren.
6. Zucchinischeiben unterheben, mit Salz und Pfeffer kräftig würzen.

Die Zucchinitaschen sind eine gute Zwischenmahlzeit. Als Hauptgericht sollte die Menge verdoppelt und ein Salat als Ergänzung dazu gereicht werden.

Die Füllung für die Zucchinitaschen kann auch im Ganzen auf eine Kreishälfte verteilt werden, dadurch entsteht eine Calzone (zusammengeklappte Pizza). Als Füllung können statt der Zucchini 150 g Gemüsezwiebeln oder Paprika verwendet werden.

Mini-Calzone

1 Pizzateig (ca. 230 g, fertig ausgerollt)
1 Ei, verquirlt
1 Dose Thunfisch in Öl (185 g Abtropfgewicht)
2 Frühlingszwiebeln, in Ringen
50 g schwarze Oliven, gehackt
75 g Feta, gewürfelt
2 EL Tomatenmark

Backzeit: 20 Min.
Nährwert: 446 kcal, 1873 kJ
17 g E, 30 g F, 25 g KH

Vorbereitung
1. Den Thunfisch abtropfen lassen, zerpflücken.
2. Thunfisch, Frühlingszwiebeln, Oliven und Feta vermischen.

Zubereitung
1. Pizzateig vierteln und am Rand mit Ei bestreichen.
2. Teigviertel mit Tomatenmark bestreichen.
3. Thunfischmasse darauf verteilen, zu Taschen zusammenklappen, mit Ei bestreichen.
4. Bei 200 °C 20 Min. backen.

Zubereitung Zucchinitaschen

1. Pizzateig mit Backpapier auf einem Backblech ausrollen.

2. Teig mit einem Messer vierteln, die Ränder mit verquirltem Ei bestreichen.

3. Zucchini-Käsemasse jeweils auf eine Hälfte der Teigviertel geben, andere Teighälfte überklappen.

4. Teigränder mit einer Gabel zusammendrücken.

5. Die Teigtaschen mit dem restlichen Ei bestreichen, bei 200 °C 20 Min. backen.

6. Die Zucchinitaschen mit Zucchinischeiben, Chiliflocken und Kresse garniert auf Tellern anrichten.

Wildkräuterfladen

je 5 Stiele Giersch, Spitzwegerich,
Löwenzahn und Brennnessel
oder je 5 Stiele Thymian, Majoran,
Estragon und Basilikum
400 g Mehl
½ TL Salz
1 Würfel Hefe (42 g)
5 EL warmes Olivenöl
200 ml warmes Wasser
Für den Belag
1 Bund Radieschen
100 g Rucola
4 EL Öl
2 EL Zitronensaft
Salz, Pfeffer, Zucker
70 g Oliven

Backzeit: 20 Min.
Nährwert: 187 kcal, 784 kJ
4 g E, 10 g F, 19 g KH

Vorbereitung
1. Wildkräuter waschen, trocknen, vom Stiel abzupfen und hacken.
2. Für den Belag Radieschen waschen, putzen und in Scheiben schneiden.
3. Rucola waschen, trocknen, dicke Stiele entfernen und hacken.
4. Backblech mit Backpapier auslegen.

 Es kann auch ein Fertighefeteig verwendet werden.

 Der Fladen und die Focaccia schmecken warm am besten.

Der Fladen und die Focaccia können mit Kräutern und Pesto nach Geschmack zubereitet werden.
Die Kräuter lassen sich durch klein gewürfeltes Gemüse ergänzen.

Der Fladen ist für Kinder nur bedingt geeignet, weil Wildkräuter etwas streng schmecken können. Wenn die Kinder die Kräuter allerdings selbst suchen, werden sie auch Appetit auf den Fladen haben.

Focaccia

500 g Mehl
1 TL Salz
1 Würfel Hefe (42 g)
6 EL Olivenöl
200 ml warmes Wasser
100 g gekochte Kartoffeln
Für den Belag
50 g Basilikumblätter
70 g Pesto
50 g Pinienkerne

Backzeit: 30 Min.
Nährwert: 205 kcal, 861 kJ
5 g E, 10 g F, 24 g KH

Vorbereitung
1. Kartoffeln durchpressen.
2. Für den Belag Basilikum waschen und trocknen.
3. Backblech mit Backpapier auslegen.

Zubereitung
1. Aus den Zutaten einen Hefeteig kneten, vgl. S. 238, gehen lassen.
2. Teig 1 cm dick ausrollen, gehen lassen.
3.–5. Vgl. Phasenfotos.

Zubereitung Wildkräuterfladen

1. Aus den Zutaten einen Hefeteig herstellen, vgl. S. 238, gehen lassen.

2. Teig ausrollen, 30 Min. gehen lassen, bei 200 °C 20 Min. backen.

3. Radieschen, Öl, Zitronensaft verrühren, abschmecken, mit Rucola und Oliven auf den Fladen geben.

Zubereitung Focaccia

3. Den Teig zur Hälfte mit Pesto bestreichen, mit Basilikumblättern und Pinienkernen belegen.

4. Teighälften übereinander klappen und bei 200 °C 30 Min. auf dem Backblech backen.

5. Auskühlen lassen und in 2 cm dicke Streifen schneiden.

Nuss-Kräuterspitzen mit Zucchinimus

300 g Mehl
1 TL Zucker
1 TL Salz
1 Würfel Hefe (42 g)
150 ml warmes Wasser
4 EL Olivenöl
1 Zwiebel (60 g)
1 EL getrockneter Majoran
70 g Haselnusskerne
2 EL Meersalz
grob gemahlener Pfeffer
60 g durchwachsener Speck

Für das Zucchinimus
500 g Zucchini
½ Bund glatte Petersilie
60 ml Gemüsebrühe
1–2 EL Kartoffelpüreeflocken
100 g Sahnejoghurt
2 TL Zitronensaft
Salz, Pfeffer

Garzeit: 10 Min.
Backzeit: 15 Min.
Nährwert für die Gesamtmenge:
290 kcal, 1218 kJ
8 g E, 15 g F, 31 g KH

Vorbereitung
1. Zwiebel pellen, und reiben.
2. Haselnusskerne halbieren.
3. Speck fein würfeln.
4. Für das Zucchinimus die Zucchini waschen, putzen und würfeln.
5. Petersilie waschen, trocknen und hacken.

 Der Speck kann weggelassen werden.
Anstelle von Zucchinimus können verschiedene Dips gereicht werden.

Zubereitung Nuss-Kräuterspitzen mit Zucchinimus

1. Mehl, Zucker, Salz, Hefe, Wasser und Olivenöl verkneten, Zwiebel und Majoran zugeben, gehen lassen.

2. Teig nochmals durchkneten und auf Backpapier dünn zu 2 Fladen ausrollen (30–40 cm Durchmesser).

3. Mit Nüssen, Meersalz und grobem Pfeffer bestreuen, alles mit der Teigrolle leicht in den Teig drücken.

4. Teig bei 220 °C ca. 15 Min. goldbraun backen, noch heiß in spitze Dreiecke schneiden.

5. Zucchini in der Gemüsebrühe 8 Min. kochen, Kartoffelpüreeflocken unterrühren.

6. Petersilienblätter dazugeben und alles pürieren.

7. Sahnejoghurt zugeben, mit Zitronensaft, Salz und Pfeffer abschmecken.

8. Speck in einer Pfanne knusprig braten.

9. Püree in Schalen füllen, mit Speck bestreuen und die Nuss-Kräuterspitzen dazu servieren.

Schwarzer Tee

8–16 g Tee (2–4 TL)
600 ml kochendes Wasser

Früchtetee

2 EL Früchtetee oder Früchteteemischung, z. B. Hagebutte, Malve, Weihnachtstee, Pfefferminze
600 ml kochendes Wasser

Zubereitung
1. Früchtetee in einen Topf oder Krug geben.
2. Kochendes Wasser übergießen.
3. Mindestens 5 Min. ziehen lassen.
4. Durch ein Sieb in Tassen oder in eine Teekanne geben.

🍴 Für das Servieren von Früchtetee sollten immer gesonderte Teekannen oder Krüge genommen werden, die nicht für schwarzen Tee verwendet werden, weil dieser sonst z. B. den Pfefferminzgeschmack annehmen würde.

Kaffee

20–30 g (2–3 EL) Kaffeepulver
600 ml kochendes Wasser

Zubereitung
1. Passende Filtertüte in einen Filter legen und den Filter auf die Kaffeekanne setzen.
2. Kaffeepulver in die Filtertüte geben.
3. Kochendes Wasser nach und nach darüber gießen.
4. Kaffee heiß mit Milch und/oder Zucker servieren.

Kakao

20 g (3 EL) Kakaopulver (schwach entölt)
30 g (2 EL) Zucker
100 ml kochendes Wasser
500 ml warme Milch

⚠️ Kaffee und schwarzer Tee sind wegen des Koffeingehalts für Kinder nicht geeignet. Menschen mit Bluthochdruck sollten einen hohen Kaffeekonsum vermeiden.

⚠️ Für **Milchkaffee** Milch erhitzen, evtl. aufschäumen, und mit dem Kaffee zusammen servieren. Das Verhältnis von Kaffee zu Milch sollte 1 : 1 sein.
Eine beliebte Milchkaffeevariation ist **Latte Macchiato**, die durch die „Schichtung" von Espresso und aufgeschäumter Milch auffällt.
Espresso wird aus einer besonders gebrannten Kaffeesorte hergestellt, indem das kochende Wasser mit einem Druck von bis zu 16 bar durch das Kaffeemehl gepresst wird.

Weitere beliebte Teesorten sind der **Grüne Tee**, der aus nicht fermentierten Teeblättern hergestellt wird. Für die Zubereitung wird 1 TL/Tasse mit 60–80 °C heißem Wasser übergossen. Die Ziehzeit beträgt 2–5 Min.
Rooibuschtee oder **Rotbuschtee** wird aus den Zweigen eines ginsterartigen Strauches hergestellt. Er ist koffeinfrei und deshalb auch für Kinder geeignet. Für die Zubereitung wird 1 TL/Tasse mit 90–95 °C heißem Wasser übergossen. Die Ziehzeit beträgt 6–12 Min.

Zubereitung Schwarzer Tee

1. Teekanne mit kochendem Wasser ausspülen.

2. Teeblätter in einen Teefilter oder direkt in die Teekanne geben.

3. Kochendes Wasser zugießen und ca. 2 Min. ziehen lassen.

Zubereitung Kakao

1. Kakaopulver und Zucker in einem Topf mischen.

2. Etwas kochendes Wasser zugießen, gut umrühren und einmal aufkochen lassen.

3. Mit warmer Milch auffüllen. Kakao kann mit einer Sahnehaube und Schokospänen serviert werden.

GETRÄNKE

Milchmischgetränk

200 g Früchte der Jahreszeit
1 EL Zitronensaft
1–2 EL Zucker
600 ml Milch
Früchte zum Garnieren

Nährwert: 182 kcal, 763 kJ
5 g E, 5 g F, 27 g KH

Frappé

200 g Früchte der Jahreszeit
1 EL Zitronensaft
1–2 EL Zucker
600 ml Milch
200 g Vanille- oder Fruchteis

Nährwert: 199 kcal, 835 kJ
6 g E, 6 g F, 27 g KH

⚠ Für Schokoladenmixgetränke oder Schokoladenfrappé statt der Früchte Schokoladenpulver und statt des Vanille- oder Fruchteis Schokoladeneis zugeben.
Eine weitere Variation ist die Zubereitung mit 4 EL sehr starkem Kaffee.

Red Blossom

2 rote Paprikaschoten
1 Salatgurke
4 Tomaten
200 ml Molke oder Magermilch
1 Prise Chilipulver
Salz, Pfeffer
1 EL Sojasoße
200 ml kaltes Mineralwasser
Kresseblüten zum Garnieren

Nährwert: 66 kcal, 279 kJ
4 g E, 0 g F, 10 g KH

Vorbereitung
1. Paprika waschen und vorbereiten, vgl. S. 42, klein schneiden.
2. Salatgurke waschen, längs halbieren und entkernen, Fruchtfleisch klein schneiden.
3. Tomaten waschen und klein schneiden.

🍴 Die Milchmischgetränke Red Blossom und Spicy Melon eignen sich hervorragend als kleine Zwischenmahlzeit besonders in der warmen Jahreszeit, ein Milchmischgetränk mit Kaffee oder Schokolade auch als Begleitgetränk zu Kuchen.

Spicy Melon

1 Salatgurke
1/4 Wassermelone
1 Bund Dill
1 Knoblauchzehe, gepellt
Salz, Pfeffer
400 ml fettarmer Kefir
Eiswürfel

Nährwert: 76 kcal, 320 kJ
4 g E, 7 g F, 9 g KH

Vorbereitung
1. Salatgurke waschen, halbieren und entkernen, klein schneiden.
2. Melonenfruchtfleisch entkernen, herauslösen und klein schneiden.
3. Dill waschen und hacken, vier Zweige zurücklassen.

Zubereitung
1. Gurke und Melone pürieren.
2. Dill unterrühren.
3. Knoblauch dazupressen.
4. Mit Salz, Pfeffer abschmecken.
5. Mit gekühltem Kefir auffüllen.
6. Eiswürfel in die Gläser verteilen und das Getränk darauf gießen.
7. Mit Dillzweigen garnieren.

Zubereitung Milchmischgetränk / Frappé

1. Gewaschene und vorbereitete Früchte in einen Mixbecher geben.

2. Zitronensaft, Zucker sowie Milch und evtl. Eis zugeben, kräftig durchmixen.

3. In Gläser füllen, garnieren und sofort servieren.

Zubereitung Red Blossom

1. Gemüse mit der Molke in einen Mixbecher geben und kräftig durchmixen.

2. Mit Chili, Salz, Pfeffer und Sojasoße abschmecken.

3. In Gläser füllen und mit dem kalten Mineralwasser auffüllen, mit einer Kresseblüte garnieren.

Der Start zum Tagesbeginn: Frühstück

Jeder beginnt seinen Tag anders, aber für jeden gibt es irgendwann am Tag die erste Mahlzeit. Häufig liegt die erste Mahlzeit vor der Arbeit am frühen Morgen, daher der Name „Frühstück".

In den Ferien, im Urlaub oder am Wochenende und täglich in allen Einrichtungen der Gemeinschaftsverpflegung wie z. B. Krankenhäusern, Kindertagesstätten, Seniorenheimen, Jugendherbergen und Tagungsstätten besteht ausreichend Zeit für ein Frühstück.

In Reiseprospekten, in der Gastronomie und in der Gemeinschaftsverpflegung findet man zum Frühstück folgende Angaben:
Kontinentales Frühstück (s. u.), erweitertes Frühstück (zusätzlich Käse, Aufschnitt, Ei und Saft), englisches Frühstück (zusätzlich Eierspeisen und Speck), Frühstücksbüfett.

Alle Frühstücksformen beinhalten Brot, Brötchen, Marmelade, Honig, Butter oder Margarine, Kaffee, Tee, Kakao und Milch.

Vorteile des Frühstücksbüfetts:
- Viele Gäste können sich gleichzeitig bedienen.
- Jeder Gast kann auswählen, was und wie viel er mag.
- Wartezeiten für das Servicepersonal fallen weg.
- Der Betrieb braucht weniger qualifiziertes Servicepersonal.

Nachteile des Frühstücksbüfetts:
- Die Herstellung ist aufwändiger.
- Aufschnitt, Butter und Käse können bei langer Lagerzeit unansehnlich werden.
- Der Hygienestandard ist geringer, weil jeder Gast „alles anfassen" kann.
- Durch Steh- und Wartezeiten können z. B. Rühreier trocken werden.
- Die Menge der Reste kann groß sein.

⚠ Die Zusammensetzung der Frühstücke lässt sich beliebig variieren.

Müsli

8 EL Weizen-, Hafer und/oder Hirseflocken
8 EL Weizen-, Hafer-, Buchweizen- und/oder Hirseschrot
4 EL Samen, geröstet: Leinsamen, Sesam
4 EL gehackte Hasel-, Walnüsse
4 EL Sonnenblumen-, Kürbiskerne
8 EL Trockenobst: Aprikosen, Äpfel, Weinbeeren
200–400 g frisches Obst
2 Becher Joghurt oder Kefir oder 1/2 l Milch

Getränke
Kaffeezubereitungen, vgl. S. 260.
Teezubereitungen, vgl. S. 260.
Kakaozubereitung, vgl. S. 260.

Konfitüren
Zubereitungen, vgl. S. 263.

Brotaufstrich
Zubereitungen, vgl. S. 264/265.

Frühstücksformen

Kontinentales Frühstück

Frühstücksbüfett

Frühstücksbüfett

Zubereitung Müsli

1. Flocken und Schrot mit Samen, Nüssen, Kernen und Trockenobst mischen.

2. Frisches Obst vorbereiten, zerkleinern und dazugeben.

3. Joghurt oder Kefir oder Milch dazu stellen und servieren.

BESONDERE SPEISEN

Beerenkonfitüre/Beerengelee

1 kg gemischte Beeren, z. B. rote und schwarze Johannisbeeren, Himbeeren, Stachelbeeren – frisch oder tiefgefroren –
oder 750 ml Fruchtsaft
1 kg Gelierzucker
oder 0,5 kg Gelierzucker 2:1
oder 300 g Gelierzucker 3:1
oder entsprechendes Geliermittel und Zucker zusätzlich
(Menge siehe Packungshinweise)
Gewürze nach Geschmack,
z. B. Vanille- oder Zimtstange, Sternanis, Zitronenmelisse

Vorbereitung

1. Frische Früchte waschen und verlesen, tiefgefrorene Früchte unbehandelt lassen.

⚠ Für Konfitüren und Gelees gibt es viele verschiedene Variationen. Statt Beerenfrüchten können Sauerkirschen oder Pflaumen/Zwetschgen oder Aprikosen verarbeitet werden. Außerdem lassen sich auch gemischte Früchte verwenden.

Gelierprobe – was ist das?

1 Tropfen der Konfitüre oder des Gelees wird auf einen vorher gekühlten Teller gegeben. Dieser Tropfen muss innerhalb von 30 Sek. gelieren, dann kann die Konfitüre/das Gelee in Gläser gefüllt werden.
Bei Früchten, die zu wenig Säure enthalten, muss Zitronensäure zugesetzt werden, damit die Konfitüre fest wird.

🍽 Konfitüren und Gelees halten sich mindestens 1–2 Jahre. Die Haltbarkeit richtet sich nach der Zuckerkonzentration, d. h. bei Verwendung von Gelierzucker 2:1 und 3:1 ist die Haltbarkeit geringer als bei Gelierzucker 1:1.
Himbeer- und Erdbeerkonfitüre verlieren im Laufe eines Jahres ihre rote Farbe. Um diesen Prozess zu verzögern, sollten diese Konfitüren dunkel aufbewahrt werden.
Konfitüren und Gelees mit Gelierzucker müssen nicht im Kühlschrank gelagert werden.

🧴 Die Herstellung von Konfitüren und Gelees aus tiefgefrorenen Früchten oder konservierten Säften ist wenig zeitaufwändig. Von großem Vorteil ist, dass durch die Verwendung unterschiedlicher Gelierzuckerkonzentrationen der Frucht- und Zuckergehalt individuell bestimmt werden können.

❗ Für Diabetiker lassen sich Früchte mit Fruchtzucker und Geliermittel zu Konfitüren und Gelees verarbeiten, so dass diese Personengruppe auch Konfitüren essen kann.

⚠ Statt fester Geliermittel kann auch Agar-Agar oder flüssiges Apfelpektin verwendet werden. Konfitüren und Gelees mit einem ausreichendem Säuregehalt, z. B. aus unreifen Äpfeln, können ohne Geliermittel hergestellt werden. Wichtig ist, dass vor dem Abfüllen unbedingt eine Gelierprobe gemacht wird.

Zubereitung Konfitüren

1. Früchte oder Fruchtsaft in einem Topf mit Gelierzucker oder Geliermittel und Zucker mischen.

2. Geschmackszutaten, z. B. Vanillestange, Zimtstange, zufügen.

3. Fruchtmischung unter Rühren aufkochen, mindestens 1 Minute sprudelnd kochen lassen.

4. Gelierprobe machen, evtl. je nach Rezept noch Alkohol zufügen, umrühren.

5. Konfitüre/Gelee in saubere Gläser randvoll füllen.

6. Gläser schließen, umdrehen, nach ca. 1 Std. zurückdrehen und mit einem Etikett versehen.

BESONDERE SPEISEN

Eier-Tomatenaufstrich

3 Eier
3 Zwiebeln
2 Tomaten
1/2 Bund glatte Petersilie
2 EL Crème fraîche
Salz, Pfeffer

Nährwert: 125 kcal, 525 kJ
8 g E, 9 g F, 3 g KH

Vorbereitung
1. Eier hart kochen, pellen und würfeln.
2. Zwiebeln pellen und fein würfeln.
3. Tomaten abziehen, entkernen, vgl. S. 42, und fein würfeln.
4. Petersilie waschen und hacken.

Zubereitung
1. Eier mit den Zwiebelwürfeln in einer Schüssel mischen.
2. Crème fraîche unterrühren und mit Salz und Pfeffer abschmecken.
3. Tomaten und Petersilie untermischen und nochmals abschmecken.

Der Aufstrich passt besonders gut zu Schwarzbrot und kann sowohl zum Frühstück als auch zu einer Zwischenmahlzeit oder dem Abendbrot gegessen werden.

Kürbiskernaufstrich

75 g Kürbiskerne
75 g Butter
1 TL Zitronensaft
Salz

Nährwert: 265 kcal, 1113 kJ
6 g E, 23 g F, 9 g KH

Vorbereitung
1. Kürbiskerne kurz in einer Pfanne rösten.

Zubereitung
1. Kürbiskerne (einige zum Garnieren zurücklassen) im Mixer zerkleinern.
2. Butter in einer Schüssel weich rühren und mit den gemahlenen Kernen vermischen.
3. Zitronensaft unterrühren, abschmecken.
4. Mit Kürbiskernen garniert servieren.

Der Aufstrich passt gut zu Weißbrot oder Brötchen.

 Der Kürbiskernaufstrich ist gekühlt eine Woche haltbar.

Dieser Aufstrich ist besonders für Personen geeignet, die wenig oder kein Salz essen sollen.

Lemon Curd

2 Zitronen, unbehandelt
2 Eier, sehr frisch
oder 120 g pasteurisiertes Ei
200 g Zucker
60 g Butter

Nährwert: 185 kcal, 777 kJ
2 g E, 8 g F, 28 g KH

Vorbereitung
1. Zitronen heiß waschen, trocknen und die Schale abreiben, Saft auspressen.

Zubereitung
1. Eier in einer Schüssel verquirlen.
2. Zitronenschale, -saft und Zucker zugeben.
3. Schüssel in ein Wasserbad stellen und über dem heißen Wasser als Creme abschlagen, d. h. solange schlagen, bis sich das Volumen verdoppelt hat.
4. Zuletzt die Butter unterschlagen.
5. Abkühlen lassen und als Brotaufstrich servieren.

Lemon Curd passt gut zu Toastbrot, Brötchen oder Zwieback. Es kann zum Frühstück und als Nachmittags- und Zwischenmahlzeit gereicht werden. Wenn es mit frischen Eiern zubereitet wird, sollte es sofort verbraucht werden.

Statt Zitronen können auch Orangen oder Limetten verwendet werden.

Eier-Tomatenaufstrich

Kürbiskernaufstrich

Lemon Curd

BESONDERE SPEISEN

Avocado-Kräuterquark

250 g Magerquark
1/2 Bund Schnittlauch
2 EL Sonnenblumenkerne
1 Avocado, reif
1 EL Mineralwasser
2 EL Olivenöl
Salz, Pfeffer

Nährwert: 318 kcal, 1335 kJ
10 g E, 29 g F, 3 g KH

Vorbereitung
1. Schnittlauch waschen und in Röllchen schneiden.
2. Sonnenblumenkerne in einer Pfanne rösten.
3. Avocado schälen, Kern entfernen, würfeln.

Zubereitung
1. Quark mit dem Mineralwasser und Olivenöl glatt rühren.
2. Avocadowürfel und Schnittlauch untermischen.
3. Mit Salz und Pfeffer abschmecken.
4. Mit den Sonnenblumenkernen bestreuen.

Avocados müssen zur Verwendung reif sein. Man erkennt es daran, dass sie auf Druck etwas nachgeben.

Der Quarkaufstrich mit Kräutern und Avocado kann durch Zufügen von 2 EL Kapern variiert werden.

Quark mit Schinken

250 g Speisequark (20 % Fett i. Tr.)
2 Frühlingszwiebeln
75 g gewürfelter Schinken, roh
50 g Maiskörner
1 TL Senf
Salz, Pfeffer

Nährwert: 111 kcal, 466 kJ
12 g E, 4 g F, 5 g KH

Vorbereitung
1. Frühlingszwiebeln waschen, putzen und bis zum dunklen Grün in feine Ringe schneiden.

Zubereitung
1. Quark mit Schinken, Maiskörnern, Lauchzwiebeln und Senf verrühren, abschmecken.

Zu dem Quarkaufstrich passt am besten Schwarzbrot oder ein kräftiges Bauernbrot.
Es empfiehlt sich, den Quark in kleinen Schälchen oder in einer Schale zu dem Brot zu stellen. Fertig bestrichen weicht das Brot leicht durch. Will man eine fertig gestrichene Scheibe Brot servieren, sollte unter den Quark ein Salatblatt gelegt werden.

Kirschquark

100 g Kirschen aus dem Glas
1/2 Apfel
250 g Sahnequark (40 % Fett i. Tr.)
2 EL Honig
1 TL Vanillezucker

Nährwert: 140 kcal, 587 kJ
6 g E, 6 g F, 13 g KH

Vorbereitung
1. Apfel waschen, schälen und sehr fein würfeln.

Zubereitung
1. Quark mit Honig, Vanillezucker sowie den Apfelwürfeln verrühren, abschmecken.
2. Kirschen kurz vor dem Servieren unterziehen.

Der Brotaufstrich passt zu Vollkornbrötchen.

Der Quark kann auch mit anderen Früchten, z. B. Bananen oder Erdbeeren, hergestellt werden.

Avocado-Kräuterquark

Quark mit Schinken

Kirschquark

BESONDERE SPEISEN

Festliches Menü

Vorspeise
Pilzcarpaccio

Suppe
Exotische Fischsuppe

Hauptgang Fleisch
Lammkoteletts
Bohnen im Speckmantel
Kartoffelgratin

und/oder **Hauptgang Fisch**
Lachsschnitten im Sauerkrautmantel
Kartoffelgratin

Dessert
Schokoladen-Crespelle

Bayerisches Menü

Vorspeise
Zucchiniwürfel

Suppe
Rindfleischbrühe mit Flädle

Hauptgang Fleisch
Schweinebraten
Rotkohl
Kartoffelklöße

und/oder **Hauptgang Fisch**
Forelle in Aluminiumfolie
Kartoffelpüree
fruchtiger Eisbergsalat

Dessert
Bayerische Creme

Italienisches Menü

Vorspeise
Crostini mit vier Käsesorten

Suppe
Zucchinicremesuppe

Hauptgang Fleisch
Schweinebraten alla Saltimbocca
gegrilltes Gemüse auf Polenta

und/oder **Hauptgang Fisch**
Fischfilet mit Olivenpaste
Risotto
grün-roter Salat

Dessert
Panna cotta mit Himbeerpüree

Menü zum Muttertag

Vorspeise
Apfelcarpaccio

Suppe
Schnelle Kartoffelsuppe

Hauptgang Fleisch
gefülltes Hähnchen
Kartoffel-Möhrenpfanne mit Bulgur

oder **Hauptgang Fisch**
Pannfisch mit Senfsoße
warmer Gemüsesalat

Dessert
Stachelbeercreme

Weihnachtsmenü

Vorspeise
Teigschalen mit Salat

Suppe
Kartoffelsuppe mit Lachs

Hauptgang Fleisch
Gefülltes Hähnchen
Reis

oder **Hauptgang Fisch**
Fischröllchen

Dessert
Wolken und Sterne

Menü zum Geburtstag

Vorspeise
Tomaten mit Avocadopüree

Suppe
Spinatcremesuppe

Hauptgang Fleisch
Schweinefilet in Sahnesoße
Rösti
pikanter Feldsalat

oder **Hauptgang Fisch**
Lachsragout in Zitronen-Schnittlauchsoße
Risotto

Dessert
Mokkamousse

! Bei vier- oder fünfgängigen Menüs reichen die Rezepte für sechs Personen.

Um Zeit zu sparen, können auch Fertig- oder Halbfertigprodukte verwendet werden, wie z. B. tiefgefrorenes Gemüse. Gleiches gilt für die Zutaten, die nicht frisch im Angebot sind.

Für jedes Menü oder Büfett sollte eine genaue Einkaufsliste angefertigt werden, damit alle Zutaten vorhanden sind.
Die Zutaten, die länger lagerfähig sind, können früher eingekauft werden, damit es nicht zu Zeitengpässen kommt.
Zusätzlich sollte überprüft werden, ob das Zubehör wie Tischtücher, Servietten, Leuchter und Kerzen vorhanden ist.

Zu einem besonderen Essen gehört ein passend gedeckter Tisch. Neben Tischdecken, Servietten, Kerzen und Blumenarrangements können thematisch abgestimmte Tischkarten hergestellt werden.
Für das italienische Menü z. B. Canelloniröllchen mit den Namen der Gäste beschriften oder weiße Servietten mit roten und grünen Bändern umwickeln.
Für das bayerische Menü alles in den Farben blau-weiß decken.
Den Tisch für das Geburtstagsmenü mit alten Fotos schmücken.

BESONDERE SPEISEN

Internationales Büfett (24 Personen)

Salate/Vorspeisen – kalt
Nudelsalat mit Schafskäse
2 Rezepte
Mariniertes Gemüse
3 Rezepte
Kartoffelsalat mit Hackbällchen
3 Rezepte
Insalata caprese
3 Rezepte
1,5 kg Brot, Buttermischungen
500 g

Suppen/Vorspeisen – warm
Kürbissuppe
2 Rezepte
Kartoffelsuppe mit Lachs
2 Rezepte
Zucchiniwürfel
2 Rezepte

Hauptgerichte – warm
gefülltes Gemüse
2 Rezepte
Catfish mit Gurken-Salsa
1½ Rezepte
Chicken Wings mit Chilisoße
3 Rezepte

Desserts
Zitronensorbet mit Erdbeeren
3 Rezepte
Panna Cotta
3 Rezepte
Tiramisu
3 Rezepte

Geburtstagsbüfett für Jugendliche (16 Personen)

Salate/Vorspeisen – kalt
Club-Wraps
2 Rezepte
Mexiko-Wraps
2 Rezepte
Pflaumentapas
2 Rezepte
Salatplatte mit Thunfischcreme
3 Rezepte

Suppen/Vorspeisen – warm
Frühlingsrollen mit Gemüse
2 Rezepte
Miniputenburger
2 Rezepte
Zucchinicremesuppe
3 Rezepte

Hauptgerichte – warm
Putengyros mit Krautsalat und Tsatsiki
3 Rezepte

Desserts
Schokoladenmousse, marmoriert
4 Rezepte
Heidelbeerkuchen
2 Rezepte

❗ Die angegebenen Mengen sind Vorschläge. Generell sollten pro Person 500 g gerechnet werden. Die Angabe „2 Rezepte" bedeutet: zweimal die Menge des jeweiligen Rezeptes.

Vier Jahreszeiten-büfett (50 Personen)

Salate/Vorspeisen – kalt
Tomaten mit Mozzarella
4 Rezepte
italienische Kartoffelkanapees
3 Rezepte
Teigschalen mit Salat
5 Rezepte
Crostini mit Auberginenpaste
5 Rezepte
gemischter Salat mit verschiedenen Toppings und Dressings
6 Rezepte

Suppen/Vorspeisen – warm
warmer Gemüsesalat
6 Rezepte
exotische Fischsuppe
5 Rezepte
Tortilla
4 Rezepte
gefüllte Teigsnacks
5 Rezepte

Hauptgerichte - warm
Kalbsröllchen mit Linsengemüse
6 Rezepte
Mittelmeergemüse mit Knoblauchbrot
6 Rezepte
Lachsschnitten im Sauerkrautmantel
4 Rezepte

Desserts
Frischkäsetorte mit Himbeeren
4 Rezepte
Tiramisu
8 Rezepte
Kiwi-Orangengrütze
8 Rezepte

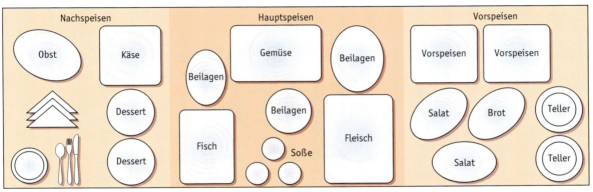

Gangrichtung

Aus dem Wok
Gemüse mit Glasnudeln

200 g Glasnudeln
2 EL Sesamsamen
200 g Möhren
150 g Bambussprossen aus der Dose
200 g Lauch oder Frühlingszwiebeln
200 g Blattspinat
100 g Mungbohnenkeime
2 Zwiebeln
2 Knoblauchzehen
2 Chilischoten
4 EL Öl
Salz, Pfeffer
Zucker
4 EL Sojasoße
Für die Omeletts
2 Eier
1 EL helle Sojasoße
3 TL Sesamöl oder anderes Öl
Salz, Pfeffer, Zucker

Garzeit: 30 Min.
Nährwert: 376 kcal, 1580 kJ
12 g E, 15 g F, 46 g KH

Vorbereitung
1. Glasnudeln mit kochendem Wasser übergießen und 30 Min. einweichen.
2. Wok erhitzen und Sesamsamen anrösten, beiseite stellen.
3. Möhren putzen, waschen und in feine Streifen schneiden.
4. Bambussprossen klein schneiden.
5. Lauch putzen, waschen, vgl. S. 44, und in feine Ringe schneiden.
6. Spinat putzen, waschen und in Streifen schneiden.
7. Mungbohnenkeime waschen und auf ein Sieb geben.
8. Zwiebeln und Knoblauch pellen und fein würfeln.
9. Chilischoten putzen und in feinste Streifen schneiden, vgl. S. 42.
10. Für die Omeletts Eier mit 1 EL Sojasoße, 1 TL Sesamöl, Salz, Pfeffer und 1 Prise Zucker verschlagen.
11. 2 TL Sesamöl im Wok erhitzen und aus der Eimasse zwei Omeletts backen, beiseite stellen.

Zubereitung
1. Glasnudeln abtropfen lassen und mit einer Schere in kurze Stücke schneiden.
2. Omeletts aufrollen und in Streifen schneiden.
3. In kleineren Portionen jeweils 1 EL Öl im Wok erhitzen und das Gemüse bei starker Hitze unter ständigem Rühren 2–3 Min. braten.
4. Mit Salz, Pfeffer, Zucker und Sojasoße würzen, beiseite stellen.
5. Alles Gemüse, Glasnudeln und Sesamsamen in den Wok geben und unter Rühren erhitzen.
6. Omelettstreifen zum Schluss vorsichtig unterheben.

Beide Gerichte können auch mit anderen Gemüsesorten zubereitet werden, gut eignen sich z. B. Blumenkohl, Broccoli oder Chinakohl.

Zu dem Gemüse mit Glasnudeln passt angebratenes, klein geschnittenes Putensteak.

Wer keinen Wok besitzt, kann eine tiefere Pfanne verwenden. Das Besondere am Wok ist die sich nach unten verjüngende Form.

Anstelle des frischen Gemüses kann tiefgefrorenes Gemüse verwendet werden.

Gemüse mit Glasnudeln

Tintenfisch mit Gemüse

500 g Tintenfischkörper (Tuben)
150 g Zuckerschoten
1 gelbe Paprika
250 g Salatgurke
2 rote Peperoni
1 Bund (Thai-)Basilikum
100 g Sojabohnensprossen
5 EL Öl
4 EL Zitronen- oder Limettensaft
4 EL helle Sojasoße

Garzeit: 20 Min.
Nährwert: 360 kcal, 1513 kJ
28 g E, 20 g F, 14 g KH

Vorbereitung
1. Tintenfischkörper innen und außen waschen, trockentupfen, in Streifen schneiden.
2. Zuckerschoten waschen und schräg in Stücke schneiden.
3. Paprika waschen, putzen und in Streifen schneiden, vgl. S. 42.
4. Gurke waschen, längs halbieren, entkernen und in Streifen schneiden.
5. Peperoni waschen, halbieren, entkernen und in feinste Streifen schneiden, vgl. S. 42.
6. (Thai-)Basilikum waschen, trocknen und die Blätter abzupfen.
7. Sojabohnensprossen waschen und auf ein Sieb geben.

Zubereitung
1. 3 EL Öl im Wok erhitzen.
2. Tintenfischstücke rundherum darin anbraten.
3. Peperoni zufügen.
4. Zitronen- oder Limettensaft und Sojasoße zugießen, herausnehmen und warm stellen.
5. 2 EL Öl im Wok erhitzen.
6. Zuckerschoten und Paprika darin unter rühren braten.
7. Gurkenstreifen und Sojabohnensprossen zugeben.
8. Tintenfischstücke mit dem Sud zufügen.
9. (Thai-)Basilikum überstreuen und alles noch einmal kurz erhitzen.

BESONDERE SPEISEN

Maki-Sushi

250 g Sushi-Reis
80 g Salatgurke
je 125 g Lachs- und Thunfischfilet
3 EL Reisessig
1 1/2 TL Zucker
Salz
50 ml Sojasoße
6–8 Noriblätter
2 TL Wasabi

Garzeit: 25 Min. für den Reis
Nährwert: 414 kcal, 1740 kJ
22 g E, 10 g F, 58 g KH

Vorbereitung
1. Reis in einem Sieb waschen bis das Wasser klar ist, abtropfen lassen.
2. Reis mit 1/2 l Wasser aufkochen und ca. 25 Min. bei kleinster Hitze ausquellen lassen.
3. Salatgurke waschen, längs halbieren, entkernen und in 1 cm breite Streifen schneiden.
4. Fischfilets waschen, trockentupfen und in schmale Streifen schneiden.

Sushis können sowohl als Vorspeise als auch als Hauptgericht gegessen werden. Zu den Sushis wird helle Sojasoße, die mit Wasabipaste verrührt wird, in kleinen Portionsschalen gereicht, sowie eingelegter Ingwer. Sushi isst man mit Stäbchen.

Nori-Blätter sind grüne Algen, die fast geschmacklos sind. Wasabi – sehr scharfer japanischer Meerrettich – gibt es als Pulver, das mit Wasser angerührt werden muss, oder fertig angerührt als Paste. Alle Zutaten bekommt man in Asia-Läden oder in den asiatischen Abteilungen von Supermärkten. Der Fisch muss von ausgesucht guter Qualität und sehr frisch sein.

Statt des Lachs- und/oder Thunfischfilets kann Zander- oder Forellenfilet verwendet werden. Anstelle der Nori-Blätter können Mangoldblätter, aus denen die Rippen geschnitten wurden, verwendet werden.

Nigiri Sushi

250 g Sushi-Reis
3 EL Reisessig
1 1/2 TL Zucker
Salz
50 ml Sojasoße
Gemüsestreifen, z. B. Möhren, Gurke
oder Omelettstreifen, vgl. S. 268
oder Forellenkaviar
oder Avocadostreifen

Garzeit: 25 Min. für den Reis
Nährwert: 271 kcal, 1137 kJ
7 g E, 0 g F, 58 g KH

Vorbereitung
1. Reis waschen und wie nebenstehend beschrieben garen.

Zubereitung
1. Reis mischen, vgl. Phasenfoto 1.
2. Mit einem Esslöffel kleine Portionen abstechen und mit feuchten Händen kleine Nocken daraus formen.
3. Dünn mit Wasabi bestreichen.
4. Mit Gemüsestreifen oder Forellenkaviar belegen.

Zubereitung Maki-Sushi

1. Abgekühlten Reis mit Reisessig, Zucker, Salz und Sojasoße mischen.

2. Jeweils 1 Noriblatt auf eine Bambusmatte legen, Reis 1/2 cm dick auf das untere Drittel verteilen.

3. In die Reismitte mit einem Löffelstiel eine Vertiefung drücken und dünn mit Wasabi bestreichen.

4. In die Rille Fischfiletstreifen oder Gurkenstreifen legen.

5. Oberes Ende des Noriblattes mit Wasser befeuchten und mit Hilfe der Matte von unten her fest aufrollen.

6. Rollen mit einem sehr scharfen Messer in Stücke schneiden und wie oben beschrieben servieren.

BESONDERE SPEISEN

Raclette, original

1 kg kleine, fest kochende Kartoffeln
1 TL Kümmel
250 g Raclette-Käse
200 g kleine Gewürzgurken
100 g Salami oder Schinken, in dünnen Scheiben
Salz, Pfeffer

Garzeit: ca. 15 Min. für die Kartoffeln
Nährwert: 500 kcal, 2100 kJ
25 g E, 29 g F, 34 g KH

Vorbereitung
1. Kartoffeln waschen und mit Kümmel ca 15 Min. kochen.
2. Käse in Scheiben schneiden, passend für die Raclettepfännchen.
3. Gurken abtropfen lassen und in Stücke schneiden.
4. Salami oder Schinken auf einer Platte anrichten.

Zubereitung
1. Raclettegerät einschalten.
2. Essteller warm stellen.
3. In den Pfännchen jeweils eine Portion Käse schmelzen lassen.
4. Während der Zeit pro Person 1–2 Kartoffeln pellen, salzen, pfeffern.
5. Den geschmolzenen Käse über die Pellkartoffeln auf dem Teller geben und mit Gurken und/oder Salami verzehren.

⚠ Es können auch Kartoffelscheiben und die Salami- oder Schinkenscheiben unter dem Käse in die Pfännchen geschichtet werden.

Gemüseraclette

600 g Lauch
400 g reife Tomaten
150 g Appenzeller Käse
200 g durchwachsener Speck
1/8 l Sahne
8 Vollkornbrötchen
Salz, Pfeffer

Nährwert: 930 kcal, 3906 kJ
27 g E, 66 g F, 54 g KH

Vorbereitung
1. Lauch putzen, waschen und in Ringe schneiden, vgl. S. 44.
2. Tomaten waschen und in Scheiben schneiden.
3. Käse reiben.
4. Speck würfeln und in einer Pfanne auslassen. Das Fett abgießen und Speckwürfel auf Küchenpapier geben.
5. Sahne und Speck in Schälchen anrichten.

Zubereitung
1. Raclettegerät einschalten.
2. In jedes Raclettepfännchen Lauch geben, salzen und pfeffern und 2 TL Sahne zugießen.
3. Lauch ca. 4 Min. vorgaren.
4. Tomatenscheiben, Speckwürfel und Käse auf den Lauch geben und ins Gerät schieben bis der Käse geschmolzen ist.
5. Zusammen mit den Brötchen essen.

🍽 Salz und Pfeffer sollten bei Tisch möglichst frisch über die Kartoffeln und das Gemüse gemahlen werden.

Fischraclette

800 g tiefgefrorene Schollenfilets
2 TL Zitronensaft
2 Schalotten
1 mittelgroßer Zucchino
2 Möhren (200 g)
1 Bund Schnittlauch
8 Artischockenböden aus dem Glas
100 g Butter
100 g Emmentaler Käse
200 g Crème fraîche
100 g Magermilchjoghurt
Eiswürfel
Salz, Pfeffer

Nährwert: 810 kcal, 3402 kJ
51 g E, 52 g F, 33 g KH

Vorbereitung
1. Fischfilets in ca. 2 cm breite Streifen schneiden, auf einer Platte anrichten und mit Zitronensaft beträufeln.
2. Schalotten pellen und in Streifen schneiden.
3. Zucchino waschen, Enden abschneiden und in 1/2 cm breite Streifen schneiden.
4. Möhren schälen, waschen und in 1/2 cm breite Streifen schneiden.
5. Schnittlauch waschen und in Röllchen schneiden.
6. Artischockenböden in 1/2 cm breite Streifen schneiden.
7. Von der Butter Locken abziehen und auf Eis legen.
8. Käse reiben und mit der Crème fraîche, dem Joghurt und Schnittlauch mischen.

Zubereitung
1. Raclettegerät einschalten.
2. Die Pfännchen mit Gemüse belegen, salzen und pfeffern und 1–2 Butterlocken darüber geben.
3. Gemüse im Raclettegerät ca. 4 Min. erhitzen.
4. Den Fisch auf das Gemüse legen und 1–2 EL der Käsecreme darüber geben.
5. Im Gerät überbacken bis die Käsecreme geschmolzen ist.

Raclettegeschirr

BESONDERE SPEISEN

Fleischfondue

je 250 g Rinder- und Schweinefilet
250 g ausgelöstes Lammkotelett
oder Lammfilet in Scheiben
250 g Putenfilet
1–1 1/2 l Öl
oder 1–1,5 kg Kokos- oder
Erdnussfett

Nährwert: 618 kcal, 2595 kJ
62 g E, 41 g F, 0 g KH

Vorbereitung
1. Fleisch waschen, trockentupfen, würfeln und auf einer Platte anrichten.

Zubereitung
1. Fett in einem Fonduetopf erhitzen.
2. Ein Fleischstück auf eine Fonduegabel spießen und im heißen Fett frittieren.

🍽️ Fondue wird mit Soßen, pikanten Chutneys (vgl. rechts) und/oder Sauergemüse und Brot serviert. Außerdem sollten beide Fondues mit einem frischen Salat ergänzt werden.

🛒 Der Handel bietet viele Fertigsoßen und Chutneys an. Beim Einkauf von Fonduefleisch muss besonders auf gute Qualität geachtet werden, damit das Fleisch keinen Fleischsaft verliert.

Käsefondue

200 g Emmentaler, gerieben
200 g Gruyère Käse, gerieben
100 g Mozzarella, in kleinen Stücken
200 g Raclette-Käse, in kleinen Stücken
1 Knoblauchzehe, zerdrückt
200 ml Weißwein
100 ml Milch
2 EL heller Soßenbinder
Salz, Pfeffer
geriebene Muskatnuss
Bauernbrot in Würfeln

Nährwert: 837 kcal, 3514 kJ
52 g E, 52 g F, 42 g KH

Zubereitung
1. Weißwein im Fonduetopf erhitzen.
2. Käse und Knoblauch zugeben.
3. Milch und Soßenbinder zugeben.
4. Unter kräftigem Rühren solange köcheln lassen, bis eine homogene Masse entstanden ist.
5. Mit Salz, Pfeffer und Muskat abschmecken.
6. Einen Brotwürfel auf die Fonduegabel spießen und dann in Form einer Acht durch die Käsemasse gleiten lassen und herausnehmen.

⚠️ Anstelle von Frittierfett kann für das Fleischfondue Gemüse- oder Fleischbrühe verwendet werden.
Das Fondue schmeckt außerdem mit Gemüse wie Champignons, Brokkoli, Blumenkohl und/oder mit Fischfiletstücken und Scampis.

Apfelchutney

4 feste Äpfel, z. B. Elstar (800 g)
1 Zitrone
1 große Zwiebel (100 g)
1 TL Senfkörner
3 Lorbeerblätter, möglichst frische
50 ml Wasser
80 ml Cidreessig
oder anderer Essig
80 g Zucker
1 EL Salz
10 Pfefferkörner

Garzeit: 30 Min.
Nährwert: 360 kcal, 1512 kJ
2 g E, 2 g F, 81 g KH

Vorbereitung
1. Äpfel waschen, vierteln und Kerngehäuse entfernen, klein schneiden.
2. Zitrone auspressen und den Saft über die Äpfel geben.
3. Zwiebel pellen und grob würfeln.
4. Senfkörner und Lorbeerblätter in einen Teebeutel geben und zubinden.

Zubereitung
1. Wasser, Essig, Zucker, Salz, Pfefferkörner und den Gewürzbeutel aufkochen.
2. Zwiebelwürfel und Äpfel zugeben. 30 Min. kochen lassen, Gewürzbeutel entfernen.
3. Heiß in saubere Gläser füllen, umdrehen und auskühlen lassen.

⚠️ Das Chutney lässt sich auch aus Aprikosen, Tomaten oder Zwetschgen herstellen.

Fonduegeschirr

Käsefondue

Tischtücher und Servietten

Tischunterlagen (Moltons)

Tischunterlagen, auch Moltons genannt, waren ursprünglich aus Flanell, heute werden sie aus weichem Kunststoff hergestellt. Am Tisch werden sie durch eingearbeitete Gummizüge oder eckseitige Klettverschlüsse bzw. Bänder befestigt.

Moltons dienen

- der Rutschfestigkeit der Tischdecke,
- dem Schutz der Tischoberfläche vor der Schädigung durch Hitze (z. B. durch Kaffeekannen) und Feuchtigkeit (z. B. Tauwasser bei Flaschen),
- einem geringen Geräuschpegel beim Servieren von Speisen und Getränken (gedämpftes/leiseres Abstellen des Geschirrs).

Tischwäsche

Durch Tischwäsche sieht ein Tisch gepflegt und dekorativ aus.
Tischwäsche sollte aus pflegeleichtem Gewebe sein, das möglichst fusselfrei, fleckabweisend, formbeständig, farbecht, haltbar und reißfest ist.
Daher bestehen die Tischdecken und Servietten meist aus Leinenmischgewebe oder Baumwollzwirn.

Tischdecken (Tafeltücher)

Im Allgemeinen werden rechteckige Tischdecken und für Steh- oder Banketttische runde Tischdecken verwendet.
Tischdecken sollten auf jeder Seite ca. 20 bis 25 cm über die Tischkante herunterhängen. Für einen Tisch von z. B. 80 cm x 80 cm verwendet man eine ca. 130 cm x 130 cm große Tischdecke.

Mundservietten

Eine Mundserviette dient der persönlichen Hygiene des Gastes.
Sie wird vor dem Trinken benutzt, um keine Fettrückstände am Glas zu hinterlassen und das Getränk vor Verunreinigungen zu schützen. Außerdem ist sie ein wichtiges dekoratives Element.
Inwieweit das Verwenden von qualitativ hochwertigen Papier- und Zellstoffservietten kostengünstiger ist, muss unter Berücksichtigung der anfallenden Entsorgungskosten und im Hinblick auf die Umweltbelastung geprüft werden.

Handservietten

Handservietten werden vom Servicepersonal beim Tragen von Tellern und heißen Komponenten beim Büfettaufbau benutzt, um sich vor der Hitze der Teller und Schüsseln zu schützen und möglichst keine Fingerabdrücke zu hinterlassen. Außerdem werden Handservietten zum Umlegen von Flaschen, die Weinkühlern entnommen werden, verwendet (Wasserrückstände).

Decker/Deckservietten

(Farbige) Decker können ein dekoratives Element sein und sollen Tischwäsche sparen helfen. Sie sind zwischen 80 cm x 80 cm und 100 cm x 100 cm groß und werden auch aufgelegt, um kleinere Verschmutzungen kurzfristig zu überdecken.

Auflegen von Tischwäsche

Tischwäsche sollte vorsichtig – große Tücher am besten zu zweit – und faltenfrei aufgelegt werden. Die Oberbrüche der Decke müssen nach oben zeigen.
Liegt die Tischdecke nicht exakt mittig, kann sie durch vorsichtiges Fächeln verschoben und neu platziert werden.
Achtung: Durch Ziehen an der Tischdecke entstehen Knitter!

Moltons

Deckserviette

Tragen von Tellern mit einer Handserviette

SERVIEREN

Falten von Servietten

Bei der Auswahl einer Serviettenfalttechnik für Mundservietten sollte darauf geachtet werden, dass eine Form ausgewählt wird, bei deren Herstellung die Serviette nicht zu häufig angefasst und gedreht werden muss, weil die Serviette der persönlichen Hygiene des Gastes dienen soll.

Einfache Formen sind z. B. Welle und Tafelspitz.
Aufwändige Formen sind z. B. Fächer, Bischofsmütze und Tüte.

Weitere Anregungen zum Serviettenfalten gibt es im Internet, z. B. unter:
www.miko.it
www.roterochs.de/service/serviettenfalten.html
www.ingrid-autsch.de/hobbys.htm

Einfache Serviettenform

Schritt	Aktion	Ergebnis	Beschreibung
1			Die Serviette liegt als Karo ausgebreitet vor Ihnen. An der Mitte horizontal nach oben falten, sodass ein Dreieck entsteht.
2			Die linke und die rechte Ecke des Dreiecks nach oben zur Spitze der Form hinfalten, sodass wieder ein Karo entsteht.
3			Die untere Hälfte des Karos an der Mittellinie entlang nach hinten falten.
4			Die unteren Ecken des Dreiecks nach vorn zusammenfalten und die Form auf den langen Seiten des entstandenen Dreiecks aufstellen.

Der vierfache Tafelspitz

Schritt	Aktion	Ergebnis	Beschreibung
1			Die Serviette halbieren. Dabei die obere Hälfte nach unten schlagen.
2			Die Serviette unten in der Mitte mit der rechten Hand fixieren. Mit der linken Hand von links zwischen die Lagen der Serviette fahren und so nach rechts legen, dass die abgebildete dreieckige Form der linken Seite entsteht. Nicht nachstreichen.
3			Den rechten Flügel des entstandenen Dreiecks an der Faltkante nach links zurückschlagen.
4			Schritt 2 wiederholen, aber diesmal von rechts. Dazu mit der linken Hand die Serviette am Punkt (s. Abb.) fixieren und mit der rechten Hand zwischen die Lagen fahren und so nach links legen, dass die abgebildete Form entsteht. Nicht nachstreichen.
5			Wenn alles richtig gemacht wurde, liegen nun auf der linken Seite drei Zipfel und auf der rechten Seite ein Zipfel. Den rechten Zipfel an der Faltkante nach links legen. Die Serviette aufstellen.

Eindecken des Tisches

Tafelformen

Je nach Anzahl der Gäste, Raumgröße und Anlass müssen vor dem Eindecken mehrere runde, ovale oder eckige Tische zusammengestellt werden. Hierbei bieten sich folgende Formen an:

runde Tafelform

ovale Tafelform

lange Tafelform

Blockform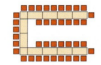

U-Form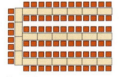

E-Form

T-Form

Einfache Anlässe

Tischeindecken für das Frühstück

Zu einem einfachen Frühstücksgedeck gehören ein Mittelteller, eine Serviette, ein Frühstücksmesser, sowie eine Kaffeetasse mit Untertasse und Kaffeelöffel, vgl. S. 275. Das Frühstücksgedeck muss, wenn salzige Speisen wie z. B. Rühreier angeboten werden, durch eine Gabel und ggf. ein zweites Messer erweitert werden.
Wird für ein Frühstücksbüfett eingedeckt, kann der Mittelteller entfallen, da die Teller dann auf dem Büfett platziert sind.

Tischeindecken für eine Mittags- oder Abendmahlzeit

Ein Grundgedeck besteht aus einer Serviette sowie einem großen Besteck (Messer und Gabel).
In der Regel werden in den Betrieben zusätzlich erweiterte Gedecke eingedeckt, um den späteren Serviceablauf zu entlasten. Ein erweitertes Gedeck umfasst weitere Besteckteile wie Vorspeisenbesteck oder Suppenlöffel und ein Weinglas und/oder Wasserglas.

Festliche Anlässe

Hauptkomponenten für ein festliches Menü sind:
- Tischwäsche (Tischdecke, Decker, Servietten)
- Kerzenschmuck
- Blumenschmuck
- Tischbänder
- Speisen- und Menükarten
- Platzteller

Bei festlichen Anlässen wird in der Regel ein Menü serviert und die dazugehörige Menüfolge eingedeckt. Maximal dürfen fünf Gänge und nicht mehr als drei Gläser eingedeckt werden.

Vorbereitungen für das Eindecken
- Molton und Tischdecke auflegen.
- Servietten brechen (falten).
- Alle Bestecke und Gläser auf Sauberkeit überprüfen und polieren und auf einem Besteckteller (Mittelteller mit Serviettentasche) bzw. Tablett bereitlegen.

Serviettentasche

Eine Serviettentasche entsteht, indem man eine Stoffserviette zweimal der Länge nach halbiert und das oben liegende Stoffquadrat diagonal nach innen einklappt, sodass eine Tasche entsteht, in die die Besteckteile geschoben werden können.

Bedeutung des Tischdeckens

Ein gedeckter Tisch soll einladend wirken.
Dies wird unterstützt durch:
- ein sauberes und glatt aufgelegtes Tischtuch oder einen Tischläufer,
- eine ansprechende Serviettenform,
- hygienisch einwandfrei und fachlich korrekt platzierte Tischausstattungsgegenstände wie Geschirr- und Besteckteile.

Grundsätzlich vermitteln dekorative Gegenstände wie Kerzen und Blumen auf dem Tisch eine angenehme Atmosphäre.
Wie ein Tisch eingedeckt wird, hängt vom Anlass ab.

Einfaches Grundgedeck

Erweitertes Grundgedeck

Festlich eingedeckter Tisch

Menügedeck

SERVIEREN

Regeln für das Eindecken

- Sitzen sich Personen gegenüber, müssen auch ihre Gedecke (Bestecke und Servietten) genau gegenüber eingedeckt werden. Sitzen Personen nebeneinander, müssen die Gedecke parallel verlaufen.
- Der Abstand zwischen zwei Gedecken sollte nicht zu klein sein (ca. 70–80 cm), damit der Gast nicht eingeengt wird.
- Maximal wird für vier „salzige" Gänge und Dessert (= fünf Gänge) eingedeckt.
- Bestecke werden im rechten Winkel zur Tischkante eingedeckt (Ausnahme: Dessertbesteck in einer Menüfolge).
- Nebeneinander liegende Besteckteile dürfen sich nicht berühren (ca. 0,5 cm Abstand) und liegen daumenbreit von der Tischkante entfernt.
- Die rechte Besteckseite (Messer und Löffel) wird auf einer Höhenlinie, die linke Besteckseite (Gabeln) höhenversetzt – ca. 1 cm von der Tischkante entfernt – eingedeckt.
- Das Dessertbesteck wird oben eingedeckt. Die Gabel liegt unten mit dem Griff nach links, der Löffel oben mit dem Griff nach rechts.
- Ein Brotteller oder Beilagensalat wird dem Gast links neben die Gabeln gestellt. Dem Brotteller wird ein kleines Messer rechts auf der Tellerkante angelegt. Gibt es zum Hauptgang einen Beilagen- oder Salatteller, ist es sinnvoll, den Brotteller vorher auszuheben.
- Das Richtglas (Glas des Hauptganges) wird über die Spitze des Hauptgangmessers gestellt. Alle weiteren Gläser werden in einer schräg nach unten verlaufenden Linie daneben gestellt oder in Blockform angeordnet.

Reihenfolge beim Eindecken eines Platzgedecks

1. Die (Platz-)Teller genau mittig zum Sitzplatz ausrichten, mit daumenbreitem Abstand zur Tischkante.
2. Werden keine Platzteller benutzt, die Serviette genau mittig zum Sitzplatz ausrichten, ansonsten mittig auf dem (Platz-)Teller.
3. Bestecke vom Besteckteller von innen nach außen eindecken:
   - Messer und Gabel des Hauptganges
   - Zwischengerichtbesteck
   - Suppenlöffel
   - Vorspeisenbesteck
   - Dessertbesteck
   - Achtung! Hauptgangbestecke nicht zu nah an die Serviette legen, da beim Servieren Platz für einen großen Teller benötigt wird. Bei eingedecktem Platzteller beträgt der Abstand des Hauptgangbestecks ca. 1 cm vom Tellerrand.
4. Die Gläser mit dem Richtglas beginnend über der Spitze des Hauptgangmessers einsetzen.
5. Menage (Pfeffer und Salz), Kerzenständer und Blumendekoration gleichmäßig verteilt eindecken.

Tischdekoration

Bei festlicheren Anlässen ist eine Tischdekoration sehr wichtig. Tischdekorationen vermitteln nicht nur eine feierliche Atmosphäre, sondern können vor allem auch den Anlass – wie z. B. ein Weihnachtsessen – unterstreichen.

Bei der Auswahl der Tischdekoration sollte neben den Wünschen des Gastes auf Folgendes geachtet werden:

- harmonisches Farbspiel,
- keine Behinderung für den Gast und den Service,
- keine unhygienischen Bestandteile (wie Natursand),
- nicht zu zeitaufwändig,
- wieder verwendbar und reproduzierbar.

Menübeispiel:

Salat mit Entenerrine

✶

Kürbiscremesuppe

✶

Zander auf Rahmlinsen

✶

Rumpsteak mit Brokkoliröschen und Röstkartoffeln

✶

Mousse au chocolat

Einfaches Frühstücksgedeck

Erweitertes Frühstücksgedeck

Gedeckvariante für Brunch

Bestecke

Material
Bestecke bestehen in der Regel aus Metall, meistens aus Edelstahl, seltener aus Silber.
Ausnahmen bilden Bestecke mit Holzgriffen (nicht spülmaschinengeeignet) oder Plastikbestecke (nicht umweltfreundlich).
Die Kennzeichnung „rostfrei" bedeutet, dass Chrom und Nickel in den Bestecken enthalten sind.
Die Einprägungen wie 18/8 oder 18/10 (18 % Chrom und 8 bzw. 10 % Nickel) geben exakte Auskunft über das Beimischungsverhältnis.

Auswahlkriterien
Für die Anschaffung von Bestecken gibt es verschiedene Kriterien:
- Haltbarkeit und Schlagfestigkeit,
- leichte, angenehme Handhabung,
- pflegeleicht,
- spülmaschinenfest,
- möglichst zehn Jahre nachkaufbar.

Pflege
Bestecke müssen sehr gründlich und hygienisch einwandfrei gereinigt werden, da sie mit dem Mund in Berührung kommen.
Sie sollten möglichst kalt vorgespült und anschließend heiß mit Spülmittel abgespült werden. Nach dem Spülen kann das Besteck zusätzlich poliert werden, um einen tadellosen optischen Eindruck zu gewährleisten. Dies gilt insbesondere für festliche Anlässe.
Um Korrosionsflecke zu vermeiden, die durch Bestandteile aus den Speisen, von Wasser oder dem Reinigungsmittel hervorgerufen werden können, sollten Bestecke möglichst schnell nach dem Gebrauch gereinigt werden.

Unterscheidung von Besteckteilen
In Betrieben, aber auch in Privathaushalten, werden meistens nur zwei verschiedene Besteckgrößen (groß und klein) verwendet. In der Gastronomie kennt man noch das Mittelbesteck (Entremetsbesteck, Verwendung für Vorspeisen und Desserts), das jedoch aus Kostengründen nur noch selten angeschafft wird.

Grundbestecke	Hierzu zählen Messer, Gabeln und Löffel in verschiedenen Größen: groß, mittel und klein.
Spezialbestecke	sind Hilfsinstrumente wie z. B. Fischbesteck oder Schneckenzange, die die spezifische Speisenbeschaffenheit berücksichtigen und das Verzehren erleichtern bzw. erst ermöglichen.
Servierhilfsgeräte	Synonym für Großbestecke und Büfettzubehör, z. B. Soßenkellen und Vorlegebestecke.

Kleines Besteck	Verwendung
Löffel	Tee- und Kaffeelöffel, cremige Desserts, Eis, Quark- und Joghurtspeisen beim Frühstück
Löffel und Gabel	Vor- und Nachspeisen, wie z. B. Krabbencocktail, Crêpe mit Eis
Gabel	Kuchen, Amuse-Gueule

Großes Besteck	Verwendung
Messer und Gabel	Hauptspeisen außer Fisch
Löffel	Suppen, zum Vorlegen von Speisen
Gabel und Löffel	Pasta- und Zwischengerichte, zum Vorlegen von Speisen

Spezialbesteck	Verwendung
Fischbesteck	Fischgerichte, insbesondere nicht filetierte Fische, um mithilfe der Spitze des Fischmessers besser die Gräten ausheben zu können
Espressolöffel	ein besonders kleiner Löffel zum Anlegen an Espressotassen

Servierhilfsgeräte	Verwendung
Vorlegebesteck	Vorlegen von Speisen am Tisch (englischer Service) oder Anlegen an Büfettplatten
Tranchierbesteck	Tranchieren von ganzem Geflügel oder Aufschneiden von Braten und Filets am Büfett oder vor dem Gast
Käsemesser	Aufschneiden von Käsestücken auf Büfetts
Tortenheber	Verteilen von geschnittenen Tortenstücken
Kuchenmesser	Schneiden von trockenem Gebäck

Geschirr

Material
Essgeschirr besteht vor allem aus Porzellan.
Porzellan weist im Vergleich zu anderen Materialien erhebliche Vorteile auf. Porzellan ist:
- wieder verwendbar und damit umweltfreundlich,
- unempfindlich gegenüber den in Lebensmitteln enthaltenen Säuren und Laugen (wie z. B. Essig),
- geruchs- und geschmacksneutral,
- kratz- und stoßfest,
- hygienisch, da es aufgrund seiner glasierten, harten Oberfläche leicht zu reinigen ist,
- in der Lage sowohl Hitze als auch Kälte zu speichern,
- formbeständig.

Geschirrarten
Geschirr gibt es in unterschiedlichen Formen, Farbtönen und Dekors. Klassisch ist weißes Geschirr, vor allem für große Feste.
Daneben gibt es viele verschiedene einfarbige Geschirre und sowohl weißes wie auch farbiges Geschirr mit Mustern in Form von Blüten, Strichen, Tupfen u. a.
Viele Geräte wie Platten, Schüsseln und Warmhaltevorrichtungen (Chafing dishes) bestehen aus anderen Materialien wie z. B. Edelstahl, Glas oder Holz.

Auswahlkriterien
Aus hygienischen und platzsparenden Gründen sollte bei der Geschirrauswahl besonders auf die folgenden Eigenschaften geachtet werden:
- stabil und schlagfest
- stapelbar
- pflegeleicht
- spülmaschinenfest
- möglichst zehn Jahre nachkaufbar

Pflege
Geschirr sollte möglichst kalt vorgespült und anschließend mit Spülmittel heiß abgewaschen und nachgespült werden. Nach dem Spülen wird das Geschirr poliert, um Wasserflecke und Fingerabdrücke zu entfernen und Glanz zu erzeugen. Man benutzt dafür ein stellenweise leicht befeuchtetes, fusselfreies Geschirrtuch.
Zersprungenes oder angestoßenes Geschirr muss aussortiert werden.

Kannen und Tassen	Häufige Verwendung
Kannen, Kännchen	Kaffee, Tee, Mokka, Kakao, Sahne
Getränketassen	Kaffee, Tee, Mokka, Espresso, Cappuccino, Kakao und Spezialsuppentassen
Suppentassen	zweihenkelige für klare und gebundene Suppen, einhenkelige für Spezialsuppen
Tiefe Teller	**Häufige Verwendung**
13–18 cm Ø	Kompott, Süßspeisen, Salate
24 cm Ø	Suppen, Eintöpfe, Nudelgerichte
Flache Teller	**Häufige Verwendung**
Untertassen	Untertasse für Kaffee- und Teetassen sowie Suppentassen
Kleine Teller	Brotteller, kleine Süßspeisen, Amuse-Gueule, Frühstück, Obst, Kuchen, Salate
Mittelteller	Vorspeisen, Zwischengerichte, Desserts, Büfettgeschirr
Große Teller	Hauptgänge bei Tellergerichten, Platzteller als dekoratives Element
Formen und Platten	**Häufige Verwendung**
Platten	Anrichten von Speisen auf Büfetts, Vorlegen von Speisen am Tisch
Schüsseln	Anrichten von Speisen auf Büfetts und in der Gemeinschaftsverpflegung
Formen	feuerfeste Formen für Aufläufe und zum Backen
Zuckerdosen	Servieren von losem Zucker zum Kaffee
Verschiedenes	**Häufige Verwendung**
Sekt-/Weinkühler	Stand- oder Tischkühler, um Sekt und Wein möglichst lange konstant kühl zu halten
Warmhaltepfanne (Chafing dish)	Warmhaltevorrichtung aus Edelstahl für das Servieren von warmen Speisen auf Büfetts
Tranchierbrett	Holzbrett zum Tranchieren von Fleisch und Geflügel am Gästetisch oder auf Büfetts
Tablett	zum Servieren von Speisen und Getränken, meist mit einer rutschfesten Beschichtung

SERVIEREN

Gläser

Material
Glas ist ein Schmelzprodukt aus Quarz bzw. Quarzsand als Hauptbestandteil und einer Beimischung von Metalloxiden wie Natrium, Kalium, Magnesium und Blei, das durch Abkühlung erstarrt.
Die Qualität des Glases ist abhängig von der Herstellungsart und den Rohstoffen. Die Zusammensetzung der Beimischung bestimmt dabei die wesentlichen Eigenschaften und den Namen (wie z. B. Bleikristall).

Gläserarten
Entsprechend der Form werden Gläser in zwei Sorten unterteilt: Becherläser und Stielgläser.
Zu den **Bechergläsern** zählen insbesondere Bargläser wie Longdrinkgläser (z. B. für Wasser und Longdrinks), Tumbler (z. B. für Whisky) und Stamper (z. B. für klare Schnäpse).

Stielgläser wirken durch den häufig langen, schlanken Stiel elegant und werden vorzugsweise für hochwertige Getränke wie Aperitifs (Sekt, Südweine etc.), Weine und Digestifs (Cognac, Obstbrände etc.) verwendet.

Auswahlkriterien
Aus hygienischen und praktischen Gründen sollte bei der Auswahl von Gläsern besonders auf die folgenden Eigenschaften geachtet werden:
- standfest und stoßfest
- pflegeleicht
- spülmaschinenfest
- möglichst zehn Jahre nachkaufbar
- getränkespezifische Eigenschaften unterstützende Formen

Pflege
Gläser sollten manuell oder in der Spülmaschine mit warmem Wasser gespült werden.
Ein Nachspülen mit kaltem, klarem Wasser ist wichtig, um Spülmittelreste zu entfernen. Sie würden sonst eine Geschmacksbeeinträchtigung hervorrufen oder das Bilden von Schaumkronen verhindern.

Abschließend werden die Gläser mit einem fusselfreien Tuch poliert und möglichst mit der Öffnung nach unten gelagert. Gläser dürfen aus hygienischen Gründen nicht im Trinkbereich angefasst werden. Außerdem sollte bei einer Reinigung in der Spülmaschine darauf geachtet werden, dass ausschließlich Gläser darin gereinigt werden, da sonst Trübungen und Verschmierungen auftreten können.

Verwendung
In den Abbildungen sind die Standardformen der verschiedenen Gläserkategorien aufgezeigt. Allerdings unterliegen Gläser keinen festen Richtlinien. Insbesondere existieren länder- und regionsspezifische Gläser sowie auch markenbezogene wie z. B. Wasser- und Biergläser von Herstellerfirmen für Bier oder Mineralwasser.

Biergläser

Biertulpe, Bierstange, Bierkelch

Schaumweingläser

Sektflöte, Sektkelch

Weingläser

Dessertwein-, Weißwein- (Rosé-wein-), Rotweinglas

Gläser für alkoholfreie Getränke

Großer und kleiner Tumbler, Longdrinkglas

Bargläser

Cognacschwenker, Cocktailglas, Punschglas

Karaffen

Wasserkaraffe, Weinkaraffe

Speisen anrichten

Beim Anrichten von Speisen ist Folgendes zu beachten:
- Die Speisen sollen dekorativ aussehen.
- Die Speisen sollen appetitlich angeordnet sein, damit der Gast erkennen kann, was er isst und Freude am Essen hat.

Tellergerichte

Ein Hauptgericht besteht in der Regel aus den drei Bestandteilen Fisch oder Fleisch (Hauptbestandteil), Sättigungsbeilage und Gemüsebeilage.

Für das Anrichten auf Tellern gibt es keine festen Vorgaben, man kann jedoch zwei Varianten unterscheiden:

Klassisches Tellerdritteln

Der Hauptbestandteil des Gerichtes wird mittig nach unten, also in den Vordergrund des Tellers gesetzt.
Die Sättigungsbeilage kommt nach links oben und die Gemüsebeilage nach rechts oben.

Mittelpunktanrichtung

Der Hauptbestandteil des Gerichtes wird in den Mittelpunkt des Tellers gesetzt.
Die Sättigungsbeilage und die Gemüsebeilage werden abwechselnd rundherum im Kreis gruppiert angerichtet.
Pfannengerichte und vegetarische Gerichte sowie Pastagerichte werden ausschließlich zentral in der Mitte des Tellers angerichtet.
Abschließend werden Gerichte häufig durch ein dekoratives Element oder eine Garnitur, z. B. ein Petersilienblatt oder Rosmarinstiel, komplettiert.

Kalt/warme Büfetts sowie Frühstücksbüfetts werden sowohl in der Gemeinschaftsverpflegung als auch bei privaten Veranstaltungen häufig dem gedeckten Frühstückstisch vorgezogen.
Das Büfett ist eine Speisenangebotsform, bei der sich die Gäste nach ihrem Geschmack und ihren Mengenvorstellungen die Speisen auswählen und selbst zusammenstellen können.

Entscheidend ist der optische Eindruck der Speisen für den Gast.

Beim Anrichten von Platten sollte auf Folgendes geachtet werden:
- Für das Anrichten der Platten die Tranchen und Garnituren nicht zu groß schneiden.
- Die Tranchen auf der Platte von hinten nach vorn oder von links nach rechts auflegen, so kann sich der Gast besser mit dem Vorleger bedienen.
- Die Ränder der Platten nicht belegen.
- Garnituren nicht über die ganze Platte verteilen, möglichst eine Ecke oder den Mittelpunkt auswählen.
- Garniturelemente geschmacklich und farblich abstimmen.
- Platten nicht überladen.
- Papiermanschetten nur bei trockenen Lebensmitteln verwenden.
- Käse, Geflügel, Fisch und Fleisch auf verschiedenen Platten anrichten, damit der typische Geschmack erhalten bleibt.
- Edle Rohstoffe mit edler Garnitur versehen.

Beim Anrichten von Schüsseln ist auf Folgendes zu achten:
- die Schüsseln maximal bis vier Zentimeter unter den Rand füllen,
- die Schüsselränder säubern,
- die Garniturelemente geschmacklich und farblich auf die Speisen in der Schüssel abstimmen.

Platten und Schüsseln werden auch häufig zur Selbstbedienung auf die Tische gestellt.
Beim Aufbau eines Büfetts muss unbedingt auf Sauberkeit, Ordnung und systematische Reihenfolge geachtet werden, vgl. S. 267.

Platten für das Büfett

Klassisches Tellerdritteln

Büfettanordnung

SERVIEREN

Grundregeln des Servierens

Aufgabe der Servicekraft ist es, den Gast umsichtig zu bedienen und zu beraten sowie ihm seinen Aufenthalt so angenehm wie möglich zu gestalten.
Dies ist möglich durch
- ein gepflegtes Erscheinungsbild,
- eine freundliche Ausstrahlung,
- ein zuvorkommendes, gastorientiertes Verhalten.

Tischservice
Im **à la carte Betrieb** findet heute in der Regel ein reiner Tellerservice statt. Unter dem **à la carte Geschäft** versteht man den üblichen Restaurantservice, bei dem Gäste erst vor Ort ihr Essen und ihre Getränke auswählen.
Der Gast bekommt von der Servicekraft die auf dem Teller bereits fertig angerichtete Speise serviert. Ein Vorlegeservice, bei dem eine Servicekraft dem Gast am Tisch die Speisen von einer Servierplatte (französischer Service) oder vom Beistelltisch aus (englischer Service) auf seinen Teller vorlegt, gibt es fast nur noch in der Top-Gastronomie. Ein Vorlegeservice ist für den Gast zwar angenehm, jedoch für den Betrieb sehr zeit- und damit kostenaufwändig.

Grundsätzlich werden sämtliche Serviceelemente von der rechten Seite des Gastes aus durchgeführt:
- das Servieren (fachsprachlich: Einsetzen) und das Abräumen (fachsprachlich: Ausheben) von Speisen,
- das Servieren und Einschenken von Getränken,
- das Nachdecken von Besteckteilen und Gläsern.

Eine Ausnahme bildet der von der linken Seite durchgeführte Vorlegeservice. Würde man von rechts vorlegen, müsste man über die Servierplatte herüber auf den Teller vorlegen und den Gast stark behindern.

In sozialen Einrichtungen findet ein Tischservice nur insofern statt, als dass den Gästen ein leerer Teller und Besteck eingedeckt werden. Die Speisen werden in Schüsseln oder auf Platten portioniert zur Selbstbedienung auf den Tisch gestellt.

Grundregeln des Tellertragens
Es gibt für das Tellertragen, insbesondere für das Abräumen von Tellern, zwei Techniken, weil weder beim Einsetzen noch beim Ausheben die Teller und das Besteck gestapelt werden.

Abräumtechnik I
1. Den ausgehobenen Teller in die linke Hand nehmen, wobei der Daumen entlang des Tellerrandes liegt und mit dem Zeigefinger und Mittelfinger stabilisiert wird.
2. Den zweiten Teller auf den Handballen und den Unterarm setzen und mit dem Ringfinger und kleinen Finger abstützen.
3. Auf dem Trageteller die erste Gabel festhalten und das Messer unter deren Rücken schieben.

4. Die weiteren Gabeln in gleicher Weise ablegen und die Messer unterschieben, sodass alle abgelegten Bestecke wie ein Kreuz auf dem Teller liegen.
5. Alle weiteren Teller, bis zu fünf Tellern insgesamt, auf dem Handballen stapeln, das Besteck wie beschrieben ablegen und kleine Speisereste an die Seite neben das Besteck schieben.
6. Bei Suppentellern und großen Suppenlöffeln in gleicher Weise verfahren.

Abräumtechnik II
Diese Tragetechnik wird vor allem praktiziert, wenn viele Speisereste auf den Tellern liegen, wie z. B. bei Geflügel- oder Fischgerichten.
1. Den ersten Teller wie bei der Abräumtechnik I beschrieben in die linke Hand legen und stabilisieren.
2. Den zweiten Teller rechts davor unterschieben und mit dem Ringfinger und kleinen Finger abstützen.
3. Auf dem ersten Teller die Bestecke wieder wie ein Kreuz ablegen, der untergeschobene Teller nimmt die Speisereste auf.
4. Auf dem Handballen und Unterarm bis zu fünf Teller stapeln.

Servieren eines Tellers

Abräumtechnik I

Abräumtechnik II

Gläser tragen

Gläser und Getränke werden dem Gast grundsätzlich mit Hilfe eines Tabletts serviert und ebenso abgeräumt.

Büfettservice

Charakteristisches Merkmal eines Büfetts ist, dass sich der Gast seine Speisen eigenständig holt. Der zu erbringende Service reduziert sich daher auf:

- das Servieren von Getränken,
- das Abräumen benutzter Teller,
- das Nachrüsten des Büfetts: Ist eine Platte nahezu leer oder unansehnlich, muss der Service diese ersetzen bzw. wieder in eine ansprechende Form bringen,
- das Beraten der Gäste am Büfett und die Unterstützung bei der Speisenentnahme.

Außerdem sollte Menschen mit körperlichen Einschränkungen das Tragen der Teller an ihren Sitzplatz abgenommen oder ihnen ggf. eine Auswahl vom Büfett zusammengestellt und gebracht werden.

Service am Bett

Das Servieren der Speisen und Getränke am Bett erfolgt auf einem Tablett, welches durch ausklappbare Seitenbeine zu einem Tisch umgewandelt wird und dem Gast oder Patienten direkt vor seinen aufrechten Körper über seine Beine auf das Bett gestellt werden kann.

Häufig wird in sozialen Einrichtungen, z. B. in Heimen, für diese Serviceart auch ein spezieller Wagen benutzt, der unmittelbar an das Bett des Patienten gefahren wird. Der Gast kann sich seine Speisen ohne aufstehen zu müssen, von dem Wagen nehmen oder den Wagen als Tisch benutzen.

Gerade bei bettlägerigen Menschen muss der Aufbau der Speisen und Getränke auf dem Tablett sorgfältig bedacht werden, damit eine gute Handhabung möglich ist und keine Verletzungs- bzw. Verbrennungsgefahr besteht.

Aus diesen Gründen sollten beim Aufbau eines Frühstückstabletts folgende Aspekte berücksichtigt werden:

- Das Tablett nicht zu voll stellen.
- Flache Bestandteile (Teller) nach vorne stellen, stufenweise höhere weiter nach hinten stellen (Kaffeetasse, Brotkorb).
- Warme/heiße Bestandteile wie z. B. Ei und Kaffeekanne hinten platzieren (Verbrennungsgefahr).
- Gegenstände so platzieren, dass sie ergonomisch leicht greifbar sind, wie z. B. Henkel der Kaffeetasse und -kanne zur rechten Außenseite, da sich Rechtshänder mit rechts einschenken (umgekehrt für Linkshänder).
- Speisen verzehrfertig servieren, so dass möglichst wenig Schneidearbeit geleistet werden muss (Kippelgefahr).

Beim Aufstellen des Betttabletts muss unbedingt dessen Standfestigkeit überprüft werden, bevor der Patient damit allein gelassen wird. Außerdem ist auf ein zügiges Abräumen nach Beendigung der Mahlzeit zu achten, um den Gast oder Patienten nicht unnötig lange in seiner Bewegungsfreiheit einzuschränken. Auch sollte zwischendurch gefragt werden, ob Hilfe oder Nachservice benötigt wird.

Einschenken von Wein

Einsetzen eines Tellers

Tragen von Suppentassen

Tragen von Gläsern

Sachwortverzeichnis

Aal 29
Abfall, organischer 39
Aioli 77
Alfalfasprossen 18
Altöle, -fette 39
Altpapier 39
Aminosäuren 8
Ananas 47
Anrichten 279
Antioxidantien 14
Antipastispieße 84
Äpfel 21, 46
Apfelchutney 271
Apfel-Honigmarinade 197
Apfelkuchen 231 ff.
Apfelstrudel 236
Aprikosen 21
Aprikosenbiskuitrolle 244
Aprikosen-Nusstorte 243
Aprikosen-Reiskuchen 233
Aprikosenwirsing 131
Arbeitsplatz, -organisation 32
Arbeitssicherheit 32
Auberginen 17, 45
Auberginenauflauf 211
Avocado-Kräuterquark 265
Avocadopüree 86
Avocado-Reissalat 111

Backfisch 185
Backformen fetten 51
Backöfen 36 f.
Backutensilien 38
Bagels 251
Baguette 23
Baked Potato mit Chili und Dip 206
Ballaststoffe 12
Bananenbrot 80
Bärlauch 20
Basilikum 20
Basilikummayonnaise 100
Bataviasalat 41
Bauernbrot 23
Bauernfrühstück 135
Bauernsalat 102
Bayerische Creme 221
Beerenkonfitüre, -gelee 263
Bestecke 276
Bindemittel 50
Bioaktive Substanzen 10
Birne im Schlafrock 234
Birnen 21
Biskuit, -variationen 242
Blanchieren 53
Blattgelatine 49
Bleche mit Teig belegen 51
Bleichsellerie 44
Blindbacken 52
Blumenkohl 17, 43, 115
Blumenkohl mit Käsesoße 125
Blumenkohlcremesuppe 62
BMI (Body-Mass-Index) 6
Bohnen 17, 114, 130
Bohnen, weiße und rote 18
Bohnenkraut 20
Bouillon, asiatische 68
Brandmasse 237
Braten 56
Braten von Steaks 162

Bratensoße 72
Bratkartoffeln 135
Bratschlauch 56
Bratwurst-Apfeltopping 65
Brezeln, süße 248
Brokkoli 17, 43, 124
Brot 23, 31
Brote, belegte 80
Brotsuppe 68
Brunnenkresse 41
Bruschetta 78
Buchweizen 24
Büfetts 267
Bulgur 121
Butter 25
Butterkuchen 238
Butterreis 148
Butterschmalz 25
Butterwaffeln 235

Cannelloni 159
Carotinoide 12
Champignonbagles 251
Chicken Wings 181
Chicorée 19, 40 f.
Chili con Carne 206
Chili-Blumenkohl 119
Chilikartoffeln 138
Chilischoten 42
Chilisoße 181
Chinakohl 41, 115
Chinakohlsalat 101
Ciabatta 23
Club-Wraps 82
Couscous 120, 155
Crème fraîche 27
Creme, kaltgerührt 219
Crêpes, süß, pikant 202
Crêpetorte mit Äpfeln 218
Crostinis 79
Cumberlandsoße 76
Curry 22
Currybällchen 166
Currysoße 73

Dampfdrucktopf 58
Dämpfen 55
Deckservietten, Decker 272
Diäten 13
Dijon-Senf 80, 194
Dill 20
DIN ISO 9001 15
Dip zu Baked Potao 206
Dip zu Fischburger 185
Dörrobst 197
Dorsch 29
Dressings 41
Dünsten 56

EG-Öko-Verordnung 15
Eichblattsalat 19, 41
Eier 25, 31
Eier in Senfsoße 199
Eier kochen, pochieren 198
Eier trennen 48
Eiersalate 100
Eier-Senf-Dip 116
Eierstich 199
Eier-Tomatenaufstrich 264

Eiklar zu Eischnee schlagen 198
Eisbergsalat 19, 40 f., 93
Eischnee 198
Eiweiße 8
Elektroherde 36 f.
Emulgatoren 14
Endiviensalat 40
Energiehaushalt 6
Entsorgung 39
E-Nummern 14
Erbsen 18
Erbsen und Möhren 114
Erbsenkartoffelpüree 136
Erdbeer-Burger 245
Erdbeeren 21
Erdbeertiramisu 227
Erdnuss-Ingwer-Gebäck (Biscotti) 247
Ernährungsformen 13
Ernährungsgruppen 12
Ernährungspyramide 7
Eskariol 41
Espresso 260
Estragon 20

Farbstoffe 14
Feldsalat 19, 40 f., 93
Fertigsoßen-Abwandlungen 73
Fette 8, 25 f., 31
Fettsäuren 8
Filet, überbackenes 173
Filetsteak 170
Fisch im Gemüsebett dünsten 184
Fisch in Tomatensoße (chinesisch) 186
Fisch pochieren 184
Fisch vorbereiten 53
Fischburger mit Dip 185
Fische 29, 31
Fischeintopf 209
Fischfilet, Reis 188
Fischfilets, Braten von 184
Fisch-Gemüsepfanne 191
Fischraclette 270
Fischröllchen (mit Olivenpaste/Pesto) 189
Fischsuppe, exotische 69
Flädle 60
Flammeri 216
Fleisch 28, 31
Fleisch im Backofen garen 162
Fleisch kochen 162
Fleisch vorbereiten 53
Fleischfondue 271
Fleischklößchen 61
Florentiner 248
Focaccia 258
Folienkartoffeln 135
Forelle (Makrele) in Aluminiumfolie 195
Forellen 29
Frappe 261
Fried Rice 152
Frikadellen 164
Frischkäsebrot 80
Frischkäsetorte 246
Friséesalat/Frisée 19, 40 f.
Frittieren 57
Früchte vorbereiten, exotische 47
Früchtepfannkuchen 200
Früchtepüree 223
Früchtetee 260

REGISTER

Fruchtgelee 223
Fruchtnektar, -saft 30
Frühlingsrollen mit Geflügel 83
Frühlingszwiebeln 44
Frühstück 262
Functional Food 16

Galiamelone 97
Garnelen 29
Garprobe 52
Garverfahren 55 ff.
Garziehen 55
Gasherde 36 f.
Gazpacho 71
Geflügelpfanne, exotische 180
Geflügelsalat 105
Gelatine verarbeiten 49
Gemüse 17, 31
Gemüse auf Polenta, gegrilltes 117
Gemüse im Bierteig mit
  Eier-Senf-Dip 116
Gemüse mit Glasnudeln 268
Gemüse, gefülltes 127
Gemüsebratlinge 123
Gemüsebrühe, -suppen 61 f.
Gemüseeintopf mit Käseklößchen 207
Gemüsegratin, -pfanne 122
Gemüsekuchen 255
Gemüseraclette 270
Gemüseragout mit Couscous 120
Gemüsesalat, warmer 109
Gemüseschmarren mit Basilikum 125
Gentechnik 16
Gerste 153
Gesamtenergiebedarf 6
Geschirr 277
Geschmacksverstärker 14
Getränke 30
Getreide 24
Gewürze 22, 31
Glas 39
Gläser 278
Glucosinolate 12
Gnocchi mit Gorgonzolasoße 145
Gratinieren 57
Grießklößchen 224
Grillen 57, von Fleisch 163
Grundsoße, dunkle, helle 72
Grundumsatz 6
Grüner Tee 260
Grünkernbratlinge 153, 215
Grünkernknödel 147
Grünkern-Spinatgratin 215
Grünkohl 132
Gulasch, verschiedene 168
Gurken-Lammcurry 177
Gurkensalate 99
Gurkensuppe, geeiste 71
Gurken-Tomaten-Eintopf 209

HACCP 15
Hackfleischsalbeisoße 74
Hackfleischtorte 167
Hackteig, Mischungen 165
Hafer 24
Hähnchen, gefülltes 178
Hähnchenreispfanne 152
Halbfettmargarine 25
Handservietten 272

Hawaii-Burger 166
Hefeblechkuchen 238
Hefezopf 240
Heilbuttkoteletts auf Gemüse 187
Herbstsalat 104
Herde 36 f.
Hering 29
Herzen, rosa 248
Himbeeren 21
Himbeeressig 113
Hirse 24
Hokaidokürbis 70
Homogenisieren 27
Honigmelone 97
Hühnerbrühe 61
Hülsenfrüchte 18, 31
Hygiene 33

Ingwer 22, 46
Italienischer Blumenkohlauflauf 210

Joghurt 27
Joghurtdip 119
Joghurtkaviarsoße 76
Joghurtkuchen 231
Joghurtsoße 112
Joghurtvanillesoße 229
Johannisbeeren 21
Jugendliche 12

Kabeljau 29
Kabeljauragout 190
Kaffee 30 f., 260
Kaiserschmarrn 200
Kakao 30 f., 260
Kalbfleisch 28
Kalbsleber mit Quitten 175
Kalbsröllchen mit Linsen 176
Kantalupmelone 97
Kantonreis 150
Kartoffelauflauf 142
Kartoffelcanapés, italienische 86
Kartoffelecken 141
Kartoffel-Gemüseauflauf 212
Kartoffel-Gemüsepfanne 143
Kartoffelgratin 136
Kartoffelgulasch 142
Kartoffelklöße 146
Kartoffel-Möhrenpfanne mit Bulgur 121
Kartoffel-Möhrensuppe 66
Kartoffeln 23, 31
Kartoffeln im Lachsmantel 192
Kartoffeln, gratinierte 139
Kartoffelplätzchen 140
Kartoffelpuffer 137
Kartoffelpüree 136
Kartoffelsalate 108
Kartoffelspieße 139
Kartoffelsuppe 64, 66
Kartoffeltaschen 144
Käse 27
Käsebrot 80
Käsefondue 271
Käseklößchen 207
Käsekuchen mit Mürbeteigboden 232
Käse-Obstschnitten 241
Käsesoße 73, 125
Käsespätzle, pikant 156
Käsestreifen 90

Kasseler-Krautgratin 213
Kasselertopping, scharfes 65
Kerbel 20
Kichererbsen, -sprossen 18
Kilojoule (kJ) 7
Kinder 13
Kirschkaltschale mit Quarkklößchen 225
Kirschquark 265
Kiwi 21
Kiwi-Orangengrütze 222
Kleingebäck ausstechen 51
Knoblauch 45
Knoblauchhähnchen 180
Knollensellerie 17
Kochen 55
Kohlenhydrate 7
Kohlköpfe 43
Kohlrabi 43, 115
Kohlrouladen 131
Kokosdressing 96
Kokosnuss 47
Kompott 224
Konfitürenbiskuitrolle 244
Königsberger Klopse 167
Konservierungsstoffe 14
Kopfsalat 19, 40 f.
Kotelett 170
Kräuter 20, 31, 41, 46
Kräuterdip, -dressing 91, 104
Kräuterkartoffelpüree 136
Kräuterrisotto 149
Kräutersenf 194
Kräutersoße 73
Krustentiere 29
Küchengeräte 34 ff.
Kümmel 22
Kümmelkartoffeln 138
Kürbiskernaufstrich 264
Kürbissuppe 70

Lachs 29
Lachsbrot 80
Lachsfrikadellen 196
Lachsragout 193
Lachsschnitten, -steak 192
Lagerung von Lebensmitteln 31
Lammfleisch 28
Lammstielkoteletts 177
Lasagne (lasagne al forno) 158
Latte Macchiato 260
Lauch (Porree) 44
Lebensmittelinhaltsstoffe 7
Lebensmittelrecht 14
Leber mit Apfelspalten 175
Lebkuchenfiguren 250
Leichte Vollkost 13
Lektine 12
Lemon Curd 264
Limetten 21, -torte 246
Linguine mit Pesto (linguine al pesto) 160
Linsen in Senfrahm 126
Linsen, grüne und rote 18
Linseneintopf 208
Linsengemüse 126
Linsen-Orangensalat 101
Linsensprossen 18
Linsensuppe, scharf-saure 69
Lollo bionda, bianco 19
Lollo rosso 19, 40 f.

Lorbeer 22
Loup de mer 29
Löwenzahn 41

Maki-Sushi 269
Makkaroniauflauf (-gratin), pikant 214
Makrelen 29
Mandelgebäck (Cantuccini) 247
Mandeln 48
Mangold- oder Spinattopping 65
Mangos 21, 47
Margarine 25
Marmorkuchen 230
Mascarponecreme 217
Matjes, verschiedene 197
Mehle 25
Mengenelemente 9 f.
Menüs 266
Messer 34
Mexiko-Wraps 82
Mikrowelle 58
Milch, -erzeugnisse 27, 31
Milchkaffee 260
Milchmischgetränk 261
Milchprodukte 27
Milchreis 228
Mindesthaltbarkeitsdatum 14
Mineralstoffe 9 f.
Mini-Calzone 257
Minihackbällchen 166
Miniputenburger 87
Minze 20
Möhren 17, 43
Möhrenpuffer 137
Möhrensalat 94
Mokkamousse 226
Moltons 272
Moussaka aus Griechenland 211
Mousse au Chocolat 226
Mozzarellafrikadellen 164
Muffins 245
Mundservietten 272
Mungobohnensprossen 18
Mürbeteig 232
Muscheln 29
Muskat 22
Müsli 262

Nährstoffe 7
Nelken 22
Nigiri sushi 269
Normalgewicht 6
Novel Food 16
Nudelauflauf, mild 214
Nudelmuffins 161
Nudeln 23
Nudeln mit Lachs, grüne 158
Nudeln, Kochen von 156
Nudelnester 161
Nudelsalate 107
Nussbiskuit 242
Nuss-Kräuterspitzen mit Zucchinimus 259

Obst 21, 31
Obstsalat 222
Obsttorte 243
Ofenkartoffeln 138
Oilven, umhüllte 90
Ökologischer Anbau 15

Öle 26, 31
Olivenbrot 252
Olivenpaste 79, 189
Olivenschnecken 90
Omeletts 203
Orangensoufflé 204
Orangensterne 249
Oregano 20

PAL (physical activity level) 6
Palatschinken mit Powidl 201
Palbohneneintopf 207
Panieren 53
Panna cotta mit Himbeerpüree 221
Pannfisch mit Senfsoße 187
Papayas 21
Paprika 22
Paprikaschoten 17, 42, 88
Paprikasoße 73
Partybrötchen 252
Pasta mit Champignons 157
Pasteurisieren 27
Pecorino 79
Pellkartoffeln 134
Peperoni 42
Pesto 160, 189
Petersilie 20
Pfannen 35
Pfannkuchen 200 f.
Pfeffer 22
Pfefferkartoffeln 138
Pfirsiche, gebackene 227
Pfirsich-Kokos-Kaltschale 225
Pfirsich-Nusstorte 243
Pflaumen 21
Pflaumenstrudel 236
Pflaumentapas 84
Phytosterine 12
Pilaw 148
Pilzcarpaccio 88
Pilze 45
Pilzrisotto 149
Pizza 256
Pochieren 55
Polenta 117
Polentaschnitten 154
Polentasoufflé 204
Polentaspinatschnitten 154
Polyphenole 12
Prasselkuchen 234
Proteine 8
Pute tonnato 103
Putenbrust mit Kartoffelhaube 183
Putengyros 182
Putenleber in Mangold 183

Quark mit Schinken 265
Quark-Blätterteigstreifen 235
Quarkcreme 220
Quarkklößchen 224 f.
Quarkölteig, salzig 253
Quellreis 148
Quicheteig 254

Raclette, original 270
Radicchio 19, 40 f.
Radieschen-Senfdressing 104
Radieschensprossen 18
Rahmpilze 129

Rahmspinat 128
Red Blossom 261
Reis 24, 31
Reis mit Ratatouille 151
Reis Trauttmannsdorf 228
Reisauflauf (-gratin) mit Gurke 213
Reispfannen 151
Reissalate 110
Remoulade 77
Restmüll 39
Riesenkürbis 70
Rinderrouladen 174
Rindfleisch 28
Rindfleischbrühe mit Flädle 60
Risotto 149
Roastbeef 28
Römersalat 19, 40 f., 97
Rooibuschtee 260
Rosenkohl 115
Rosmarin 20
Rosmarinöl 113
Rösti 140
Rotbarsch 29
Rotbarsch mit Rucola und Kapern 191
Rote Grütze 222
Rotisseursenf 194
Rotkohl 133
Rouladen 174
Rucola (Rauke) 19
Rucolabrot 80
Rucolasalat mit Fischspießen 106
Rührei, Zubereitung 198
Rührkuchen 230

Sahne 27
Sahnekohlrabi 121
Sahnereis mit Zimtbutter 228
Sahnesoße 193
Salamibrot 80
Salamitopping, pikantes 65
Salat 19, 31, 40 f.
Salat, bunter 92
Salat, gemischter mit Kokosdressing 96
Salat, grün-roter 94
Salat mit Thunfisch 102
Salatgurke 41
Salatherzen 19
Salatplatte mit Thunfischcreme 103
Salatteller, vegetarischer 104
Salzkartoffeln 134
Saponine 12
Satéspieße 84
Sauce hollandaise 76
Sauerampfer-Sahnesoße 193
Sauerkraut 132
Sauerkraut-Kartoffelsuppe 66
Sauerkrautquiche 254
Sauermilcherzeugnisse 27
Säuglinge 12
Saure Sahne 27
Sautieren 57
Schalotten 212
Schellfisch mit Senfsoße 194
Schinken-Eier-Toast 199
Schmand 27
Schmoren 57, 163
Schmorgurken-Linsen-Ragout 126
Schmorhuhn 179
Schmorkartoffeln 143

Schnecken aus Quarkölteig 241
Schneidebohnen 130
Schnittlauch 20
Schokobiskuit 242
Schokoladencrespelle 218
Schokoladen-Kischtorte 243
Schokoladenmousse, marmoriert 226
Schwangere 12
Schwarzer Tee 260
Schwarzwurzeln 17
Schweinebraten 172
Schweinefilet in Sahnesoße 173
Schweinefleisch 28
Schweinesteak alla Saltimbocca 173
Seelachs 29
Seelachsfrikadellen 196
Seelachs-Kartoffelpfanne 190
Seeteufel 29
Seewolf 29
Sekundäre Pflanzenstoffe 11
Sellerieknolle 44
Semmelknödel 147
Senf 194
Senfrahm 126
Senfsoße 187, 194, 199
Senioren 13
Servieren 280 f.
Servietten 272 f.
Sommersalat, italienischer 102
Soße Bolognese 74
Soße, braune und helle 73
Soßenzubereitung 163
Sour Cream 134
Spaghetti alla napoletana 157
Spargel 17, 114
Spargelrisotto 149
Spätzle, hausgemacht 156
Speck-Tomatentopping 65
Speisezwiebel 212
Spicy Melon 261
Spinat 17, 128
Spinatauflauf mit Fisch 210
Spinatcremesuppe 63
Spinatreis 188
Springform auskleiden 51
Spritzbeutel verwenden 52
Sprossen 18
Sprossensalat 95
Spurenelemente 9 f.
Stabilisatoren 14
Stachelbeercreme 219
Stangen-, Staudensellerie 44

Steaks mit Kräuterkartoffeln 171
Steinpilzöl 113
Stillende 12
Streuselkuchen 239
Streuselsterne 249
Sulfide 12
Süßstoffe 8

Tafeltücher 272
Tee 30 f.
Teigsnacks, gefüllte 81
Teigtaschen mit Füllungen 253
Thousand Islands 112
Thunfischcreme 103
Thymian 20
Tintenfisch mit Gemüse 268
Tiramisu 227
Tischdecken 272
Tischdekoration 275
Tischeindecken 274 f.
Tischunterlagen 272
Tischwäsche 272
Tofu-Gemüse-Curry 118
Tomaten 17, 41 f.
Tomaten mit Avocadopüree 86
Tomaten mit Mozzarella 85
Tomatendip 91, 181
Tomaten-Eiersalat 100
Tomaten-Gemüsesuppe 67
Tomatenkartoffelpüree 136
Tomaten-Mozzarellaspieße 85
Tomatenpesto 91
Tomatenreis 188
Tomatensalate 98
Tomatensoßen 75, 186
Tomatensuppe 67
Töpfe 35
Toppings 41, 65
Tortellini, überbackene 159
Tortenboden aus Biskuit 242
Tortenguss 52
Tortillas 82, 205
Tsatsiki mit Schafskäse 89

Vanillekipferln 248
Vanillemark 48
Vegetarische Ernährung 13
Verbrauchsdatum 14
Verdickungsmittel 14
Verpackungen 14, 39, 54
Vierkornbagels 251
Vinaigrette 112

Vitamine 9 f.
Vollkornbiskuit 242
Vollkornbrot 23
Vollwertige Ernährung 13

Waldorfsalat 94
Walnusstatzen 250
Wasser 9
Wasserbad 55
Wasserbiskuit 242
Wassermelone 97
Weinschaumsoße 229
Weintrauben 21
Weißkohl 132
Weißkohlsalat 106
Weizen, -sprossen 18, 24
Weizenbrot 23
Wertstoffe 39
Wiener Schnitzel 170
Wildkräuterfladen 258
Windbeutel (Brandmasse) 237
Wirsing, gefüllter 133
Wolken und Sterne 217
Wolkenkekse 249
Würzessig 113

Zertifizierung 15
Zimt 22
Zironenschale 48
Zitronen 21
Zitronenkuchen 231
Zitronen-Schnittlauch-Soße 193
Zitrusfrüchte 46
Zitrusfruchtgelee 223
Zöliakie 9
Zucchini 17
Zucchinicremesuppe 63
Zucchinifrittata 124
Zucchini-Hamburger 87
Zucchinitaschen 257
Zucchiniwürfel 89
Zuckeraustauschstoffe 8
Zusatzstoffe 14
Zutatenliste 14
Zwetschgen 21
Zwetschgenkuchen 239
Zwiebelapfelkuchen 255
Zwiebeln 17, 45
Zwiebeln, rote und weiße 212
Zwiebelquiche 254

Rezeptverzeichnis nach Gruppen

Eintöpfe und Aufläufe
Auberginenauflauf 211
Baked Potato mit Chili und Dip 206
Blumenkohlauflauf, italienischer 210
Chili con Carne 206
Fischeintopf 209
Gemüseeintopf mit Käseklößchen 207
Grünkern-Spinatgratin 215
Gurken-Tomaten-Eintopf 209
Kartoffel-Gemüseauflauf 212
Kasseler-Krautgratin 213
Lasagne (lasagne al forno) 158

Linseneintopf 208
Makkaroniauflauf (-gratin), pikant 214
Moussaka aus Griechenland 211
Nudelauflauf, mild 214
Palbohneneintopf 207
Reisauflauf (-gratin) mit Gurke 213
Spinatauflauf mit Fisch 210

Besondere Speisen
Apfelchutney 271
Avocado-Kräuterquark 265
Büfetts 267

Eier-Tomatenaufstrich 264
Fischraclette 270
Fleischfondue 271
Frühstück 262
Gemüse mit Glasnudeln 268
Gemüseraclette 270
Käsefondue 271
Kirschquark 265
Kürbiskernaufstrich 264
Lemon Curd 264
Maki-Sushi 269
Menüs 266

REGISTER

Müsli 262
Nigiri sushi 269
Quark mit Schinken 265
Raclette, original 270
Tintenfisch mit Gemüse 268

Brotaufstriche
Apfelchutney 271
Avocado-Kräuterquark 265
Beerengelee, -konfitüre 263
Eier-Tomatenaufstrich 264
Kirschquark 265
Kürbiskernaufstrich 264
Lemon Curd 264
Quark mit Schinken 265

Desserts
Bayerische Creme 221
Creme, kaltgerührt 219
Crêpetorte mit Äpfeln 218
Erdbeertiramisu 227
Flammeri 216
Früchtepüree, -gelee 223
Grießklößchen 224
Joghurtvanilleeiße 229
Kirschkaltschale mit Quarkklößchen 225
Kiwi-Orangengrütze 222
Kompott 224
Mascarponecreme 217
Milchreis 228
Mokkamousse 226
Mousse au Chocolat 226
Obstsalat 222
Orangensoufflé 204
Panna cotta mit Himbeerpüree 221
Pfirsiche, gebackene 227
Pfirsich-Kokos-Kaltschale 225
Quarkcreme 220
Quarkklößchen 224 f.
Reis Trauttmannsdorf 228
Rote Grütze 222
Sahnereis mit Zimtbutter 228
Schokoladencrespelle 218
Schokoladenmousse, marmoriert 226
Stachelbeercreme 219
Tiramisu 227
Weinschaumsoße 229
Wolken und Sterne 217
Zitrusfruchtgelee 223

Eier
Crêpes, pikante 202
Crêpes, süße 202
Eier in Senfsoße 199
Eiersalat, französischer 100
Eier-Schinkensalat 100
Eierstich 199
Flammeri mit Eischnee 216
Früchtepfannkuchen 200
Kaiserschmarrn 200
Omelett 203
Omeletts, spanische 203
Omeletts, süße 203
Orangensoufflé 204
Palatschinken mit Powidl 201
Pfannkuchen 200
Pfannkuchenröllchen 201
Polentasoufflé 204
Schinken-Eier-Toast 199

Tomaten-Eiersalat 100
Tortilla 82, 205
Tortilla mit Frühlingsgemüse 205
Tortilla mit Spinat 205
Tortilla mit Thunfisch 205
Tortilla mit Zucchini 205

Fisch
Backfisch 185
Fisch in Tomatensoße (chinesisch) 186
Fischburger mit Dip 185
Fischeintopf 209
Fischfilet auf Spinatreis 188
Fischfilet auf Tomentenreis 188
Fisch-Gemüsepfanne 191
Fischraclette 270
Fischröllchen (mit Olivenpaste oder Pesto) 189
Fischsuppe, exotische 69
Forelle (Makrele) in Aluminiumfolie 195
Heilbuttkoteletts auf Gemüse 187
Kabeljauragout 190
Kartoffeln im Lachsmantel 192
Kartoffelsuppe mit Lachs 66
Lachsfrikadellen 196
Lachsragout in Sahnesoße 193
Lachsragout in Zitronensoße 193
Lachsschnitten im Sauerkrautmantel 192
Lachssteak mit Zwiebelmus 192
Matjes in Apfel-Honigmarinade 197
Matjes mit Dörrobst 197
Matjes nach Hausfrauenart 197
Nudeln mit Lachs, grüne 158
Pannfisch mit Senfsoße 187
Rotbarsch mit Rucola und Kapern 191
Rucolasalat mit Fischspießen 106
Salat mit Thunfisch 102
Schellfisch mit Senfsoße 194
Seelachsfrikadellen 196
Seelachs-Kartoffelpfanne 190
Spinatauflauf mit Fisch 210
Tintenfisch mit Gemüse 268

Fleisch
Chicken Wings 181
Currybällchen 166
Filet, überbackenes 173
Filetsteak 170
Fleischfondue 271
Frikadellen 164
Frühlingsrollen mit Geflügel 83
Geflügelpfanne, exotische 180
Geflügelsalat auf Radicchio 105
Geflügelsalat mit Avocado 105
Gulasch mit Chinakohl 169
Gulasch mit Kartoffeln 169
Gulasch mit Sauerkraut 169
Gulasch, ungarisches 168
Gurken-Lammcurry 177
Hackfleischtorte 167
Hackteig, indische Mischung 165
Hackteig, nordische Mischung 165
Hackteig, südamerikanische Mischung 165
Hähnchen, gefülltes 178
Hähnchenreispfanne 152
Hawaii-Burger 166
Kalbsleber mit Quitten 175
Kalbsröllchen mit Linsen 176

Kasseler-Krautgratin 213
Knoblauchhähnchen 180
Königsberger Klopse 167
Kotelett 170
Lammstielkoteletts 177
Leber mit Apfelspalten 175
Minihackbällchen 166
Miniputenburger 87
Mozzarellafrikadellen 164
Pute tonnato 103
Putenbrust mit Kartoffelhaube 183
Putengyros 182
Putenleber in Mangold 183
Reispfanne mit Entenbrust 151
Rinderrouladen 174
Rouladen mit Schinken 174
Rouladen mit Sauerkraut 174
Satéspieße 84
Schmorhuhn 179
Schweinebraten 172
Schweinefilet in Sahnesoße 173
Schweinesteak alla Saltimbocca 173
Steaks mit Kräuterkartoffeln 171
Teigtaschen mit Hackfüllung 253
Teigtaschen mit Speckfüllung 253
Wiener Schnitzel 170
Zucchini-Hamburger 87

Gebäck, salzig
Bagels 251
Champignonbagles 251
Focaccia 258
Gemüsekuchen 255
Mini-Calzone 257
Mürbeteig 232
Nudelmuffins 161
Nuss-Kräuterspitzen mit Zucchinimus 259
Olivenbrot 252
Partybrötchen 252
Pizza Margherita 256
Pizzaboden 256
Quarkölteig, salzig 253
Quicheteig 254
Sauerkrautquiche 254
Teigtaschen mit Champignonfüllung 253
Teigtaschen mit Hackfüllung 253
Teigtaschen mit Speckfüllung 253
Vierkornbagels 251
Wildkräuterfladen 258
Zucchinitaschen 257
Zwiebelapfelkuchen 255
Zwiebelquiche 254

Gebäck, süß
Rührkuchen 230
Apfelkuchen 231
Apfelkuchen, gedeckter 233
Apfelstrudel 236
Aprikosenbiskuitrolle 244
Aprikosen-Nusstorte 243
Aprikosen-Reiskuchen 233
Birne im Schlafrock 234
Biskuitvariationen 242
Brandmasse 237
Brezeln, süße 248
Butterkuchen 238
Butterwaffeln 235
Erdbeer-Burger 245
Erdnuss-Ingwer-Gebäck (Biscotti) 247

Florentiner 248
Frischkäsetorte 246
Hefeblechkuchen 238
Hefezopf 240
Hefezopf mit Marzipanfüllung 240
Hefezopf mit Nussfüllung 240
Herzen, rosa 248
Joghurtkuchen 231
Käsekuchen mit Mürbeteigboden 232
Käse-Obstschnitten 241
Konfitürenbiskuitrolle 244
Lebkuchenfiguren 250
Lebkuchenteig 250
Limettentorte 246
Mandelgebäck (Cantuccini) 247
Marmorkuchen 230
Muffins 245
Mürbeteig 232
Nussbiskuit 242
Obsttorte 243
Orangensterne 249
Pfirsich-Nusstorte 243
Pflaumenstrudel 236
Prasselkuchen 234
Quark-Blätterteigstreifen 235
Schnecken aus Quarkölteig 241
Schokobiskuit 242
Schokoladen-Kischtorte 243
Streuselkuchen 239
Streuselsterne 249
Tortenboden aus Biskuit 242
Vanillekipferln 248
Vollkornbiskuit 242
Walnusstatzen 250
Wasserbiskuit 242
Windbeutel (Brandmasse) 237
Wolkenkekse 249
Zitronenkuchen 231
Zwetschgenkuchen 239

Gemüse
Aprikosenwirsing 131
Blumenkohl mit Käsesoße 125
Bohnen im Speckmantel 130
Brokkoli, italienischer 124
Chili-Blumenkohl 119
Fisch-Gemüsepfanne 191
Gemüse auf Polenta, gegrilltes 117
Gemüse im Bierteig mit Eier-Senf-Dip 116
Gemüse mit Glasnudeln 268
Gemüse, gefülltes 127
Gemüsebratlinge 123
Gemüsegratin 122
Gemüsekuchen 255
Gemüsepfanne 122
Gemüseraclette 270
Gemüseragout mit Couscous 120
Gemüseschmarren mit Basilikum 125
Grünkohl 132
Kartoffel-Gemüsepfanne 143
Kartoffel-Möhrenpfanne mit Bulgur 121
Kohlrouladen 131
Linsen in Senfrahm 126
Linsengemüse 126
Möhrenpuffer 137
Rahmpilze 129
Rahmspinat 128
Reis mit Ratatouille 151
Rotkohl 133

Sahnekohlrabi 121
Sauerkraut 132
Sauerkrautquiche 254
Schmorgurken-Linsen-Ragout 126
Schneidebohnen 130
Spinat, gedünstet 128
Spinat, überbacken 128
Teigtaschen mit Champignonfüllung 253
Tofu-Gemüse-Curry 118
Weißkohl 132
Wirsing, gefüllter 133
Zucchinifrittata 124
Zucchinitaschen 257
Zwiebelapfelkuchen 255
Zwiebelquiche 254

Getränke
Espresso 260
Frappé 261
Früchtetee 260
Grüner Tee 260
Kaffee 260
Kakao 260
Latte Macchiato 260
Milchkaffee 260
Milchmischgetränk 261
Red Blossom 261
Rooibuschtee 260
Schwarzer Tee 260
Spicy Melon 261

Getreide
Bulgur 121
Couscous 120
Couscous mit Zucchini 155
Gemüse auf Polenta, gegrilltes 117
Gemüseragout mit Couscous 120
Gerste, indonesische 153
Grießklößchen 224
Grünkernbratlinge 153, 215
Grünkernknödel 147
Grünkern-Spinatgratin 215
Kartoffel-Möhrenpfanne mit Bulgur 121
Polenta 117
Polentakäseschnitten 154
Polentasalbeischnitten 154
Polentaschnitten, gefüllte 154
Polentasoufflé 204
Polentaspinatschnitten 154

Kartoffeln
Bauernfrühstück 135
Bratkartoffeln 135
Chilikartoffeln 138
Erbsenkartoffelpüree 136
Folienkartoffeln 135
Gnocchi mit Gorgonzolasoße 145
Kartoffelauflauf 142
Kartoffelcanapés, italienische 86
Kartoffelecken 141
Kartoffel-Gemüseauflauf 212
Kartoffel-Gemüsepfanne 143
Kartoffelgratin 136
Kartoffelgulasch 142
Kartoffel-Möhrenpfanne mit Bulgur 121
Kartoffel-Möhrensuppe 66
Kartoffeln im Lachsmantel 192
Kartoffeln, gratinierte 139
Kartoffelplätzchen 140

Kartoffelpuffer 137
Kartoffelpüree 136
Kartoffelsalat, bayerischer 108
Kartoffelsalat, norddeutscher 108
Kartoffelsuppe mit Lachs 66
Kartoffelsuppe, schnelle 64
Kartoffeltaschen 144
Katoffelspieße 139
Kräuterkartoffelpüree 136
Kümmelkartoffeln 143
Möhrenpuffer 137
Ofenkartoffeln 138
Pellkartoffeln 134
Pfefferkartoffeln 138
Rösti 140
Salzkartoffeln 134
Sauerkraut-Kartoffelsuppe 66
Schmorkartoffeln 143
Seelachs-Kartoffelpfanne 190
Tomatenkartoffelpüree 136
Tortilla 205

Klöße
Grünkernknödel 147
Kartoffelklöße, bayerisch 146
Kartoffelklöße, halb und halb 146
Kartoffelklöße, Thüringer 146
Semmelknödel 147

Reis, salzig
Avocado-Reissalat 111
Butterreis 148
Fried Rice 152
Hähnchenreispfanne 152
Kantonreis 150
Kräuterrisotto 149
Maki-Sushi 269
Nigiri sushi 269
Pilaw 148
Pilzrisotto 149
Quellreis 148
Reis mit Ratatouille 151
Reisauflauf (-gratin) mit Gurke 213
Reispfanne mit Entenbrust 151
Reispfanne, pikante 150
Reissalat, fruchtiger 111
Reissalat, indischer 110
Risotto 149
Risotto mit Zitrone 149
Spargelrisotto 149
Spinatreis 188
Tomatenreis 188

Reis, süß
Aprikosen-Reiskuchen 233
Milchreis 228
Reis Trauttmannsdorf 228
Sahnereis mit Zimtbutter 228

Salate
Avocado-Reissalat 111
Bauernsalat 102
Chinakohlsalat 101
Eiersalat, französischer 100
Eier-Schinkensalat 100
Eisbergsalat, fruchtiger 93
Feldsalat, pikanter 93
Geflügelsalat auf Radicchio 105
Geflügelsalat mit Avocado 105

Gemüsesalat, warmer 109
Gurkensalat mit Schafskäse 99
Gurkensalat mit Tofu 99
Herbstsalat 104
Kartoffelsalat, bayerischer 108
Kartoffelsalat, norddeutscher 108
Linsen-Orangensalat 101
Möhrensalat 94
Nudelsalat mit Rucola 107
Nudelsalat mit Schafskäse 107
Nudelsalat, bunter 107
Pilzcarpaccio 88
Reissalat, fruchtiger 111
Reissalat, indischer 110
Römersalat mit Mozzarella 97
Rucolasalat mit Fischspießen 106
Salat, bunter 92
Salat, gemischter mit Kokosdressing 96
Salat, grün-roter 94
Salat mit Thunfisch 102
Salatplatte mit Thunfischcreme 103
Salatteller, vegetarischer 104
Sommersalat, italienischer 102
Sprossensalat 95
Teigschalen mit Salat 81
Tomaten-Eiersalat 100
Tomatensalat mit Gurke 98
Tomatensalat mit Schafskäse 98
Waldorfsalat 94
Weißkohlsalat 106

Soßen und Dips
Aioli 77
Apfel-Honigmarinade 197
Auberginenpaste 79
Avocadopüree 86
Basilikummayonnaise 100
Bratensoße 72
Chilisoße 181
Cumberlandsoße 76
Currysoße 73
Dip zu Baked Potao 206
Dip zu Fischburger 185
Eier-Senf-Dip 116
Fertigsoßen-Abwandlungen 73
Gorgonzolasoße 145
Grundsoße, dunkle 72
Grundsoße, helle 72
Hackfleischsalbeisoße 74
Himbeeressig 113
Joghurtdip 119
Joghurtkaviarsoße 76
Joghurtsoße 112
Joghurtvanillesoße 229
Käsesahnesoße 73
Käsesoße 125
Kokosdressing 96
Kräuterdip 91
Kräuterdressing (Birmingham) 104
Kräutersoße 73
Napoletana 157
Olivenpaste 79
Paprikasoße 73
Pesto 160
Radieschen-Senfdressing 104
Remoulade 77
Rosmarinöl 113
Sahnesoße 193
Sauce hollandaise 76

Sauerampfer-Sahnesoße 193
Senfrahm 126
Senfsoße 187, 194, 199
Soße Bolognese 74
Soße, braune 73
Soße, helle 73
Sour Cream 134
Steinpilzöl 113
Thousand Islands 112
Thunfischcreme 103
Tomatendip 91, 181
Tomatenpesto 91
Tomatensoße 186
Tomatensoße, fruchtige 75
Tomatensoße, italienische 75
Tomatensoße mit Speck 75
Tsatsiki mit Schafskäse 89
Vinaigrette 112
Weinschaumsoße 229
Würzessig 113
Zitronen-Schnittlauch-Soße 193
Zucchinimus 259

Suppen
Blumenkohlcremesuppe 62
Bouillon, asiatische 68
Brotsuppe 68
Fischsuppe, exotische 69
Gazpacho 71
Gemüsebrühe 61
Gemüsecremesuppe 62
Gemüsepüreesuppe 62
Gurkensuppe 71
Gurkensuppe, geeiste 71
Hühnerbrühe 61
Kartoffel-Möhrensuppe 66
Kartoffelsuppe mit Lachs 66
Kartoffelsuppe, schnelle 64
Kürbissuppe 70
Linsensuppe, scharf-saure 69
Rindfleischbrühe mit Flädle 60
Sauerkraut-Kartoffelsuppe 66
Spinatcremesuppe 63
Tomaten-Gemüsesuppe 67
Tomatensuppe 67
Zucchinicremesuppe 63

Suppeneinlagen
Eierstich 199
Flädle 60
Fleischklößchen 61
Käseklößchen 207
Lachs 66
Speck 75

Toppings
Bratwurst-Apfeltopping 65
Kasselertopping, scharfes 65
Mangold- oder Spinattopping 65
Salamitopping, pikantes 65
Speck-Tomatentopping 65
Toppings, fertige 65

Teigwaren
Cannelloni 159
Gemüse mit Glasnudeln 268
Käsespätzle, pikant 156
Lasagne (lasagne al forno) 158
Linguine mit Pesto (linguine al pesto) 160

Makkaroniauflauf (-gratin), pikant 214
Nudelauflauf, mild 214
Nudelmuffins 161
Nudeln mit Lachs, grüne 158
Nudelnester 161
Nudelsalat, bunter 107
Nudelsalat mit Rucola 107
Nudelsalat mit Schafskäse 107
Pasta mit Champignons 157
Spaghetti alla napoletana 157
Spätzle, hausgemacht 156
Tortellini, überbackene 159

Vorspeisen und Snacks
Antipastispieße 84
Bananenbrot 80
Brote, belegte 80
Bruschetta 7 8
Club-Wraps 82
Crostini mit Auberginenpaste 79
Crostini mit Käse 79
Crostini mit Olivenpaste 79
Currybällchen 166
Fleischklößchen 61
Frikadellen 164
Frischkäsebrot 80
Frühlingsrollen mit Geflügel 83
Grünkernbratlinge 153
Hawaii-Burger 166
Kartoffelcanapés, italienische 86
Käsebrot 80
Käsestreifen 90
Kräuterdip 91
Lachsbrot 80
Lachsfrikadellen 196
Mexiko-Wraps 82
Mini-Calzone 257
Minihackbällchen 166
Miniputenburger 87
Mozzarellafrikadellen 164
Oilven, umhüllte 90
Olivenschnecken 90
Paprikaschoten, marinierte 88
Pflaumentapas 84
Pilzcarpaccio 88
Polentakäseschnitten 154
Polentasalbeischnitten 154
Polentaschnitten, gefüllte 154
Polentaspinatschnitten 1 54
Rucolabrot 80
Salamibrot 80
Satéspieße 84
Schinken-Eier-Toast 199
Seelachsfrikadellen 196
Teigschalen mit Salat 81
Teigsnacks, gefüllte 81
Tomaten mit Avocadopüree 86
Tomaten mit Mozzarella 85
Tomatendip 91
Tomaten-Mozzarellaspieße 85
Tomatenpesto 91
Tortillas 82
Tsatsiki mit Schafskäse 89
Zucchini-Hamburger 87
Zucchinitaschen 257
Zucchiniwürfel 89

Messen und Wiegen in der Küche

Bei verpackten Lebensmitteln mit standardisiertem Gewicht wie z. B. Butter kann man mit Augenmaß ein Gewicht abschätzen und es entsprechend teilen.

Wenn keine Waage vorhanden ist, kann man sich mit Tee- und Esslöffelmengen behelfen. Nachstehende Beispiele und Tabellen sollen dabei helfen.

Lebensmittel	Teelöffel gehäuft	Esslöffel gehäuft
Backpulver	3 g	
Brühe, gekörnt	3,5 g	10 g
Fertigsoßen, z. B. Ketchup	7 g	20 g
Grieß	3,5 g	10 g
Haferflocken	3,5 g	10 g
Honig	6 g	20 g
Kaffeepulver	5 g	15 g
Käse, gerieben	2 g	6 g
Kakao	2 g	6 g
Konfitüre	3 g	10 g
Kräuter, getrocknet	1 g	3 g
Margarine / Butter	5 g	15 g
Mayonnaise	5 g	15 g
Mehl	3 g	10 g
Milch	5 g	15 g
Nüsse, gemahlen	3 g	10 g
Öl	4 g	12 g
Puderzucker	3 g	10 g
Reis	5 g	15 g
Sahne, süße und saure	5 g	15 g
Semmelmehl / Paniermehl	3 g	10 g
Senf	7 g	20 g
Speisestärke / Stärkemehl	3 g	10 g
Tee	3 g	10 g
Tomatenmark	7 g	20 g
Wasser	5 g	15 g
Zitronensaft	3 g	10 g
Zucker	5 g	15 g